新 视 界

始于未知　去往浩瀚

中国近现代思想文丛

蔡元培文选

文化融合与人文教养

蔡元培 著
张汝伦 编

上海远东出版社

图书在版编目(CIP)数据

文化融合与人文教养:蔡元培文选/蔡元培著;
张汝伦编.—上海:上海远东出版社,2023
(中国近现代思想文丛)
ISBN 978-7-5476-1948-3

Ⅰ.①文… Ⅱ.①蔡…②张… Ⅲ.①蔡元培
(1868—1940)-教育思想-文集 Ⅳ.①G40-092.6

中国国家版本馆CIP数据核字(2023)第182503号

责任编辑 陈 娟
封面设计 陈奥林

中国近现代思想文丛

文化融合与人文教养:蔡元培文选

蔡元培 著　张汝伦 编

出　　版	上海遠東出版社
	(201101　上海市闵行区号景路159弄C座)
发　　行	上海人民出版社发行中心
印　　刷	上海颛辉印刷厂有限公司
开　　本	890×1240　1/32
印　　张	15.75
插　　页	2
字　　数	337,000
版　　次	2024年9月第1版
印　　次	2024年9月第1次印刷
ISBN 978-7-5476-1948-3/G·1186	
定　　价	88.00元

《蔡元培文选》新版序

这部《蔡元培文选》最初出版于1996年,最初的书名是《文化融合与道德教化——蔡元培文选》,2012年上海远东出版社又以《蔡元培文选》为书名出了第二版,现在第三版即将付梓。第三版把这部文集原来的文章根据主题作了重新编排,同时书名也改为《文化融合与人文教养——蔡元培文选》。

之所以要重新编排和改书名,是为了突出蔡元培在现代中国思想文化史上的特殊贡献。[①] 中国进入现代后面临的一个根本问题与挑战就是如何看待和处理自身文化与外来文化,以及它们的关系。应该说,这个问题困扰了中国人一个多世纪,今天也没有真正解决,甚至在某种意义上更加尖锐。人们在中国传统文化与西方文化之间还是习惯选边站,都是肯定一方而基本否定另一方,都是执一而不是执中的态度。蔡元培则不然。他认为在中西文化问题上不能采取简单的肯定一方和否定另一方的极端态度,那样不仅无济于事,而且会

---

① 蔡元培:《中国的文艺中兴》,本书第43—51页。

妨碍中国现代文明的发展。"论中西文化"这一部分的文章,就反映他在这个重要问题上的立场。

在他看来,现代中国文化应该是融合了中西两种文化之精华又有所创新的文化:"孔子说:'三人行,必有我师焉,择其善者而从之,其不善而改之。'这就是不守旧、不盲从的态度。现在最要紧的工作,就是择怎样的善,怎样是人类公认的善,没有中国与非中国的分别的。"[①]可惜这种明智通达的态度即使在今天也不多见。文明互鉴是要不同文明相互借鉴,共生共荣。文明之善起源的特殊性并不排斥其价值的普遍性。善与恶本身就是两个普遍性概念。特殊的善与特殊的恶都无意义(nonsense)。蔡元培在谈论传统文化和西方文化时,从不强调它们的特殊性,而总是强调它们的普遍意义。只有特殊意义(局限于时间空间)而没有丝毫普遍意义的东西,是不值得别人借鉴的。熟悉传统文化的蔡元培始终对西方文化持积极正面的态度,他始终相信,中国文明是世界文明的一部分,只有从世界文明的立场出发,才能真正将我国文明发扬光大。另一方面,中国文明不等于世界文明,它与任何特殊文明(如西洋文明)一样,有其局限与不足,这就使得对异域文明保持积极的开放态度成为发展中国文明的必要条件。他自己在这方面身体力行,给后世留下了弥足珍贵的榜样。

今天的中国早已从蔡元培在世时的那个积贫积弱、任人欺负的国家,发展成了繁荣昌盛的世界强国,中国在许多方面都走在世界的

---

① 蔡元培:《蔡元培全集》第6卷,第484页。

前列。尽管如此,我们仍然有自己无法克服的有限性,存在着许多短板,仍然需要对其他文明和文化保持积极的开放态度,才能取长补短,不断发展。只有文明互鉴,真心开放,而不是妄自尊大,将一切异域文化视为异己加以排除,才能美美与共,天下大同。蔡元培虽然生活在国家危亡的时代,却坚定地相信,中华民族一定会复兴;但中华民族复兴后不是与其他民族为敌,而是与其他民族一起发展进步:"中国文艺中兴完成后,中国复兴后,不独无害于欧洲,而且可与欧洲互相辅助,和尽力赞助国际事业,为人类谋最大幸福。"

蔡元培是公认的中国现代伟大教育家,他留下了大量关于教育的论文和文章,是中国现代教育思想中最可宝贵的财富,且具有越来越清晰的当代意义。"论教育"这一单元的文章集中表达了蔡元培的教育思想。蔡元培的教育思想,一言以蔽之,曰人文主义的教育思想。教育作为人之为人的根本,最初是作为人自我完善和提高的制度化手段出现的,也就是说,教育在一开始,无不是人文主义的教育。在相当长的一段时间里,人类在这个问题上基本是一致的,教育的目的是使人成为人,是人各种德性和能力的全面发展。中国人自古就主张学以成人,不受教育人就不能成为真正意义上的人,人不是天生的,而是通过教育养成的。孔子明确提出"君子不器"的思想,要求受教育者不能为了某种特殊目的来塑造自己。中国现代教育思想的奠基者之一蔡元培先生继承了这个传统,并结合西方人文主义的教育思想,明确提出:"教育是帮助被教育的人,给他能发展自己的能力,完成他的人格,于人类文化上能尽一分子责任;不是把被教育的人,造成一种特别的器具,给抱有他种目的的人去应用。"①这个基本的教育理念也是他办大学的指导思想。大学不应该是一个职业培训机构,而应是教师和学生通过教学和研究,以培养和谐的个性与人性的自发性为目的的一个组织。受过学院教育的人有朝一日也可以去追求他的职业,但关键是人必须首先全面和谐地培养他的人格和个性。

这种人文主义的教育理念,是中西古典教育的正宗,中国的传统教育之外,西方的古典教育基本就是人文教育,文艺复兴更是推动了人文教育的发展。但是,近代以后,教育,尤其是高等教育,越来越受到经济因素的支配。作为一种现代世界的创制,大学必须服从经济发展和资本增殖的需要。这种需要要求高等教育以市场需要为导向,高考指挥棒实际是市场指挥棒。它要求学生以热销产品的要求来规划自己的学习,教师也自觉地以市场需要来教。教与学的最终目的都是为了谋生吃饭。以成己成物为导向的人文教育,一蹶不振,江河日下。蔡元培在20世纪20年代已经能看到现代教育的功利趋势,并有针对性地提出了他人文主义的教育理念。

蔡元培并不反对实利主义的教育,但实利主义不是教育的根本目的,教育的根本目的,是"养成健全人格,提倡共和精神"。这两件事其实是一件事:"所谓健全人格,分为德育、体育、知育、美育四项。换言之,和自由、平等、博爱的意思亦相契合的。都能自由平等,都能博爱互助,共和精神亦发展了。"②健全人格和共和精神早已被今天的

---

① 蔡元培:《教育独立议》,本书第256页。
② 蔡元培:《在北京高等师范学校〈教育与社会〉社演说词》,本书第250页。

教育忘得干干净净。今天的普通教育以考入名牌大学为唯一目的，而高等教育则以就业（稳固的职业和丰厚收入）为根本原则。家长和孩子都不把自己当人，而只是当成器。健全人格是谈不上了。这样的教育，其实不是教育，而只是职业养成所，培养出来的只是冷漠无情的技术人员或专家，对人类根本前途与命运丝毫不挂心，不可能"于人类文化上能尽一分子的责任"，而只是一种特别器具，给抱有他种目的的人去应用。人文主义的教育，着眼于人本身人格和能力的培养，乃今日之世界所必需。蔡元培人文主义教育思想的提出距今已有百年，不可能面面俱到，更不可能看到当代教育的具体问题，但其提出的原则和理想，对于我们反思当代教育的种种弊病与救治之道，仍然具有指导性意义。

人文主义的教育思想，把受教育者人格的培养和养成作为根本目的。中国传统教育"一方面是强调道德义务，另一方面是培养人们种种善良正直的习性。这就是：为做一个良好的人而进行道德教育，为做一个有德性的人而进行社会教育。这两种思想互相融汇，目的在于建立一种和谐的社会关系。"[①]尽管蔡元培接受了许多西方的教育理念，但上述中国传统教育理念始终是他人文主义教育思想的核心。德育、体育、知育和美育根本目的是"树人"。他看到，现代教育的设置中自我教育，即中国传统教育中重要的一环"修身"，是付诸阙如的。而这恰恰是蔡元培极为重视者。他在德国留学期间（1912年）还专门编了一部《中学修身教科书》。本文选第三部分"论立德修身"便集中了他

---

① 蔡元培：《中国教育的发展》，本书第260页。

这方面的文章。对于古人来说。"修身"乃成德的功夫,是成己成物的关键。修身亦即人自身的修养,即待人接物之道。蔡元培的修身思想虽然上承中国古代思想家,但也"旁及东西伦理学大家之说,斟酌取舍,以求适合于今日之社会"①。他始终认为教育不应该只是知识与技能的传授,也应该是学生道德的培养。"道德者,非可以猝然而袭取也,必也有理想,有方法。修身一科,即所以示其方法者也。"②与古人相比,蔡元培的修身理论系统、完备,既包括人行为的一切方面,也包括修身涉及的基本理论范畴。他的《中学修身教科书》在中国现代教育思想史中占有重要的地位,尽管还很少有人意识到这一点。

修身早已在现代教育中消身匿迹,但这也正揭示了现代教育的根本问题,人的完善和实践行为,早已不是教育关心的问题,这是当今教育的一个重大缺失。蔡元培曾举现代考试制度为例来说明这个问题:"为争名次之高下、分数之多寡,使同情心日减,嫉妒心大增。同学之间,不肯相互研究。竟有得一参考书籍,秘不告人,以为惟我独知,可以夺得第一,可笑之至。"③但这种可笑之至的排名做法,不是从幼儿园一直到大学吗?只有量化竞争,没有德的讲求,现代教育对人性和人道究竟是有益还是有害呢?虽然从目前的情况来看,修身还不会被人们纳入现代教育体系中,但现代教育中有关学生心志品行方面暴露出来的种种问题,不正说明蔡元培有关修身教育的思想切中时弊吗?

---

① 蔡元培:《中学修身教科书》,本书第289页。
② 蔡元培:《中学修身教科书》,本书第292页。
③ 蔡元培:《在北京高等师范学校〈教育与社会〉社演说词》,本书第251页。

中国近代思想史上的蔡元培

(代序)

张汝伦

一

严格地说,编一位思想家的文选应该是一种对其思想的阐释方式,尤其如果这位思想家著作等身,且涉及面广、影响大时,就更是如此。全集的好处是照单全收,不留孑遗,给研究这位思想家提供了完整的第一手资料。不过全集就像采来还未及加工的矿石,固然很有价值,但若要发挥影响和作用,则必须再进行一番筛选。对于研究思想的学者来说,那些难以避免的纯粹应酬文字显然是多余的东西。精心选编的文选虽无面面俱到的好处,但却是从一个特定角度来集中选录一些有关文字,既便于读者理解和把握,又突出了思想家在某些方面的过人之处和价值。这是我选编这本《蔡元培文选》的基本出发点。

然而《蔡元培全集》已经问世,他的哲学文选、美学文选和教育文选也早已出版,后两种文选还各有不同的版本。在这种情况下,再编一本《蔡元培文选》是否值得和必要?时下从生意眼出发胡编名人文集已成风气,但这正是我所不屑的。

然而,当有朋友建议我来选编一本《蔡元培文选》时,我却欣然接受了。原因很简单,就是因为蔡元培作为近代一位重要的思想家及其在近代思想史上的独特地位与贡献长期以来一直被忽略了。这只要看一下我们所能见到的中国近代思想史就可以知道了。人们承认他是一个伟大的教育家,对他领导北大的成就尤其津津乐道,赞不绝口,但对其教育思想的研究往往停留在一些具体的教育主张上,而未深入这些主张后面有时并未明言的教育理念和教育哲学。人们也研究谈论他的美学思想,却很少探讨美学在他全部思想中的作用和意义。除此之外,对蔡元培思想的研究也不多见。这与他在其同时代人心目中的地位相当不相称。陈独秀在《蔡孑民先生逝世后感言》中说,蔡元培、胡适和他自己是要对"五四"时在思想言论上负主要责任的人。可是,近年对陈、胡的研究如雨后春笋,层出不穷,却少有把蔡元培作为一位主要的近代思想家来系统研究的文字。这似乎说明,蔡元培作为一位主要和重要的近代思想家的地位,实际并未得到人们的承认。选编这本《蔡元培文选》,是希望读者通过研读收在这本选集中的蔡元培的文字,能对蔡元培在近代思想史上的地位和贡献有一个新的评估和认识,并进而对现有的近代思想史本身也能有若干反思和质疑。

二

无论从哪方面看,蔡元培无疑都属于主要的中国近代思想家之列。他的重要不仅在于他曾对他所生活时代的思想文化发挥过重要作用、产生了重大的影响,而且还在于他代表了中国近代思想史上一种重要但却被遗忘、忽略或贬低的思想倾向。陈独秀和胡适虽然在思想倾向上有重大不同,但在不少重大的文化思想问题上,他们的立场是基本相近或一致的,尽管我们现有的近代思想史往往忽视了这一点。作为同样在"五四"时期产生过重要影响的思想家,蔡元培与陈、胡不仅在思想倾向上有重大不同,而且在一些重要问题的基本看法上也有重要不同;在各人的文化活动实践上,更有不同。这种重要的不同却因为"五四"时蔡元培正巧是北大校长,并写了那封著名的答林琴南函而往往被人忽视。这两个忽视是发人深省的。我们熟悉的思想史叙述方法是非此即彼的两分法。蔡元培既然支持新文化运动,那他当然就是陈、胡的同道。却未看到维护陈、胡不受外界攻击,并不等于与他们在思想立场上完全一致。胡适之也反对过蔡元培"兼容并蓄"的立场。非此即彼的二分叙述模式之不适用于蔡元培,既说明了这种叙述模式本身的问题,也说明了蔡元培在近代中国思想史上的独特地位。

虽然蔡元培比陈独秀、胡适要年长一辈,但从他们面临相同的时代问题来看,他们可以算同时代人。处于"三千年未有之变局"的近代中国和中国文化,以其深重的危机向一切有思想的人提出了国家与文化的前途与命运的重大问题。但现实政治的危机以其现实性和急迫性遮蔽了同样深重的文化危机。人们往往是从政治危机才推导出和感觉到文化危机,而没有看到,一个从未与另一种高度文明的文化大规模接触,并且经过几千年的延续和发展早已失去其自身更新变革机制和因素的文化,一旦面对另一种具有多方面优势的文化时,不可能不发生根本动摇。但现实问题的紧迫性使人无暇在更深的层次上考虑问题。救亡图存成了压倒一切的任务和知识分子考虑的中心问题。蔡元培也不例外。目睹清政府的腐败和毫无希望,他毅然放弃自己的功名前途,直接投身推翻清朝封建统治的革命。握笔的手居然也去造炸弹,谦谦君子"老好人"也鼓吹过暗杀。

但严格说来,蔡元培不是革命家。"迅速改变"或"根本解决"从来不是他的基本立场。他认为光有政治体制方面的变革是远远不够的,社会种种问题要靠学问,也就是科学来解决。另一方面,人的素质也关系到国家兴衰,"盖国民而无完全人格,欲国家之隆盛,非但不可得,且有衰亡之虑焉"[1]。因此,"文化与物质生活之改造同时重要"[2]。早在"五四"运动请出"德""赛"两先生前七年,即辛亥革命一结束,他就在《社会改良会宣言》中提出要"以人道主义去君权之专制,以科学知识去神权迷信"[3]。在他看来,更为根本和重要的问题是教育和文化问题。改造社会,先要改造教育;挽救危亡,先要从学术方面努力。[4] 这是蔡元培对自己所面临的时代问题的一个基本考虑。

在近代中国的特殊情况下(直到今天恐仍是如此),一谈文化问题,就必然涉及对传统文化和西方文化的态度问题。之所以如此,除

---

[1]《蔡元培全集》第3卷,中华书局版,第8页。
[2]《蔡元培全集》第5卷,第219页。
[3]《蔡元培全集》第2卷,第137页。
[4]《蔡元培全集》第6卷,第491页。

了其中掺杂着大量复杂的政治因素外,还在于人们把传统文化和西方文化截然对立起来,事实上,它们不仅有本质的区别,还有价值的区别。前者往往和"旧""古代""落后",甚至"迷信"相联系,而后者则是"新""现代""进步"和"科学"的象征。当然,对于文化保守主义者来说,这种价值区分则另有一套。但"截然不同"往往是不同立场人的共同预设。蔡元培则不然。他完全没有截然对立的中西文化观或新旧文化观。他相信人类既然有共同的经验,就会有普遍的原理,人为划分中西、新旧的畛域,用西学打倒中学,或用中学抵制西学的态度是他坚决反对的。他认为,"主张保存国粹的,说西洋科学破产;主张输入欧化的,说中国旧文明没有价值。这是两极端的主张"①。他明确指出:"科学之成立,率在近代,而人类经验之暗合学理者,则自昔为昭。……是故鉴旧学之疏,而以新学进之,则可。谓既有新学,而一切旧日之经验皆得以吐弃之,则不可。"②所以,他主张对文化要有具体深入的分析研究,切忌盲从、守旧与空谈。在答复何炳松等人征求他对他们提出的中国文化本位论宣言的看法时,他写道:"孔子说:'三人行,必有我师焉,择其善而从之,其不善而改之。'这就是不守旧、不盲从的态度。现在最要紧的工作,就是择怎样的善,怎样是人类公认的善,没有中国与非中国的分别的。怎样是中国人认为善,而非中国人或认为不善的;怎样是非中国人认为善,而中国人却认为不善的。把这些对象分别列举出来,然后可以作一文化建设的方案,

---

① 《蔡元培全集》第 5 卷,第 283 页。
② 《蔡元培全集》第 3 卷,第 65 页。

然后可以指出中国的特征尚剩几许。若并无此等方案,而凭空辩论,势必如张之洞'中体西用'的标语,梁漱溟'东西文化'的悬谈,赞成、反对,都是一些空话了。"①

　　正因为不把中西文化截然对立,所以蔡元培对于中西文化坚持调和会通的态度。他念念不忘的不是不思变革的抱残守缺,或泛政治化的否定批判,而是积极的文化建设。因为这才是立国之本。而要建设现代中国文化,必须会通吸收中西两种文化的优秀成果方能有所成就。因此,无论对于传统文化还是西方文化,他都持一种理性的、批判的开放态度。蔡元培从小接受典型的传统文化教育,耳濡目染,浸润很深。传统文化对他一生的思想行为有着深刻的影响,但他也清楚地看到传统文化本身的不足和停滞,尤其是在实验科学方面,与西方相比,更是相形见绌。为此,他始终积极鼓吹"输入欧化",并且还主张"欲输科学智识于东亚,必以留学泰西为要图"②。他虽年届不惑,又曾有"翰林""总长"的头衔,却两度负笈西洋,实地研究西方学术。根据他在德国莱比锡大学的听课记录,他最少一学期听四门课,最多时一学期听十门课,科目包括哲学、美学、文学、心理学、文明史、人类学、民族学等等。在一九一一年一月四日写给吴稚晖的信中他曾这样描写自己这段学习生活:

　　至勉赴学问云云,则虽不敢不以此为鞭辟,而来此已逾三

---

① 《蔡元培全集》第 6 卷,第 484 页。
② 《蔡元培全集》第 3 卷,第 36 页。

年。拾取零星知识,如于满屋散钱中,暗摸一二相当之钱以串之,而顾东失西,都无着落。惟终日手忙脚乱,常若债负,与日俱增,而不知所届。偶或悍然不顾,引我无目的之乐天观,以强自排遣,则弟之避债台也。盖弟以前受中国读书人之恶习太深,年来虽痛自洗濯,而终未能脱去。又生平有小题大作之脾气,详于小不能不遗其大。自知其失而终又不能改,故沉游于苦海之中,而不能度也,所幸半佣半丐之生涯,尚可勉强过去。再历数年,或者摸得之散钱稍富,而渐有适当于断烂钱串者,得联合为小小之结束,则庶几不负故人之期望矣。①

从这段明显自谦的话中,亦可看出他当时学习西学的确下了一番苦功夫。正是由于这种认真虚心的态度,比起同时代许多出洋留学的人来,蔡元培对西方学术思想的认识和理解是比较透彻和深入的。"在革命元老中,我认为他比较真正认识西方思想。他书真正看,而思路通达。对西方思想有真认识,是不容易,否则班门弄斧,人云亦云而已。"②林语堂的这段话的确是十分中肯的评论。

但是,要不"班门弄斧,人云亦云",光是认真学还不行,还必须要始终有"我",始终有自己判断和批评的头脑。而这正是蔡元培对待西学的一个突出特点。早在刚接触西学时,他就对别人说:"时无古今,地无中西,凡所见闻,返之吾益己益世之心而安,则虽阻之以白刃

---

① 《蔡元培全集》第 2 卷,第 114 页。
② 林语堂:《想念蔡元培先生》,《大成杂志》第 67 期。

而必行;返之吾心而不安,虽迫之以白刃而不从。"①他虽力主全面引进"欧化",但又始终强调要能批判地吸收消化,使之成为中国文化的一部分。他谆谆告诫青年学生:"吾国学生游学他国者,不患其科学程度之不若人,患其模仿太过而消亡其特性。……学者言进化最高级为各具我性,次则各具个性,能保我性,则所得于外国思想、言论、学术,吸收而消化之,尽为我之一部,而不为其同化。"②这种态度在当时即使不是空谷足音,也是独树一帜。当时对待西方文化不是"视西学为神圣,视西人为帝天"的完全无"我"态度,就是冥顽不化、极端排斥的自我封闭态度。后一种态度的危害大家比较清楚,前一种态度的危害却一直没有得到足够的认识。一直到最近,还有人以为中国的问题是西化得不够。其实问题不在西化与否,而在于能否化西为我。没有自己理性的批判头脑,就既不能真正理解西方文化,更谈不上消化和吸收西方文化,使之成为自己文化的一部分。中国人一百多年来在接受西学上的根本问题不在不肯学习,而在未能以自己的头脑去学习。顽固封闭当然妨碍现代中国文化的建设,盲目西化同样无助于现代中国文化的建设。前者不要吸收,后者不要消化,结果自然是文化的空白。而蔡元培所主张的态度才是真正明智积极的态度。这种态度一方面注意批判吸收,另一方面又主张调和消化。显然,这才是真正建设性态度。

《文明之消化》这篇文章集中表达了蔡元培在这方面的思想。他

---

① 《蔡元培全集》第1卷,第92页。
② 《蔡元培全集》第3卷,第28页。

一开始就提醒人们,要慎于吸收之始,"因为任何一种文明都不是毫无问题的",吸收外来文化决不能"浑沦吞之"。当初"印度文明之输入也,其滋养果实为哲理,而埋蕴于宗教臭味之中。吸收者浑沦而吞之,致酿成消化不良之疾。……欧洲文明,以学术为中坚,本视印度复杂;而附属品之不可消化者,亦随而多歧。政潮之排荡,金力之劫持,宗教之拘忌,率皆为思想自由之障碍。使皆浑沦吞之,则他日消化不良之弊,将视印度文明为甚"①。蔡元培在这里首先强调的是批判地吸收,然后又指出调和消化的必要,如无此,则吸收亦必前功尽弃!"例如晋唐之间,虽为吸收印度文明时代,而其时'庄''易'之演讲,建筑图画之革新,固已显其消化之能力,否则其吸收作用,必不能如是之博大也。今之于欧洲文明,何独不然。向使吾侪见彼此习俗之殊别,而不能推见其共通之公理,震新旧思想之冲突,而不能预为根本之调和,则臭味差池,即使强饮强食,其亦将出而哇之耳。"②蔡元培这篇文章的理论前提是中西文化并非截然相异,而是异中有同。正因为相异,才有吸收消化的必要;正因为异中有同,即有普遍共同的原则,才有吸收消化的可能。此外,还必须具备消化的能力,即在传统中已有可以与外来文化相切相接的因素为接纳消化之基础,建设性的文化消化才能成为现实。

蔡元培的这篇文章是在一九一六年写的。三年后,中国文化界爆发了东西方文化的论战,争论的焦点是中西文化有无调和的可能。

---

① 《蔡元培全集》第2卷,第467—468页。
② 《蔡元培全集》第2卷,第468页。

但论战双方的论证前提却大致是一致的，即都认为中西文化根本不同。主张调和的人的论点是：唯其不同，才要调和。"调和"在这里主要是"互补"的意思，而非完全融合。而反对的观点则是既然根本不同，就无调和余地。至于像胡适、吴宓那样承认文化共性而又不主张调和的，实际上是将某种文化的特点视为人类文化的普遍共性，而又忽略了中西文化的主要差异。无论是当时论战双方还是后来研究这一公案的思想史，似乎都未提到蔡元培的观点。但正是在这个问题上，蔡元培的观点才是合乎事实并是真正建设性的。互补论想法很好，但要能真正互补，必须有一共同的基础。这基础只能通过融会贯通才能找到。可是，近代中国思想史上占主流地位的却是"不能推见其共通之公理，震新旧思想之冲突，而不能预为根本之调和"的拿来主义和西化派。这种极端的态度恰恰导致食洋不化和一知半解，导致讲西学的人太多、懂西学的人绝少这样一种看似荒谬，实际上却有其必然性的反讽现象。中国近代接受西学之所以事倍功半，不正是因为过分强调中西文化的对立和差别，而拒绝采取调和融通的态度？

三

理解和接受不同文化不可能在真空中进行，它一定要以自己的传统为理解的基础和出发点，这即使对彻底的反传统主义者也不例外。当他从另外一种立场出发来反传统时，他一定先已对照传统，根据传统的问题来理解另一种文化立场了。没有这种基于传统的理解,他不可能以这种理解为根据去反对传统。中国近代思想史上的反传统主义亦是如此。反传统主义的潜台词是传统文化根本不行,只有西化才能解决传统造成的一切问题。但这种认识显然是由于对传统的负面理解和对照这种负面理解去理解西学造成的。反传统主义和全盘西化的立场可以对传统造成很大破坏,但却无法在引进西学,进而在积极的文化建设上有所建树。中国近代思想史上的反传统主义和全盘西化论实际上只是一种以文化为手段来最终解决社会政治问题的企图,目的是现实而非思想。所以,无论对传统抑或对西学都缺乏一种理性的科学分析、批评态度。在那些反传统主义的作品中,更多的是激烈极端的口号与断语,却少见思想清晰冷静的理性运作。对传统基本上是草率定罪加以否定,对西学也缺少耐心去透彻了解和参悟贯通。因此,给中国文化留下的只是那么一种极端的态度,以及深刻的教训,却几乎没有什么建设性的成就。

和许多近代激进的知识分子包括陈独秀、胡适等人不同,文化与思想工作本身对蔡元培来说是目的而非手段。这个区别在中国近代思想史上有其重要的意义。以文化思想为解决社会问题的手段,最终必导致意识形态而非学术思想。反之,建设现代中国文化才有真正的可能。但这个重大差别因为蔡元培支持新文化运动而被人忽视了。其实蔡元培对于新文化运动不是毫无保留的。就在一九一九年十二月,他语重心长地指出:"文化不是简单的,是复杂的;运动不是空谈的,是要实行的。"①新文化运动虽然也曾提出"研究问题,输入学

---

① 《蔡元培全集》第 3 卷,第 361 页。

理,整理国故,再造文明"十六字方针,却往往只限于提倡与呐喊,最多也是象征性地"示范"一下,浅尝辄止。除了白话文学外,在其他文化领域均未建立现代文化的真正基础。所以,有人曾这样评价新文化运动:"新文化运动在表面上看是成功,在骨子里看是失败。成功的象征是:思想解放,白话文流行,社会主义得人信仰。失败的象征是:哲学系统未建立,科学环境未造成,民主精神未显著。"①其所以如此,端在新文化运动骨子里是以改变现实政治为根本目的,文化运动在他们只是达到此一目的的手段。蔡元培则不然,他始终把学术思想作为目的而不是手段来追求。他认为"精研学理,对于社会国家人类有最有价值的贡献",而"我国近年所以民俗日偷、士风日蔽者,端由于师法坠落,学术消沉"②。但"二十世纪的竞争,是学术的比赛……我们想要挽救我们垂危的局面,恢复我们固有的光荣,惟有从学术方面努力研究"③。所以他始终认定知识分子和青年学生的主要责任是研究学问。为此他把北大的宗旨定为"为学问而学问"④,认为"五四"运动最重要的纪念和学生的觉悟之一,就是自动研求学术。⑤ 这个论断当然主观成分居多,不一定符合事实。但从他对"五四"运动的这个评估也可以看出他和陈独秀、胡适等人的上述区别。

从表面上看,蔡元培自己好像也并未严守"为学问而学问"的立场,他强调学问和学术似乎还是为了"救国"。但是,他并非以学问作

---

① 萧一山:《一代宗师蔡孑民先生》,《学术季刊》第2卷第2期。
② 《蔡元培全集》第3卷,第116页。
③ 《蔡元培全集》第6卷,第491页。
④ 《蔡元培全集》第4卷,第263页。
⑤ 《蔡元培全集》第4卷,第219页。

为救国任意使用的工具,从而最终不惜歪曲学问,而是认为唯有一心追求学问,从中求得知识和真理,才能有济于国家民族。因此,学问和真理本身就是目的,追求学问和真理就是在救国,这是一而二、二而一的事。他注重的不是通过一时奔走呼号即可达致的"一时之唤醒",而是"永久之觉醒",这就"非有以扩充其知识,高尚其志趣,纯粹其品性,必难幸致"①。所以他毕生致力于学术教育工作,以"树吾国新文化之基础,定吾国文明前途百年大计"②。在一个"物质文明之当王,拜金主义盛行"的时代,虽然他的这种主张"几乎无不被目为迂阔",但蔡元培仍能身体力行自己的主张,通过自己卓绝的努力,为建设现代中国文化做了大量的奠基性工作。

虽然由于长期从事领导教育的行政工作,在开拓中国现代教育事业上耗费了大量精力,以致没有留下多少纯学术著作,但蔡元培一直不能忘情于纯学术研究工作,并始终以无法抽身专心从事学术研究为憾。即便如此,他仍为现代中国文化的建设作出了实质性贡献。除了引进、介绍西方的哲学、民族学、美学、伦理学等等新知外,他还对传统学术进行了新的阐释。本文选所收的《中国伦理学史》《中国教育的发展》《〈俞理初先生年谱〉跋》《孔子之精神生活》《〈人与地〉序》等著作即是他这方面努力的成果。他关于美学、美育和教育学的著作,如收在本文选中的《学堂教科论》《对于新教育之意见》《华法教育会之意趣》《就任北京大学校长之演说》《以美育代宗教说》《新教育

---

① 《蔡元培全集》第 3 卷,第 313 页。
② 《蔡元培全集》第 3 卷,第 313 页。

与旧教育之歧点》《教育之对待的发展》《在爱丁堡中国学生会及学术研究会欢迎会演说词》《教育独立议》《美育》等,都具有开创性意义。这种开创性意义不仅在于它们传播了许多新的知识和观念,还在于它们是中国近代知识分子真正融贯中西文化传统后产生的第一批硕果。

蔡元培之所以能取得这样的成就,与他正确的方法论立场是分不开的。一方面,由于他将学术著作本身看作目的,所以他始终坚持研究学问要从弄通学理着手,只有这样才能举一反三,而不是跟在别人后面亦步亦趋。"譬如吃饭的时候,问小儿饭从哪里来的?最浅的答语是说出在饭桶里,进一步说是出在锅子里,再进一步,说是出在谷仓里,必要知道探原到农田上,才是能造饭的,不是专吃现成饭的人了。"[①]只有在学理上根本理解了,才能融会贯通,不仅知其然,也知其所以然。但要做到这一点,必须以学术本身为目的,放弃急功近利的态度始可。但不少近代中国知识分子却正是以急功近利的态度来对待西学,胡适之于实用主义便是一个典型的例子。他不是在学理上真正弄懂实用主义,而是从自己的功利心态出发,将它狭隘地理解为一种万能的"方法",实际上是将它当作"术"而非"学"。这样,实用主义学理上的重要根据和创见就被根本忽视了,使得实用主义在相当多的国人心目中几乎成了"市侩哲学"的代名词,而它的理想主义情怀、道德实践诉求和形而上学意义几乎一直不为国人所知。

[①]《蔡元培全集》第4卷,第42页。

蔡元培当然也主张学习西学,归根结底要能为我所用,但正因为如此,必须先弄通学理,中国需要的是"必须有熟练技能而又深通学理的人"[①]。因为只有把学理弄通,才能真正掌握一种新思想,将其融进自己的思想文化中。但仅仅这样,还不足以建设现代中国文化。在接纳吸收西学以为建设现代中国文化的一种精神资源时,一方面要能客观理解和接受;另一方面仍需有一个中国的衡准取舍构架,因为毕竟"国体、地势、风俗习惯不能无异也"[②]。在大举输入西学的时代,倘若"不得吾族固有之思想系统以相为衡准,则盖将旁皇于歧路"[③]。但这决不意味着像极端的文化民族主义者那样,什么都是"吾国固已有之",而是试图从中国传统文化中找出或阐发出具有普遍意义的因素。它既是一种选择,也是一种批判;既是吸收,也是创新。不仅要中学通,也要西学通;不仅要两者都通,也要两者贯通。"是故如我国探理之学,由六经、诸子以推于名臣硕儒论议语录之属,抉择而演绎之,而后证之以西国理论,则无方凿圆枘之患。而我国探迹之学,由现行事例以追溯国初掌故,与夫历代制度之沿革,事变之孳乳,知其流弊之所由,而后矫之以西国政治,则无胶柱鼓瑟之患。"[④]这是蔡元培对待中西文化关系上的一个根本的方法论原则。他自己的学术工作始终贯彻了这一原则。

[①]《蔡元培全集》第 4 卷,第 42 页。
[②]《蔡元培全集》第 1 卷,第 125 页。
[③]《蔡元培全集》第 2 卷,第 1 页。
[④]《蔡元培全集》第 1 卷,第 125 页。

四

蔡元培在中国近代思想史上的另一个重要贡献是他始终把道德作为根本目的和终极关怀来强调。近代知识分子谈道德的并不少,"五四"时《新青年》等杂志还以提倡新道德、反对旧道德为口号。但是,他们并未将道德本身作为终极目的来追求,更无古今中外许多主要的道德学说所具有的那种形而上关怀为基础,而只是以提倡新道德为达到救亡目的和自身行为可以不受约束的策略及权宜性手段。这样,所谓新道德在他们那里往往只是一些抽象空洞的口号,缺少实质内容,也根本没有康德赋予道德的那种"绝对命令"的地位。正是在道德问题上,蔡元培与他们有根本区别。道德在蔡元培那里不仅仅是人的行为规范,而且还是人格完善和人性升华的途径与标志。蔡元培不像许多近代中国知识分子那样,因视救亡为当务之急而多少未将自身作为目的,并且由于急于救国或一意追求国家富强往往过度强调国家社会而忽略个人。即使谈道德,也强调的是所谓公德。因为在他们看来,只有公德才有助于国家的富强。严复讲的"民德"和梁启超在《新民说》中提倡的公德,其实是一个意思,即以国家富强为目的来提出道德要求,而传统道德则往往被看成是国家富强的障碍,因而在每次以救亡为目的的反传统思潮中总是首当其冲。由于传统道德大都属于"私德"范畴,这样,私德不修,人欲横流在"个性解放"和"追求自由"的金字招牌下得以大行其道。像陈独秀,一面提倡新道德,一面却去青楼狎妓虐妓。这种言行截然相背的行为,实际上完全否定了道德。道德之为道德,就在于它有一种"绝对命令"式的约束力,这种约束力根源于人的良知或实践理性。

蔡元培认为,个人是社会的一分子,社会的好坏取决于个人的素质。私德和公德同样关系重大。个人道德的堕落,必导致和加速社会的腐败。"今人恒言,西方尚公德,而东方尚私德;又以为能尽公德,私德之出入不足措意,是误会也。吾人既为社会之一分子,分子之腐败,不能无影响于全体。"①在蔡元培看来,私德和公德至少同样重要,私德不修,则人格不立,公德不展。"国民而无完全人格,欲国家之隆盛,非但不可得,且有衰亡之虑焉。"②而欲完善人格,必从教育入手,教育为培养道德和完善人格的基本途径和手段,而"德育实为完全人格之本"③。

但蔡元培提倡的道德,并非是纯粹的传统道德。他虽然对传统道德的许多方面是肯定的,但仍看到传统道德的重大缺陷:"顾大率详于个人与个人交涉之私德,而国家伦理阙焉。法家之言,则又偏重国家主义,而蔑视个人权利。"④因此,传统形态的道德显然不合现代共和国公民的需要。道德在现代必须能保持共和国民之人格,培养共和思想。"尚公德,尊人权,贵贱平等,而无所谓骄诌,意志自由,而无所谓徼幸,不以法律所不及而自恣,不以势力所能达而妄行,是皆共和思想之要素,而人人所当自勉者也。"⑤蔡元培要提倡的道德以

---

① 《蔡元培全集》第3卷,第124页。
② 《蔡元培全集》第3卷,第8页。
③ 《蔡元培全集》第3卷,第8页。
④ 《蔡元培全集》第1卷,第168页。
⑤ 《蔡元培全集》第2卷,第137页。

"自由""平等""博爱"为核心。"是以鄙人言工事,则必以道德为根本;言道德,则又必以是三者为根本。"①并说:"道德之要旨,尽于是矣。"②可见,在道德问题上,蔡元培并非持传统主义的立场,而是超越传统道德的局限来重新提倡一种新道德,并通过强调自由、平等、博爱的核心作用给这种新道德打下基础。并且,这种新道德并未像"五四"时人们鼓吹的"新道德"那样往往流于空洞的口号。相反,蔡元培通过用传统资源来对"自由""平等""博爱"进行新的阐释而赋予它们以丰富的内涵。

他认为"自由"就是孔子说的"匹夫不可夺志"和孟子说的"富贵不能淫,贫贱不能移,威武不能屈",也就是传统道德中"义"这个概念。而"平等"则是"己所不欲,勿施于人",即传统道德中讲的"恕"。而"博爱"则是"仁",即人溺己溺、民胞物与这样的思想。这种阐释当然未必符合"自由""平等""博爱"在西方的原义;反过来说,用"自由""平等""博爱"来解释"义""恕""仁"这三个基本的传统道德范畴也未必合适。然而,这种创造性的释义学的互证互释恰恰丰富而不是削弱了中西这六个基本的道德范畴。例如,"自由"即使在西方也是一个看似简单、实却复杂的概念。直到现在还有很多人对它不甚了解,仅从字面上想当然地去理解,以致自由往往成为一切非道德的自利行为的漂亮借口。但蔡元培将自由理解为一种美德③,它并非指恣肆放纵和随心所欲。相反,蔡元培理解的自由当然包括思想、身体、言

---

① 《蔡元培全集》第 2 卷,第 131 页。
② 《蔡元培全集》第 2 卷,第 131 页。
③ 参看《蔡元培全集》第 2 卷,第 436 页。

论、居住、职业、集会等自由。但他用"匹夫不可夺志"和"富贵不能淫,贫贱不能移,威武不能屈"来解释自由,是要强调自由首先是思想自由、意志自由和人格尊严。"若受外界之压制,而不及其度,则尽力以争之,虽流血亦有所不顾,所谓'不自由毋宁死'是也。然若过于其度,而有愧于己,有害于人,则不复为自由,而谓之放纵。放纵者,自由之敌也。"①所以在他看来,自由包含高度的道德自制。无此高度道德自制,则自由将流于放纵,走向其反面。他并举法国大革命自由放纵而流于残忍及英国妇女争取选举权由放纵而流于粗暴来加以证明。②蔡元培比较强调的是思想自由和信仰自由,认为此种自由足为未来道德开一新径。③个人思想自由具有崇高地位,"则虽临之以君父,监之以帝天,囿之于各种社会之习惯,亦将无所畏葸而一切有以自申"④。传统的"义"的概念里显然没有这部分内容。所以,当他用"义"来解释自由时,不但未严重曲解或抽去自由的原义,而且还丰富了"自由"的内涵,也丰富了"义"的内涵。

从蔡元培以自由、平等、博爱为他所要提倡的道德的核心就可看出,他决非像当时各种假道学或封建余孽那样,以维持纲纪或整饬风格来压制新思想;也不是单纯地提倡新道德反对旧道德;或只是为了改造国民性等比较功利的考虑。和许多同时代的知识分子不同,蔡元培在强烈的国家和民族情怀之外,还有更高远的人文情怀。中国

---

① 《蔡元培全集》第 2 卷,第 436—437 页。
② 《蔡元培全集》第 2 卷,第 437 页。
③ 《蔡元培全集》第 3 卷,第 47 页。
④ 《蔡元培全集》第 3 卷,第 261 页。

传统文化中人文主义的精神对他的思想人格有根深蒂固的影响。这种影响在他对进化论与众不同的理解中清楚地显示了出来。

众所周知,近代中国知识分子少有不受进化论,尤其是严复翻译的《天演论》中所宣传的社会进化论思想影响的,因为这种思想既向他们解释了国家危机的原因与后果,又给他们提供了解决危机的根据和方向。既然"优胜劣汰,适者生存",那么唯有不惜一切代价富国强兵,才能保国保种,挽救危亡,进而称雄称霸,恢复昔日的荣光。在社会进化论思想影响下,竞争求存、争强取胜成了许多知识分子思想的基本出发点。一时间,受这一思潮影响而给自己起名叫"适之""竞存""竞雄"的人不知凡几,几乎成为一种时髦。本来赫胥黎写《进化论与伦理学》是要抨击社会达尔文主义,维护人类道德和价值的至上地位。然而,救亡图存的紧迫要求却使严复对这本书做了令人注目的故意误读。

进化论对蔡元培同样有很大的影响,但他对进化论却有自己独特的理解:"然进化史所诏言人类者:人类之义务,为群伦不为小己,为将来不为现在,为精神之愉快而非为体魄之享受,固已彰明而较著矣。而世之误读进化史者,乃以人类之大鹄的,为不外乎一身与种姓之生存,而遂以强者权利为无上道德。"[①]蔡元培在进化论中看到的是人格的完善和人性的升华,而不是优胜劣汰,适者生存,更不是你死我活的无情竞争。这当然也可以说是一种主观色彩很强的误读,然而这种独特的误读所透露的却是他人文主义的基本立场和以此为基

[①]《蔡元培全集》第2卷,第290页。

础的道德关怀。

蔡元培对于自己所处的时代有清醒的认识。这是一个恃财力和武力竞争的世界。要想避免"人为刀俎,我为鱼肉"的命运,富国强兵似乎是不可避免的选择。然而,"顾兵可强,然或溢而利斗,为侵略,则奈何?国可富也,然或不免知欺愚,强欺弱,而演贫富悬绝,资本家与劳动家血战之惨剧,则奈何?"①事实上,人类的社会政治、经济问题无论多么急迫,都无法完全排除道德问题;相反,实际上总是隐含着根本重要的道德问题在内。专注社会政治、经济问题而无视道德问题,或以为只要解决了前者,后者就会迎刃而解已被历史证明是一大错误。毕竟,道德是人类行为的条件和基础,是人性对行为的约束、规范和开化。现代人在一味追求功利目的的同时,却多少忽视了人性的道德要求,结果造成了一系列文明的悲剧或现代性灾难。

急功近利的思潮在近代中国也一浪高过一浪,几乎完全控制了中国人的心灵。与功利目的相比,道德价值的地位日益下降。反传统思潮作为功利思潮的一个结果,实质是以眼前功利否定长远和终极价值。在这种情况下,道德价值最多只是作为从属的东西或达到功利目的手段被人提起。但正如美国学者许华茨在他那本论述严复的书的结论中指出的:"在什么地方价值被看作是达到强盛的工具,这些价值就可能会被弄得靠不住,脆弱和畸形了。"②但蔡元培却与流行的思潮相反,他并不把富强视为终极目的,而只是达到人类幸福的

---

① 《蔡元培全集》第 2 卷,第 131 页。
② 许华茨:《严复与西方》,职工教育出版社,1990 年,第 212 页。

手段。他把道德放在比富强更为重要的位置上。对他来说,道德是目的而不是手段,人类只有通过道德完善才能达到至善的境地。

蔡元培的道德思想有其形而上学的基础,显然是受了康德哲学的影响。蔡元培把世界分为现象世界与实体世界,但这并不是说有两个不同的世界,而只是一世界之两方面,"如一纸之有表里"①。现象世界之事为政治,其目的是现世幸福;实体世界则属形而上的领域。但这并不是两个彼此冲突的世界。人是一定要生活在现象世界,但必须要能最终超越现象世界而进入实体世界。因为"世所谓最良政治者,不外乎以最大多数人之最大幸福为鹄的。最大多数者,积最少数之一人而成者也。一人之幸福,丰衣足食也,无灾无害也,不外乎现世之幸福。积一人幸福而为最大多数,其鹄的犹是。……虽然,人不能有生而无死,现世之幸福,临死而消灭。人而仅仅以临死消灭之幸福为鹄的,则所谓国民若人类者,有何等价值乎?且如是,则就一人而言之,杀身成仁也,舍生取义也,舍己而为群也,有何等意义乎?就一社会而言之,以我以自由乎,否则与我以死,争民族之自由,不至沥全民族最后之一滴血不已,不至全国为一大冢不已,有何等意义乎?且人既无一死生破利害之观念,则必无冒险之精神,无远大之计划,见小利,急近功,则又能保其不为失节堕行身败名裂之人乎?……非有出世间思想者,不能善处世间事,吾人即仅仅以现世幸福为鹄的,犹不可无超轶现世之观念,况鹄的不止于此者乎?"②既然

---

① 《蔡元培全集》第 2 卷,第 133 页。
② 《蔡元培全集》第 2 卷,第 132—133 页。

现世幸福不能成为终极目的,那么终极目的一定是形而上的,即要"超轶现象世界种种差别之关系,而完全成立为本体世界之大我"①,也就是"肉体之享受,纯任自然,而意识界之营求泯,人我之见亦化"②。但蔡元培心目中的终极目的并不是消极的"天人合一"或"物我两忘",而是积极地超越一己之利害得失的考虑而将自己的生命付诸人类的幸福,"洞悉夫一身与世界种种之关系,而开拓其能力,以增进社会之利福"③。他把这称为积极道德,而独善其身还只能算是消极道德。只有达到积极道德的境界,才算超越了现象世界而进入实体世界。而欲达此目的,在主观方面,需发展自己的人格,"然人格之发展,必有种子,此种子非得消极道德之涵养,不能长成,而非经积极道德之扩张,则不能蕃盛"④,所以要修德。而在客观方面,则需要"提撕实体观念之教育"⑤,这首先就是美育。美育能陶冶人的品格,打破人我成见,又"有超脱性,以透出利害的关系"⑥,"凡与人同乐、舍己为群之德……赖美育之助也"⑦。美育的最终目的仍是形而上的道德目的。

其实,上述形而上的道德观或道德形而上学是蔡元培一切思想的基础和出发点。不仅他的美学和美育思想,而且他的教育思想也

---

① 《蔡元培全集》第2卷,第289页。
② 《蔡元培全集》第2卷,第134页。
③ 《蔡元培全集》第2卷,第255页。
④ 《蔡元培全集》第2卷,第255页。
⑤ 《蔡元培全集》第2卷,第134页。
⑥ 《蔡元培全集》第6卷,第158页。
⑦ 《蔡元培全集》第6卷,第509页。

是以道德为基本着眼点。教育以道德为根本,"此乃教育家百世不迁之主义"①,教育的目的是培养人的人格。"教育是帮助被教育的人,给他能发展自己的能力,完成他的人格,于人类文化上能尽一份子的责任。"②这个"能尽一份子的责任",就是尽自己的社会义务,也就是蔡元培所说的"积极道德"。但尽社会义务决不是抹杀自我,而是要提升自我,使之从有限成为无限,短暂变为永恒。

但蔡元培并不是将这种道德形而上学作为纯粹的理论来鼓吹,相反,他自己就首先把它作为人生目标和行为规范来实践。他完美地体现了中国"知行合一"的传统。他之所以能"言为士则,行为士范",端在于此。道德对蔡元培来说,既是终极价值、思想基础,又是行为准则。他始终强调和坚持道德的实践性和自律性。"总之,道德不是记熟几句格言,就可以了事的,要重在实行。"③道德实践可分内外两方面。对内的道德实践是修德或修身。近代思想家中唯有蔡元培对个人修身理论有完整系统的阐述。本文选全文选录了他这方面的代表作《中学修身教科书》《华工学校讲义》和《科学之修养》等以示重视。道德实践对外是指能将自己的信念付诸实施,有为有守,不因循,不苟且,坚持自己的道德理想而不计个人利害得失。本文选中《不肯再任北大校长的宣言》等文,则是蔡元培对外道德实践的记录。在一个功利至上、道德委弃的时代,蔡元培的思想和实践也许更加具有特殊的意义和价值。

① 《蔡元培全集》第 2 卷,第 264 页。
② 《蔡元培全集》第 4 卷,第 177 页。
③ 《蔡元培全集》第 3 卷,第 476 页。

目录

001　《蔡元培文选》新版序

001　中国近代思想史上的蔡元培（代序）　张汝伦

论中西文化

003　在杭州方言学社开学日演说词

007　世界观与人生观

012　《学风》杂志发刊词

019　华法教育会之意趣

023　在清华学校高等科演说词

027　《北京大学月刊》发刊词

030　哲学与科学

036　杜威六十岁生日晚餐会演说词

039　在爱丁堡中国学生会及学术研究会欢迎会演说词

043　中国的文艺中兴
　　　——在比利时沙洛王劳工大学演说词

052　在康德诞生二百周年纪念会上致词

054　《中国新文学大系》总序

064　孔子之精神生活

067　《人与地》序

论教育

073　学堂教科论

088　中国伦理学史

230　对于新教育之意见

238 新教育与旧教育之歧点
——在天津中华书局"直隶全省小学会议欢迎会"上的演说词

242 北大一九一八年开学式演说词

243 《国民杂志》序

246 教育之对待的发展

249 在北京高等师范学校《教育与社会》社演讲词

253 告北大学生暨全国学生书

256 教育独立议

259 中国教育的发展

268 我在北京大学的经历

278 《俞理初先生年谱》跋

论立德修身

289 中学修身教科书

388 华工学校讲义

432　　就任北京大学校长之演说

435　　在爱国女学校之演说

439　　以美育代宗教说
　　　　——在北京神州学会演说词

445　　北大进德会旨趣书

450　　科学之修养
　　　　——在北京高等师范学校修养会演说词

454　　在卜技利中国学生会演说词

458　　美育

463　　美育与人生

466　　复兴民族与学生
　　　　——在大夏大学学生自治会演说词

论中西文化

在杭州方言学社开学日演说词*

（一九〇一年四月十九日）

今日为学社开学之日，我所演说者，即是表明学社命名之义及一切课程之关系。学社品格，当属于通俗语所谓学堂一类。学堂本吴中学塾之通名，而近则以为分班教授诸院塾之大别名，盖分班教授法，始于上海西人之学塾，故从吴语而他处借以为分别文耳。

学塾繁多，不可具数，今最著者，为学官、书院、学堂三大支。学官最古周制，与西人同，其后流为史官素餐之地，于是矫之以书院。自宋以来，颇持清议，其后又流而师生牟利之地，于是矫之以学堂。然而学官如故，书院如故，则我国恋旧之习太深也。因旧属之颓败，而改造者不尽撤蠹蚀之料，则蠹必传。因旧肆之折阅，而改为者不尽去舞弊之人，则弊愈广。夫是以书院之起，非不与学官竞争，不久而与之俱化。今学堂之起，其将竞而存与，抑亦与之化与？是无他责，

---

* 清光绪二十七年（1901）三月初一日，杭州方言学社开学，主讲许研农等邀请蔡元培前往观礼，发表演说。当晚，"研农来，属撰学社记，并笔记所演说者付录"（《杂记》手稿），遂写出此篇。标题为编订者所加。

责主持学堂者而已。

夫主持学堂者之宗旨,恒见于其所系之专名。善乎许秋帆先生之设学堂也,名之以崇实。孔子言政,曰:君君,臣臣,父父,子子,实也。齐景公曰:君不君,臣不臣,父不父,子不子,无实也。彼夫学官、书院之弊,岂非师不师,弟不弟,教非教,学非学,以致此与?善乎先生之言崇实也。先生之学堂以绌费中止,而诸弟子持先生之宗旨不变,相与立学社于此,以学会之体,举学堂之实,复延先生而教授焉,顾谦其名曰方言。

方言者,语言文字之学耳,而影响于我国者甚大。譬之家也,其祖宗之世,治生计,驯伦理,教诲子女,防御盗贼,皆中律令,其家之职业日兴,名誉日盛,乃记其已行之事以为法,记其所发明之理以为训,以传之子孙。子孙之不肖者,易大功同财之制,为族长专利之私,利族人之愚弱以自便也。取所谓家法、家训者一切摧烧之,凌虐刻剥,为所欲为,乃者既以族人之公愤而逐之矣。后之继起为族长者,曰:其专利是也,其所以行之之术未善,吾将委曲以达其志。于是集族之可以道古者而噢咻之,使出祖宗法训于遗烬之中,而窜补傅会,以铸成族长专利之范围,亦世相传,用为衣钵。族之椎鲁者,无论其稍有才智,足窥见阴谋者,哄以利,不从,哄以名,不从,则胁之以死,务使一族之人,咸局脊于其范围之中而不悟,曰:吾祖宗之法若训,固如此也。是以有觊觎族长之大盗,而必无讨论公益之罪言,各图其所能焉,而不以一族之盛衰为意,积馁积愚,积私积惰,积贫积弱,并族长所专之利,亦将无所出。而东西诸邻乃烂然,职业日隆,名誉日盛,如吾祖宗时。其内容之余,辄为吾族所需要,而一操一纵,足以制吾族之死命；其知虑强权，又足以凌驾吾族而有余，而又以吾族不肖之为大有害于风俗，而以夺易之为己任；则吾族之资产安得不出卖，而子侄安得不为所佣奴乎？然而吾祖宗之时，固不如是，则吾亦图复吾祖宗之所行而已。虽然，徒记本草之文者，不可以采药；仅读天官之志者，不能以名星；传闻者难为详，目见者易以悟也。是以春秋著三世之异辞，孙卿法后王之粲。然欲复吾祖宗之法训，其必取资东西邻矣。

虽然，东西邻者，言语不通，文字不同，吾欲叩其所以而不得，则语言文字之学，其锁匙也。彼泰西传教之士来我国者，无不学官话，其来各府州县者，甚且学方言，以彼之自信所得而欲传于人者，尚不惮为此，况吾之取资于彼者乎？学社所以有英国语言文字学。语言文字，不能无所附丽，有丽于酬应者，有丽于学理者。必通西国文字，而后及普通学。然则亦必通我国文字而后明理义乎？此必无之理也。学社是以有西国普通学，如算术、格致之类是也。然则习西文，通西学，将使学者一切如西人而后已乎？曰：果如是，仍无益于我国。何则？国体、地势、风俗习惯不能无异同也。是故如我国探理之学，由六经、诸子以推于名臣硕儒论议语录之属，抉择而演绎之，而后证之以西国理论，则无方凿圆枘之患。而我国探迹之学，由现行事例以追溯国初掌故，与夫历代制度之沿革，事变之孳乳，知其流弊之所由，而后矫之以西国政治，则无胶柱鼓瑟之患。而我国修辞之学，于百物之定名，文白之成法，篇章之熔截，有以达意叙事，使观听者无所眩，而后持以译西国之书，则无节书燕说之患。三者，吾国旧学之菁英也，学社是以有经史辞章之学。戊戌大学堂章程，曰中学为体，西学为用。西学以语言文字为门径，不以语言文字为极功。学社宗旨犹是也，曰方言者，谦词焉耳。

吾闻学校之事，与国宪之变迁有关系。国宪三变：曰专制，于春秋为据乱世；曰立宪，为升平世；曰共和，为太平世。学校亦然。专制体为学堂，为初学导门径者也。其总理谙于学问之事，管理之法，延访教习，进退学生，皆符公理则效，否则脂韦敷衍，为学官、书院之附庸而已。共和体为学会，为成学结团体者也。其会友皆有确实坚忍之气，相借相长，以求进步则效，否则剽窃时论，苟以哗众榜名，则亦征逐嬉游之变相而已。若乃立宪体，则以学会之体，举学堂之实，议事取公论，治事有专责，既不阏自由之权，又不为无法之形，舍短取长，殆无遗憾。论者谓今世界政体，惟立宪最宜，吾于学校亦云。

顾甲午以来，吾国学校，颇见改革之象，而所举者专制为多。立宪体则自京师通艺学堂外，无闻焉。迩者，武进刘君、镇海郑君、茶陵谭君、嵊袁君创立方言学社于浙江省会，延丹徒许先生秋帆为教习，四君者率诸弟子而受业焉。复公举谭先生建侯为总理，而刘君、郑君、〈袁君〉、〈谭君〉复各膺社长、理事之举。学社之事，弟子年十五以上，皆得参议，盖纯乎立宪体者。开学之日，同志毕集，演说者□人，致颂辞者□人，咸以及时厉学保权任事为勖，咸无背宗旨。乌呼，我国苦专制久矣，诚以诸君宗旨之正而引而申之，扩而充之，以灌输立宪思想于国民之脑中，则政体改革之机，必有影响于是者。敢记之以为息壤。

光绪二十七年三月

山阴蔡元培记
（据蔡元培手稿）

世界观与人生观[*]

（一九一二年冬）

世界无涯涘也，而吾人乃于其中占有数尺之地位；世界无终始也，而吾人乃于其中占有数十年之寿命；世界之迁流，如是其繁变也，而吾人乃于其中占有少许之历史。以吾人之一生较之世界，其大小久暂之相去，既不可以数量计；而吾人一生，又决不能有几微逋出于世界以外，则吾人非先有一世界观，决无所容喙于人生观。

虽然，吾人既为世界之一分子，决不能超出世界以外，而考察一客观之世界，则所谓完全之世界观，何自而得之乎？曰：凡分子必具有全体之本性，而既为分子，则因其所值之时地而发生种种特性，排去各分子之特性，而得一通性，则即全体之本性矣。吾人为世界一分子，凡吾人意识所能接触者，无一非世界之分子。研究吾人之意识，而求其最后之原索，为物质及形式。物质及形式，犹相对待也。超物质形式之畛域而自在者，惟有意志。于是吾人得以意志为世界各分

---

[*] 此篇系蔡元培第二次赴德留学时所作，刊载于巴黎出版的《民德杂志》创刊号，1913年4月又转载于《东方杂志》第9卷第10号。

子之通性，而即以是为世界之本性。

本体世界之意志，无所谓鹄的也。何则？一有鹄的，则悬之有其所，达之有其时，而不得不循因果律以为达之之方法，是仍落于形式之中，含有各分子之特性，而不足以为本体。故说者以本体世界为黑暗之意志，或谓之盲瞽之意志，皆所以形容其异于现象世界各各之意志也。现象世界各各之意志，则以回向本体为最后之大鹄的。其间接以达于此大鹄的者，又有无量数之小鹄的。各以其间接于最后大鹄的之远近，为其大小之差。

最后之大鹄的何在？曰：合世界之各分子，息息相关，无复有彼此之差别，达于现象世界与本体世界相交之一点是也。自宗教家言之，吾人固未尝不可于一瞬间，超轶现象世界种种差别之关系，而完全成立为本体世界之大我。然吾人于此时期，既尚有语言文字之交通，则已受范于渐法之中，而不以顿法，于是不得不有所谓种种间接之作用，缀辑此等间接作用，使厘然有系统可寻者，进化史也。

统大地之进化史而观之，无机物之各质点，自自然引力外，殆无特别相互之关系。进而为有机之植物，则能以质点集合之机关，共同操作，以行其延年传种之作用。进而为动物，则又于同种类间为亲子朋友之关系，而其分职通功之例，视植物为繁。及进而为人类，则由家庭而宗族、而社会、而国家、而国际。其互相关系之形式，既日趋于博大，而成绩所留，随举一端，皆有自阂而通、自别而同之趋势。例如昔之工艺，自造之而自用之耳。今则一人之所享受，不知经若干人之手而后成。一人之所操作，不知供若干人之利用。昔之知识，取材于乡土志耳。今则自然界之记录，无远弗届。远之星体之运行，小之原子之变化,皆为科学所管领。由考古学、人类学之互证,而知开明人之祖先,与未开化人无异。由进化学之研究,而知人类之祖先与动物无异。是以语言、风俗、宗教、美术之属,无不合大地之人类以相比较。而动物心理、动物言语之属,亦渐为学者所注意。昔之同情,及最近者而止耳。是以同一人类,或状貌稍异,即痛痒不复相关,而甚至于相食。其次则死之、奴之。今则四海兄弟之观念,为人类所公认。而肉食之戒,虐待动物之禁,以渐流布。所谓仁民而爱物者,已成为常识焉。夫已往之世界,经其各分子之经营而进步者,其成绩固已如此。过此以往,不亦可比例而知之欤。

道家之言曰:"知足不辱,知止不殆。"又曰:"小国寡民,使有什伯之器而不用,使民重死而不远徙,虽有舟舆,无所乘之。虽有甲兵,无所陈之。使民复结绳而用之。甘其食,美其服,安其居,乐其俗。邻国相望,鸡狗之声相闻,民至老死而不相往来。"此皆以目前之幸福言之也。自进化史考之,则人类精神之趋势,乃适与相反。人满之患,虽自昔借为口实,而自昔探险新地者,率生于好奇心,而非为饥寒所迫。南北极苦寒之所,未必于吾侪生活有直接利用之资料,而冒险探极者踵相接。由推轮而大辂,由桴槎而方舟,足以济不通矣;乃必进而为汽车、汽船及自动车之属。近则飞艇、飞机,更为竞争之的。其构造之初,必有若干之试验者供其牺牲,而初不以及身之不及利用而生悔。文学家、美术家最高尚之著作,被崇拜者或在死后,而初不以及身之不得信用而辍业。用以知:为将来牺牲现在者,又人类之通性也。

人生之初,耕田而食,凿井而饮,谋生之事,至为繁重,无暇为高尚之思想。自机械发明，交通迅速，资生之具，日超[趋]于便利。循是以往，必有菽粟如水火之一日，使人类不复为口腹所累，而得专致力于精神之修养。今虽尚非其时，而纯理之科学，高尚之美术，笃嗜者固已有甚于饥渴，是即他日普及之朕兆也。科学者，所以祛现象世界之障碍，而引致于光明。美术者，所以写本体世界之现象，而提醒其觉性。人类精神之趋向，既毗于是，则其所到达之点，盖可知矣。

然则进化史所以诏吾人者：人类之义务，为群伦不为小己，为将来不为现在，为精神之愉快而非为体魄之享受，固已彰明而较著矣。而世之误读进化史者，乃以人类之大鹄的，为不外乎其一身与种姓之生存，而遂以强者权利为无上之道德。夫使人类果以一身之生存为最大之鹄的，则将如神仙家所主张，而又何有于种姓？如曰人类固以绵延其种姓为最后之鹄的，则必以保持其单纯之种姓为第一义，而同姓相婚，其生不蕃。古今开明民族，往往有几许之混合者。是两者何足以为究竟之鹄的乎？孔子曰："生无所息。"庄子曰："造物劳我以生。"诸葛孔明曰："鞠躬尽瘁，死而后已。"是吾身之所以欲生存也。北山愚公之言曰："虽我之死，有子存焉。子又生孙，孙又生子，子子孙孙，无穷匮也；而山不加增，何苦而不平。"是种姓之所以欲生存也。人类以在此世界有当尽之义务，不得不生存其身体；又以此义务者非数十年之寿命所能竣，而不得不谋其种姓之生存；以图其身体若种姓之生存，而不能不有所资以营养，于是有吸收之权利。又或吾人所以尽义务之身体若种姓，及夫所资以生存之具，无端受外界之侵害，将坐是而失其所以尽义务之自由，于是有抵抗之权利。此正负两式之权利，皆由义务而演出者也。今曰：吾人无所谓义务，而权利则可以无限。是犹同舟共济，非合力不足以达彼岸，乃强有力者以进行为多事，而劫他人所持之棹楫以为己有，岂非颠倒之尤者乎。

昔之哲人，有见于大鹄的之所在，而于其他无量数之小鹄的，又准其距离于大鹄的之远近，以为大小之差。于其常也，大小鹄的并行而不悖。孔子曰："己欲立而立人，己欲达而达人。"孟子曰："好乐，好色，好货，与人同之。"是其义也。于其变也，绌小以申大。尧知子丹朱之不肖，不足授天下。授舜则天下得其利而丹朱病，授丹朱则天下病而丹朱得其利。尧曰，终不以天下之病而利一人，而卒授舜以天下。禹治洪水，十年不窥其家。孔子曰："志士仁人，无求生以害仁，有杀身以成仁。"墨子摩顶放踵，利天下为之。孟子曰："生与义不可得兼，舍生而取义。"范文正曰："一家哭，何如一路哭。"是其义也。循是以往，则所谓人生者，始合于世界进化之公例，而有真正之价值，否则庄生所谓天地之委形委蜕已耳，何足选也。

据巴黎《民德杂志》创刊号"社说二"，见《旅欧教育运动》，
世界社1916年秋在法国都尔斯出版

《学风》杂志发刊词*

（一九一四年夏）

今之时代，其全世界大交通之时代乎？昔者吾人以我国为天下，而西方人亦以欧洲为世界。今也畛域渐化，吾人既已认有所谓西方之文明，而彼西方人者，虽以吾国势之弱，习俗之殊特，相与鄙夷之，而不能不承认为世界之一分子。有一世界博览会焉，吾国之制作品必与列焉，有大学焉，苟其力足以包罗世界之学术，则吾国之语文历史，恒列为一科焉；有大藏书楼焉，则吾国之图籍，恒有存焉；有博物院焉，苟其宗旨在于集殊方之珍异，揭人类之真相，则吾国之美术品或非美术品，必在所搜罗焉。此全世界大交通之证也。

虽然，全世界之交通，非徒以国为单位，为国际间之交涉而已。在一方面，吾人不失其为家庭或民族或国家之一分子；而他方面，则又将不为此等种种关系所围域，与一切人类各立于世界一分子之地

---

* 1913年冬，蔡元培到法国后，与汪兆铭、李煜瀛、张继等筹办《学风》杂志。创刊号已付印，因第一次世界大战爆发，巴黎的中华印字局停业搬迁，《学风》的编印工作即告停顿。

位,通力合作,增进世界之文化。此今日稍稍有知识者所公认也。夫全世界之各各分子,所谓通力合作以增进世界之文化者,为何事乎?其事固不胜枚①举,而其最完全不受他种社会之囿域,而合于世界主义者,其惟科学与美术乎(科学兼哲学言之)!法与德,世仇也,哲学、文学之书,互相传译;音乐、图画之属,互相推重焉。犹太人,基督教国民所贱视也,远之若斯宾诺赛②之哲学、哈纳之诗篇,近之若爱里希之医学、布格逊之玄学,群焉推之,其他犹太人之积学而主讲座于各国大学者指不胜屈焉。波兰人,亡国之民也,远之若哥白尼之天文学、米开维之文学,近之若居梅礼之化学,推服者无异词焉。而近今之以文学著者尚多,未闻有外视之者。东方各国,欧洲人素所歧视也,然而法国罗科科时代之美术,参中国风,评鉴者公认之。意大利十六世纪之名画,多衬远景于人物之后,有参用中国宋、元人笔意者,孟德堡言之。二十年来,欧洲之图画,受影响于日本,而抒情诗则受影响于中国,尤以李太白之诗为甚,野该述之。欧洲十八世纪之惟物哲学,受中国自然教之影响也,十九世纪之厌世哲学,受印度宗教之影响也,柏鲁孙言之。欧洲也,印度也,中国也,其哲学思想之与真理也,以算学喻之,犹三座标之同系于一中心点也,加察林演说之。其平心言之如此,故曰:科学、美术,完全世界主义也。

方今全世界之人口,号千五百兆而弱,而中国人口,号四百兆而强,占四分之一有奇。其所居之地,则于全球陆地五千五百万方里

---

① 《蔡孑民先生言行录》下册辑录此篇时,删去"枚"字。
② 《蔡孑民先生言行录》下册将"斯宾诺赛"改为"斯宾诺莎"。

中,占有四百余万方里,占十四分之一。其地产之丰腴,气候之调适,风景之优秀而雄奇,其历史之悠久,社会之复杂,古代学艺之足以为根柢,其可以贡献于世界之科学、美术者何限?吾人试扪心而自问,其果有所贡献否?彼欧洲人所谓某学某术受中国之影响者,皆中国古代之学术,非吾人所可引以解嘲者也,且正惟吾侪之祖先,在交通较隘之时期,其所作述,尚能影响于今之世界,历千百年之遗传以底于吾人,乃仅仅求如千百年以前所尽之责任而尚不可得,吾人之无以对世界,伊于胡底耶?且使吾人姑退一步,不遽责以如彼欧人能扩其学术势力于生活地盘之外,仅即吾人生活之地盘而核其学术之程度,则吾人益将无地以自容。例如,中国之地质,吾人未之测绘也,而德人李希和为之;中国之宗教,吾人未之博考也,而荷兰人格罗为之;中国之古物,吾人未能有系统之研究也,而法人沙望、英人劳斐为之;中国之美术史,吾人未之试为也,而英人布绥尔爱铿、法人白罗克、德人孟德堡为之;中国古代之饰文,吾人未之疏证也,而德人贺斯曼及瑞士人谟脱为之;中国之地理,吾人未能准科学之律贯以记录之也,而法人若可侣为之;西藏之地理、风俗及古物,吾人未之详考也,而瑞典人海丁竭二十余年之力考察而记录之;辛亥之革命,吾人尚未有原原本本之纪述也,法人法什乃为之。其他述①世界地理,通世界史、世界文明史、世界文学史、世界哲学史,莫不有中国一部分焉,庖人不治庖,尸祝越俎而代之,使吾人而尚自命为世界之分子者,宁得不自愧乎?

---

① 《蔡子民先生言行录》下册改为"数"。

吾人徒自愧，无补也。无已，则亟谋所以自尽其责任之道而已。人亦有言，先秦时代，吾人之学术，较之欧洲诸国今日之所流行，业已具体而微，老庄之道学，非哲学乎？儒家之言道德，非伦理学乎？荀卿之正名，墨子之《大取》《小取》，以及名家者流，非今之论理学乎？墨子之经说，非今之物理学乎？《尔雅》《本草》，非今之博物学、药物学乎？《乐记》之言音律，《考工记》之言筍簴，不犹今之所谓美学乎？宋人刻象为楮叶，三年而后成，乱之楮叶之中而不可辨也，不犹今之雕刻乎？周客画筴，筑十版之墙，凿八尺之牖，以日始出时加之其上而观之，尽成龙蛇、禽兽、车马，万物之状备具，不犹今之所谓油画乎？归而求之有余师，闭门造车，出门合辙，吾侪其以复古相号召可矣，奚以轻家鸡、宝野鹜、行万里路而游学为？

虽然，西人之学术，所以达今日之程度者，自希腊以来，固已积二千余年之进步而后得之。吾先秦之文化，无以远过于希腊，当亦吾同胞之所认许也。吾与彼分道而驰，既二千余年矣，而始有羡于彼等所达之一境，则循自然公例，取最短之途径以达之可也。乃曰吾必舍此捷径，以二千余年前之所诣为发足点，而奔轶绝尘以追之，则无论彼我速率之比较如何，苟使由是而彼我果有同等之一日，我等无益于世界之耗费，已非巧历所能计矣。不观日本之步趋欧化乎？彼固取最短之径者也。行之且五十年，未敢曰与欧人达同等之地位也。然则吾即取最短之径以往，犹惧不及，其又堪迂道焉！且不观欧洲诸国之互相师法乎？彼其学术，固不失为对等矣，而学术之交通，有加无已。一国之学者有新发明焉，他国之学术杂志，竞起而介绍之；有一学术之讨论会焉，各国之学者，相聚而讨论之。本国之高等教育既有完备之建设矣,而游学于各国者,实繁有徒。检法国本学期大学生统计,外国留学者:德国二百四十人,英国二百十四人,意大利百五十四人①,奥匈百三十五人,瑞士八十六人,俄国三千一百七十六人,北美合众国五十四人。又观德国本学期大学生统计,外国留学者:法国四十人,英国百五十人,意大利三十六人,奥匈八百八十七人,瑞士三百五十四人,俄国二千二百五十二人,北美合众国三百四十八人。其在他种高等专门学校及仅在大学旁听者,尚不计焉。其他教员、学生乘校假而为研究学术之旅行者,尚多有之。法国且设希腊文史学校于雅典,拉丁文史学校于罗马,以为法国青年博士研究古文之所。设美术学校于罗马,俾巴黎美术学校高才生得于其间为高深之研究。学术同等之国,其转益多师也如此,其他则何如乎?故吾人而不认欧洲之学术为有价值也则已耳。苟其认之,则所以急取而直追之者固有其道矣。

或曰:吾人之吸收外界文明也,不自今始,昔者印度之哲学,吾人固以至简易之道得之矣。其高僧之渡来者吾欢迎之,其经典之流入者吾翻译之。其间关跋涉亲至天竺者,蔡愔、苏物、法显、玄奘之属,廖廖数人耳。然而汉唐之间,儒家、道家之言,均为佛说所浸入,而建筑、雕塑、图画之术,皆大行印度之风;书家之所挥写,诗人之所讽咏,多与佛学为缘。至于宋代,则名为辟佛,而其学说受佛氏之影响者益以深远,盖佛学之输入我国也至深博,而得之之道则至简易。今日之于欧化,亦若是则已矣。

---

① 《蔡子民先生言行录》下册载为"意大利五百十四人"。

虽然，欧洲之学术，非可以佛学例之。佛氏之学，非不闳深，然其范围以哲学之理论为限。而欧洲学术，则科目繁多，一科之中，所谓专门研究者，又别为种种之条目。其各条目之所资以研究而参考者，非特不胜其繁，而且非浅尝者之所能卒尔而移译也。且佛氏之学，其托于语言文字者已有太涉迹象之嫌，而欧洲学术，则所资以传习者，乃全恃乎实物。最近趋势，即精神科学，亦莫不日倾于实验。仪器之应用，不特理化学也，心理、教育诸科亦用之。实物之示教，不特博物学也，历史、人类诸科亦尚之。实物不足，济以标本；标本不具，济以图画；图画不周，济以表目。内革罗人之歌，以蓄音器传之；罗马之壁画，以幻灯摄之；莎士比亚所演之台舞，以模型表示之。其以具体者补抽象之语言如此。其他陈列所、博物院、图书馆种种参考之所，又复不胜枚举。是皆非我国所有也。吾人即及此时而设备之，亦不知经几何年而始几于同等之完备，又非吾人所敢悬揣也。然则吾人即欲凭多数之译本，以窥欧洲学术，较之游学欧洲者，事倍而功半，固已了然。而况纯粹学术之译本，且求之而不可得耶？然则吾人而无志于欧洲之学术则已，苟其有志，舍游学以外，无他道也。

且吾人固非不勇于游学者也。十年以前，留学日本者达三万余人。近虽骤减，其数闻尚逾三千人。若留欧之同学，则合各国而计之，尚不及此数三分之一也。岂吾人勇于东渡而怯于西游哉？毋亦学界之通阂，旅费之丰啬，有以致之。日本与我同种同文，两国学者常相与结文字之因缘，而彼国书报之输入，所谓游学指南、旅行案内之属，不知不识之间，早留印象于脑海，一得机会，则乘兴而赴之矣。于欧洲则否。欧人之来吾国而与吾人相习熟者，外交家耳，教士耳，商人耳，学者甚少。即有绩学之士旅行于吾国者，亦非吾人之所注意。故吾人对于欧人之观察，恒以粗鄙近利为口实，以为彼之所长者枪炮耳；继则曰工艺耳，其最高者则曰政治耳。至于道德文章，则殆吾东方之专利品，非西人之所知也。其或不囿于此类之成见，而愿一穷其底蕴，则又以费绌为言。以为欧人生活程度之高，与日本大异，一年旅费，非三倍于东游者不可，则又废然而返矣。

方吾等之未来欧洲也，所闻亦犹是耳。至于今日，则对于学海之闳深，不能不为望洋向若之叹。而生活程度，准俭学会之所计画，亦无以大过于日本，未闻不叹息于"百闻不如一见"之良言也。夫吾人今日之所见，既大殊于曩昔之所闻，则内国同胞之所闻，其有殊于吾人之所见，可推而知。鹿得革草，以为美食，则呦呦然相呼而共食之。田父负日之喧而暖，以为人莫知者，则愿举而献之于其君。吾侪既有所见，不能不有以报告于内国之同胞，吾侪之良心所命令也。以吾侪涉学之浅，更事之不多，欧洲学界之真相，为吾侪所窥见者，殆不逮万之一。以日力、财力之有限，举吾侪之所窥见，所能报告于同胞者，又殆不逮百之一。然则吾侪之所报告者，不能有几何之价值，吾侪固稔知之。然而吾侪之情，决不容以自己。是则吾侪之所以不自惭其耷陋，而有此《学风》杂志之发刊者也。

据世界社编印：《旅欧教育运动》；
并参阅新潮社编印《蔡孑民先生言行录》

华法教育会之意趣*

（一九一六年三月二十九日）

今日为华法教育会发起之日，鄙人既感无限之愉快，尤抱无限之希望。

盖尝思人类事业，最普遍、最悠久者，莫过于教育。人类之进化，虽其间有迟速之不同，而其进行之涂辙，常相符合。则人类之教育，宜若有共同之规范。欲考察各民族之教育，常若不能不互相区别者，其障碍有二：一曰君主，二曰教会。二者各以其本国、本教之人为奴隶，而以他国、他教之人为仇敌者也。其所主张之教育，乌得不互相歧异？

现今世界之教育，能完全脱离君政及教会障碍者，以法国为最。

---

* 1916年3月间，蔡元培与吴玉章、李煜瀛、汪兆铭等联同法国学者、名流发起组织"华法教育会"，以"发展中法两国之交通，尤重以法国科学与精神之教育，图中国道德智识经济之发展"为宗旨，于是月29日在巴黎自由教育会会所举行发起会，选出会长：蔡元培（中）、欧乐（法）；副会长：汪兆铭（中）、穆岱（法）；书记：李煜瀛、李圣章（中），辈纳、法露（法）；会计：吴玉章（中）、宜士（法）。蔡元培在发起会上发表了这篇演说。

法国自革命成功，共和确定，教育界已一洗君政之遗毒。自一八八六年、一九〇一年、一九一二年三次定律，又一扫教会之霉菌，固吾侪所公认者。其在中国，虽共和成立，不过四年有奇，然追溯共和成立以前二千余年间，教育界所讲授之学说，自孔子、孟子以至黄梨洲氏，无不具有民政之精神。故君政之障碍，拔之甚易，而决不虑其复活。中国又素行信仰自由之风。道、佛、回、耶诸教，虽得自由流布，而教育界则自昔以儒家言为主。儒家言本非宗教，虽有祭祀之礼，然其所崇拜者，以有功德于民及以死勤事等条件为准，与法国哲学家孔德所提议之"人道教"相类。至今日新式之学校，则并此等儒家言而亦去之。是中国教育之不受君政、教会两障碍，固与法国为同志也。

教育界之障碍既去，则所主张者，必为纯粹人道主义。法国自革命时代，既根本自由、平等、博爱三大义，以为道德教育之中心点，至于今且益益扩张其势力之范围。近吾于弥罗君所著《强权嬗于强权论》中，读去年二月间法国诸校长恳亲会之宣言，有曰："我等之提倡人权，既历一世纪矣，我等今又为各民族之自由而战。"又于本年三月十五日之日报，读欧乐君之《理想与意志竞争论》，有曰："法人之理想，不问其为一人，为一民族，凡弱者亦有生存及发展之权利，与强者同。而且无论其为各人，为各民族，在生存期间，均有互助之义务，例如比利时、塞尔维亚、葡萄牙等，虽小在体魄，而大在灵魂，大在权利，不可不使占正当地位于世界以独立而进行。"其为人道主义之代表，所不待言。

其在中国，虽自昔有闭关之号，然教育界之所传诵，则无非人道主义。例如孔子作《春秋》，区人治之进化为三世：一曰据乱世（由乱而进于治),二曰升平世(小康),三曰太平世。据乱之世,内其国而外诸夏(内者亲也,外者疏也);升平之世,内诸夏而外夷狄;太平之世,夷狄进至于爵(与诸夏同),天下远近大小若一。(以上见何休《公羊传解诂》)教化流行,德泽大洽,天下之人人有士君子之行而少过矣。(以上见董仲舒《春秋繁露·俞序篇》)孔子又尝告子游曰:"大道之行也,天下为公,选贤与能(与者举也),讲信修睦。故人不独亲其亲,不独子其子,使老有所终,壮有所用,幼有所长,鳏寡孤独废疾者皆有所养,男有分,女有归,货恶其弃于地也,不必藏于己,力恶其不出于身也,不必为己。是故谋闭而不兴,盗窃乱贼而不作,故外户而不闭,是谓大同。"又曰:"圣人以天下为一家,中国为一人。"其他如子夏言:"四海之内皆兄弟。"张横渠言:"民吾同胞",尤与法人所唱之博爱主义相合。是中国以人道为教育,亦与法国为同志也。

夫人道主义之教育,所以实现正当之意志也。而意志之进行,常与知识及感情相伴。于是所以行人道主义之教育者,必有资于科学及美术。法国科学之发达,不独在科学固有之领域,而又夺哲学之席,而有所谓科学的哲学。法国美术之发达,即在巴黎一市,观其博物院之宏富,剧院与音乐会之昌盛,美术家之繁多,已足证明之而有余。至中国古代之教育,礼、乐并重,亦有兼用科学与美术之意义。《书》云:"天秩有礼。"礼之始,固以自然之法则为本也。惟是数千年来,纯以哲学之演绎法为事,而未能为精深之观察,繁复之实验,故不能组成有系统之科学。美术则自音乐以外,如图画、书法、饰文等,亦较为发达,然不得科学之助,故不能有精密之技术,与夫有系统之理论。此诚中国所深欲以法国教育为师资,而又多得法国教育之助力,以促成其进化者也。

今者承法国诸学问家之赞助,而成立此教育会。此后之灌输法国学术于中国教育界,而为开一新纪元者,实将有赖于斯会。此鄙人之所以感无限之愉快,而抱无限之希望者也。敬为中国教育界感谢诸君子赞助之盛意,并预祝华法教育会之发展。华法教育会万岁!

据世界社编印《旅欧教育运动》

在清华学校高等科演说词

（一九一七年三月二十九日）

两种感想

鄙人今日参观贵校,有两种感想:一为爱国心,一为人道主义。溯贵校之成立,远源于庚子之祸变。吾人对于往时国际交涉之失败,人民排外之蠢动,不禁愧耻,而油然生爱国之心,一也。美国以正义为天下倡,特别退还赔款,为教育人才之用,吾人因感其诚而益信人道主义之终可实现,二也。此二感想,同时涌现于吾心中。夫国家主义与人道主义,初若不相容者,如国家自卫,则不能不有常设之军队。而社会之事业,若交通,若商业,本以致人生之乐利。乃因国界之分,遂反生种种障碍,种种垄断。且以图谋国家生存、国力发展之故,往往不恤以人道为牺牲。欧洲战争,是其著例。吾人对现在国家之组织,断不能云满意,于是学者倡无政府主义,欲破坏政府之组织,以个人为单位,以人道为指归。国家主义与世界主义之不相容,盖如此矣。而何以在贵校所得之二感想,同时盘旋于吾心中？岂非以今日为两主义过渡之时代,吾人固同具此爱国心与人道观念欤？国家主义与世界主义之过渡,求之事实而可征。今日世界慈善事业,若红十字会等组织,已全泯国界。各国工会之集合,亦以人类为一体。至思想学术,则世界所公,本无国别。凡此皆日趋大同之明证。将来理想之世界,不难推测而知矣。盖道德本有三级:(一)自他两利;(二)虽不利己而不可不利他;(三)绝对利他,虽损己亦所不恤。人与人之道德,有主张绝对利他,而今之国际道德,止于自他两利,故吾人不能不同时抱爱国心与人道主义。惟其为两主义过渡之时代,不能不调剂之,使不相冲突也。

对清华学生之希望

吾人之教育,亦为适应此时代之预备。清华学生,皆欲求高深之学问于国外,对于此将来之学者,尤不能无特别之希望,故更贡数言如下。

一曰发展个性

分工之理,在以己之所长,补人之所短,而人之所长,亦还以补我之所短。故人类分子,决不当尽归于同化,而贵在各能发达其特性。吾国学生游学他国者,不患其科学程度之不若人,患其模仿太过而消亡其特性。所谓特性,即地理、历史、家庭、社会所影响于人之性质者是也。学者言进化最高级为各具我性,次则各具个性。能保我性,则所得于外国之思想、言论、学术,吸收而消化之,尽为"我"之一部,而不为其所同化。否则留德者为国内增加几辈德人,留法者、留英者,为国内增加几辈英人、法人。夫世界上能增加此几辈有学问、有德行之德人、英人、法人，宁不甚善？无如失其我性为可惜也。往者学生出外，深受刺激，其有毅力者，或缘之而益自发愤；其志行稍薄弱者，即弃捐其"我"而同化于外人。所望后之留学者，必须以"我"食而化之，而毋为彼所同化。学业修毕，更遍游数邦，以尽吸收其优点，且发达我特性也。

二曰信仰自由

吾人赴外国后，见其人不但学术政事优于我，即品行风俗亦优于我，求其故而不得，则曰是宗教为之。反观国内，黑暗腐败，不可救疗，则曰是无信仰为之。于是或信从基督教，或以中国不可无宗教，而又不愿自附于耶教，因欲崇孔子为教主，皆不明因果之言也。彼俗化之美，仍由于教育普及，科学发达，法律完备。人人于因果律知之甚明，何者行之而有利，何者行之而有害，辨别之甚析，故多数人率循正轨耳。于宗教何与？至于社会上一部分之黑暗，何国蔑有，不可以观察未周而为悬断也。质言之，道德与宗教，渺不相涉。故行为不能极端自由，而信仰不可不自由。行为之标准，根于习惯；习惯之中，往往有并无善恶是非之可言，而社交上不能不率循之者。苟无必不可循之理由，而故与违反，则将受多数人无谓之嫌忌，而我固有之目的，将因之而不得达。故入境问禁，入国问俗，不能不有所迁就。此行为之不能极端自由也。若夫信仰则属之吾心，与他人毫无影响，初无迁就之必要。昔之宗教，本初民神话创造万物末日审判诸说，不合科学，在今日信者盖寡。而所谓与科学不相冲突之信仰，则不过玄学问题之一假定答语。不得此答语，则此问题终梗于吾心而不快。吾又穷思冥索而不得，则且于宗教哲学之中，择吾所最契合之答语，以相慰藉焉。孔之答语可也，耶之答语可也，其他无量数之宗教家、哲学家之答语亦可也。信仰之为用如此。既为聊相慰藉之一假定答语，吾必取其与我最契合者，则吾之抉择有完全之自由，且亦不能限于现在少数之宗教。故曰信仰期于自由也。明乎此，则可以勿眩于习闻之宗教说矣。

三曰服役社会

美洲有取缔华工之法律，虽由工价贱，而美工人不能与之竞争，致遭摈斥，亦由我国工人知识太低，行为太劣，而有以自取其咎。唐人街之腐败，久为世所诟病。留学生对于此不幸之同胞，有补救匡正之天职。欧洲留学界已有行之者，如巴黎之俭学会，对于法国招募华工，力持工价与法人平等及工人应受教育之议。俭学会并设一华工学校，授工人以简易国文、算术及法语，又刊《华工杂志》，用白话撰述，别附中法文对照之名词短语，以牖华工之知识。英国留学生亦有同样之事业，其所出杂志，定名《工读》。是皆于求学之暇，为同胞谋幸福者也。美洲华工，其需此种扶助尤急，而商人巨贾，不暇过问，惟待将来之学者急起图之耳。贵校平日对于社会服役，提倡实行，不遗余力，如校役夜课及通俗演讲等，均他校所未尝有。窃望常抱此主义，异日到美后，推行于彼处之华工，则造福宏矣。

据《蔡孑民先生言行录》

《北京大学月刊》发刊词

（一九一八年十一月十日）

北京大学之设立，既二十年于兹，向者自规程而外，别无何等印刷品流布于人间。自去年有《日刊》，而全校同人始有联络感情、交换意见之机关，且亦借以报告吾校现状于全国教育界。顾《日刊》篇幅无多，且半为本校通告所占，不能载长篇学说，于是有《月刊》之计划。

以吾校设备之不完全，教员之忙于授课，而且或于授课以外，兼任别种机关之职务，则夫《月刊》取材之难，可以想见。然而吾校必发行《月刊》者，有三要点焉。

一曰尽吾校同人所能尽之责任

所谓大学者，非仅为多数学生按时授课，造成一毕业生之资格而已也，实以是为共同研究学术之机关。研究也者，非徒输入欧化，而必于欧化之中为更进之发明；非徒保存国粹，而必以科学方法，揭国粹之真相。虽曰吾校实验室、图书馆等，缺略不具；而外界学会、工场之属，无可取资，求有所新发明。其难固倍蓰于欧美学者。然十六七世纪以前,欧洲学者,其所凭借,有以逾于吾人乎? 即吾国周、秦学者,其所凭借,有以逾人吾人乎? 苟吾人不以此自馁,利用此简单之设备、短少之时间,以从事于研究,要必有几许之新义,可以贡献于吾国之学者,若世界之学者。使无《月刊》以发表之,则将并此少许之贡献,而靳而不与,吾人之愧歉当何如耶?

二曰破学生专己守残之陋见

吾国学子,承举子、文人之旧习,虽有少数高才生知以科学为单纯之目的,而大多数或以学校为科举,但能教室听讲,年考及格,有取得毕业证书之资格,则他无所求;或以学校为书院,媛媛姝姝,守一先生之言,而排斥其他。于是治文学者,恒蔑视科学,而不知近世文学,全以科学为基础。治一国文学者,恒不肯兼涉他国,不知文学之进步,亦有资于比较。治自然科学者,局守一门,而不肯稍涉哲学,而不知哲学即科学之归宿,其中如自然哲学一部,尤为科学家所需要。治哲学者,以能读古书为足用,不耐烦于科学之实验,而不知哲学之基础不外科学,即最超然之玄学,亦不能与科学全无关系。有《月刊》以网罗各方面之学说,庶学者读之,而于专精之余,旁涉种种有关系之学理,庶有以祛其褊狭之意见,而且对于同校之教员及学生,皆有交换知识之机会,而不至于隔阂矣。

三曰释校外学者之怀疑

大学者,"囊括大典,网罗众家"之学府也。《礼记·中庸》曰:"万物并育而不相害,道并行而不相悖。"足以形容之。如人身然,官体之有左右也，呼吸之有出入也，骨肉之有刚柔也，若相反而实相成。各国大学，哲学之唯心论与唯物论，文学、美术之理想派与写实派，计学之干涉论与放任论，伦理学之动机论与功利论，宇宙论之乐天观与厌世观，常樊然并峙于其中，此思想自由之通则，而大学之所以为大也。吾国承数千年学术专制之积习，常好以见闻所及，持一孔之论。闻吾校有近世文学一科，兼治宋、元以后之小说、曲本，则以为排斥旧文学，而不知周、秦、两汉文学，六朝文学，唐、宋文学，其讲座固在也；闻吾校之伦理学用欧、美学说，则以为废弃国粹，而不知哲学门中，于周、秦诸子，宋、元道学，固亦为专精之研究也。闻吾校延聘讲师，讲佛学相宗，则以为提倡佛教，而不知此不过印度哲学之一支，借以资心理学、论理学之印证，而初无与于宗教，并不破思想自由之原则也。论者知其一而不知其二，则深以为怪。今有《月刊》以宣布各方面之意见，则校外读者，当亦能知吾校兼容并收之主义，而不至以一道同风之旧见相绳矣。

  以上三者，皆吾校所以发行《月刊》之本意也。至《月刊》之内容，是否能副此希望，则在吾校同人之自勉，而静俟读者之批判而已。

据《北京大学月刊》第 1 卷第 1 号

（1919 年 1 月出版）

哲学与科学

（一九一九年一月）

哲学与科学，同为有系统之学说。其所异者，科学偏重归纳法，故亦谓之自下而上之学；哲学偏重演绎法，故亦谓之自上而下之学。古代演绎法盛行之时，但有哲学之名；今之所谓科学者，悉包于哲学之中焉。

盖人智之萌芽，本为神话，拜物之习，拟人之神，雷公电母，迎虎祭猫，皆自然科学之对象也。世界原始之谈，人类生死之解，中国之盘古及感生帝，印度之梵天及轮回说，《旧约》之《上帝创造世界记》，皆哲学之对象也。然以偏于科学对象者为多。本此等神话而组成不完全之系统，引以切近人事，于是有宗教。中国之丧祭等礼，印度之婆罗门，波斯之火教，犹太人之《旧约》皆是也。其理论亦大抵包有近世科学之对象，而关于哲学者为多。其后人类又迫于科学思想之冲动，不餍于此等独断之宗教，乃各以观察所得者立说，是为哲学之始。如中国之八卦说、五行说，印度之六派哲学（数论胜论等），希腊之宇宙论，皆毗于自然界之独断论也。及其说为时人所厌，而怀疑派之哲学,继之而起,于是有中国之少正卯一流。(《荀子·宥坐》篇:"孔子曰:人有恶者五,而盗窃不与焉:一曰,心达而险;二曰,行辟而坚;三曰,言伪而辩;四曰,记丑而博;五曰,顺非而泽;少正卯兼有之,故居处足以聚徒成众;言谈足以饰邪营众;强足以非是独立。此小人之桀雄也"。正与希腊诡辩派相类)印度之六师外道,希腊之诡辩派,此等怀疑之论,不足以久维人心,于是有道德论之哲学继之。如中国之孔子、印度之佛、希腊之苏革拉底是也。佛氏以宗教之形式,阐揭玄学;其后循此发展,永为宗教性之哲学,遂与科学无何等之关系。孔子之后有庄子,苏革拉底之后有柏拉图,皆偏于玄学者也。孔子同时有墨子,苏革拉底之后有雅里士多德,则皆兼治科学者也。庄子之哲学,为神仙家所依托,而有道教;柏拉图之哲学,为基督教所攀援,而立新柏拉图派,则又由哲学而转为宗教矣。中国墨学中绝,故以后科学永不发展;而宗仰孔子之儒家,自汉以来,不能出烦琐哲学之范围。西洋之宗教,引雅里士多德学派以自振,故中古之烦琐哲学,虽为人智之障碍,而科学之脉未绝。及文艺中兴以后,思想界以渐革新,自然科学,次第成立。于是哲学与科学之关系,缘之而起焉。

其在古代,所谓哲学者,常兼今日之所谓科学而言之。如柏拉图分哲学为三大类:一曰辨学,二曰物理,三曰伦理,而以辨学为纲。雅里士多德则分哲学为理论、实际二大类,其属于理论者,为分析术(论理学)、玄学、数学、物理学、心理学;其属于实际者,为伦理学、政治学、辨论学、诗学。此等观念,至近世哲学家,如培根、特嘉尔辈,亦尚仍之。培根分学术为三大类:一曰记忆之学,史学是也;二曰想象之学,诗学是也;三曰思想之学,哲学是也。哲学之中,分为自然宗教学、宇宙论、人类学三纲。于宇宙论中,分为自然学(物理)及自然鹄的论(玄学)二门。又于自然学中,分为自然记述学(具体的物理学)及自然说明学(抽象的物理学,即物理学及化学)。其于人类学中,分为各人及社会二纲。属于各人者,为生理学(其应用为医学)及心理学(包论理学及伦理学);其属于社会者,为政治学。特嘉尔著《哲学纲要》一书,其第一编为认识论及玄学之概论,第二编为机械的物理学要旨,第三编为宇宙论,第四编为物理学、化学、生理学之说明。说者谓等于学术丛编焉。而特嘉尔自序谓哲学即人类知识之综合,其主要者:(一)玄学;(二)物理学;(三)机械的科学,包有医学、机械学及伦理学云,皆以哲学之名包一切科学也。

又有以哲学与科学为同义者,如霍布斯分哲学为三部分:曰物理学,曰人类学,曰政治学。又谓不属于哲学者,为神学及历史(自然史及政治学)。何也?以其非科学也。洛克分哲学为二部:一曰物理(亦谓之自然哲学);二曰应用(如伦理学、论理学等)。一千六百九十六年,英国著名算学家韦里斯(Wallis)于皇家科学会成立式演说曰:本会者,超乎宗教及政治之外,而专为哲学之研究者也。研究之对象:曰物理学,曰解剖术,曰形学,曰天文,曰航海术,曰统计学,曰磁学,曰化学,曰机械学,曰实验之自然科学。我等所讨论者,曰血之流行,曰静脉,曰哥白尼学说,曰彗星及新星之性质,曰木星之卫星,曰远镜之改良,曰空气之重量,曰真空之能否。要之,所谓一切新哲学者,皆包之而已。曰科学,曰哲学,曰新哲学,初未为界别也。伏尔弗(Wolff)者,于十八世纪中,组织通俗哲学者也。分哲学为三部:曰自然神学,曰心理学,曰物理学,此模范科学也,为第一部;曰论理学,曰与心理学相应之实用哲学,曰与物理学相应之机械学,为第二部;曰本体学,为综合一切现象而考定之之科学,为第三部。是亦以哲学包科学者也。至康德作《纯粹理性批判》,别人之认识为先天、后天二类:先天者,出于固有,后天者,本于经验;前者为感想,而后者为分析法;前者构成玄学(即哲学),而后者构成科学。于是哲学与科学,始有画然之界限。

然由是而康德以后之理想派哲学家,遂有排斥科学之说。如菲屑脱云:"哲学者,不必顾何等经验,而纯然从事于先天之认识者也。"赛零则又进一步,谓"自然学研究者之方法,盲者也,无理想者也,故哲学破坏于培根;而科学则破坏于波埃尔(Boyle)及牛顿"。至于海该尔为悬想派哲学之完成者,则以科学为不外乎各种零碎知识之集合;而实在之知识,惟有哲学耳。既有此排斥科学之哲学家,而科学发展以后,遂有排斥哲学之科学家。大率谓哲学者,严格言之,本不得为科学,是乃一种之诡辩术,据一种官能或理性之现象以说明一切事物;或为一种之魔术,以深晦之神意,杂入最普遍之概念而宣布之。要皆以震骇庸俗已耳!凡此等互相菲薄之言,其非真理,可不待言。惟有一种事实,不可不注意者,则自科学发展以后,哲学之范围,以渐减缩是也。

自十六世纪以后,学术界之观念,渐与中古时代不同。其最著者:(一)培根于论理学极力提倡归纳法,因得凌驾雅里士多德之演绎法,而凡事基础于实地之观察;(二)自一千五百九十年,发明显微镜,千六百零九年,发明远镜,其后寒暑风雨电气等表,次第发明,而实验之具渐备;(三)分工之理大明,渐由博综之哲学,而趋于专精之科学。此皆各种科学特别成立之原因也。哥白尼（Copernicus 1473—1543）唱地动说；加伯尔（Kepler 1571—1630）发见行星绕日之规则；加里勒（(Galileo 1564—1642）附加以地球绕日之时间；牛顿（Newton 1642—1727）更发见引力之公例，而天文学成立。自梅斯纳（Mersenne 1588—1648）、斯耐尔（Snell 1591—1628）发明声学、光学之公例；齐贝尔（Gilbert）发见磁学公例，而物理学以渐成立。波爱尔（Robert Boyle 1627—1691）规定原子之概念，而化学以渐成立。哈尔佛（Harvey 1578—1657）发见血液循环之系统，而生理学以渐成立。李箫（Linné 1707—1778）新定植物系统，而植物学成立。屈维野（Cuvier 1769—1832）创比较解剖学，研求动物自然系统，而动物学成立。凡自然现象，自昔为哲学所包含者，皆已建立为科学矣。而精神现象之学，如心理学者，近已用实验之法，组织为科学，发起于韦贝尔（E. H. Weber 1795—1878）、费希纳（Fechner 1801—1887），而成立于冯德（Wundt）。由是而演出者，则有费希纳之归纳法美学，及马曼（Meumann）之实验教育学，亦将离哲学而独立。其他若社会学，若伦理学，若人类学，若比较宗教学，若比较言语学等，凡昔日之附丽于哲学，而以演绎法治之者，至于今日，悉以归纳法治之，而将自成为科学。然则所遗留而为哲学之范围者，何耶？

于是郎革（Albert Lange）以为将来之哲学，有思想的文学而已。而海该尔之徒，则以为将来之哲学，不过哲学史耳。夫文学必含哲理，在今日已为显著之事实。新哲学之发生，必胚胎于思想的历史之总和；不能不以哲学史为哲学之大本营，亦事实也。然哲学之各部分，虽已分演而为各科学，而哲学之任务，则尚不止于前述之二端，约举之有三。一曰各科哲理,如应用数学之公例以言哲理,谓之数理哲学,应用生理学之公例以言哲理,则为生理哲学等是也。二曰综合各种科学,如合各种自然科学之公例而去其龃龉,通其隔阂,以构为哲学者,是为自然哲学。又各以自然科学所得之公例,应用于精神科学,又合自然科学及精神科学之公例,而论定为最高之原理,如孔德(Auguste Comte)之实证哲学、斯宾塞尔(Herbert Spencer)之综合哲学原理是也。三曰玄学,一方面基础于种种科学所综合之原理;一方面又基础于哲学史所包含之渐进的思想,而对于此方面所未解决之各问题,以新说解答之。如别格逊(Henri Bergson)之创造的进化论其例也。夫各科哲理与综合各种科学,尚介乎科学与哲学之间,惟玄学始超乎科学之上。然科学发达以后之玄学,与科学幼稚时代之玄学较然不同,是亦可以观哲学与科学之相得而益彰矣。

据《北京大学月刊》第 1 卷第 1 号
(1919 年 1 月出版)

杜威六十岁生日晚餐会演说词

（一九一九年十月二十日）

今日是北京教育界四团体公祝杜威博士六十岁生日的晚餐会。我以代表北京大学的资格，得与此会，深为庆幸。我所最先感想的，就是博士与孔子同一生日，这种时间的偶合，在科学上没有什么关系；但正值博士留滞我国的时候，我们发现这相同的一点，我们心理上不能不有特别感想。

博士不是在我们大学说：现今大学的责任，就该在东西文明作媒人么？又不是说：博士也很愿分负此媒人的责任么？博士的生日，刚是第六十次；孔子的生日，已经过二千四百七十次，就是四十一又十个六十次，新旧的距离很远了。博士的哲学，用十九世纪的科学作根据，用孔德的实证哲学、达尔文的进化论、詹美士的实用主义递演而成的，我们敢认为西洋新文明的代表。孔子的哲学，虽不能包括中国文明的全部，却可以代表一大部分；我们现在暂认为中国旧文明的代表。孔子说尊王，博士说平民主义；孔子说女子难养，博士说男女平权；孔子说述而不作，博士说创造。这都是根本不同的。因为孔子所处的地位、时期,与博士所处的地位、时期,截然不同,我们不能怪他。

但我们既然认旧的亦是文明,要在他里面寻出与现代科学精神不相冲突的。非不可能,即以教育而论,孔子是中国第一个平民教育家。他的三千个弟子,有狂的,有狷的,有愚的,有鲁的,有辟的,有喭的,有富的如子贡,有贫的如原宪;所以东郭、子思说他太杂。这是他破除阶级的教育的主义。他的教育,用礼、乐、射、御、书、数的六艺作普通学;用德行、政治、言语、文学的四科作专门学。照《论语》所记的,同仁的有若干,他的答语不一样;问政的有若干,他的答语也不是一样。这叫作是"因材施教"。可见他的教育,是重在发展个性,适应社会,决不是拘泥形式,专讲画一的。孔子说:"学而不思则罔,思而不学则殆。"这就是经验与思想并重的意义。他说:"多闻阙疑,慎言其余,多见阙殆,慎行其余。"这就是试验的意义。

我觉得孔子的理想与杜威博士的学说,很有相同的点。这就是东西文明要媒合的证据了。但媒合的方法,必先要领得西洋科学的精神,然后用他来整理中国的旧学说,才能发生一种新义。如墨子的名学,不是曾经研究西洋名学的胡适君,不能看得十分透澈,就是证据。孔子的人生哲学与教育学,不是曾研究西洋人生哲学与教育学的,也决不能十分透澈,可以适用于今日的中国。所以我们觉得返忆旧文明的兴会,不及欢迎新文明的浓至。因而对于杜威博士的生日,觉得比较那尚友古人,尤为亲切。自今以后,孔子生日的纪念,再加了几次或几十次,孔子已经没有自身活动的表示;一般治孔学的人,是否于社会上有点贡献是一个问题。博士的生日,加了几次以至几十次,博士不绝的创造,对于社会上必更有多大的贡献。这是我们用博士已往的历史可以推想而知的。兼且我们作孔子生日的纪念,与孔子没有直接的关系;我们作博士生日的庆祝,还可以直接请博士的赐教。所以对于博士的生日,我们觉得尤为亲切一点。我敬[谨]代表北京大学全体举一觞,祝杜威博士万岁!

据《北京大学日刊》第 446 号(1919 年 10 月 22 日出版)

在爱丁堡中国学生会及学术研究会欢迎会演说词

(一九二一年五月十二日)

今日与诸君聚会，甚为欢乐，更感激诸君厚意。此次出来的时候，本想在英国多住几天，因为英国教育与别国不同，苏格兰与英格兰又不同。爱丁堡风景著名，大学校更著名，地方清静，气候温和，旅费比较的节省，所以中国留学生在此处很多。从前吾在德国时，就知道此地有学生会，似名苏学会，曾见过两次的会报，是用胶板印的。大约在清季，或民国初年间。今日来此，仍有学生会，更有学术研究会。风景既佳，学校又好，大家联合起来，安心求学，比较在伦敦、柏林、巴黎更佳。所以吾在仓卒间，必要到此一游。但是今日又须到丹麦，不能久住。且喜得与诸君聚会，又看过大学校、美术专门、博物馆、古堡、旧皇宫等地，更蒙诸君郑重的招待，何等欣幸！兹奉临别数语，望大家注意。

今日会中有学校研究会，学与术可分为二个名词，学为学理，术为应用。各国大学中所有科目，如工商，如法律，如医学，非但研究学理，并且讲求适用，都是术。纯粹的科学与哲学，就是学。学必借术以应用，术必以学为基本，两者并进始可。中国羡慕外人的，第一次是见其枪炮,就知道他的枪炮比吾们的好。以后又见其器物,知道他的工艺也好。又看外国医生能治病,知道他的医术也好。有人说:外国技术虽好,但是政治上止有霸道,不及中国仁政。后来才知道外国的宪法、行政法等,都比中国进步。于是要学他们的法学、政治学,但是疑他们道学很差。以后详细考查,又知道他们的哲学,亦很有研究的价值。他们的好处都知道了,于是出洋留学生,日多一日,各种学术都有人研究了。然而留学生中,专为回国后占地位谋金钱的也很多。所以学工业,预备作技师;学法律,预备作法官,或当律师;学医学,预备行医。只从狭义做去,不问深的理由。中国固然要有好的技师、医生、法官、律师等等,但要在中国养成许多好的技师、医生等,必须有熟练技能而又深通学理的人,回去经营,不是依样画葫芦的留学生做得到的。譬如吃饭的时候,问小儿饭从那里来的?最浅的答语是说出在饭桶里,进一步,说是出在锅子里,再进一步,说是出在谷仓里,必要知道探原到农田上,才是能造饭的,不是专吃现成饭的人了。求学亦然,要是但知练习技术,不去研究学术;或一国中,练习技术的人虽多,研究科学的人很少,那技术也是无源之水,不能会通改进,发展终属有限。所以希望留学诸君,不可忽视学理。

外人能进步如此的,在科学以外,更赖美术。人不能单纯工作,以致脑筋枯燥,与机器一样。运动、吃烟、饮酒、赌博,皆是活泼脑筋的方法,但不可偏重运动一途。烟酒、赌博,又系有害的消遣,吾们应当求高尚的消遣。西洋科学愈发达,美术也愈进步。有房屋更求美观,有雕刻更求精细。一块美石不制桌面,而刻石像,一块坚木不作用器,而制玩物,究竟有何用意?有大学高等专门学校,更设美术学校、音乐学校等,既有文法书,更要文学。所建设的美术馆、博物馆,费多少金钱,收买物品,雇人管理,外人岂愚?实则别有用心。过劳则思游息,无高尚消遣则思烟酒、赌博,此系情之自然。所以提倡美术,既然人得以消遣,又可免去不正当的娱乐。

美术所以为高尚的消遣,就是能提起创造精神。从前功利论,以为人必先知有相当权利,而后肯尽义务。近来学者,多不以为然。罗素佩服老子"为而不有"一语。他的学说,重在减少占有的冲动,扩展创造的冲动,就是与功利论相反的。但这种减少与扩展的主义,可用科学证明。这种习惯,止有美术能养成他。因为美术一方面有超脱利害的性质;一方面有发展个性的自由。所以沉浸其中,能把占有的冲动逐渐减少,创造的冲动逐渐扩展。美术的效用,岂不很大么?中国美术早已卓著,不过好久没人注意,不能尽量发展。现在博物馆还未设立,岂不可惜。所以在外国的时候,既然有很好的机会,就当随处注意。不但课余可时往博物馆赏览,就是路旁校侧,处处都有美术的表现。不仅对于自己精神有利益,就是回国以后,对于提倡美术,也多有补助。若是此时失去机会,以后就懊悔也晚了。

我知道在爱丁堡的同学对于国内的政治是很注意的。中国现在的政治,可云坏极了,一切大权皆在督军掌握,督军并无何等智慧,不过相互为敌,借养兵之名,去攫金钱就是了。譬如说有一万兵的,其实不过数千,将这空饷运入私囊。仅为金钱之计,实无军队可言,更无威武可怕。惟真正民意,为力最大。凡所喜的,都可实现;凡所恶的,都可铲除。前清因失民意而亡,袁氏因失民意而殁。安福兵力很强,又有外人帮助,但因民意反对,终归溃败。现在人心又恨怨督军,都提倡"废督"。大概督军不久也必消灭。但是最重要问题：督军消灭后，又将何以处之？从前执政都想中央集权，实则中国之大，断没有少数人能集权而治的。现在极要的，是从"地方自治"入手。在各地方设高等教育机关，使人民多受教育，自然各方面事务都有适当的人来担任。希望诸君专心求学，学成可以效力于地方，这是救国最好的方法。目前国内政治问题，暂可不必分心。

我想诸君必又很注意于国内学生的情形。曾记得革命以前，在上海、天津以至日本留学界，都有学生作革命的运动。民国成立以后，学生却没有什么重要的表示。前年"山东问题"发生，学生关心国家，代表社会，又活动起来。国人对于学生举动很注重，对于学生议论也很信仰，所以有好机会，为社会作事。不过五四以后，学生屡屡吃亏。中间经过痛苦太多。功课耽误，精神挫伤，几乎完全失败。因此学生发生两种觉悟出来：第一，受此番经验，自知学问究竟不足，于是运动出首的学生，或到外国求学，未出国的，也格外专心用功了；第二，经此番风潮，社会对于学生，都加一番重视。学生自身，也知人格可贵，就大家不肯作贬损人格的事情。所以对于中国学生将来，实有莫大的希望。

再者，诸君在国外有数十同国的学生，时相晤聚，甚为难得。无论所学科目不同，所居地位不同，或所操言语不同，要之大家须彼此爱护。有从国外来，不能说国语的，国内来的同学，可以帮助他们。互相亲爱，互相原谅。这也是很祷祝的一件事。

(于世秀记)

据《北京大学日刊》第 831 号(1921 年 8 月 10 日出版)

中国的文艺中兴

——在比利时沙洛王劳工大学演说词

（一九二三年十月十日）

（上略）鄙人今日的讲题，为《中国的文艺中兴》。中国虽离欧洲很远，而且中国的语言文字，欧洲人很不易懂，因此中国人的思想，很难传过欧洲来。在西方所得到的中国消息，多是由游客的记述、多少著作家对于中国的著作和日常报纸所录的短小新闻等等得来。但游历的人往往仅在中国居住几个月，就以为游完中国，他们所见的，自然多是皮毛的事。描写中国的著作家，大多数也是没有很精深的观察的。至于日常报纸的新闻，真实的地方更少。所以中国的真面目，往往被他们说错。

考欧洲的群众，多以为中国是一个很秘密的、不可知的地方。其实照懂得欧洲也懂得中国的人看来，中国和欧洲，只表面上有不同的地方，而文明的根本是差不多的。倘再加留意，并可以察出两方文明进步的程序，也是互相仿佛的。至于这方面的进步较速，那方较迟，是因为环境不同等等的缘故。欧洲历史上邻近的国家，大都已经存很高的文明，欧洲常可以吸收他们的文化，故"文艺的中兴"，在欧洲久已成为过去事实。至于中国,则所有相近的民族,除印度以外,大都绝无文明可言。数千年来,中国文明只在他固有的范围内、固有的特色上进化,故"文艺的中兴",在中国今日才开始发展。

鄙人今试将中国文明在时间上进化的程序说来,并将他和欧洲文明进化的程序略为比较。欧洲文化最远,推源埃及,其次是希腊、罗马。后来容纳希伯来文化,演成中世纪的经院哲学(scolastique)。后来又容纳阿拉伯文化,并回顾希腊、罗马文化,演成文艺中兴的学术(Renaissance)。仅此科学、美术,积渐发展,有今日的文明。

中国的文化,自西历纪元前二十七世纪至二十世纪,有农、林、工、商等业,有封建与公举元首的制度,有法律,有教育制度,有天文学、医学,有音乐、雕刻、图画,正与埃及相类。

从纪元前十二世纪到三世纪,所定的制度,见《周礼》一书的,从饮食、衣服、居室,到疗病、葬死,都有很详明的规画;农业上已经有地质学、化学的预备;工业上开矿、冶金、陶器等,都已有专门的研究;教育上自小学以至大学,粗具规模,且提倡胎教方法;美术上音律的调节,色彩与花纹的分配,材料与形式的选择,都很有合于美术公例的。那时候,说水、火、木、金、土五行的箕子,很象说天气水土四元的 Empedocles①;专以人生哲学为教育,而以问答为教授的孔子,很象 Socrates②;由玄学演出处世治事方法的老子、庄子,很象 Plato③;以

---

① Empedocles:恩贝多克利。
② Socrates:苏格拉底。
③ Plato:柏拉图。

数学、物理学、论理学、政治学、道德学教人的墨子,很象 Aristotle①;其余哲学家、法学家,与希腊、罗马时代学者相象的,还有许多,时代也相去不远。所以这个时期的文明,可以与欧洲的希腊、罗马时代相比较。

从西历纪元一世纪起,印度佛教传入,与老子、庄子的玄学相接近,而暴进一步,所以大受信仰。这一时期内翻译的、著作的都很多,而且建设几种学派,为印度所没有的,比较欧洲的新柏拉图(Neo-Platonisme)还要热闹。

十一世纪以后到十七世纪,讲孔子学的学者,采用印度哲学,发展中国固有的学说。他们严正的行为,与 Stoicisme② 相象;他们深沉的思想,与 Scolastiques③ 相象。这一时期可与欧洲中古时代的文明相比。

十八世纪起,有许多学者专门研究言语学、历史学、考古学,他们所用的方法,与欧洲科学家一样,这是中国文艺中兴的开端。因为欧洲自然科学的情形,还没有介绍到中国,所以研究的范围小一点儿。直到最近三十年,在国内受高等教育与曾经在欧美留学的学者,才把欧洲的真正文化输入中国,中国才大受影响,与从前接触印度文化相象,也与欧洲人从前受阿拉伯文化的影响相象,这是中国文艺中兴发展的初期。现在中国曾受高等教育而在各界服务的人,大多数都尽力于介绍欧洲文化,或以近代科学方法,整理中国固有的学术,俾适

---

① Aristotle:亚里士多德。
② Stoicisme:斯多噶哲学。
③ Scolastiques:经院哲学。

用于现代。国内学校和学生人数,均日有增加。女子教育向来忽略,今亦发展,国内各大学及多少专门学校,均有女子足迹。除此新式学校外,还有多少旧式学校,继续在乡下传布初级教育。其余每年派往欧美留学的少年男女,以千数百计,这些智识分子,将来都是尽力于文艺中兴事业的。现时所有的进步,本已不少,不过与中国的面积和人口比较起来,还觉得他很稀微。但正是因为面积大,人口多,故只能慢慢儿进步。譬如一小杯水,投糖少许,不久而甜味已透;若水量加多,要得同样的甜味,不但要加糖,还要加溶解的时间。

中国现时大局,觉有些不安,但这也不过是一千九百十年革命应有的结果。这革命以完全改变中国为目的,有改变,当然有些扰乱,暂时这样,不久秩序当然恢复。而且虽有这些政治的扰乱,进步的程序,并没有中辍。近数年来,各种新工厂、银行等增加之数,和对外贸易之数,很可以给我们几个良好的证据。照我个人推想,再加四十年的功夫,则欧洲自十六世纪至十九世纪所得的进步,当可实现于中国。那时候中国文化,必可以与欧洲文化齐等,同样的有贡献于世界。

说到中国将来的乐观,一定有人想起德皇威廉第二的"黄祸论",以为中国兴盛起来,必将侵略欧洲,为白种人的大害。这也是一种误会。我意欲将中国五千年历史的根本思想说一说,就可以见得中国文化发展后,一定能与欧洲文化融合,而中国人与欧洲人,必更能为最亲切的朋友。试举几条最重要的中国人根本思想如下。

(一)平民主义

照西历纪元前四世纪的学者孟子所说的,中国当纪元前二十四世纪时,君主的后继人,由君王推荐后,必要经国民的承认。以纪元前十二世纪的学者箕子所说的:"国王若有大疑,于谋及卿士外,还要谋及庶人。"纪元前十二世纪,已经有大事询众庶的制度,那时候的国王曾经说:"天视自我民视,天听自我民听。"纪元前四世纪学者孟子说:"民为贵,君为轻。"又说君主的用人、杀人,要以"国人皆曰可用,皆曰可杀"作标准。后来凡有评论君主或官吏的贤否的,没有不以得民心与否作标准的。至于贵族、平民的阶级,纪元前六世纪的学者,如孔子、墨子等已经反对,纪元前四世纪已渐渐革除,纪元前三世纪以后,已一概废绝。凡有政治舞台上人物,不是从同乡选举的,就是由政府考取的。所以前十二年一次革命,就能变君主专制为共和立宪。

(二) 世界主义

西元前二十四世纪的君主,已经被历史家称为协和万邦。前六世纪的哲学者孔子,分政治进化为三级:第一级是视本国人为自家人,而视野蛮国为外人;第二级视各种文明国都为自家人,而视野蛮国为外人;第三是野蛮国都被感化为文明国,大小远近合一,人人有士君子的人格,就叫作太平的世界。他的学生曾参作《大学》,就于治国以外,再说平天下。所以中国历代的学者,从没有提倡偏隘的爱国主义的。

(三) 和平主义

因为中国从没有持偏隘爱国主义的学说,所以各学者没有不反对侵略政策而赞成德化政策的。西元前二十三世纪的历史家,曾纪一段古事说:虞朝的时候,有苗国不来修好,派兵来打,他仍不服,这边就罢兵兴文治,隔了七十日,有苗就来修好了。前六世纪的孔子说:"远人不服,则修文德以来之。"同世纪的墨子主张练兵自卫,对于侵略的国家,比为盗贼。前七世纪已经有人发起弭兵会。前四世纪有一派学者专以运动"非攻"为标帜。孟子说:"善战者服上刑。"又有人曰:"我善为战大罪也。"后来的文学家,没有不描写战争的苦痛,而讴歌和平时代的。现在因为外国帝国主义的可怕,我们当然提倡体育,想做到人人有可以当兵的资格,然而纯为自卫起见,决不是主张侵略的。

(四) 平均主义

现今世界最大的问题,是劳工与资本的交涉。在俄国已经执行最激烈的办法,为各国所恐怖。也有疑中国的鲍尔希维克化的,但中国决用不着这种过虑。中国古代已经有过一个比较他舒服很多的无产制度了。照孟子所说,与纪元二世纪的历史家所记的,中国自西元前二十三世纪到前四世纪,都是行平均地权的制度,就是划九百亩为一方,分作井式,中百亩为公田,外八百亩由家分受,每家自耕百亩外,又合力以耕公田。人民二十岁受田,六十岁归田。二十岁以下、六十岁以上,皆为国家所养。这种制度,到西元前二十三世纪,才渐渐改变。然而纪元一、五及十一世纪,均有试验恢复,虽没有成功,然可见这种制度,没有极端的死去。而且自纪元前四世纪至纪元后十九世纪,多数政治学者,还是要主张恢复他的。在理论上,相传五千年以前,创立农业的君主,有两句格言:"一夫不耕,天下或受其饥;一妇不织,天下或受其寒。"就是人人应作工的意义。后来四世纪的许行,就主张君主要与民并耕,不得自居劳心的阶级,空受人民豢养,那其余的更不待言了。就是孔子也说:"不患寡而患不均,不患贫而患不安。"又说："货恶其弃于地也,不必归于己;力恶其不出于身也,不必为己。"总之,均劳逸,均产业,是中国古今的普通思想,说政治的总以"民多甚富,亦无甚贫"为标准,巨富的人常以财产平均分授于儿女,数传以后,便与常人无异。而且富人必须为族人、亲戚、朋友代谋生利,小的为宗族置义田、设义学,大的为地方办公益及慈善事业。若有自私自利的人,积财而不肯散,人人都看不起他。其次,则富人生活,与贫人之单简几相等。所以中国的贫富阶级,相去终不很远,就是新式的大公司组织输入中国,一方面一切优待工人的善法同时输入,中国人尽量采用;一方面公司股票并不集中于少数人,不能产生欧洲式资本家。若将来平均产业的理论,全世界都能实行的时候,中国自可很和平的行起来,决用不着马克思的阶级战争主义,决没有赤化的疑虑。

（五）信仰自由主义

希腊 Aristotles 曾提出中庸主义,但与欧洲人凡事都趋极端的性质不很相投,所以继承的很少。中国自西元前二十四世纪的贤明的君主,已经提出"中"字作为一切行为的标准。后来前六世纪的孔子极力提倡"中庸"。中庸是没有过,也没有不及,所以两种相反的性质如刚柔和介等类,一到中庸的境界,都没有不可以调和的。故中国从没有宗教战争,如欧洲基督教与回教,或如基督教中新教与旧教的样子。中国有一种固有的祖先教,经儒家修正后,完全变为有意识的纪念,以不神秘为象征,与 Auguste Comte[①] 所提议的人道教相似。旧

---

① Auguste Comte：孔德。

有的多神教变为道教，并不曾与儒教有多大的冲突；佛教传入以后，也是这样，有注意佛、儒相同的。总之，中国人是从异中求出相同的点，去调和他们，不似欧洲人专从异处着眼。回教传入以后，也是这样；基督教传入以后，也是这样。很有许多书说基督教与儒教的主张有相同的。各教的主持者虽间或有夸张本教攻击异教的理论，但是普通人很少因信仰而起争执的。所以信仰自由主义，在欧洲没有定入宪法以前，在中国早已实行了。

在欧洲，很有人以为中国人排外，尤排异教，常以义和团那事为证据，这也是一种误会。试一研究义和团暴动的远近原因，就可以明白了。我记得义和团动作的前数年，有德国人因两个德国天主教师被杀而占据胶州的事情，德国那一次的横暴，比最近意大利占领希腊哥甫岛还要利害。今次全球反对意大利这个行动，而在德国横压中国那时候，各国没有一句话说反对。所谓公义者，何其善变？不独不反对，而且各国先后效德人的行为，三数年间，中国港口完全为外人所占据。其次，则外国人在中国种种强横，几不视中国人是人的样子。说到外国传教师，则其中固有真正的传教师，然而行动出了他教师范围以外的，不知多少，他们的宗教，大都教人互相亲爱，而他们常常把人民分作种种派别。复次，则他们借政府的力量，常常阻抗中国行政及司法的动作。譬如，遇有他们教民犯罪，为官吏判罚等等，他们居然直来干涉，阻止行刑，或要求放人。诸如此类，说也不尽，到后来凡遇因犯法被法庭搜捕的，多走去外国教堂躲避，教堂变了犯人的安乐国。这种事情，无论中国人难忍，我想在任何国，也无人能忍受的。以上所说的，就是激起义和团暴动的直接或间接的原因。当时适遇满洲皇室中有几个人物，愤外交和战争的失败，或痛恨外人对于中国不公平的行为，常存报复的心。义和团一起，他们于是有机可乘。照此说来，那一次的事情，外人实应负一部分责任。今完全将责任推归于中国，是绝对不公平的。且除直隶及山西一部分，其余全国都没有人赞成，在扬子江流域及南方，外人均受特别的保护。所以义和团暴乱，并非中国一种国民的运动，尤为显明。

照鄙人所见到的中国人根本思想是如此的。所以敢说：中国文艺中兴完成后，中国复兴以后，不独无害于欧洲，而且可与欧洲互相辅助，和尽力赞助国际事业，为人类谋最大的幸福。

据《东方杂志》第 21 卷第 3 号（1924 年 2 月 10 日出版）

在康德诞生二百周年纪念会上致词[*]

（一九二四年四月二十一日）

我以国立北京大学代表的名义，向崇敬的大会致贺，感到无比荣幸。自从西方文化的影响进入中国以来，哲学在其他科学的领域中产生了很大的作用。中国大学生对欧洲的哲学体系开始有了认识，尤其是对康德的哲学进行了勤奋的学习。康德哲学获得了重视和崇敬。这不仅仅由于在欧洲思想界的发展中康德处于领导地位，更主要的是由于他的哲学和中国哲学有着共同之处。实际上，从一般趋势来看，现代中国哲学有两个特征：

第一，通过经验批判的观察，对知识整体进行检查；

第二，确认将哲学的各个组成部分置于伦理范畴的原则基础之上。

因此，康德所提出的问题。对我们来说，永远有巨大的吸引力。只有在扩大知识和提高道德价值的基础上，世界才能够向前发

---

[*] 1924年，蔡元培在西欧，接北京大学函，要他代表北大参加德国学术界举行的康德诞生二百周年纪念会。他用德文撰写了演说词。4月21日，在纪念会上致词。

展。在一个错综复杂、令人迷惘的世界里,特别需要具有这样一种精神。它能使最完美的知识和至高的道德的时代潮流融合在一起,并使崇高的永恒真理的理想得以发扬。

我们国立北京大学决不能把参加康德诞生二百周年纪念大会的机会失之交臂,决不能放弃在这一庄严的大会上表达我们的衷心祝愿,并和全世界其他大学校一起,向这一伟大的先哲和巨匠致以崇高的敬意。

据蔡元培演说词德文打字稿译出
(蒋仁宇译)

《中国新文学大系》总序

（一九三五年八月六日）

欧洲近代文化，都从复兴时代演出；而这时代所复兴的，为希腊、罗马的文化，是人人所公认的。我国周季文化，可与希腊、罗马比拟，也经过一种烦琐哲学时期，与欧洲中古时代相埒，非有一种复兴运动，不能振发起衰。五四运动的新文学运动，就是复兴的开始。

欧洲文化，不外乎科学与美术。自纯粹的科学：理、化、地质、生物等等以外，实业的发达、社会的组织，无一不以科学为基本，均得以广义的科学包括他们。自狭义的美术：建筑、雕刻、绘画等等以外，如音乐、文学及一切精制的物品，美化的都市，皆得以美术包括他们。而近代的科学、美术，实皆植基于复兴时代，例如文西、米开兰基罗与拉飞尔三人，固为复兴时代最大美术家，而文西同时为科学家及工程师，又如路加培根提倡观察与实验法，哥白尼与加立里的天文学，均为开先的科学家。这些科学家与美术家，何以不说为创造而说是复兴？这因为学术的种子，早已在希腊、罗马分布了。例如希腊的多利式、育尼式、科林式三种柱廊，罗马的穹门，斐谛亚、司科派、柏拉克希脱的雕刻以及其他壁画与花瓶,荷马的史诗,爱司凯拉、索福克、幼利披留与亚利司多芬的戏剧,固已极美术、文学的能事,就是赛勒司、亚利司太克的天文,毕达可拉斯、欧几里得的数学,依洛陶德的地理,亚奇米得的物理,亚里斯多得的生物学,黑朴格拉底的医学,亦都已确立近代科学的基础。

罗马末年,因日耳曼人的移植,而旧文化几乎消灭,这时候,保存文化的全恃两种宗教:一是基督教,一是回教。回教的势力,局于一隅;而基督教的势力,则几乎弥漫全欧。基督教受了罗马政治的影响,组织教会,设各地方主教,而且以罗马为中心,驻以教皇。于是把希腊、罗马的文化,一切教会化,例如希腊哲学家亚里斯多得,自生物学而外,对于伦理学、美学及其他科学,均有所建树,而教会即利用亚氏的学说为工具,曲解旁推,务合于教义的标准。有不合教义的,就指为邪教徒,用火刑惩罚他们。一切思想自由、信教自由都被剥夺,观中古时代大学的课程,除圣经及亚里斯多德著作外,有一点名学、科学及罗马法律,没有历史与文学,他的固陋可以想见了。那时候崇闳的建筑就是教堂,都是峨特式,有一参天高塔,表示升入天堂的愿望,正与希腊人均衡和谐的建筑,代表现世安和的命运相对待。附属于建筑的图画与雕刻,都以圣经中故事为题材;音乐、诗歌亦以应用于教会的为时宜。

及十三世纪,意大利诗人但丁始以意大利语发表他最著名的长诗《神曲》,其内容虽尚袭天堂地狱的老套,而其所描写的人物,都能显出个性,不拘于教会的典型。文词的优美,又深受希腊文学的影响而可以与他们匹敌,这是欧洲复兴时期的开山。嗣后由文学而艺术,由文艺而及于科学,以至政治上、宗教上,都有一种革新的运动。

我国古代文化,以周代为最可征信。周公的制礼作乐,不让希腊的梭伦;东周季世,孔子的知行并重,循循善诱,正如苏格拉底;孟子的道性善,陈王道,正如柏拉图;荀子传群经,持礼法,为稷下祭酒,正如亚里斯多德;老子的神秘,正如毕达哥拉斯;阴阳家以五行说明万物,正如恩派多克利以地、水、火、风为宇宙本源;墨家的自苦,正如斯多亚派;庄子的乐观,正如伊璧鸠鲁派;名家的诡辩,正如哲人;纵横家言,正如雄辩术。此外如《周髀》的数学,《素问》《灵枢》的医学,《考工记》的工学,《墨子》的物理学,《尔雅》的生物学,亦已树立科学的基础。

在文学方面,《周易》的洁静,《礼经》的谨严,老子的名贵,墨子的质素,孟子的条达,庄子的俶诡,邹衍的闳大,荀卿与韩非的刻核,《左氏春秋》的和雅,《战国策》的博丽,可以见散文的盛况。风、雅、颂的诗,荀卿、屈原、宋玉、景差的辞赋,可以见韵文的盛况。

在艺术方面,《乐记》说音乐,理论甚精,但乐谱不传。《诗·小雅·斯干》篇称"如跂斯翼,如矢斯棘,如鸟斯革,如翚斯飞",可以见现今宫殿式之榱桷,已于当时开始。当代建筑,如周之明堂、七庙、三朝、九寝,楚之章华台,燕之黄金台,秦之阿房宫等,虽名制屡见记载,但取材土木,不及希腊、罗马的石材,故遗迹多被湮没。玉器、铜器的形式,变化甚多,但所见图案,以云雷文及兽头为多,植物已极希有,很少见有雕刻人物如希腊花瓶的。韩非子说画犬马难,画鬼魅易,近乎写实派。庄子说宋元君有解衣盘礴的画史,近乎写意派,但我们尚没见到周代的壁画。所以我们敢断言的是,周代的哲学与文学,确可与希腊、罗马比拟。

秦始皇帝任李斯,专用法家言,焚书坑儒。汉初矫秦弊,又专尚黄老。文帝时儒家与道家争,以"家人言"与"司空城旦书"互相诋。武帝时始用董仲舒对策(《汉书·董仲舒传》:"董仲舒对策'今师异道,人异论,百家殊方,指意不同,上亡以持一统,法制数变,下不知所守。臣愚以为诸不在六艺之科,孔子之术者,皆绝其道,勿使并进。邪辟之说灭息,然后统纪可一,而法度可明,民知所从矣。'")"推明孔氏,抑黜百家";建元元年,丞相卫绾奏:"所举贤良,或治申、商、韩非、苏秦、张仪之言,乱国政,请皆奏罢。"诏"可"。武帝乃置五经博士,后增至十四人,"利禄之途"既开,优秀分子,竞出一途,为博士官置弟子,由五十人,而百人,而千人,成帝时至三千人;后汉时大学至二万余生,都抱着通经致用的目的,如"禹贡治河""三百篇讽谏""春秋断狱"等等,这时候虽然有阴阳家的"五德终始"、谶纬学的"符命",然终以经术为中心。魏晋以后,虽然有佛教输入,引起老庄的玄学,与处士的清谈;有神仙家的道教,引起金丹的化炼,符籙的迷信;但是经学的领域还是很坚固,例如义疏之学,南方有崔灵恩、沈文阿、皇侃、戚衮、张讥、顾越、王元规等,北方有刘献之、徐遵明、李铉、沈重、熊安生等(褚季野说:"北人学问,渊综广博。"孙安国说:"南人学问,清通简要。"支道林又说:"自中人以还,北人看书,如显处观月;南人看书,如牖中窥日。");迄于唐代,国子祭酒孔颖达与诸儒撰定《五经正义》颁于天下,每年明经依此考试,经学的势力,随"利禄之途"而发展,真可以压倒一切了。

汉代承荀卿、屈原的余绪,有司马相如、扬雄、班固、枚乘等竞为辞赋,句多骈丽,后来又渐多用于记事的文,如蔡邕所作的碑铭,就是这一类。魏晋以后,一切文辞均用此体;后世称为"骈文",或称"四六"。

唐德宗时(西历八世纪),韩愈始不满意于六朝骈丽的文章,而以周季汉初论辩记事文为模范,创所谓"起八代之衰"的文章,那时候与他同调的有柳宗元等。愈又作《原道》,推本孔孟,反对佛、老二氏,有"人其人,火其庐,焚其书"的提议,乃与李斯、董仲舒相等。又补作文王《拘幽操》,至有"臣罪当诛,天王圣明"等语,以提倡君权的绝对。李翱等推波助澜,渐引起宋明理学的运动。但宋明理学,又并不似韩愈所期待的,彼等表面虽亦排斥佛、老,而里面却愿兼采佛、老二氏的长处,如《河图》《洛书》《太极图》等,本诸道教;天理、人欲、明善、复初等等,本诸佛教。在陆王一派,偏于"尊德性",固然不讳谈禅,阳明且有"格竹病七日"的笑话,与科学背驰,固无足异;程朱一派,力避近禅,然阳儒阴禅的地方很多。朱熹释"格物"为即物穷理,且说:"即凡天下之物,莫不因其已知之理而益穷之,以求至乎其极,至于用力之久而一旦豁然贯通焉,则众物之表里精粗无不到,而吾心之全体大用无不明矣。"似稍近于现代科学家之归纳法,然以不从实验上着手,所以也不能产生科学。那时程颐以"饿死事小,失节事大"斥再醮妇,蹂躏女权,正与韩愈的"臣罪当诛"相等,误会"三纲"的旧说,破坏"五伦"的本义。不幸此等谬说适投明清两朝君主之所好,一方面以利用科举为诱惑;一方面以文字狱为鞭策,思想言论的自由,全被剥夺。

明清之间,惟黄宗羲《明夷待访录》,有《原君》《原臣》等篇;戴震《原义》,力辟以理责人的罪恶;俞正燮于《癸巳类稿》《存稿》中有反对尊男卑女的文辞,远之合于诸子的哲学,近之合于西方的哲学,然皆如昙花一现,无人注意。

直到清季,与西洋各国接触,经过好几次的战败,始则感武器的不如人,后来看到政治上了,后来看到教育上、学术上都觉得不如人了,于是有维新派,以政治上及文化上之革新为号召,康有为、谭嗣同是其中最著名的。

康氏有《大同书》,本《礼运》的"大同"义而附以近代人文主义的新义;谭氏有《仁学》,本佛教"平等"观而冲决一切的网罗,在当时确为佼佼者。然终以迁就时人思想的缘故,戴着尊孔保皇的假面,而结果仍归于失败。

嗣后又经庚子极端顽固派的一试,而孙中山先生领导之同盟会,渐博得多数信任,于是有辛亥革命,实行"恢复中华,建立民国"的宣言,当时思想言论的自由,几达极点,保皇、尊孔的旧习,似有扫除的希望,但又经袁世凯与其所卵翼的军阀之摧残,虽洪宪帝制不能实现,而北洋军阀承袭他压制自由思想的淫威,方兴未艾。在此暴力压迫之下,自由思想的勃兴,仍不可遏抑,代表他的是陈独秀的《新青年》。

《新青年》于民国四年创刊,他的《敬告青年》,特陈六义:一、自主的而非奴隶的;二、进步的而非保守的;三、进取的而非退隐的;四、世界的而非锁国的;五、实利的而非虚文的;六、科学的而非想象的。

到民国八年,有《新青年宣言》,有云:"我们相信,世界各国政治上、道德上、经济上因袭的旧观念中,有许多阻碍进化而不合情理的部分。我们想求社会进化,不得不打破'天经地义''自古如斯'的成见,决计一面抛弃此等旧观念,一面综合前代贤哲、当代贤哲和我们自己所想的,创造政治上、道德上、经济上的新观念,树立新时代的精神,适应新社会的环境。我们理想的新时代、新社会是诚实的、进步的、积极的、自由的、平等的、创造的、美的、善的、和平的、相爱互助的、劳动而愉快的、全社会幸福的。希望那虚伪的、保守的、消极的、束缚的、阶级的、因袭的、丑的、恶的、战争的、轧轹不安的、懒惰而烦闷的、少数幸福的现象,渐渐减少,至于消灭。"

又有《新青年罪案之答辩书》,有云:"他们所非难本志的,无非是破坏孔教,破坏礼法,破坏国粹,破坏贞节,破坏旧伦理(忠、孝、节),破坏旧艺术(中国戏),破坏旧宗教(鬼神),破坏旧文学,破坏旧政治(特权人治),这几条罪案。这几条罪案,本社同人当然直认不讳。但是追本溯源,本志同人本来无罪,只因为拥护那德莫克拉西(Democracy)和赛因斯(Science)两位先生,才犯了这几条滔天的大罪。要拥护那德先生,便不得不反对孔教、礼法、贞节、旧伦理、旧政治;要拥护那赛先生,便不得不反对旧艺术、旧宗教;要拥护德先生又要拥护赛先生,便不得不反对国粹和旧文学。"

他的主张民治主义和科学精神,固然前后如一,而"破坏旧文学的罪案"与"反对旧文学"的声明,均于八年始见,这是因为在《新青年》上提倡文学革命起于五年。五年十月胡适来书,称:"吾以为今日而言文学改良,须从八事入手。八事者何?一曰:须言之有物。二曰:不摹仿古人。三曰:须讲求文法。四曰:不作无病之呻吟。五曰:务去烂调套话。六曰:不用典。七曰:不讲对仗。八曰:不避俗字俗语。"

由是陈独秀于六年二月发表《文学革命论》，有云："文学革命之气运，酝酿已非一日，其首举义旗之急先锋，则为我友胡适。余甘冒全国学究之敌高张'文学革命军'大旗以为吾友之声援，旗上大书特书吾革命军三大主义：曰推倒雕琢的阿谀的贵族文学，建设平易的抒情的国民文学；曰推倒陈腐的铺张的古典文学，建设新鲜的立诚的写实文学；曰推倒迂晦的艰涩的山林文学，建设明了的通俗的社会文学。"这是那时候由思想革命而进于文学革命的历史。

为什么改革思想，一定要牵涉到文学上？这因为文学是传导思想的工具。钱玄同于七年三月十四日《致陈独秀书》，有云："旧文章的内容，不到半页，必有发昏做梦的话，青年子弟，读了这种旧文章，觉其句调铿锵，娓娓可诵，不知不觉，便将为文中之荒谬道理所征服。"在玄同所主张的"废灭汉文"虽不易实现，而先废文言文，是做得到的事。所以他有一次致独秀的书，就说："我们既绝对主张用白话体做文章，则自己在《新青年》里面做的，便应该渐渐的改用白话。我从这次通信起，以后或撰文，或通信，一概用白话，就和适之先生做《尝试集》一样意思。并且还要请先生，胡适之先生和刘半农先生都来尝试尝试。此外别位在《新青年》里撰文的先生和国中赞成做白话文的先生们，若是大家都肯尝试，那么必定成功。自古无的，自今以后必定会有。"可以看见玄同提倡白话文的努力。

民元前十年左右，白话文也颇流行，那时候最著名的《白话报》，在杭州是林獬、陈敬第等所编，在芜湖是独秀与刘光汉等所编，在北京是杭辛斋、彭翼仲等所编，即余与王季同、汪允宗等所编的《俄事警闻》与《警钟》，每日有白话文与文言文论说各一篇，但那时候作白话文的缘故,是专为通俗易解,可以普及常识,并非取文言而代之。主张以白话代文言,而高揭文学革命的旗帜,这是从《新青年》时代开始的。

欧洲复兴时期以人文主义为标榜,由神的世界而渡到人的世界。就图画而言,中古时代的神像,都是忧郁枯板与普通人不同,及复兴时代,一以生人为模型,例如拉飞儿所画圣母,全是窈窕的幼妇,所画耶稣,全是活泼的儿童。使观者有地上实现天国的感想。不但拉飞儿,同时的画家没有不这样的。进而为生人肖像,自然更表示特性,所谓"人心不同如其面"了。这叫做由神相而转成人相。我国近代本目文言文为古文,而欧洲人目不通行的语言为死语,刘大白参用他们的语意,译古文为鬼话;所以反对文言提倡白话的运动,可以说是弃鬼话而取人话了。

欧洲中古时代,以一种变相的拉丁文为通行文字,复兴以后,虽以研求罗马时代的拉丁文与希腊文,为复兴古学的工具,而别一方面,却把各民族的方言利用为新文学的工具。在意大利有但丁、亚利奥斯多、朴伽丘、马基亚弗利等,在英国有绰塞、威克列夫等,在日耳曼有路德等,在西班牙有塞文蒂等,在法兰西有拉勃雷等,都是用素来不认为有文学价值的方言译述圣经,或撰著诗文,遂产生各国语的新文学。我们的复兴,以白话文为文学革命的条件,正与但丁等同一见解。

欧洲的复兴,普通分为初、盛、晚三期:以十五世纪为初期,以千五百年至千五百八十年为盛期,以千五百八十年至十七世纪末为晚期。在艺术上,自意大利的乔托、基伯尔提、文西、米开兰基罗、拉飞儿、狄兴等以至法国的雷斯古、古容、格鲁爱父子等,西班牙的维拉斯开兹等,德国的杜勒、荷尔斑一族等,荷兰与法兰德尔的凡爱克、鲁本兹、朗布兰、凡带克等。在文学上,自意大利的但丁、亚利奥斯多、马基亚弗利、塔苏等,法国的露沙、蒙旦等,西班牙的蒙杜沙、莎凡提等,德国的路德、萨克斯等,英国的雪泥、慕尔、莎士比亚等。人才辈出,历三百年。我国的复兴,自五四运动以来不过十五年,新文学的成绩,当然不敢自诩为成熟。其影响于科学精神、民治思想及表现个性的艺术,均尚在进行中。但是吾国历史,现代环境,督促吾人,不得不有奔轶绝尘的猛进。吾人自期,至少应以十年的工作抵欧洲各国的百年。所以对于第一个十年先作一总审查,使吾人有以鉴既往而策将来,希望第二个十年与第三个十年时,有中国的拉飞儿与中国的莎士比亚等应运而生呵!

据《中国新文学大系》第 1 册,良友图书公司 1935 年出版,并参阅蔡元培论述中文打字副本

孔子之精神生活

（一九三六年八月十七日）

精神生活，是与物质生活对待的名词。孔子尚中庸，并没有绝对的排斥物质生活，如墨子以自苦为极，如佛教的一切惟心造。例如《论语》所记："失饪不食，不时不食"，"狐貉之厚以居"，谓"卫公子荆善居室"，"从大夫之后，不可以徒行"，对于衣食住行，大抵持一种素富贵行乎富贵、素贫贱行乎贫贱的态度。但使物质生活与精神生活在不可兼得的时候，孔子一定偏重精神方面。例如孔子说："饭疏食，饮水，曲肱而枕之，乐亦在其中矣；不义而富且贵，于我如浮云。"可见他的精神生活，是决不为物质生活所摇动的。今请把他的精神生活分三方面来观察。

第一，在智的方面。孔子是一个爱智的人，尝说："盖有不知而作之者，我无是也；多闻，择其善者而从之，多见而识之。"又说："多闻阙疑""多见阙殆"，又说："知之为知之，不知为不知，是知也。"可以见他的爱智，是毫不含糊、决非强不知为知的。他教子弟通礼、乐、射、御、书、数的六艺，又为分设德行、言语、政事、文学四科，彼劝人学诗，在心理上指出"兴""观""群""怨",在伦理上指出"事父""事君",在生物上指出"多识于鸟兽草木之名"。(他如《国语》说:孔子识肃慎氏之石砮,防风氏骨节,是考古学;《家语》说:孔子知萍实,知商羊,是生物学;但都不甚可信。)可以见知力范围的广大。至于知力的最高点,是道,就是最后的目的,所以说:"朝闻道,夕死可矣。"这是何等的高尚!

第二,在仁的方面。从亲爱起点,"泛爱众,而亲仁",便是仁的出发点。他的进行的方法用恕字,消极的是"己所不欲,勿施于人";积极的是"己欲立而立人,己欲达而达人"。他的普遍的要求,是"君子无终食之间违仁,造次必于是,颠沛必于是"。他的最高点,是"伯夷、叔齐,古之贤人也,求仁而得仁,又何怨?""志士仁人,无求生以害仁,有杀人〔身〕以成仁。"这是何等伟大!

第三,在勇的方面。消极的以见义不为为无勇;积极的以童汪踦能执于戈卫社稷可无殇。但孔子对于勇,却不同仁、智的无限推进,而时加以节制。例如说:"小不忍则乱大谋。""一朝之忿,忘其身以及其亲,非惑欤?""好勇不好学,其蔽也乱。""君子有勇而无义为乱,小人有勇而无义为盗。""暴虎冯河,死而无悔者,吾不与焉,必也临事而惧,好谋而成者也。"这又是何等的谨慎!

孔子的精神生活,除上列三方面观察外,尚有两特点:一是毫无宗教的迷信,二是利用美术的陶养。孔子也言天,也言命,照孟子的解释,莫之为而为是天,莫之致而至是命,等于数学上的未知数,毫无宗教的气味。凡宗教不是多神,便是一神。孔子不语神,敬鬼神而远之,说"未能事人,焉能事鬼?"完全置鬼神于存而不论之列。凡宗教总有一种死后的世界,孔子说:"未知生,焉知死?""之死而致死之,不仁而不可为也;之死而致生之,不知而不可为也";毫不能用天堂地狱等说来附会他。凡宗教总有一种祈祷的效验,孔子说:"丘之祷久矣""获罪于天,无所祷也",毫不觉得祈祷的必要。所以孔子的精神上,毫无宗教的分子。

孔子的时代,建筑、雕刻、图画等美术,虽然有一点萌芽,还算是实用与装饰的工具,而不认为独立的美术;那时候认为纯粹美术的是音乐。孔子以乐为六艺之一,在齐闻韶,三月不知肉味,谓:"韶尽美矣,又尽善也。"对于音乐的美感,是后人所不及的。

孔子所处的环境与二千年后的今日,很有差别。我们不能说孔子的语言到今日还是句句有价值,也不敢说孔子的行为到今日还是样样可以做模范。但是抽象的提出他精神生活的概略,以智、仁、勇为范围,无宗教的迷信而有音乐的陶养,这是完全可以为师法的。

> 据《江苏教育》月刊第 5 卷第 9 期(1936 年 9 月出版);并据此文中文打字副本校订

《人与地》序

（一九三六年九月）

哀利赛·邵可侣先生的《人与地》，是二十世纪开始时的一部名著，同时也是前一世纪若干思想与科学探索的结合。这部书虽然在初写成时至今已有三十年，但一部有长久价值的书，寿命不必限于百年，三十年更是小事。况且邵氏的书，最近又有人为之彻底编纂过，更不能说是一部忽略世界在最近三十年中大变化的书。我们试回想最近史事的演变，不能不觉得所谓二十世纪的文明，在好的方面，都是十九世纪之所赐，理智主义发达之最高点，利用科学以增进人类幸福之企求，人道主义之如日中天，都是十九世纪下半所表现的彩色。不幸大战之前，旧思想仍在潜伏；大战以后，更明显的表现人文之退步。一切反文明、反近代、反理智的思想与行动，在若干国家中竟成为国是。陷自己，害邻人，使得世界汲汲不可终日，俨然要走上同归于尽之一途。那么，在今天有一部包含着十九世纪理智主义、人道主义的名著在中国出版，纵然在观界中不过是一颗闪闪的明星，在实用上容许可以是一丸救药。

本书的译者郑绍文先生，得和本书重编人朝夕相对至于五年之久，一切疑难，均经解释。这个凭藉，是现在译书人绝少有的。有这凭藉，可达到严氏几道所谓译事第一难的"信"字。所以这一书的出版，必能引起此时中国史学、社会学范围中的兴趣，是无可疑的。

本书作者邵氏是治人文地理学的。他们这一派好以地理事实解释历史现象。本来拿地理事实解释历史现象，在欧洲固是旧说，在中国也早为人注意，即如《左传》《管子》《商子》诸书，中间有不少的说话，以地理解释人文。到了汉朝，虽说一时的风气，是讲天人之学，而地人之论，也未尝不经学者道及。例如《淮南·要略篇》说：

> 文王……处岐周之间，地方不过百里，天下二垂归之，文王欲以卑弱制强暴……故太公之谋生焉。
>
> 禹之时，天下大水，禹身执虆垂，以为民先，剔河而道九岐，凿江而通九路，辟五湖而定东海。当此之时，烧不暇掾，濡不给扢，死陵者葬陵，死泽者葬泽。故节财薄葬，闲服生焉。
>
> ……齐国之地，东负海而北障河，地狭田少，而民多智巧。桓公忧中国之患，苦夷狄之乱……故《管子》之书生焉。
>
> ……韩、晋别国也。地墽民险，而介于大国之间。晋国之故礼未灭，韩国之新法重出，先君之令未收，后君之令又下。故新相反，前后相缪。百官背乱，不知所用，故刑名之书生焉。
>
> 秦国之俗贪狼强力，寡义而趋利。……披险而带河，四塞以

为固。地利形便,畜积殷富。孝公欲以虎狼之势而吞诸侯,故商鞅之法生焉。

此所论列,乃以地理之凭藉,说明文化、政治之演成,以及学人思想之由来。如他这样说法,竟是严重的探索人与地之关系,不是偶然流露的话了。又如《汉书·地理志》末章所记各地风土,也基于人与地相应的思想之上。此后诸家著书,自汉末至于颜之推,论人物则多依地理以为评骘,论时势亦每举山川以为旨要。诚缘郑北海所谓"欲知风化芳臭气泽之所及,则旁行而观之"者,在学人实际观察时,幸多不至于忽略。后人好谈汉世的天人之学,却似乎忘了八代的人地之思想。

但是我们虽可说人地相应之思想,是中国历来甚多思想家的一个观点,却不能说古来思想家所说,已经发挥尽此一点之奥妙,或者并不能说,古来的思想家已经捉到这个问题的核心。我们不但要知道人与地是相应的,并且要求知道人与地如何相应。不但要知道人地相应之叙述,并且要求知道人与地相应之理解。近代以地理解释人文之学者,在法国早有所谓地文学派,在英国亦有博枯氏,都有深思与广见,却也都给人一个松散的印象。邵氏之书,出来比较得晚,所容纳之史地事实,也能比前人更多。法国人颇以"人文地理的祖国"自负,邵氏书正是此一科目之荟萃。我记得当年涉猎时,觉得是一部很能启发人的书。现在这书的中文译本出世,正当国内研究历史地理之风气盛行,自然可供一种新食料,可作一种新刺激。我们如愿将方舆的地理学,推进为人文地理学,就叙述的历史学,制作成动力的社会学,这部书是不能不参考的。

　　　　　　　　中华民国二十五年九月　蔡元培　序于上海
　　　　　　　　　　　　　　　　　　　　　（傅斯年代作）

　　　　　　　　据邵可侣原著《人与地》(郑绍文译),
文化生活出版社1937年出版

论教育

学堂教科论

（一九〇一年十月）

少酖举业，长溺文词，经诂史法，亦窥藩篱，生三十年，始知不足。迷途回车，奚翅炳烛。悲彼来者，覆辙相寻，誓墓不出，愿为松阴。辜较所见，以著于篇，庶有同志，匡其谬焉。

我国选举之法，自保举、捐纳两途外，皆出于科举。科举之材，皆出于学校。学校之别，曰国子监，助教师之，祭酒以下诸官督之，大臣管理之。曰官学，教习师之，大臣管理之，稽察之。曰庶常馆，教习庶吉士师之。曰府学，曰州、县学，教授、学正、教谕、训导等师之，而提督、学政督之。曰书院，院长师之。曰义塾，曰往教之塾（延师于家以课子弟），曰来学之塾（师辟馆而弟子就学者），塾师师之。其职有国选、公举、私约之别，其徒有成人、童幼之别，其程有岁课、月课、日课之别，而宗旨则一以科举为招。

---

* 清光绪二十六年至二十七年（1900—1901）间，蔡元培在绍兴及上海搜集国内外参考资料，对各级学校的课程进行研究，撰写出《学堂教科论》一书，由杜亚泉主持的上海五马路普通学书室于清光绪二十七年九月石印出版，全书二十八页。

问何以课《四书》文也？曰乡会试之所试也。何以读《四书集注》？曰文题所出，备遗忘也。何以读《五经》？曰《四书》文之材也，故删丧礼。乡会试有经艺，有策问，何以不课？曰阅者注重《四书》文，他非所急也。习楷书何也？曰殿试朝考所重也。何以课诗赋？曰散馆所试也。读经，记其文不求其义，读他书，猎其琐不见其大，何也？曰制艺诗赋所取裁，如是已足也。

来学之塾在乡僻者，或于家，或于社，其徒或一年一辍，或二三年而辍，其后或商焉，或工焉，或农焉，非有志于科举，而责以诵经注之文，不求其义如故焉。何也？曰先世之遗传，少年之习惯，塾师技止此耳，不知其然而然也。夫是以认字千名，而寻常书札，或所不解，读书数卷，而平生行习，了不相关。

若乃身厕士流，幸而致科第，膺官职，循资以进，则夫行政、司法之权，内治、外交之略，所以责之者曾未有限也，而固非其平日所探讨，所专业，美锦学制，大匠代斫，其不偾事者鲜矣。况乎生心害政之故，固有不止于是者，请举其凡，曰鄙，曰乱，曰浮，曰恧，曰忮，曰欺。

一群之中而有君，佐君而有百官，是必其群之贤者，贤者必有见于群己关系之故，方且同一群之利以为其利，合一群之私以为其私。不得已，而己之所以维群，与群之所以偿己，不能并存，则决然为群而舍己，其所见利害固如此也。今之教育者，嘤嘤然以举业自命，则固无群之见矣。夫且以大官厚禄为自私自利之需，而一切攫取之以为快，则其攫取之术，固将愈巧而愈安。其未得之也，为揣摩，为剿袭，为倩替，为贿买，为钻营，苟无阻力，何施而不可；其既得之也，缺之肥瘠，差之优劣，上官之喜怒，要津之援系，已不胜心力之疲，尚何暇复为天下设想乎？此害于鄙者一也。

登高自卑，入室由户，循序不乱，凡事皆然，人智启发之次，宁有异乎？童子之入塾也，未知善恶之道而课以明新，未习弟子之职而语以君国，譬之婴孩舍乳而食肉，山人入水而求鱼，使其神思之径，忽断忽续，若昧若明，以此为常，则事无大小，既无执因求果之术，更无见微知著之几，皆将颠倒重轻，衡决首尾，见卵而求时夜，救火而呼丈人，此害于乱者二也。

心理之学，注意为要，传称心不在则视不见、听不闻、食不知味，此其显者。塾师之课读也，有声无义，里谚谓之小僧诵经，固已味同嚼蜡，倦此循环。夫人之心思，自酣睡以外，固不能无所寄。彼其塾课既淡漠相遭矣，势不得不游心于文句之外，结想乎玩好之需。以此为常，酿成假公济私之习，是故居官以治事也，而转弛事以便私；抚军以防寇也，而或纵寇以自重。名实相缪，心口不同。此害于浮者三也。

国于天地，必有与立。恃乎其人有自立之性，不可夺之志。宇长宙广，其例甚多。童子之在塾也，非有爱于其课，则窳惰而不中程宜也，为师者不求其故，不言其所以，而夏楚以迫之，忿詈以禁之，有问则对之以模棱之词，发难则科之以不敬之罚。彼其师弟之间，非有固结不可解之爱情也，屈意就范，压于势力耳。夫势力何常，因时而异，其在贤者，驱之以为贤；其在暴徒，胁之以为暴；其在中权，固成瓦合；其在外力，遂兆土崩；以是为常，国于何有。此害于葸者四也。

夫以爱情之薄，而压力之严，受之者既有苦而无乐，则亦有怨而无怀。入塾则视日早晚，逃学或不惜饥寒。至乃街市闲行，侪辈笑语，一逢师至，匿迹销声，视学塾如图圄，见先生如狱吏，岂弟子之无良哉,为师者固迫之为仇耳。童子就傅以后,接父母兄姊之时少,而日与其仇者相对,务剥削其亲和眷恋之良,而养成夫乖戾忮忌之性。夫是以在家而戾于家,在国而戾于国。家国虚模,人为质点,以爱力相吸耳,日驱之而日岠之,有不灭裂者乎？此害于忮者五也。

夫以上云云,师之于弟,本以压力胁从,压力移而胁从之权将挟之以移。彼夫纨绔之子,成童以后,或生性桀骜,力能持师之短长于其父兄,师之下者,乃遂与之比而以欺其父兄为事,是故多授之经,不问能诵否也;速课以文,不问能解否也;甚者先为之笔削而后录焉,乃加优善之评点以欺人;甚者应试之时,且为之代作焉,曰非是无以结于弟子焉;甚而书院之院长,于下劣之卷,亦必优之以评点焉,曰非是无以结于肄业生焉;甚而试官之阅卷,于屏弃之卷,亦必违心而奖借之,曰非是将见嫉于下第举子焉。以此为常,上下相蒙,司法者改罪人之供状以避议,理财者张无本之报销以盗利,察吏者窜不关之保举以徇情,将兵者造讳败之露布以希赏,驾轻就熟,何所底乎！此害于伪者六也。

其他支害,难可具论。此六者,彰彰然天下共苦之矣,而不知其源乃起于学塾。士之在学塾也久,又沉浸于考试之习,其害最烈,父子相传,成为种性,其酿之也非一朝一夕之功,则夫救之也岂一手一足之烈。甲午以后,士之高明者,锻于外力,奋然破旧日教师之谬,发为理论,已不一家,虽宗旨不无互殊,又以科举所掣,未足奋鄙近之气,然而异同之评,自此起矣。斯宾塞氏曰：凡人间意见所经之程度有三：一无识时之一致,二探求时之多殊,三聪明时之一致。三者之中,第二者,第三之母也。今之教育界,其正由一致而多殊乎。爰陈管见,备多殊之一。今之论者,将远之如魑魅;正恐他日公理大明,又当贱之如刍狗耳。

韩非子曰：理者，成物之文也，道者，万理之稽也。万物各异理，而道尽稽万物之理，是我国古学本分理、道两界。日本井上甫水，界今之学术为三：曰有形理学，曰无形理学（亦谓之有象哲学），曰哲学（亦谓之无象哲学，又曰实体哲学）。无形理学为有形理学之统部，统部即尽稽万理之义。彼云哲学，即吾国所谓道学也。今斟取旧名，胪举学目，揭表于下，冀我国爱古之士，毋诡名而忘实焉。

韩非子曰：凡物之有形者，有短长，有大小，有方圆，有坚脆，有轻重，有白黑，是为理。要而论之，为形、性两界，短长、大小、方圆，形之属也；坚脆、轻重、白黑，性之属也。形学为博物，性学为物理，群其形而见相感之性，则化学起焉。

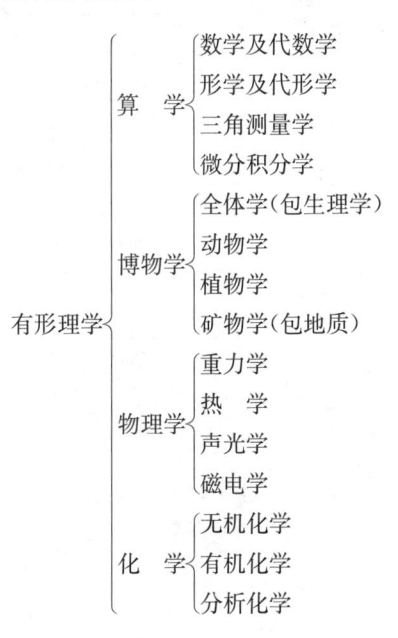

有形理学	算学	数学及代数学
		形学及代形学
		三角测量学
		微分积分学
	博物学	全体学（包生理学）
		动物学
		植物学
		矿物学（包地质）
	物理学	重力学
		热学
		声光学
		磁电学
	化学	无机化学
		有机化学
		分析化学

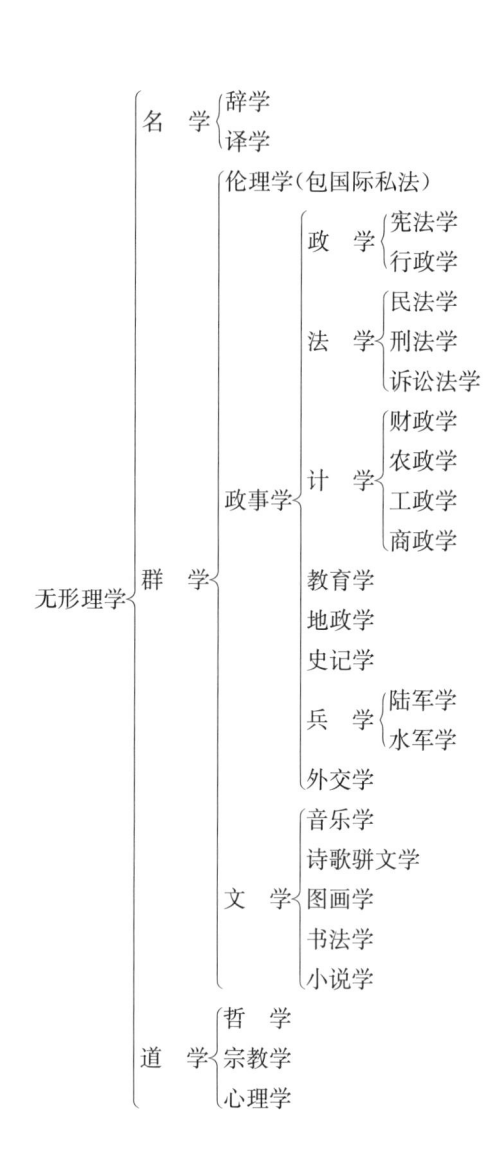

$$
\text{无形理学}\begin{cases}
\text{名 学}\begin{cases}\text{辞学}\\ \text{译学}\end{cases}\\
\text{群 学}\begin{cases}
\text{伦理学(包国际私法)}\\
\text{政事学}\begin{cases}
\text{政 学}\begin{cases}\text{宪法学}\\ \text{行政学}\end{cases}\\
\text{法 学}\begin{cases}\text{民法学}\\ \text{刑法学}\\ \text{诉讼法学}\end{cases}\\
\text{计 学}\begin{cases}\text{财政学}\\ \text{农政学}\\ \text{工政学}\\ \text{商政学}\end{cases}
\end{cases}\\
\text{教育学}\\
\text{地政学}\\
\text{史记学}\\
\text{兵 学}\begin{cases}\text{陆军学}\\ \text{水军学}\end{cases}\\
\text{外交学}\\
\text{文 学}\begin{cases}\text{音乐学}\\ \text{诗歌骈文学}\\ \text{图画学}\\ \text{书法学}\\ \text{小说学}\end{cases}
\end{cases}\\
\text{道 学}\begin{cases}\text{哲 学}\\ \text{宗教学}\\ \text{心理学}\end{cases}
\end{cases}
$$

算学主于演绎,近名学;然比例之数,弧角之度,皆凭形求理者也,故属之有形理学。

自植物而动物,自动物而人,其形态有逐渐改良之迹,其生理有逐渐进化之迹,故以全体学属博物,而生理学则通人身、动、植言之。(生理兼理化,今附全体。)

物群而相感,有化学;人群而相感,有伦理学。故伦理者,化学之象也。物群而分职,有生理学;人群而分职,有政事学。故政事者,生理之象也。化学循原质之性以为迎距,义主平等,五伦以之,所谓父子有亲,君臣有义,夫妇有别,长幼有序,朋友有信,伦理学之言也。生理总百体于脑而司命令,义主差别,三纲以之,所谓君为臣纲,父为子纲,夫为妻纲,政事学之言也。近之论者,主差别则灭五伦,主平等则嫉三纲,皆一孔之见也。

人群而有伦理学,国群则有外交学。以化学之规则治伦理,则无任性越分之举,而人各自由;以伦理之规则治外交,则无吐刚茹柔之失,而国以自立。

文学者,亦谓之美术学,《春秋》所谓文致太平,而《肄业要览》称为玩物适情之学者,以音乐为最显,移风易俗,言者详矣。(希腊先哲及近代西儒论音乐关系,与《乐记》义同。)

六朝作者,有文笔之别,笔为名家言,文为文家言。

小说者,民史之流也。群学家曰:前史体例,其于事变也,志其然而不志其所以然,且于君公帝王之事,虽小而必书;于民生风俗之端,虽大而不载;于一群强弱盛衰之数,终无可稽。我国史记,自太史公以外,皆此类耳。近世乃有小说,虽多寓言,颇详民俗,而文理浅近,尤有语言文字合一之趣。若能祛猥亵怪诞之弊,而纬以正大确实之义,则善矣。

道学之纯者,为今之哲学,心理、宗教,其附庸耳。心理者,本生理之一部(法国硕学珂氏之说),而奥赜特甚,非用哲学规则不能解说之,故附焉。宗教学者,据乱世之哲学,其失也诬,若巫、若回、若耶皆是也;惟庄、佛两家,与道大适。

右举学目,皆取易于识别,故或采译语,或用日本人所定。要之稽核宗派,则《汉书·艺文志》所载刘氏《七略》,固毕具矣。自汉以来,士掣利禄,浸失其传。爰为通彼我之邮,以告同志。

刘氏以六艺略冠诸略之前,而谓诸子指归,皆六经之支与流裔,则固以六艺为纲,诸子为目。六艺,即道学也。六艺为孔子手定,实孔氏一家之哲论,日本人谓孔子为大思想家是也。是故《书》为历史学,《春秋》为政治学,《礼》为伦理学,《乐》为美术学,《诗》亦美术学。而兴观群怨,事父事君,以至多识鸟兽草木之名,则赅心理、伦理及理学,皆道学专科也。《易》如今之纯正哲学,则通科也。近世哲学名家斯宾塞氏有综合哲学原理,为通科。又有生物学原理、心理学原理、社会学原理、道德学原理,为专科,亦其例矣。

道家者流,亦近世哲学之类,故名、法诸家,多祖述焉。刘氏谓其出于史官,则如近世进化学家,固取材历史矣。以其与孔氏宗旨不同,故夷之科学,所谓别黑白而定一尊也。

农家者流,于今为计学,盖尚农主义之世,工商经济,皆未发达也。

墨家者流,于今为宗教学。墨氏出于清庙之守,而欧非旧教,皆出祭司可证也。宗教家无不包伦理,故墨氏有尚同、兼爱、非攻之说。

阴阳家者流,出于灵台之官,于今为星学,其旁涉宗教为术数。

纵横家者流,出于行人之官,于今为外交学。

杂家者流,出于议官,于今为政学。

其他名家、法家、兵家、方技(即医学),则与今同名者也,不具论。

学级总表

	一	二	三	四	五	六	致用
普通	初级	二级	三级	四级			
专门					教育学 专门学	幕僚 教育学	普通学教习 专门官 专门学教习
实业		农工学	商学		医学 星学		农工 商 医 天文士

善夫,刘氏之叙诸子也,曰某家者流,出于某官,若者所长,若者所短。又综而论之曰,今异家者,各推所长,穷知究虑,以明其指,使其人遭明王圣帝,得其所折中,皆股肱之材,盖谓学出于官而实官之材也。群学家曰:有一事之效实,必有一事之储能。官,效实也;学,储能也。《语》曰:学而优则仕;《传》曰:学而后入官,此其义也。我国之学,有经义,近儒家言,有策论,近杂家言,而所以绳之者,乃在文句声偶之间,摩拟剽窃之术,则徒得古者纵横、小说两家之流弊。而其入官也,兼摄数职,历官六部,乃责以兼九家之所长,种瓜而望豆,缘

木而求鱼,其不得所期之效,而转生意外之害,是有定理,无足怪也。海通以来,稍窥邻政,共和、立宪,质性至殊,而官学相准,符同刘氏,固知公理不忒,古今一揆,转益多师,道在是矣。兴学之始,宜废科举而改官制,以卒业之凭为中式之级,因专门之学,授识职之官,夫而后耳目齐、风气一也。

学者质性不同,理论实际各有所长,用违其才,不益转损。专门学卒业以后,专于实际者,宜试之于幕僚,而后授以官;长于理论者,宜进之以教育学,而后任教习,如是则无旷职、无弃材矣。

自普通初级以至专门,积十余学年,固有寒微之家迫不及待者,宜自普通初二级后调入实业学堂,以其余普通学之尤切要者为豫科,而实业所需者为专科,卒业以后,足以持生计而不匮矣。

普通学级表

大别名	初级(六岁起)	二级(八岁起)	三级(十一岁起)	四级(十四岁至十七岁)
名	官话	解字 造句 切音记号	解字 短章 文法	论说 论理学 外国语
理		数学	代数初步 几何初步	代数 几何
		全体学浅说 动植物学浅说	矿物学 地质学	全体学 动植物学
	卫生浅说	卫生	物理浅说	物理学 气候学 生理学
			无机化学	有机化学
	嬉游	体操	体操	体操

续　表

大别名	初级(六岁起)	二级(八岁起)	三级(十一岁起)	四级(十四岁至十七岁)
群	对亲长伦理	家庭乡党伦理	国民伦理	伦理通理
群		地理略说 外国地志略	本国地志 交涉各国地志	本国地志沿革略 外国地志
群			国政纲要	本国历史 外国政略 外国史略
群				法学纲要
群				计学纲要
道				心理学纲要 哲学纲要 宗教学纲要
文	实物画	图画	图画	自在画
文		正书籀篆象形	正书　小篆	行书　草书
文	伦理诗歌景物诗歌(皆用官话长短句)	伦理及景物诗歌(浅易文言)	伦理诗歌　政治诗歌(浅易文言)	伦理及政治诗歌(文言仿作)
文			伦理小说	伦理及政治小说

　　理学为思想之事,名学为记别思想之事,故叙学先理而后名。然教者、学者,非语言文字无以通思想,故教科先名而后理。

　　凡人类之进化,系乎思想,而思想之进步,系乎语言。思想如传热,无语言以护之,则热度不高;思想如流水,无语言以障之,则水平如故。是故语言者,接续思想之记号也,犹不足以垂久远,于是有文字,则又语言之记号也。思想如算理,语言如数学,文字则代数也。

究算理者,不能越数学而径习代数,传思想者岂能越语言而径凭文字乎。周之时外史达书名,太史采诗,而以言语不通者为夷蛮戎狄,中国语言之学,具有明征。秦汉以来,治文字不治语言,文字画一而语言不画一,于是语言与文字离,于是识字之人少,而无以促思想之进步。迩者有志之士,为切音新字,为白话报,为白话经解(绍兴北乡义塾为之),思有以沟通之。然百里异言,又劳象译,所谓事倍而功半也。宜于初级学堂立官话一科,则切音新字可行,而解经译报之属,通于全国矣。昔雍正朝曾以福建、广东两省人乡音难晓,谕督抚转饬各府州县有司及教官多方训导,近复祖制,远法周官,何惮而不为。

我国字书所载,同音同义之字为多,其常用者数千而已。以切音求之,往往有声无字,此语言文字之所以离,而切音新字之所以不能不作也。然旧法寓义于形,足为别嫌明微之识。而古书充栋,为成学所必窥,他日终当新旧并行,如日本然,虽有假名,仍不废汉文也。惟人智启发之渐,与世界开化之序从同。文字之始,实符图画,亚非旧式,皆始象形,识字之始,宜先此类,略举籀篆之变,藉博临模之趣,乃以次及指事、会意而终谐声焉,述历代声变之大纲,明古文假借之通例,而读书作文,从顺识职矣。

部文字以动、静、名、助之类,而胪举其联络同异之法,立一为式,使学者仿而为之,自二字以至于无数字,是谓造句。

积句为节,积节为章,而论说之体具矣。界名以理,界词以意,明白断制,使读者视而可识,而毋惑于两歧,此名家之法也。曲直峻婉,因时而施,博征广喻,无微不至,使读者易从,则亦纵横家之趣也。若乃缉比陈言以为雅,删节助字以为古,必求来历之字而不顾其实(如用古地名、官名之类），摽为古淡之派而不尽其词，是奴隶于文学者耳，乌足以混之。

凡差别性，自著而微，凡研究性，自简而繁。博物者，差别之事也，而动植物为著，故先之。理化者，研究之事也，而金石为简，故先之。惟动植物必核以理化而始详，故详于第四级焉。

嬉游体操，为卫生而设，生理学之支也，故附于理学。

伦理之学，自家而乡、而国、而天下，自亲而疏，自专而泛，自直接而间接，皆有序也，不可以躐等。

生物之理，在因外界所直而与为体合，又在因习惯为遗传而与之改良，政事亦然。地志者，体合之资也；史记者，习惯遗传之迹也。故政事之学，以地志、史记为初步。

史记学，以时与地之近远为先后，知盘碗之用而后可与言笾豆之制，知舟车之利而后可以言航海、铁道之理，直接者明而间接者始有媒介也。

法学、宗教学，伦理所资也；计学，生理所资也；哲学、心理，则一切学之所资。皆以人所当有事者，故课以纲要。

理论尚悟，非先其活泼者，不足以博趣；实习尚记，非先其画一者，不足以入门。书画，实习之事也，故书始象形，画始实物。

诗歌小说，所以激刺感情，而辅庄语之不足者也。感情所溢，以景物、伦理、政事界之。否则，海盗海淫之作，皆阑入矣。

我国女学之不讲久矣。女子不学，则无以自立，而一切倚男子以生存，至乃不惜矫揉涂泽，以求容于男子。（雌雄淘汰之例，凡下等动物，雄之数赢于雌者，辄美其色与声以与他雄竞；其雌数赢者亦如之。人类则男子以智力相竞，而女子尚不脱下等动物竞美之习气，束腰大乳，欧美尚未免俗，此扶阳抑阴之说之所以不息也。）于是不自主而有妾媵之制，于是不自重而有女闾之业。此数者，天下妄男子之所利也，而不知正所以为害。妇女不学，其以掣男子之肘、败男子之业者多矣，而害于人种尤巨，遗传也，胎教也，蒙养也，何一不关女权者。顾乃以童昏侧媚之材任之。呜呼，此种性所以靡荼，而政俗所以腐败也。正本清源，自女学堂始。

泰西女权之盛，已有充律师、觊议员者，而论者犹谆谆以整理家政为言。盖群学家所考，男之与女，内外分职，自原人而已然。其合于天然之理与否，虽未有定论，而习与性成，骤赢于此，必绌于彼，其关于人世之祸福也剧矣。我国女权尤稚，尤不可不受之以渐，学程所揭，详家事而略国政者以此。

我国内外之防极严，解剖之学不讲，妇科医学，有决非男子所能洞彻者。小儿疾病不能自言，必按之于前后声色服食之变异，有决非仓卒诊视之所能知者，故妇女不可以不知医理。

女子普通学级表

（普通学初二级，男女同；三级以上始异地。其课程亦有异同，故表之。）

大别名	三　　级	四　　级
名	解字　短章	论说
理	代数初步 矿物常见品 物理浅说 化学要略 体操	几何初步 全体学 生理学　医学要略妇科、 　　　　　　　　　产科、 　　　　　　　　　儿科 女工 体操

续表

大别名	三 级	四 级
群	国民伦理 本国地志 国政	伦理通义 外国地志略 本国历史　外国政略 法学、计学纲要　家事
道		哲学、心理学、宗教学纲要
文	图画　正书 伦理诗歌　风俗诗歌 伦理小说　家事小说	正书　刺绣　音律 伦理及风俗诗歌 伦理及家事小说

师范速成科学目表
（凡所举学目，皆以普通为界。）

大别名	通 科	专 科
名学	教育　伦理　历史	名学 道学 文学
理学	教育　伦理	理学
群学	教育	群学

自普通初级以至实业、专门诸科，皆为幼学设也。若乃中年以上，素缚举业，猝遇废科举、改官制之时，恃故技则不足，究新学则已迟，不加甄录，将为弃材。且普通学校之设，遍于国中，事难旷日，安所得多许教习乎，为师范速成科以邮之，所谓事半而功倍，理顺而情洽者也。

据蔡元培鹤庼著《学堂教科论》，
上海普通学书室1901年10月出版

中国伦理学史[*]

(一九一〇年四月二十五日)

序　　例

学无涯也,而人之知有涯。积无量数之有涯者,以与彼无涯者相逐,而后此有涯者亦庶几与之为无涯,此即学术界不能不有学术史之原理也。苟无学术史,则凡前人之知,无以为后学之凭借,以益求进步。而后学所穷力尽气以求得之者,或即前人之所得焉,或即前人之前已得而复舍者焉。不惟此也,前人求知之法,亦无以资后学之考鉴,以益求精密。而后学所穷力尽气以相求者,犹是前人粗简之法焉,或转即前人业已嬗蜕之法焉。故学术史甚重要。一切现象,无不随时代而有迁流,有孳乳。而精神界之现象,迁流之速,孳乳之繁,尤

---

[*] 1907—1911年间,蔡元培在德国留学时,撰写《中国伦理学史》一书,由商务印书馆于清宣统二年(1910)出版。1937年5月,商务印书馆又将此书列入"中国文化史丛书"第2辑,重新排印出版。1941年,日本中岛太郎将此书译为日文,由东京大东出版社出版,书名为《支那伦理学史》。

不知若干倍蓰于自然界。而吾人所凭借以为知者,又不能有外于此迁流、孳乳之系统。故精神科学史尤重要。吾国夙重伦理学,而至今顾尚无伦理学史。迄际伦理界怀疑时代之托始,异方学说之分道而输入者,如槃如烛,几有互相冲突之势。苟不得吾族固有之思想系统以相为衡准,则益将旁皇于歧路。盖此事之亟如此。而当世宏达,似皆未遑暇及。用不自量,于学课之隙,缀述是编,以为大辂之椎轮。涉学既浅,参考之书又寡,疏漏抵牾,不知凡几,幸读者有以正之。又是编辑述之旨,略具于绪论及各结论。尚有三例,不可不为读者预告。

（一）是编所以资学堂中伦理科之参考,故至约至简。凡于伦理学界非重要之流派及有特别之学说者,均未及叙述。

（二）读古人之书,不可不知其人,论其世。我国伦理学者,多实践家,尤当观其行事。顾是编限于篇幅,各家小传,所叙至略。读者可于诸史或学案中,检其本传参观之。

（三）史例以称名为正。顾先秦学者之称子,宋明诸儒之称号,已成惯例。故是编亦仍之而不改,决非有抑扬之义寓乎其间。

庚戌三月十六日　编者识

目　录

绪　论
伦理学与修身书之别　伦理学史与伦理学根本观念之别

我国之伦理学　我国伦理学说之沿革　我国之伦理学史

第一期　先秦创始时代

第一章　总　论

　　伦理学说之起源　各家学说之消长

第二章　唐虞三代伦理思想之萌芽

　　伦理思想之基本　天之观念　天之公理　天之信仰　天之权威　天道之秩序　家长制度　古先圣王之言动　尧　舜　禹　皋陶　商周之革命　三代之教育

（一）儒　家

第三章　孔　子

　　小传　孔子之道德　性　仁　孝　忠恕　学问　涵养　君子　政治与道德

第四章　子　思

　　小传　中庸　率性　诚　结论

第五章　孟　子

　　小传　创见　性善说　欲　义　浩然之气　求放心　孝弟　大丈夫　自暴自弃　政治论　结论

第六章　荀　子

　　小传　学说　人道之原　性恶说　性论之矛盾　修为之方法　礼　礼之本始　礼之用　礼乐相济　刑罚　理想之君道　结论

（二）道　家

第七章　老　子

　　小传　学说之渊源　学说之趋向　道　德　道德论之缺点

　　　　因果之倒置　齐善恶　无为之政治　法术之起源　结论
第八章　庄　子
　　　　小传　学派　世界观及人生观　理想之人格　修为之法　内省
　　　　北方思想之驳论　排仁义　道德之推移　道德之价值　道德之
　　　　利害　结论
（三）农　家
第九章　许　行
　　　　小传　义务权利之平等　齐物价　结论
（四）墨　家
第十章　墨　子
　　　　小传　学说之渊源　弟子　有神论　法天　天之爱人利人
　　　　道德之法则　兼爱　兼爱与别爱之利害　行兼爱之道　利与爱
　　　　　兼爱之调摄　勤俭　非攻　结论
（五）法　家
第十一章　管　子
　　　　小传　著书　学说之起源　理想之国家　道德与生计之关系
　　　　上下之义务　结论　管子以后之中部思潮
第十二章　商　君
　　　　小传　革新主义　旧道德之排斥　重刑　尚信　结论
第十三章　韩非子
　　　　小传　学说之大纲　性恶论　威势　法律　变通主义　重刑罚
　　　　君主以外无自由　以法律统一名誉　排慈惠　结论
　　　　第一期结论

第二期　汉唐继承时代

第一章　总　说

　　汉唐间之学风　儒教之托始　道教之托始　佛教之流入　三教并存而儒教终为伦理学之正宗

第二章　淮南子

　　小传　著书　南北思想之调和　道　性　性与道合　修为之法　善即无为　理想之世界　性论之矛盾　结论

第三章　董仲舒

　　小传　著书　纯粹之动机论　天人之关系　性　性论之范围　教　仁义　结论

第四章　扬　雄

　　小传　著书　玄　性　性与为　修为之法　模范　结论

第五章　王　充

　　小传　革新之思想　无意志之宇宙论　万物生于自然　气与形　形与命　骨相　性　恶　结论

第六章　清谈家之人生观

　　起源　要素　人生之无常　从欲　排圣哲　旧道德之放弃　不为恶　排自杀　不侵人之维我论　反对派之意见　结论

第七章　韩　愈

　　小传　儒教论　排老庄　排佛教　性　情　结论

第八章　李　翱

　　小传　学说之大要　性　性情之关系　情之起源　至静　结论

　　第二期结论

第三期　宋明理学时代

第一章　总　说

　　有宋理学之起源　朱陆之异同　动机论之成立　功利论之别出　儒教之凝成　思想之制限

第二章　王荆公

　　小传　性情之均一　善恶　情非恶之证明　礼论　结论

第三章　邵康节

　　小传　宇宙论　动静二力　物人凡圣之别　学　慎独　神　性情　结论

第四章　周濂溪

　　小传　太极论　性与诚　善恶　几与神　仁义中正　修为之法　结论

第五章　张横渠

　　小传　太虚　理一分殊　天地之性与气质之性　心性之别　虚心　变化气质　礼　结论

第六章　程明道

　　小传　性善论之原理　善恶　仁　敬　忘内外　诚　结论

第七章　程伊川

　　小传　伊川与明道之异同　理气与性才之关系　心　养气寡欲　敬与义　穷理　知与行　结论

第八章　程门大弟子

　　程门弟子　上蔡小传　其学说　龟山小传　其学说　结论

第九章　朱晦庵

小传　理气　性　心情欲　人心道心　穷理　养心　结论

第十章　陆象山

小传　朱陆之论争　心即理　纯粹之惟心论　气质与私欲　思先立其大　诚　结论

第十一章　杨慈湖

小传　己易　结论

第十二章　王阳明

小传　心即理　知行合一　致良知　仁　结论

第三期结论

附　录

戴东原　其学说　黄梨洲　其学说　俞理初　其学说　余论

绪　论

伦理学与修身书之别

修身书,示人以实行道德之规范者也。民族之道德,本于其特具之性质、固有之条教,而成为习惯。虽有时亦为新学殊俗所转移,而非得主持风化者之承认,或多数人之信用,则不能骤入于修身书之中,此修身书之范围也。伦理学则不然,以研究学理为的。各民族之特性及条教,皆为研究之资料,参伍而贯通之,以归纳于最高之观念,乃复由是而演绎之,以为种种之科条。其于一时之利害,多数人之向背,皆不必顾。盖伦理学者,知识之径途;而修身书者,则行为之标准也。持修身书之见解以治伦理学,常足为学识进步之障碍。故不可不区别之。

伦理学史与伦理学根本观念之别

伦理学以伦理之科条为纲,伦理学史以伦理学家之派别为叙。其体例之不同,不待言矣。而其根本观念,亦有主观、客观之别。伦理学者,主观也,所以发明一家之主义者也。各家学说,有与其主义不合者,或驳诘之,或弃置之。伦理学史者,客观也。在抉发各家学说之要点,而推暨其源流,证明其迭相乘除之迹象。各家学说,与作者主义有违合之点,虽可参以评判,而不可以意取去,漂没其真相。此则伦理学史根本观念之异于伦理学者也。

我国之伦理学

我国以儒家为伦理学之大宗。而儒家,则一切精神界科学,悉以伦理为范围。哲学、心理学,本与伦理有密切之关系。我国学者仅以是为伦理学之前提。其他曰为政以德,曰孝治天下,是政治学范围于伦理也;曰国民修其孝弟忠信,可使制梃以挞坚甲利兵,是军学范围于伦理也;攻击异教,恒以无父无君为辞,是宗教学范围于伦理也;评定诗古文辞,恒以载道述德眷怀君父为优点,是美学亦范围于伦理也。我国伦理学之范围,其广如此,则伦理学宜若为我国惟一发达之学术矣。然以范围太广,而我国伦理学者之著述,多杂糅他科学说。其尤甚者为哲学及政治学。欲得一纯粹伦理学之著作,殆不可得。此为述伦理学史者之第一畏途矣。

我国伦理学说之沿革

我国伦理学说,发轫于周季。其时儒墨道法,众家并兴。及汉武帝罢黜百家,独尊儒术,而儒家言始为我国惟一之伦理学。魏晋以还,佛教输入,哲学界颇受其影响,而不足以震撼伦理学。近二十年间,斯宾塞尔之进化功利论,卢骚之天赋人权论,尼采之主人道德论,输入我国学界。青年社会,以新奇之嗜好欢迎之,颇若有新旧学说互相冲突之状态。然此等学说,不特深研而发挥之者尚无其人,即斯、卢诸氏之著作,亦尚未有完全移译者。所谓新旧冲突云云,仅为伦理界至小之变象,而于伦理学说无与也。

我国之伦理学史

我国既未有纯粹之伦理学,因而无纯粹之伦理学史。各史所载之儒林传道学传,及孤行之宋元学案、明儒学案等皆哲学史,而非伦理学史也。日本木村鹰太郎氏,述东洋伦理学史(其全书名《东西洋伦理学史》,兹仅就其东洋一部分言之)。始以西洋学术史之规则,整理吾国伦理学说,创通大义,甚裨学子。而其间颇有依据伪书之失,其批评亦间失之武断。其后又有久保得二氏,述东洋伦理史要,则考证较详,评断较慎。而其间尚有蹈木村氏之覆辙者。木村氏之言曰:"西洋伦理学史,西洋学者名著甚多,因而为之,其事不难;东洋伦理学史,则昔所未有。若博读东洋学说而未谙西洋哲学科学之律贯,或仅治西洋伦理学而未通东方学派者,皆不足以胜创始之任。"谅哉言也。鄙人于东西伦理学,所涉均浅,而勉承兹乏,则以木村、久保二氏之作为本。而于所不安,则以记忆所及,参考所得,删补而订正之。

正恐疏略谬误,所在多有。幸读者注意焉。

第一期　先秦创始时代

第一章　总　　论

伦理学说之起源

伦理界之通例,非先有学说以为实行道德之标准,实伦理之现象,早流行于社会,而后有学者观察之、研究之、组织之,以成为学说也。在我国唐虞三代间,实践之道德,渐归纳为理想。虽未成学理之体制,而后世种种学说,滥觞于是矣。其时理想,吾人得于《易》《书》《诗》三经求之。《书》为政事史,由意志方面,陈述道德之理想者也;《易》为宇宙论,由知识方面,本天道以定人事之范围;《诗》为抒情体,由感情方面,揭教训之趣旨者也。三者皆考察伦理之资也。

我国古代文化,至周而极盛。往昔积渐萌生之理想,及是时则由浑而画,由暧昧而辨晰。循此时代之趋势,而集其理想之大成以为学说者,孔子也。是为儒家言,足以代表吾民族之根本理想者也。其他学者,各因其地理之影响、历史之感化,而有得于古昔积渐萌生各理想之一方面,则亦发挥之而成种种之学说。

各家学说之消长

种种学说并兴,皆以其有为不可加,而思以易天下,相竞相攻,而思想界遂演为空前绝后之伟观。盖其时自儒家以外,成一家言者有八。而其中墨、道、名、法,皆以伦理学说占其重要之部分者也。秦并天下,尚法家;汉兴,颇尚道家;及武帝从董仲舒之说,循民族固有之理想而尊儒术,而诸家之说熸矣。

第二章　唐虞三代伦理思想之萌芽

伦理思想之基本

我国人文之根据于心理者,为祭天之故习。而伦理思想,则由家长制度而发展,一以贯之。而敬天畏命之观念,由是立焉。

天之观念

五千年前,吾族由西方来,居黄河之滨,筑室力田,与冷酷之气候相竞,日不暇给。沐雨露之惠,懔水旱之灾,则求其源于苍苍之天。而以为是即至高无上之神灵,监吾民而赏罚之者也。及演进而为抽象之观念,则不视为具有人格之神灵,而竟认为溥博自然之公理。于是揭其起伏有常之诸现象,以为人类行为之标准。以为苟知天理,则一切人事,皆可由是而类推。此则由崇拜自然之宗教心,而推演为宇宙论者也。

天之公理

古人之宇宙论有二:一以动力说明之,而为阴阳二气说;一以物质说明之,而为五行说。二说以渐变迁,而皆以宇宙之进动为对象:前者由两议而演为四象,由四象而演为八卦,假定八者为原始之物象,以一切现象,皆为彼等互动之结果。因以确立现象变化之大法,而应用于人事。后者以五行为成立世界之原质,有相生相克之性质。而世界各种现象,即于其性质同异间,有因果相关之作用,故可以由此推彼。而未来之现象,亦得而预察之。两者立论之基本,虽有径庭,而于天理人事同一法则之根本义,则若合符节。盖于天之主体,初未尝极深研究,而即以假定之观念,推演之,以应用于实际之事象。此吾国古人之言天,所以不同于西方宗教家,而特为伦理学最高观念之代表也。

天之信仰

天有显道,故人类有法天之义务,是为不容辩证之信仰,即所谓顺帝之则者也。此等信仰,经历世遗传,而浸浸成为天性。如《尚书》中君臣交警之辞,动必及天,非徒辞令之习惯,实亦于无意识中表露其先天之观念也。

天之权威

古人之观天也,以为有何等权威乎。《易》曰:"刚柔相摩,鼓之以雷霆,润之以风雨。日月运行,一寒一暑。乾道成男,坤道成女。乾知大始,坤作成物。"谓天之于万物,发之收之,整理之,调摄之,皆非无意识之动作,而密合于道德,观其利益人类之厚而可知也。人类利用厚生之道,悉本于天,故不可不畏天命,而顺天道。畏之顺之,则天锡之福。如风雨以时,年谷顺成,而余庆且及于子孙;其有侮天而违天者,天则现种种灾异,如日月告凶、陵谷变迁之类,以警戒之,犹不悔，则罚之。此皆天之性质之一斑见于诗书者也。

天道之秩序

天之本质为道德。而其见于事物也，为秩序。故天神之下有地祇，又有日月星辰山川林泽之神，降而至于猫、虎之属，皆统摄于上帝。是为人间秩序之模范。《易》曰："天尊地卑，乾坤定矣。卑高以陈，贵贱位矣。"此其义也。以天道之秩序，而应用于人类之社会，则凡不合秩序者，皆不得为道德。《易》又曰："有天地然后有万物，有万物然后有男女，有男女然后有夫妇，有夫妇然后有父子，有父子然后有君臣，有君臣然后有上下，有上下然后礼义有所错。"言循自然发展之迹而知秩序之当重也。重秩序，故道德界唯一之作用为中。中者，随时地之关系，而适处于无过不及之地者也。是为道德之根本。而所以助成此主义者，家长制度也。

家长制度

吾族于建国以前，实先以家长制度组织社会，渐发展而为三代之封建。而所谓宗法者，周之世犹盛行之。其后虽又变封建而为郡县，而家长制度之精神，则终古不变。家长制度者，实行尊重秩序之道，自家庭始，而推暨之以及于一切社会也。一家之中，父为家长，而兄弟姊妹又以长幼之序别之。以是而推之于宗族，若乡党，以及国家。君为民之父，臣民为君之子，诸臣之间，大小相维，犹兄弟也。各位不同，而各有适于其时地之道德，是谓中。

古先圣王之言动

三代以前,圣者辈出,为后人模范。其时虽未谙科学规则,且亦鲜有抽象之思想,未足以成立学说,而要不能不视为学说之萌芽。太古之事邈矣,伏羲作易,黄帝以道家之祖名。而考其事实,自发明利用厚生诸述外,可信据者盖寡。后世言道德者多道尧舜,其次则禹汤文武周公,其言动颇著于《尚书》,可得而研讨焉。

尧

《书》曰:"尧克明峻德,以亲九族,平章百姓,协和万邦。黎民于变时雍。"先修其身而以渐推之于九族,而百姓,而万邦,而黎民。其重秩位如此。而其修身之道,则为中。其禅舜也,诫之曰"允执其中"是也。是盖由种种经验而归纳以得之者。实为当日道德界之一大发明。而其所取法者则在天。故孔子曰:"巍巍乎唯天为大,唯尧则之,荡荡乎民无能名也。"

舜

至于舜,则又以中之抽象名称,适用于心性之状态,而更求其切实。其命夔教胄子曰:"直而温,宽而栗,刚而无虐,简而无傲。"言涵养心性之法不外乎中也。其于社会道德,则明著爱有差等之义。命契曰:"百姓不亲,五品不逊,汝为司徒,敬敷五教在宽。"五品、五教,皆谓于社会间,因其伦理关系之类别,而有特别之道德也。是谓五伦之教,所谓父子有亲,君臣有义,夫妇有别,长幼有序,朋友有信,是也。其实不外乎执中。惟各因其关系之不同,而别著其德之名耳。

由是而知中之为德，有内外两方面之作用，内以修己，外以及人，为社会道德至当之标准。盖至舜而吾民族固有之伦理思想，已有基础矣。

禹

禹治水有大功，克勤克俭，而又能敬天。孔子所谓"禹吾无间然"，"菲饮食而致孝乎鬼神，恶衣服而致美乎黻冕，卑宫室而尽力乎沟洫"，是也。其伦理观念，见于箕子所述之《洪范》。虽所言天锡畴范，迹近迂怪，然承尧舜之后，而发展伦理思想，如《洪范》所云，殆无可疑也。《洪范》所言九畴，论道德及政治之关系，进而及于天人之交涉。其有关于人类道德者，五事，三德，五福，六极诸畴也。分人类之普通行动为貌言视听思五事，以规则制限之：貌恭为肃，言从为乂，视明为哲，听聪为谋，思睿为圣。一本执中之义，而科别较详。其言三德：曰正直，曰刚克，曰柔克。而五福：曰寿，曰富，曰康宁，曰攸好德，曰考终命。六极：曰凶短折，曰疾，曰忧，曰贫，曰恶，曰弱。盖谓神人有感应之理，则天之赏罚，所不得免，而因以确定人类未来之理想也。

皋陶

皋陶教禹以九德之目，曰：宽而栗，柔而立，愿而恭，乱而敬，扰而毅，直而温，简而廉，刚而塞，强而义。与舜之所以命夔者相类，而条目较详。其言天聪明自我民聪明，天明威自我民明威，则天人交感，民意所向，即天理所在，亦足以证明《洪范》之说也。

商周之革命

夏殷周之间,伦理界之变象,莫大于汤武之革命。其事虽与尊崇秩序之习惯,若不甚合。然古人号君曰天子,本有以天统君之义,而天之聪明明威,皆托于民,即武王所谓天视自我民视、天听自我民听者也。故获罪于民者,即获罪于天。汤武之革命,谓之顺乎天而应乎民,与古昔伦理,君臣有义之教,不相背也。

三代之教育

商周二代,圣君贤相辈出。然其言论之有关于伦理学者,殊不概见。其间如伊尹者,孟子称其非义非道一介不取与,且自任以天下之重。周公制礼作乐,为周代文化之元勋。然其言论之几于学理者,亦未有闻焉。大抵商人之道德,可以墨家代表之;周人之道德,可以儒家代表之。而三代伦理之主义,于当时教育之制,可有推见。孟子称夏有校、殷有序、周有庠,而学则三代共之。《管子》有《弟子职》篇,记洒扫对应进退之教。《周官·司徒》称以乡三物教万民,一曰六德:知、仁、圣、义、中、和;二曰六行:孝、友、睦、姻、任、恤;三曰六艺:礼、乐、射、御、书、数。是为普通教育。其高等教育之主义,则见于《礼记》之《大学》篇。其言曰:"大学之道,在明明德,在亲民,在止于至善。古之欲明明德于天下者,必先治其国;欲治其国者,先齐其家;欲齐其家者,先修其身;欲修其身者,先正其心;欲正其心者,先诚其意;欲诚其意者,先致其知。致知在格物。自天子以至于庶人,壹是,皆以修身为本。"循天下国家疏近之序,而归本于修身。又以正心诚意致知格物为修身之方法,固已见学理之端绪矣。盖自唐虞以来,积无量数之经验,以至周代,而主义始以确立,儒家言由是启焉。

(一)儒　　家

第三章　孔　子

小传

孔子名丘,字仲尼,以周灵王二十一年生于鲁昌平乡陬邑。孔氏系出于殷,而鲁为周公之后,礼文最富。故孔子具殷人质实豪健之性质,而又集历代礼乐文章之大成。孔子尝以其道遍干列国诸侯而不见用。晚年,乃删诗书,定礼乐,赞易象,修春秋,以授弟子。弟子凡三千人,其中身通六艺者七十人。孔子年七十三而卒,为儒家之祖。

孔子之道德

孔子禀上智之资,而又好学不厌。无常师,集唐虞三代积渐进化之思想,而陶铸之,以为新理想。尧舜者,孔子所假以代表其理想而为模范之人物者也。其实行道德之勇,亦非常人之所及。一言一动,无不准于礼法。乐天知命,虽屡际困厄,不怨天,不尤人。其教育弟子也,循循然善诱人。曾点言志曰:与冠者、童子"浴乎沂,风乎舞雩,咏而归",而喟然与之。盖标举中庸之主义,约以身作则者也。其学说虽未成立统系之组织,而散见于言论者,得寻绎而条举之。

性

孔子劝学而不尊性。故曰:"性相近也,习相远也。""唯上知与下愚不移。"又曰:"生而知之者,上也;学而知之者,次也;困而学之,又其次也;困而不学,民斯为下。"言普通之人,皆可以学而知之也。其于性之为善为恶,未及质言。而尝曰:"人之生也直,罔之生也幸而免。"又读《诗》至"天生蒸民,有物有则,民之秉彝,好是懿德",则叹为知道。是已有偏于性善说之倾向矣。

仁

孔子理想中之完人,谓之圣人。圣人之道德,自其德之方面言之曰仁,自其行之方面言之曰孝,自其方法之方面言之曰忠恕。孔子尝曰:"仁者爱人,知者知人。"又曰:"知者不惑,仁者不忧,勇者不惧。"此分心意为知识、感情、意志三方面,而以知仁勇名其德者。而平日所言之仁,则即以为统摄诸德完成人格之名。故其为诸弟子言者,因人而异。又或对同一之人,而因时而异。或言修己,或言治人,或纠其所短,要不外乎引之于全德而已。孔子尝曰:"仁远乎哉,我欲仁,斯仁至矣。"又称颜回"三月不违仁,其余日月至焉"。则固以仁为最高之人格,而又人人时时有可以到达之机缘矣。

孝

人之令德为仁,仁之基本为爱,爱之原泉,在亲子之间,而尤以爱亲之情之发于孩提者为最早。故孔子以孝统摄诸行。言其常,曰养、曰敬、曰谕父母于道。于其没也,曰善继志述事。言其变,曰几谏。于其没也,曰干蛊。夫至以继志述事为孝,则一切修身、齐家、治国、平天下之事,皆得统摄于其中矣。故曰:孝者,始于事亲,中于事君,终于立身。是亦由家长制度而演成伦理学说之一证也。

忠恕

孔子谓曾子曰:"吾道一以贯之。"曾子释之曰:"夫子之道,忠恕而已矣。"此非曾子一人之私言也。子贡问:"有一言可以终身行之者乎?"孔子曰:"其恕乎。"《礼记·中庸》篇引孔子之言曰:"忠恕违道不远。"皆其证也。孔子之言忠恕,有消极、积极两方面,施诸己而不愿,亦勿施于人。此消极之忠恕,揭以严格之命令者也。仁者,己欲立而立人,己欲达而达人。此积极之忠恕,行以自由之理想者也。

学问

忠恕者,以己之好恶律人者也。而人人好恶之节度,不必尽同,于是知识尚矣。孔子曰:"学而不思,则罔;思而不学,则殆。"又曰:"好仁不好学,其蔽也愚;好知不好学,其蔽也荡;好信不好学,其蔽也贼;好直不好学,其蔽也绞;好勇不好学,其蔽也乱;好刚不好学,其蔽也狂。"言学问之亟也。

涵养

人常有知及之,而行之则过或不及,不能适得其中者,其毗刚毗柔之气质为之也。孔子于是以诗与礼乐为涵养心性之学。尝曰:"兴于诗,立于礼,成于乐。"曰:"诗可以兴,可以观,可以群,可以怨。"曰:"若臧武仲之知,公绰之不欲,卞庄子之勇,冉求之艺,文之以礼乐,可以为成人矣。"其于礼乐也,在领其精神,而非必拘其仪式。故曰"礼云礼云,玉帛云乎哉？乐云乐云,钟鼓云乎哉？"

君子

孔子所举,以为实行种种道德之模范者,恒谓之君子,或谓之士。曰:"君子有三畏：畏天命,畏大人,畏圣人之言。"曰:"君子有三戒：少之时,血气未定,戒之在色；及其壮也,血气方刚,戒之在斗；及其老也,血气既衰,戒之在得。"曰:"君子有九思：视思明,听思聪,色思温,貌思恭,言思忠,事思敬,疑思问,忿思难,见得思义。"曰:"文质彬彬,然后君子。"曰:"君子讷于言而敏于行。"曰:"君子疾没世而名不称。"曰:"士,行己有耻,使于四方,不辱君命；其次,宗族称孝,乡党称弟；其次,言必信,行必果。"曰:"志士仁人,无求生以害仁,有杀身以成仁。"其所言多与舜、禹、皋陶之言相出入,而条理较详。要其标准,则不外古昔相传执中之义焉。

政治与道德

孔子之言政治,亦以道德为根本。曰:"为政以德。"曰:"道之以德,齐之以礼,民有耻而且格。"季康子问政,孔子曰:"政者,正也。子率以正,孰敢不正。"亦唐、虞以来相传之古义也。

第四章　子　思

小传

自孔子没后,儒分为八,而其最大者,为曾子、子夏两派。曾子尊德性,其后有子思及孟子;子夏治文学,其后有荀子。子思,名伋,孔子之孙也,学于曾子。尝游历诸国,困于宋。作《中庸》。晚年,为鲁缪公之师。

中庸

《汉书》称子思二十三篇,而传于世者唯《中庸》。中庸者,即唐虞以来执中之主义。庸者,用也,盖兼其作用而言之。其语亦本于孔子,所谓君子中庸、小人反中庸者也。《中庸》一篇,大抵本孔子实行道德之训,而以哲理疏解之,以求道德之起源。盖儒家言,至是而渐趋于研究学理之倾向矣。

率性

子思以道德为原于性,曰:"天命之为性,率性之为道,修道之为教。"言人类之性,本于天命,具有道德之法则。循性而行之,是为道德。是已有性善说之倾向,为孟子所自出也。率性之效,是谓中庸。而实行中庸之道,甚非易易,贤者过之,不肖者不及也。子思本孔子之训,而以忠恕为致力之法,曰:"忠恕违道不远,施诸己而不愿,亦勿施于人。"曰:"所求乎子,以事父;所求乎臣,以事君;所求乎弟,以事兄;所求乎朋友,先施之。"此其以学理示中庸之范畴者也。

诚

子思以率性为道,而以诚为性之实体。曰:"自诚明谓之性,自明诚谓之教。"又以诚为宇宙之主动力,故曰:"诚者,自成也,道者,自道也。诚者,物之终始,不诚无物。诚者,非自成己而已也,所以成物也。成己,仁也;成物,智也。性之德也,合内廷之道也,故时措之宜也。"是子思之所谓诚,即孔子之所谓仁。惟欲并仁之作用而著之,故名之以诚。又扩充其义,以为宇宙问题之解释,至诚则能尽性,合内外之道,调和物我,而达于天人契合之圣境,历劫不灭,而与天地参,虽渺然一人,而得有宇宙之价值也。于是宇宙间因果相循之迹,可以预计。故曰:"至诚之道,可以前知。国家将兴,必有祯祥;国家将亡,必有妖孽。见乎蓍龟,动乎四体。祸福将至,善,必先知之,不善,必先知之,故至诚如神。"言诚者,含有神秘之智力也。然此惟生知之圣人能之,而非人人所可及也。然则人之求达于至诚也,将奈何?子思勉之以学,曰诚者,天之道也,诚之者,人之道也。诚者,不勉而中,不思而得,从容中道,圣人也。诚之者,择善而固执之者也,博学之,审问之,慎思之,明辨之,笃行之,弗能弗措。人一能之,己百之,人十能之,己千之。虽愚必明,虽柔必强。言以学问之力,认识何者为诚,而又以确固之步趋几及之,固非以无意识之任性而行为率性矣。

结论

子思以诚为宇宙之本,而人性亦不外乎此。又极论由明而诚之道,盖扩张往昔之思想,而为宇宙论,且有秩然之统系矣。惟于善恶之何以差别,及恶之起源,未遑研究。斯则有待于后贤者也。

第五章 孟 子

孔子没百余年,周室愈衰,诸侯互相并吞,尚权谋,儒术尽失其传。是时崛起邹鲁,排众论而延周孔之绪者,为孟子。

小传
孟子名轲,幼受贤母之教。及长,受业于子思之门人。学成,欲以王道干诸侯,历游齐、梁、宋、滕诸国。晚年,知道不行,乃与弟子乐正克、公孙丑、万章等,记其游说诸侯及与诸弟子问答之语,为《孟子》七篇。以周赧王三十三年卒。

创见
孟子者,承孔子之后,而能为北方思想之继承者也。其于先圣学说益推阐之,以应世用,而亦有几许创见:(一)承子思性说而确言性善;(二)循仁之本义而配之以义,以为实行道德之作用;(三)以养气之说论究仁义之极致及效力,发前人所未发;(四)本仁义而言王道,以明经国之大法。

性善说
性善之说,为孟子伦理思想之精髓。盖子思既以诚为性之本体,而孟子更进而确定之,谓之善。以为诚则未有不善也。其辨证有消极、积极二种。消极之辨证,多对告子而发。告子之意,性惟有可善之能力,而本体无所谓善不善,故曰:"生了为性。"曰:"以人性为仁义,犹以杞柳为杯棬。"曰:"人性之无分于善不善也,犹水之无分于东西也。"孟子对于其第一说,则诘之曰:"然则犬之性犹牛之性,牛之性犹人之性与?"盖谓犬牛之性不必善,而人性独善也。对于其第二说,则曰:"戕贼杞柳而后可以为杯棬,然则亦将戕贼人以为仁义与?"言人性不待矫揉而为仁义也。对于第三说,则曰:"水信无分于东西,无分于上下乎?今夫水,搏而跃之,可使过颡;激而行之,可使在山。是岂水之性也哉?"人之为不善,亦犹是也。水无有不下,人无有不善,则兼明人性虽善而可以使为不善之义,较前二说为备。虽然,是皆对于告子之说,而以论理之形式,强攻其设喻之不当。于性善之证据,未之及也。孟子则别有积以经验之心理,归纳而得之,曰:"人皆有不忍人之心。今人乍见孺子,将入于井,皆有怵惕恻隐之心,非所以内交于孺子之父母也,非所以要誉于乡党朋友也,非恶其声而然也。恻隐之心,人皆有之,仁之端也;羞恶之心,人皆有之,义之端也;辞让之心,人皆有之,礼之端也;是非之心,人皆有之,智之端也。"言仁义礼智之端,皆具于性,故性无不善也。虽然,孟子之所谓经验者如此而已。然则循其例而求之,即诸恶之端,亦未必无起源于性之证据也。

欲

孟子既立性善说,则于人类所以有恶之故,不可不有以解之。孟子则谓恶者非人性自然之作用,而实不尽其性之结果。山径不用,则茅塞之。山木常伐,则濯濯然。人性之障蔽而梏亡也,亦若是。是皆欲之咎也。故曰:"养心莫善于寡欲。其为人也寡欲,虽有不存焉者寡矣；其为人也多欲，虽有存焉者寡矣。"孟子之意，殆以欲为善之消极，而初非有独立之价值。然于其起源，一无所论究，亦其学说之缺点也。

义

性善，故以仁为本质。而道德之法则，即具于其中，所以知其法则而使人行之各得其宜者，是为义。无义则不能行仁。即偶行之，而亦为意识之动作。故曰："仁，人心也；义，人路也。"于是吾人之修身，亦有积极、消极两作用：积极者，发挥其性所固有之善也；消极者，求其放心也。

浩然之气

发挥其性所固有之善将奈何？孟子曰："在养浩然之气。"浩然之气者，形容其意志中笃信健行之状态也。其潜而为势力也甚静稳，其动而作用也又甚活泼。盖即中庸之所谓诚，而自其动作方面形容之。一言以蔽之，则仁义之功用而已。

求放心

人性既善，则常有动而之善之机，惟为欲所引，则往往放其良心而不顾。故曰："人岂无仁义之心哉。其所以放其良心者，亦犹斧斤之于木也，旦旦而伐之。虽然，已放之良心，非不可以复得也。人自不求之耳。"故又曰："学问之道无他，求其放心而已矣。"

孝弟

孟子之伦理说,注重于普遍之观念,而略于实行之方法。其言德行,以孝弟为本。曰:"孩提之童,无不知爱其亲也。及其长也,无不知敬其兄也。亲亲,仁也;敬长,义也。无他,达之天下也。"又曰:"尧、舜之道,孝弟而已矣。"

大丈夫

孔子以君子代表实行道德之人格,孟子则又别以大丈夫代表之。其所谓大丈夫者,以浩然之气为本,严取与出处之界,仰不愧于天,俯不怍于人,不为外界非道非义之势力所左右,即遇困厄,亦且引以为磨炼身心之药石,而不以挫其志。盖应时势之需要,而论及义勇之价值及效用者也。其言曰:"说大人,则藐之,勿视其巍巍然。在彼者皆我所不为也,在我者皆古之制也,吾何畏彼哉?"又曰:"居天下之广居,立天下之正位,行天下之大道。得志,与民由之;不得志,独行其道。富贵不能淫,贫贱不能移,威武不能屈。此之谓大丈夫。"又曰:"天之将降大任于是人也,必先苦其心志,劳其筋骨,饿其体肤,空乏其身,行拂乱其所为,然后动心忍性,增益其所不能。"此足以观孟子之胸襟矣。

自暴自弃

人之性善,故能学则皆可以为尧、舜。其或为恶不已,而其究且如桀、纣者,非其性之不善,而自放其良心之咎也,是为自暴自弃。故曰:"自暴者不可与有言也,自弃者不可与有为也。言非礼义,谓之自暴。吾身不能居仁由义,谓之自弃也。"

政治论

孟子之伦理说,亦推扩而为政治论。所谓有不忍人之心斯有不忍人之政者也。其理想之政治,以尧、舜代表之。尝极论道德与生计之关系,劝农桑,重教育。其因齐宣王好货、好色、好乐之语,而劝以与百姓同之。又尝言国君进贤退不肖,杀有罪,皆托始于国民之同意。以舜、禹之受禅,实迫于民视民听。桀、纣残贼,谓之一夫,而不可谓之君。提倡民权,为孔子所未及焉。

结论

孟子承孔子、子思之学说而推阐之,其精深虽不及子思,而博大翔实则过之,其品格又足以相副,信不愧为儒家巨子。惟既立性善说,而又立欲以对待之,于无意识之间,由一元论而嬗变为二元论,致无以确立其论旨之基础。盖孟子为雄伟之辩论家,而非沉静之研究家,故其立说,不能无遗憾焉。

第六章　荀　子

小传

荀子名况,赵人。后孟子五十余年生。尝游齐楚。疾举世溷浊,国乱相继,大道蔽壅,礼义不起,营巫祝,信机祥,邪说盛行,紊俗坏风,爰述仲尼之论,礼乐之治。著书数万言,即今所传之《荀子》是也。

学说

汉儒述毛诗传授系统,自子夏至荀子,而荀子书中尝并称仲尼、子弓。子弓者,馯臂子弓也。尝受《易》于商瞿,而实为子夏之门人。荀子为子夏学派,殆无疑义。子夏治文学,发明章句。故荀子著书,多根据经训,粹然存学者之态度焉。

人道之原

荀子以前言伦理者,以宇宙论为基本,故信仰天人感应之理,而立性善说。至荀子,则划绝天人之关系,以人事为无与于天道,而特为各人之关系。于是有性恶说。

性恶说

荀子祖述儒家,欲行其道于天下,重利用厚生,重实践伦理,以研究宇宙为不急之务。自昔相承理想,皆以祯祥灾孽,彰天人交感之故。及荀子,则虽亦承认自然界之确有理法,而特谓其无关于道德,无关于人类之行为。凡治乱祸福,一切社会现象,悉起伏于人类之势力,而于天无与也。惟荀子既以人类势力为社会成立之原因,而见其间有自然冲突之势力存焉,是为欲。遂推进而以欲为天性之实体,而谓人性皆恶。是亦犹孟子以人皆有不忍之心而谓人性皆善也。

荀子以人类为同性,与孟子同也。故既持性恶之说,则谓人人具有恶性。桀、纣为率性之极,而尧、舜则拂性之功。故曰:人之性恶,其善者伪也(伪与为同)。于是孟、荀二子之言,相背而驰。孟子持性善说,而于恶之所由起,不能自圆其说;荀子持性恶说,则于善之所由起,亦不免为困难之点。荀子乃以心理之状态解释之,曰:"夫薄则愿厚,恶则愿善,狭则愿广,贫则愿富,贱则愿贵,无于中则求于外。"然则善也者,不过恶之反射作用。而人之欲善,则犹是欲之动作而已。然其所谓善,要与意识之善有别。故其说尚不足以自立,而其依据学理之倾向,则已胜于孟子矣。

性论之矛盾

荀子虽持性恶说,而间有矛盾之说。彼既以人皆有欲为性恶之由,然又以欲为一种势力。欲之多寡,初与善恶无关。善恶之标准为理,视其欲之合理与否,而善恶由是判焉。曰:"天下之所谓善者,正理平治也;所谓恶者,偏险悖乱也。"是善恶之分也。又曰:"心之所可,苟中理,欲虽多,奚伤治?心之所可,苟失理,欲虽寡,奚止乱?"是其欲与善恶无关之说也。又曰:"心虚一而静。心未尝不臧,然而谓之虚;心未尝不满,然而谓之静;人生而有知,有知而后有志,有志者谓之臧。"又曰:"圣人知心术之患、蔽塞之祸,故无欲无恶,无始无终,无近无远,无博无浅,无古无今,兼陈万物而悬衡于中。"是说也,与后世淮南子之说相似,均与其性恶说自相矛盾者也。

修为之方法

持性善说者,谓人性之善,如水之就下,循其性而存之、养之、扩充之,则自达于圣人之域。荀子既持性恶之说,则谓人之为善,如木之必待隐括矫揉而后直,苟非以人为矫其天性,则无以达于圣域。是其修为之方法,为消极主义,与性善论者之积极主义相反者也。

礼

何以矫性？曰礼。礼者不出于天性而全出于人为。故曰："积伪而化谓之圣。圣人者，伪之极也。"又曰："性伪合，然后有圣人之名。盖天性虽复常存，而积伪之极，则性与伪化。"故圣凡之别，即视其性伪化合程度如何耳。积伪在于知礼，而知礼必由于学。故曰："学不可已，其数，始于诵经，终于读礼。其义，始于士，终于圣人。学数有终，若其义则须臾不可舍。为之人也，舍之禽兽也。书者，政治之纪也。诗者，中声之止也。礼者，法之大分，群类之纲纪也。"故学至礼而止。

礼之本始

礼者，圣人所制。然圣人亦人耳，其性亦恶耳，何以能萌蘗至善之意识，而据之以为礼？荀子尝推本自然以解释之。曰："天地者，生之始也。礼义者，治之始也。君子者，礼义之始也。故天地生君子，君子理天地。君子者，天地之尽也，万物之总也，民之父母也。无君子则天地不理，礼义无统，上无君师，下无父子。"然则君子者，天地所特畀以创造礼义之人格，宁非与其天人无关之说相违与？荀子又尝推本人情以解说之，曰："三年之丧，称情而立文，所以为至痛之极也。"如其言，则不能不预想人类之本有善性，是又不合于人性皆恶之说矣。

礼之用

荀子之所谓礼，包法家之所谓法而言之，故由一身而推之于政治。故曰:"隆礼贵义者,其国治;简礼贱义者,其国乱。"又曰:"礼者,治辨之极也,强国之本也,威行之道也,功名之总也。王公由之,所以得天下;不由之,所以陨社稷。故坚甲利兵,不足以为胜;高城深池,不足以为固;严令繁刑,不足以为威。由其道则行,不由其道则废。"礼之用可谓大矣。

礼乐相济

有礼则不可无乐。礼者,以人定之法,节制其身心,消极者也。乐者,以自然之美,化感其性灵,积极者也。礼之德方而智,乐之德圆而神。无礼之乐,或流于纵恣而无纪;无乐之礼,又涉于枯寂而无趣。是以荀子曰:"夫音乐,入人也深,而化人也速,故先王谨为之文,乐中平则民和而不流,乐肃庄则民齐而不乱,民和齐则兵劲而城固。

刑罚

礼以齐之,乐以化之,而尚有顽冥不灵之民,不师教化,则不得不继之以刑罚。刑罚者,非徒惩已著之恶,亦所以慑金人之胆而遏恶于未然者也。故不可不强其力,而轻刑不如重刑。故曰:"凡刑人者,所以禁暴恶恶,且惩其末也。故刑重则世治,而刑轻则世乱。"

理想之君道

荀子知世界之进化,后胜于前,故其理想之太平世,不在太古而在后世。曰:"天地之始,今日是也。百王之道,后王是也。"故礼乐刑政,不可不与时变革,而为社会立法之圣人,不可不先后辈出。圣人者,知君人之大道者也。故曰:"道者何耶?曰君道。君道者何耶?曰能群。能群者何耶?曰善生养人者也,善班治人者也,善显役人者也,善藩饰人者也。"

结论

荀子学说,虽不免有矛盾之迹,然其思想多得之于经验,故其说较为切实。重形式之教育,揭法律之效力,超越三代以来之德政主义,而近接于法治主义之范围。故荀子之门,有韩非、李斯诸人,持激烈之法治论,此正其学说之倾向,而非如苏轼所谓由于人格之感化者也。荀子之性恶论,虽为常识所震骇,然其思想之自由,论断之勇敢,不愧为学者云。

(二) 道 家

第七章 老 子

小传

老子姓李氏,名耳,字曰聃,苦县人也。不详其生年,盖长于孔子。苦县本陈地,及春秋时而为楚领,老子盖亡国之遗民也。故不仕于楚,而为周柱下史。晚年,厌世,将隐遁,西行,至函关,关令尹喜要之,老子遂著书五千余言,论道德之要,后人称为《道德经》云。

学说之渊源

《老子》二卷,上卷多说道,下卷多说德,前者为世界观,后者为人生观。其学说所自出,或曰本于黄帝,或曰本于史官。综观老子学说,诚深有鉴于历史成败之因果,而绎以得之者。而其间又有人种地理之影响。盖我国南北二方,风气迥异。当春秋时,楚尚为齐、晋诸国之公敌,而被摈于蛮夷之列。其冲突之迹,不惟在政治家,即学者维持社会之观念,亦复相背而驰。老子之思想,足以代表北方文化之反动力矣。

学说之趋向

老子以降,南方之思想,多好为形而上学之探究。盖其时北方儒者,以经验世界为其世界观之基础。繁其礼法,缛其仪文,而忽于养心之本旨。故南方学者反对之。北方学者之于宇宙,仅究现象变化之规则;而南方学者,则进而阐明宇宙之实在。故如伦理学者,几非南方学者所注意,而且以道德为消极者也。

道

北方学者之所谓道,宇宙之法则也。老子则以宇宙之本体为道,即宇宙全体抽象之记号也。故曰:"致虚则极,守静则笃,万物并作,吾以观其复。夫物芸芸然,各归其根曰静,静曰复命,复命曰常,知常曰明。"言道本虚静,故万物之本体亦虚静,要当纯任自然,而复归于静虚之境。此则老子厌世主义之根本也。

德

老子所谓道,既非儒者之所道,因而其所谓德,亦非儒者之所德。彼以为太古之人,不识不知,无为无欲,如婴儿然,是为能体道者。其后智慧渐长,惑于物欲,而大道渐以澌灭。其时圣人又不揣其本而齐其末,说仁义,作礼乐,欲恃繁文缛节以拘梏之。于是人人益趋于私利,而社会之秩序,益以紊乱。及今而救正之,惟循自然之势,复归于虚静,复归于婴儿而已。故曰:"小国寡民,有什伯之器而不用,使民重死而不远徙。虽有舟舆,无所乘之;虽有兵甲,无所陈之。使人复结绳而用之,甘其食,美其服,安其居,乐其俗,邻国相望,鸡犬之声相闻,民至老死不相往来。"老子所理想之社会如此。其后庄子之《胠箧篇》,又述之。至陶渊明,又益以具体之观念,而为《桃花源记》。足以见南方思想家之理想,常为遁世者所服膺焉。

老子所见,道德本不足重,且正因道德之崇尚,而足征世界之浇漓,苟循其本,未有不爽然自失者。何则?道德者,由相对之不道德而发生。仁义忠孝,发生于不仁不义不忠不孝。如人有疾病,始需医药焉。故曰:"大道废,有仁义。智慧出,有大伪。六亲不和,有孝慈。国家昏乱,有忠臣。"又曰:"上德不德,是以有德;下德不失德,是以无德。上德无为而无以为,下德为之而有以为,上仁为之而无以为,上义为之而有以为,上礼为之而无应之,则攘臂而争之。故失道而后德,失德而后仁,失仁而后义,失义而后礼。夫礼者,忠信之薄,乱之首也。前识者,道之华,愚之始也。是以大丈夫处厚而不居薄,处实而不居华,故去彼取此。"

道德论之缺点

老子以消极之价值论道德,其说诚然。盖世界之进化,人事日益复杂,而害恶之条目日益繁殖,于是禁止之预备之作用,亦随之而繁殖。此即道德界特别名义发生之所由,征之历史而无惑者也。然大道何由而废?六亲何由而不和?国家何由而昏乱?老子未尝言之,则其说犹未备焉。

因果之倒置

世有不道德而后以道德救之,犹人有疾病而以医药疗之,其理诚然。然因是而遂谓道德为不道德之原因,则犹以医药为疾病之原因,倒因而为果矣。老子之论道德也,盖如此。曰:"古之善为道者,非以明民,将以愚之。民之难治,以其智多。以智治国,国之贼;不以智治国,国之福。"又曰:"绝圣弃智,民利百倍;绝仁弃义,民复孝慈;绝巧弃利,盗贼无有。""天下多忌讳而民弥贫;民利益多,国家滋昏;人多伎巧,奇物滋起;法令滋彰,盗贼多有。"盖世之所谓道德法令,诚有纠扰苛苦,转足为不道德之媒介者,如庸医之不能疗病而转以益之。老子有激于此,遂谓废弃道德,即可臻于至治,则不得不谓之谬误矣。

齐善恶

老子又进而以无差别界之见,应用于差别界,则为善恶无别之说。曰:"道者,万物之奥,善人之宝,不善人之保。"是合善恶而悉谓之道也。又曰:"天下皆知美之为美,斯恶矣;皆知善之为善,斯不善矣。"言丑恶之名,缘美善而出。苟无美善,则亦无所谓丑恶也。是皆绝对界之见,以形而上学之理绳之,固不能谓之谬误。然使应用其说于伦理界,则直无伦理之可言。盖人类既处于相对之世界,固不能以绝对界之理相绳也。老子又为羍较之言曰:"唯之与阿,相去几何?善之与恶,相去奚若?"则言善恶虽有差别,而其别甚微,无足措意。然既有差别,则虽至极微之界,岂得比而同之乎?

无为之政治

老子既以道德为长物,则其视政治也亦然。其视政治为统治者之责任,与儒家同。惟儒家之所谓政治家,在道民齐民,使之进步;而老子之说,则反之,惟循民心之所向而无忤之而已。故曰:"圣人无常心,以百姓之心为心。善者吾善之,不善者吾亦善之,德善也。信者吾信之,不信者吾亦信之,德信也。圣人之在天下,歙歙然不为天下浑其心,百姓皆注耳目也,圣人皆孩之。"

法术之起源

老子既主无为之治,是以斥礼乐,排刑政,恶甲兵,甚且绝学而弃智。虽然,彼亦应时势而立政策。虽于其所说之真理,稍若矛盾,而要仍本于其齐同善恶之概念。故曰:"将欲噏之,必固张之。将欲弱之,必固强之。将欲废之,必固兴之。将欲夺之,必固为之。"又曰:"以正治国,以奇用兵。"又曰:"用兵有言,吾不为主而为客。"又曰:"天之道,其犹张弓乎,高者抑之,下者举之,有余者损之,不足者补之。天道损有余而补不足,人之道不然,损不足以奉有余,孰能以有余奉天下?惟有道者而已。是以圣人为而不恃,功成而不处,不欲见其贤。"由是观之,老子固精于处世之法者。彼自立于齐同美恶之地位,而以至巧之策处理世界。俄〔彼〕虽斥智慧为废物,而于相对界,不得不巧施其智慧。此其所以为权谋术数所自出,而后世法术家皆奉为先河也。

结论

老子之学说,多偏激,故能刺冲思想界,而开后世思想家之先导。然其说与进化之理相背驰,故不能久行于普通健全之社会,其盛行之者,惟在不健全之时代,如魏晋以降六朝之间是已。

第八章　庄　子

老子之徒,自昔庄、列并称。然今所传列子之书,为魏、晋间人所伪作,先贤已有定论。仅足借以见魏晋人之思潮而已,故不序于此。而专论庄子。

小传

庄子,名周,宋蒙县人也。尝为漆园吏。楚威王聘之,却而不往。盖愤世而隐者也。(案:庄子盖稍先于孟子,故书中虽诋儒家而不及孟。而孟子之所谓杨朱,实即庄周。古音庄与杨、周与朱俱相近,如荀卿之亦作孙卿也。孟子曰:"杨氏为我,拔一毫而利天下不为也。"又曰:"杨朱、墨翟之言盈天下,杨氏为我,是无君也。"《吕氏春秋》曰:"阳子贵己。"《淮南子·氾论训》曰:"全性保真,不以物累形,杨子之所立也。而孟子非之。"贵己保真,即为我之正旨。庄周书中,随在可指。如许由曰:"余无所用天下为。"连叔曰:"之人也,之德也,将旁礴万物以为一世也。蕲乎乱,孰弊弊焉以天下为事,是其尘垢粃糠,犹将陶铸尧、舜者也。孰肯以物为事。"其他类是者,不可以更仆数,正孟子所谓拔一毛而利天下不为者也。子路之诋长沮桀溺也,曰:"废君臣之义。"曰:"欲洁其身而乱大伦。"正与孟子所谓杨氏无君相同。至列子《杨朱》篇,则因误会孟子之言而附会之者。如其所言,则纯然下等之自利主义,不特无以风动天下,而且与儒家言之道德,截然相反。孟子所以斥之者,岂仅曰无君而已。余别有详考。附著其略于此云。)

学派

韩愈曰:"子夏之学,其后有田子方,子方之后,流而为庄子。"其说不知所本。要之,老子既出,其说盛行于南方。庄子生楚、魏之间,受其影〈响〉,而以其闳眇之思想扩大之。不特老子权谋术数之见,一无所染。而其形而上界之见地,亦大有进步,已浸浸接近于佛说。庄子者,超绝政治界,而纯然研求哲理之大思想家也。汉初盛言黄老。魏、晋以降,盛言老庄。此亦可以观庄子与老佛异同之朕兆矣。

庄子之书,存者凡三十三篇:内篇七,外篇十五,杂篇十一。内篇义旨闳深,先后互相贯注,为其学说之中坚。外篇、杂篇,则所以反复推明之者也。杂篇之《天下》篇,历叙各家道术而批判之,且自陈其宗旨之所在,与老子有同异焉。是即庄子之自叙也。

世界观及人生观

庄子以世界为由相对之现象而成立,其本体则未始有对也,无为也,无始无终而永存者也,是为道。故曰:"彼是无得其偶谓之道。"曰:"道未始有对。"由是而其人生观,亦以反本复始为主义。盖超越相对界而认识绝对无终之本体,以宅其心意之谓也。而所以达此主义者,则在虚静恬淡,屏绝一切矫揉造作之为,而悉委之自然。忘善恶,脱苦厄,而以无为处世。故曰:"大块载我以形,劳我以生,佚我以老,息我以死。故善吾生者,乃所以善吾死者也。"夫生死且不以婴心,更何有于善恶耶!

理想之人格

能达此反本复始之主义者,庄子谓之真人,亦曰神人、圣人,而称其才为全才。尝于其《大宗师》篇详说之,曰:"古之真人,不逆寡,不雄成,不谟士。若然者,过而弗悔,当而不自得也。登高不栗,入水不濡,入火不热,其觉无忧,其息深深。"又曰:"不知说生,不知恶死。其出不欣,其入不距。翛然往来,不忘其所始,不求其所终。受而喜之,忘而复之,是之谓不以心捐道,不以人助天,是之谓真人。"其他散见各篇者多类此。

修为之法

凡人欲超越相对界而达于极对界,不可不有修为之法。庄子言其卑近者,则曰:"彻志之勃,解心之谬,去德之累,进道之塞。贵、富、显、严、名、利,六者,勃志也。容、动、色、理、气、意,六者,谬心也。

恶、欲、喜、怒、哀、乐,六者,累德也。去、就、取、与、知、能,六者,塞道也。此四六者不荡胸中,则正。正则静,静则明,明则虚,虚则无为而无不为也。"是其消极之修为法也。又曰:"夫道,覆载万物者也。洋洋乎大哉,君子不可以不刳心焉。无为为之之谓天,无为言之之谓德,爱人利物之谓仁,不同同之之谓大,行不崖异之谓宽,有万不同之谓富,故执德之谓纪,德成之谓立,循于道之谓备,不以物挫志之谓完。君子明于此十者,则韬乎其事心之大也。沛乎其为万物逝也。"是其积极之修为法也。合而言之,则先去物欲,进而任自然之谓也。

内省

去"四六害",明"十事",皆对于外界之修为也。庄子更进而揭其内省之极工,是谓心斋,于《人间世》篇言之曰:颜回问心斋,仲尼曰:"一若志无听之以耳而听之以心,无听之以心而听之以气。听止于耳,心止于符。气也者,虚而待物者也,惟道集虚。虚者,心斋也。心斋者,绝妄想而见性真也。"彼尝形容其状态曰:"南郭子綦隐几而坐,仰天而嘘,嗒然似丧其耦。颜成子游曰:'何居乎?形固可使如槁木,而心固可使如死灰乎?'""孔子见老子,老子新沐,方被发而干之,慹然似非人者。孔子进见曰:'向者,先生之形体,掘若槁木,似遗世离人而立于独。'老子曰:'吾方游于物之始'。"游于物之始,即心斋之作用也。其言修为之方,则曰:"吾守之三日而后能外天下,又守之七日而后能外物,又守之九日而后能外生,外生而后能朝彻,朝彻而后能见独,见独而后能无古今,无古今而后入不死不生。"又曰:"一年而野,二年而从,三年而通,四年而物,五年而来,六年而鬼入,七年而天成,八年而不知生不知死,九年而大妙。"盖相对世界,自物质及空间、时间两形式以外,本能所有。庄子所谓外物及无古今,即超绝物质及空间、时间,纯然绝对世界之观念。或言自三日以至九日,或言自一年以至九年,皆不过假设渐进之程度。惟前者述其工夫,后者述其效验而已。庄子所谓心斋,与佛家之禅相似。盖至是而南方思想,已与印度思想契合矣。

北方思想之驳论

庄子之思想如此,则其与北方思想,专以人为之礼教为调摄心性之作用者,固如冰炭之不相入矣。故于儒家所崇拜之帝王,多非难之。曰:"三皇五帝之治天下也,名曰治之,乱莫甚焉,使人不得安其性命之情,而犹谓之圣人,不可耻乎!"又曰:"昔者皇帝始以仁义撄人之心,尧、舜于是乎股无胈、胫无毛,以养天下之形。愁其五藏,以为仁义,矜其血气,以规法度,然犹有不胜也。尧于是放欢兜,投三苗,流共工,此不胜天下也。夫施及三王而天下大骇矣。下有桀跖,上有曾史,而儒墨毕起。于是乎喜怒相疑,愚知相欺,善否相非,诞信相讥,而天下衰矣。大德不同而性命烂漫矣。天下好知而百姓求竭矣。于是乎斤锯制焉,绳墨杀焉,椎凿决焉,天下脊脊大乱,罪在撄人心。"其他全书中类此者至多。其意不外乎圣人尚智慧,设差别,以为争乱之媒而已。

排仁义

儒家所揭以为道德之标帜者,曰仁义。故庄子排之最力,曰:"骈拇枝指,出乎性哉?而侈于德。附赘悬疣,出乎形哉?而侈于性。多方乎仁义而用之者,列乎五藏哉?而非道德之正也。性长非所断,性短非所续,无所去忧也。意仁义其非人情乎?彼仁人何其多忧也。且夫待钩墨规矩而正者,是削其性也。待绳约胶漆而固者,是侵其德也,屈折礼乐,呴俞仁义,以慰天下之心者,此失其常然也。常然者,天下诱然皆生而不知其所以生,同焉皆得而不知其所以得。故古今不二,不可亏也。则仁义又奚连连如胶漆纆索而游乎道德之间为哉!"盖儒家之仁义,本所以止乱。而自庄子观之,则因仁义而更以致乱,以其不顺乎人性也。

道德之推移

庄子之意,世所谓道德者,非有定实,常因时地而迁移。故曰:"水行无若用舟,陆行无若用车,以舟之可行于水也,而推之于陆,则没世而不行寻常。古今非水陆耶?周鲁非舟车耶?今蕲行周于鲁,犹推舟于陆,劳而无功,必及于殃。夫礼义法度,应时而变者也。今取猨狙而衣以周公之服,彼必龁啮挽裂,尽去之而后慊。古今之异,犹猨狙之于周公也。"庄子此论,虽若失之过激,然儒家末流,以道德为一定不易,不研究时地之异同,而强欲纳人性于一冶之中者,不可不以庄子此言为药石也。

道德之价值

庄子见道德之随时地而迁移者,则以为其事本无一定之标准,徒由社会先觉者,借其临民之势力,而以意创定。凡民率而行之,沿袭既久,乃成习惯。苟循其本,则足知道德之本无价值,而率循之者,皆媚世之流也。故曰:"孝子不谀其亲,忠臣不谀其君。君亲之所言而然。所行而善,世俗所谓不肖之臣子也。世俗之所谓然而然之,世俗之所谓善而善之,不谓之道谀之人耶!"

道德之利害

道德既为凡民之事,则于凡民之上,必不能保其同一之威严。故不惟大圣,即大盗亦得而利用之。故曰:"将为胠箧探囊发匮之盗而为守备,则必摄缄縢,固扃鐍,此世俗之所谓知也。然而大盗至,则负匮揭箧探囊而趋,惟恐缄縢扃鐍之不固。然则乡之所谓知者,不乃为大盗积者也。故尝试论之,世俗所谓知者,有不为大盗积者乎?所谓圣者,有不为大盗守者乎?何以知其然耶?昔者齐国所以立宗庙社稷,治邑屋州闾乡曲者,曷尝不法圣人哉?然而田成子一旦杀齐君而盗其国,所盗者岂独其国耶?并与其圣知之法而盗之。小国不敢非,大国不敢诛,十二世有齐国,则是不乃窃齐国并与其圣知之法,以守其盗贼之身乎?跖之徒问于跖曰:'盗亦有道乎'?跖曰:'何适而无有道耶!夫妄意室中之藏,圣也;入先,勇也;出后,义也;知可否,知也;分均,仁也。五者不备而能成大盗者,未之有也。'由是观之,善人不得圣人之道不立,跖不得圣人之道不行。天下之善人少而不善人多,则圣人之利天下也少,而害天下也多。圣人已死,则大盗不起。"庄子此论,盖鉴于周季拘牵名义之弊。民谓道德仁义者,徒为大盗之所利用。故欲去大盗,则必并其所利用者而去之,始为正本清源之道也者。

结论

自尧、舜时,始言礼教,历夏及商,至周而大备。其要旨在辨上下,自家庭以至朝庙,皆能少不凌长,贱不凌贵,则相安而无事矣。及其弊也,形式虽存,精神澌灭。强有力者,如田常、盗跖之属,决非礼教所能制。而彼乃转恃礼教以为箝制弱小之具。儒家欲救其弊,务修明礼教,使贵贱同纳于轨范。而道家反对之。以为当时礼法,自束缚人民自由以外,无他效力,不可不决而去之。在老子已有圣人不仁、刍狗万物之说,庄子更大廓其义。举唐、虞以来之政治,诋斥备至,津津于许由北人无择薄天下而不为之流。盖其消极之观察,在悉去政治风俗间种种赏罚毁誉之属,使人人不失其自由,则人各事其所事,各得其所得,而无事乎损人以利己,抑亦无事乎损己以利人,而相态于善恶之差别矣。其积极之观察,则在世界之无常,人生之如梦,人能向实体世界之观念而进行,则不为此世界生死祸福之所动,而一切忮求恐怖之念皆去,更无所恃于礼教矣。其说在社会方面,近于今日最新之社会主义。在学理方面,近于最新之神道学。其理论多轶出伦理学界,而属于纯粹哲学。兹剌取其有关伦理者,而撮记其概略如上云。

(三)农　　家

第九章　许　行

周季农家之言,传者甚鲜。其有关于伦理学说者,惟许行之道。惟既为新进之徒陈相所传述,而又见于反对派孟子之书,其不尽真相,所不待言。然即此见于孟子之数语而寻绎之,亦有可以窥其学说之梗略者,故推论焉。

小传

许行,盖楚人。当滕文公时,率其徒数十人至焉。皆衣褐,捆屦织席以为食。

义务权利之平等

商鞅称神农之世,公耕而食,妇织而衣,刑政不用而治。《吕氏春秋》称神农之教曰:"士有当年而不耕者,天下或受其饥;女有当年而不织者,天下或受其寒。"盖当农业初兴之时,其事实如此。许行本其事实而演绎以为学说,则为人人各尽其所能,毋或过俭;各取其所需,毋或过丰。故曰:"贤者与民并耕而食,饔飧而治。今也滕有仓廪府库,则是厉民而以自养也。"彼与其徒以捆屦织席为业,未尝不明于通功易事之义。至孟子所谓劳心,所谓忧天下,则自许行观之,宁不如无为而治之为愈也。

齐物价

陈相曰:"从许子之道,则市价不二,布帛长短同,麻缕丝絮轻重同,五谷多寡同,屦大小同,则贾皆相若。"盖其意以劳力为物价之根本,而资料则为公有,又专求实用而无取乎纷华靡丽之观,以辨上下而别等夷,故物价以数量相准,而不必问其精粗也。近世社会主义家,慨于工商业之盛兴,野人之麕集城市,为贫富悬绝之原因,则有反对物质文明,而持尚农返朴之说者,亦许行之流也。

结论

许行对于政治界之观念,与庄子同。其称神农,则亦犹道家之称黄帝,不屑齿及于尧舜以后之名教也。其为南方思想之一支甚明。孟子之攻陈相也。曰:"陈良,楚产也。悦周公、仲尼之道,北学于中国,北方之学者,未能或之先也。"又曰:"今也南蛮鴃舌之人,非先王之道,子倍子之师而学之。"是即南北思想不相容之现象也。然其时,南方思潮业已侵入北方,如齐之陈仲子,其主义甚类许行。仲子,齐之世家也。兄戴,盖禄万钟。仲子以兄之禄为不义之禄而不食之,以兄之室为不义之室而不居之,避兄离母,居于于陵,身织屦,妻辟纑,以易粟。孟子曰:"仲子不义,与之齐国而弗受。又曰:"亡亲戚君臣上下。"其为粹然南方之思想无疑矣。

(四)墨　　家

第十章　墨　子

孔、老二氏,既代表南北思想,而其时又有北方思想之别派崛起,而与儒家言相抗者,是为墨子。韩非子曰:"今之显学,儒墨也。"可以观墨学之势力矣。

小传

墨子,名翟,《史记》称为宋大夫。善守御,节用。其年次不详,盖稍后于孔子。庄子称其以绳墨自矫而备世之急。孟子称其摩顶放踵利天下为之。盖持兼爱之说而实行之者也。

学说之渊源

宋者,殷之后也。孔子之评殷人曰:"殷人尊神,率民而事神,先鬼而后礼,先罚而后赏。"墨子之明鬼尊天,皆殷人因袭之思想。《汉书·艺文志》谓墨学出于清庙之守,亦其义也。孔子虽殷后,而生长于鲁,专明周礼。墨子仕宋,则依据殷道。是为儒墨差别之大原因。至墨子节用、节葬诸义,则又兼采夏道。其书尝称道禹之功业,而谓公孟子曰:"子法周而未法夏,子之古非古也。"亦其证也。

弟子

墨子之弟子甚多,其著者,有禽滑厘、随巢、故非之属。与孟子论争者曰夷之,亦其一也。宋钘非攻,盖亦墨子之支别与?

有神论

墨子学说,以有神论为基础。《明鬼》一篇,所以述鬼神之种类及性质者至备。其言鬼之不可不明也,曰:"三代圣王既没,天下失义,诸侯力正。夫君臣之不惠忠也,父子弟兄之不慈孝弟长贞良也。正长之不强于听治,贱人之不强于从事也。民之为淫暴寇乱盗贼,以兵刃毒药水火退无罪人乎道路,率径夺人车马衣裘以自利者,并作。由此始,是以天下乱。此其故何以然也?则皆以疑惑鬼神之有与无之别,不明乎鬼神之能赏贤而罚暴也。今若使天下之人,借若信鬼神之能赏贤而罚暴也,则夫天下岂乱哉?今执无鬼者曰:'鬼神者固无有。'旦暮以为教诲乎天下之人,疑天下之众,使皆疑惑乎鬼神有无之别,是以天下乱。"然则墨子以罪恶之所由生为无神论,而因以明有神论之必要。是其说不本于宗教之信仰及哲学之思索,而仅为政治若社会应用而设。其说似太浅近,以其《法仪》诸篇推之,墨子盖有见于万物皆神,而天即为其统一者,因自昔崇拜自然之宗教而说之以学理者也。

法天

儒家之尊天也,直以天道为社会之法则,而于天之所以当尊,天道之所以可法,未遑详也。及墨子而始阐明其故,于《法仪》篇详之曰:"天下从事者不可以无法仪,无法仪而其事能成者,无有也。虽至士之为将相者皆有法,虽至百工从事者亦皆有法。百工为方以矩,为圆以规,直以绳,正以县,无巧工不巧工,皆以此五者为法。巧者能中之;不巧者虽有能中,放依以从事,犹逾己。故百工从事皆有法所度。今大者治天下,其次治大国,而无法所度,此不若百工辩也。然则吾人之所可以为法者何在?墨子曰:'当皆法其父母奚若?天下之为父母者众,而仁者寡,若皆法其父母,此法不仁也。当皆法其学奚若?天下之为学者众,而仁者寡,若皆法其学,此法不仁也。当皆法其君奚若?天下之为君者众,而仁者寡。若皆法其学〈君〉,此法不仁也。'法不仁不可以为法。"夫父母者,彝伦之基本;学者,知识之源泉;君者,于现实界有绝对之威力。然而均不免于不仁,而不可以为法。盖既在此相对世界中,势不能有保其绝对之尊严者也。而吾人所法,要非有全知全能永保其绝对之尊严,而不与时地为推移者,不足以当之,然则非天而谁?故曰:"莫若法天。天之行广而无私,其施厚而不德,其明久而不衰,故圣王法之。"既以天为法,动作有为,必度于天。天之所欲则为之,天所不欲则止。由是观之,墨子之于天,直以神灵视之,而不仅如儒家之视为理法矣。

天之爱人利人

人以天为法,则天意之好恶,即以决吾人之行止。夫天意果何在乎?墨子则承前文而言之曰:"天何欲何恶?天必欲人之相爱相利,而不欲人之相恶相贼也。奚以知之?以其兼而爱之、兼而利之也。奚以知其兼爱之而兼利之?以其兼而有之、兼而食之也。今天下无大小国,皆天之邑也。人无幼长贵贱,皆天之臣也。此以莫不犓羊豢犬猪絜为酒醴粢盛以敬事天,此不为兼而有之、兼而食之耶?天苟兼而有之食之,夫奚说以不欲人之相爱相利也。故曰:'爱人利人者,天必福之。恶之贼人者,天必祸之。日杀不辜者,得不祥焉。'夫奚说人为其相杀而天与祸乎?是以天欲人相爱相利,而不欲人相恶相贼也。"

道德之法则

天之意在爱与利,则道德之法则,亦不得不然。墨子者,以爱与利为结合而不可离者也。故爱之本原,在近世伦理学家,谓其起于自爱,即起于自保其生之观念。而墨子之所见则不然。

兼爱

自爱之爱,与憎相对。充其量,不免至于屈人以伸己。于是互相冲突,而社会之纷乱由是起焉。故以济世为的者,不可不扩充为绝对之爱。绝对之爱,兼爱也,天意也。故曰:"盗爱其室,不爱异室,故窃异室以利其室。贼爱其身,不爱人,故贼人以利其身。此何也?皆由不相爱。虽至大夫之相乱家,诸侯之相攻国者,亦然。大夫各爱其家,不爱异家,故乱异家以利其家。诸侯各爱其国,不爱异国,故攻异国以利其国。天下之乱物,具此而已矣。察此何自起,皆起不相爱。若使天下兼相爱,则国与国不相攻,家与家不相乱,盗贼无有,君臣父子皆能孝慈。若此则天下治。"

兼爱与别爱之利害

墨子既揭兼爱之原理,则又举兼爱、别爱之利害以证成之。曰:"父别者,生天下之大害;交兼者,生天上之大利。是故别非也,兼是也。"又曰:"有二士于此,其一执别,其一执兼。别士之言曰:'吾岂能为吾友之身若为吾身,为吾友之亲若为与亲。'是故退睹其友,饥则不食,寒则不衣,疾病不侍养,死丧不葬埋。别士之言若此、行若此。兼士之言不然、行亦不然。曰:'吾闻为高士于天下者,必为其友之身若为其身,为其友之亲若为其亲。'是故退睹其友,饥则食之,寒则衣之,疾病侍养之,死丧葬埋之。兼士之言若此、行若此。"墨子又推之而为别君、兼君之事,其义略同。

行兼爱之道

兼爱之道,何由而能实行乎?墨子之所揭与儒家所言之忠恕同。曰:"视人之国如其国,视人之家如其家,视人之身如其身。"

利与爱

爱者,道德之精神也,行为之动机也。而吾人之行为。不可不预期其效果。墨子则以利为道德之本质,于是其兼爱主义,同时为功利主义。其言曰:"天者,兼爱之而兼利之。天之利人也,大于人之自利者。"又曰:"天之爱人也,视圣人之爱人也薄;而其利人也,视圣人之利人也厚。大人之爱人也,视小人之爱人也薄;而其利人也,视小人之利人也厚。"其意以为道德者,必以利达其爱,若厚爱而薄利,则与薄于爱无异焉。此墨子之功利论也。

兼爱之调摄

兼爱者,社会固结之本质。然社会间人与人之关系,尝于不知不觉间,生亲疏之别。故孟子至以墨子之爱无差别为无父,以为兼爱之义,与亲疏之等不相容也。然如墨子之义,则两者并无所谓矛盾。其言曰:"孝子之为亲度者,亦欲人之爱利其亲与?意欲人之恶贼其亲与?既欲人之爱利其亲也,则吾恶先从事,即得此,即必我先从事乎爱利人之亲,然后人报我以爱利吾亲也。诗曰:'无言而不仇,无德而不报,投我以桃,报之以李。'即此言爱人者必见爱,而恶人者必见恶也。"然则爱人之亲,正所以爱己之亲,岂得谓之无父耶?且墨子之对公输子也,曰:"我钩之以爱,揣之以恭,弗钩以爱则不亲,弗揣以恭而速狎,狎而不亲,则速离。故交相爱,交相恭,犹若相利也。"然则墨子之兼爱,固自有其调摄之道矣。

勤俭

墨子欲达其兼爱之主义,则不可不务去争夺之原。争夺之原,恒在匮乏。匮乏之原,在于奢惰。故为《节用》篇以纠奢,而为非命说以明人事之当尽。又以厚葬久丧,与勤俭相违,特设《节葬》篇以纠之。而墨子及其弟子,则洵能实行其主义者也。

非攻

言兼爱则必非攻。然墨子非攻而不非守,故有《备城门》《备高临》诸篇,非如孟子所谓修其孝弟忠信,则可制梃而挞甲兵者也。

结论

墨子兼爱而法天,颇近于西方之基督教。其明鬼而节葬,亦含有尊灵魂、贱体魄之意。墨家巨子,有杀身以殉学者,亦颇类基督。然墨子,科学家也,实利家也。其所言名数质力诸理,多合于近世科学。其论证,则多用归纳法。按切人事,依据历史,其《尚同》《尚贤》诸篇,则在得明天子及诸贤士大夫以统一各国之政俗,而泯其争。此皆其异于宗教家者也。墨子偏尚质实,而不知美术有陶养性情之作用,故非乐,是其蔽也。其兼爱主义,则无可非者。孟子斥为无父,则门户之见而已。

（五）法　　家

周之季世，北有孔孟，南有老庄，截然两方思潮循时势而发展。而墨家毗于北，农家毗于南，如骖之靳焉。然此两方思潮，虽簧鼓一世，而当时君相，方力征经营，以富强其国为鹄的，则于此两派，皆以为迂阔不切事情，而摈斥之。是时有折衷南北学派，而洋洋然流演其中部之思潮，以应世用者，法家也。法家之言，以道为体，以儒为用。韩非子实集其大成。而其源则滥觞于孔老学说未立以前之政治家，是为管子。

第十一章　管　子

小传

管子，名夷吾，字仲，齐之颍上人。相齐桓公，通货积财，与俗同好恶，齐以富强，遂霸诸侯焉。

著书

管子所著书，汉世尚存八十六篇，今又亡其十篇。其书多杂以后学之所述，不尽出于管氏也。多言政治及理财，其关于伦理学原则者如下。

学说之起源

管子学说，所以不同于儒家者，历史地理，皆与有其影响。周之兴也,武王有乱臣十人,而以周公旦、太公望为首选。周公守圣贤之态度,好古尚文,以道德为政治之本。太公挟豪杰作用,长法兵,用权谋。敞周公封鲁,太公封齐,而齐、鲁两国之政俗,大有径庭。《史记》曰:"太公之就国也,道宿行迟,逆旅人曰:'吾闻之时难得而易失,客寝甚安,殆非就国者也。'太公闻之,夜衣而行,黎明至国。莱侯来伐,争营邱。太公至国,修政,因其俗,简其礼,通工商之业,便鱼盐之利,人民多归之,五月而报政。周公曰:'何疾也?'曰:'吾简君臣之礼,而从其俗之为也。'鲁公伯禽,受封之鲁,三年而后报政。周公曰:'何迟也?'伯禽曰:'变其俗,革其礼,丧三年而除之,故迟。'周公叹曰:'呜呼!鲁其北面事齐矣。'"鲁以亲亲上恩为施政之主义,齐以尊贤上功为立法之精神,历史传演,学者不能不受其影响。是以鲁国学者持道德说,而齐国学者持功利说。而齐为东方鱼盐之国,是时吴、楚二国,尚被摈为蛮夷。中国富源,齐而已。管子学说之行于齐,岂偶然耶!

理想之国家

有维持社会之观念者,必设一理想之国家以为鹄。如孔子以尧、舜为至治之主,老、庄则神游于黄帝以前之神话时代是也。而管子之所谓至治,则曰:"人人相和睦,少相居,长相游,祭祀相福,死哀相恤,居处相乐,入则务本疾作以满仓廪,出则尽节死敌以安社稷,坟然如一父之儿,一家之实。"盖纯然以固结其人民使不愧为国家之分子者也。

道德与生计之关系

欲固结其人民奈何?曰养其道德。然管子之意,以为人民之所以不道德,非徒失教之故,而物质之匮乏,实为其大原因。欲教之,必先富之。故曰:"仓廪实而知礼节,衣食足而知荣辱。"又曰:"治国之道,必先富民。民富易治,民贫难治。何以知其然也?民富则安乡重家,而敬上畏罪,故易治。民贫则反之,故难治。故治国常富,而乱国常贫。"

上下之义务

管子以人民实行道德之难易,视其生计之丰歉。故言为政者务富其民,而为民者务勤其职。曰:"农有常业,女有常事,一夫不耕,或受之饥;一妇不织,或受之寒。"此其所揭之第一义务也。由是而进以道德。其所谓重要之道德,曰礼义廉耻,谓为国之四维。管子盖注意于人心就恶之趋势,故所揭者,皆消极之道德也。

结论

管子之书,于道德起源及其实行之方法,均未遑及。然其所抉道德与生计之关系,则于伦理学界有重大之价值者也。

管子以后之中部思潮

管子之说,以生计为先河,以法治为保障,而后有以杜人民不道德之习惯,而不致贻害于国家,纯然功利主义也。其后又分为数派,亦颇受影响于地理云。

（一）为儒家之政治论所援引，而与北方思想结合者，如孟子虽鄙夷管子，而袭其道德生计相关之说。荀子之法治主义，亦宗之。其最著者为尸佼，其言曰："义必利，虽桀纣犹知义之必利也。"尸子鲁人，尝为商鞅师。

（二）纯然中部思潮，循管子之主义，随时势而发展，李悝之于魏，商鞅之于秦，是也。李悝尽地力，商鞅励农战，皆以富强为的，破周代好古右文之习惯者也。而商君以法律为全能，法家之名，由是立，且其思想历三晋而衍于西方。

（三）与南方思想接触，而化合于道家之说者，申不害之徒也。其主义君无为而臣务功利，是为术家。申子郑之遗臣，而仕于韩。郑与楚邻也。

当是时也，既以中部之思想为调人，而一合于北、一合于南矣。及战国之末，韩非子遂合三部之思潮而统一之。而周季思想家之运动，遂以是为归宿也。

尸子、申子，其书既佚。惟商君、韩非子之书具存。虽多言政治，而颇有伦理学说可以推阐，故具论之。

第十二章　商　君

小传

商君氏公孙，名鞅，受封于商，故号曰商君。君本卫庶公子，少好刑名之学。闻秦孝公求贤，西行，以强国之术说之，大得信任。定变法之令，重农战，抑亲贵，秦以富强。孝公卒，有谗君者，君被磔以死。

秦龚君政策,卒并六国。君所著书凡二十五篇。

革新主义

管子,持通变主义者也。其于周制,虽不屑屑因袭,而未尝大有所摧廓。其时周室虽衰,民志犹未漓也。及战国时代,时局大变,新说迭出。商君承管子之学说,遂一进而为革新主义。其言曰:"前世不同教,何古是法?帝王不相复,何礼是循?伏羲神农,不教而诛。黄帝尧舜,诛而不怒。至于文武,各当时而立法,因事而制礼,礼法以时定,制令顺其宜,兵甲器备,各供其用。"故曰:"治世者不二道,便国者不必古。汤武之王也,不循古而兴。商夏之亡也,不易礼而亡。"然则反古者未必非,而循礼者未足多,是也。又其驳甘龙之言曰:"常人安于故俗,学者溺于所闻,两者以之居官守法可也,非所与论于法之外也。三代不同礼而王,五霸不同法而霸。智者作法,愚者制焉。贤者定法,不肖者拘焉。"商君之果断如此,实为当日思想革命之巨子。固不为时势所驱迫,而要之非有超人之特性者,不足以语此也。

旧道德之排斥

周末文胜,凡古人所标揭为道德者,类皆名存实亡,为干禄舞文之具,如庄子所谓儒以诗礼破冢者是也。商君之革新主义,以国家为主体,即以人民对于国家之公德为无上之道德。而凡袭私德之名号,以间接致害于国家者,皆竭力排斥之。故曰:"有礼,有乐,有诗,有书,有善,有修,有孝,有悌,有廉,有辨,有是十者。其国必削而至亡。"其言虽若过激,然当日虚诬吊诡之道德,非摧陷而廓清之,诚不足以有为也。

重刑

商君者,以人类为惟有营私背公之性质,非以国家无上之威权,逆其性而迫压之,则不能一其心力以集合为国家。故务在以刑齐民,而以赏为刑之附庸。曰:"刑者,所以禁夺也。赏者,所以助禁也。故重罚轻赏,则上爱民而下为君死。反之,重赏而轻罚,则上不爱民,而下不为君死。故王者刑九而赏一,强国刑七而赏三,削国刑五而赏亦五。"商君之理想既如此,而假手于秦以实行之,不稍宽假。临渭而论刑,水为之赤。司马迁评为天资刻薄,谅哉。

尚信

商君言国家之治,在法、信、权三者。而其言普通社会之制裁,则惟信。秉政之始,尝悬赏徙木以示信,亦其见端也。盖彼既不认私人有自由行动之余地,而惟以服从于团体之制裁为义务,则舍信以外,无所谓根本之道德矣。

结论

商君,政治家也,其主义在以国家之威权裁制各人。故其言道德也,专尚公德,以为法律之补助,而持之已甚,几不留各人自由之余地。又其观察人性,专以趋恶之一方面为断,故尚刑而非乐,与管子之所谓令顺民心者相反。此则其天资刻薄之结果,而所以不免为道德界之罪人也。

第十三章　韩非子

小传

韩非,韩之庶公子也。喜刑名法术之学。尝与李斯同学于荀卿,斯自以为不如也。韩非子见韩之削弱,屡上书韩王,不见用。使于秦,遂以策干始皇,始皇欲大用之,为李斯所谗,下狱,遂自杀。其所著书凡五十五篇,曰《韩子》。自宋以后,始加"非"字,以别于韩愈云。方始皇未见韩非子时,尝读其书而慕之。李斯为其同学而相秦,故非虽死,而其学说实大行于秦焉。

学说之大纲

韩非子者,集周季学者三大思潮之大成者也。其学说,以中部思潮之法治主义为中坚。严刑必罚,本于商君。其言君主尚无为,而不使臣下得窥其端倪,则本于南方思潮。其言君主自制法律,登进贤能,以治国家,则又受北方思潮之影响者。自孟、荀、尸、申后,三部思潮,已有互相吸引之势。韩非子生于韩,闻申不害之风,而又学于荀卿,其刻核之性质,又与商君相近。遂以中部思潮为根据,又甄择南北两派,取其足以应时势之急,为法治主义之助,而无相矛盾者,陶铸辟灌,成一家言。盖根于性癖,演于师承,而又受历史地理之影响者也。呜呼,岂偶然者!

性恶论

荀子言性恶,而商君之观察人性也,亦然。韩非子承荀、商之说,而以历史之事实证明之。曰:"人主之患在信人。信人者,被制于人。人臣之于其君也,非有骨肉之亲也,缚于势而不得不事之耳。故人臣者,窥觇其君之心,无须臾之休,而人主乃怠傲以处其上,此世之所以有劫君弑主也。人主太信其子,则奸臣得乘子以成其私,故李兑傅赵王,而饿主父。人主太信其妻,则奸臣得乘妻以成其利,故优施傅骊姬而杀申生,立奚齐。夫以妻之近,子之亲,犹不可信,则其余尚可信乎?如是,则信者,祸之基也。其故何哉?曰:王良爱马,为其驰也。越王勾践爱人,为其战也。医者善吮人之伤,含人之血,非骨肉之亲也,驱于利也。故舆人成舆,欲人之富贵;匠人成棺,欲人之夭死;非舆人仁而匠人贼也。人不贵则舆不售,人不死则棺不买,情非憎人也,利在人之死也。故后妃夫人太子之党成,而欲君之死,君不死则势不重。情非憎君也,利在君之死也。故人君不可不加心于利己之死者。"

威势

人之自利也,循物竞争存之运会而发展,其势力之盛,无与敌者。同情诚道德之根本,而人群进化,未臻至善,欲恃道德以为成立社会之要素,辄不免为自利之风潮所摧荡。韩非子有见于此,故公言道德之无效,而以威势代之。故曰:"母之爱子也,倍于父,而父令之行于子也十于母。吏之于民也无爱,而其令之行于民也万于父母。父母积爱而令穷,吏用威严而民听,严爱之策可决矣。"又曰:"我以此知威势之足以禁暴,而德行之不足以止乱也。"又举事例以证之,曰:"流涕而不欲刑者,仁也。然而不可不刑者,法也。先王屈于法而不听其泣,则仁之不足以为治明也。且民服势而不服义。仲尼,圣人也,以天下之大,而服从之者仅七十人。鲁哀公,下主也,南面为君,而境内之民无敢不臣者。今为说者,不知乘势,而务行仁义,而欲使人主为仲尼也。"

法律

虽然,威势者,非人主官吏滥用其强权之谓,而根本于法律者也。韩非子之所谓法,即荀卿之礼而加以偏重刑罚之义,其制定之权在人主。而法律既定,则虽人主亦不能以意出入之。故曰:"绳直则枉木斫,准平则高科削,权衡悬则轻重平,释法术而心治,虽尧不能正一国;去规矩而度以妄意,则奚仲不能成一轮。"又曰:"明主一于法而不求智。"

变通主义

荀卿之言礼也,曰法后王。(法后王即立新法,非如杨氏旧注以后王为文武也。)商君亦力言变法,韩非子承之,故曰:"上古之世,民不能作家,有圣人教之造巢,以避群害,民喜而以为王。其后有圣人,教民火食。降至中古,天下大水,而鲧禹决渎。桀纣暴乱,而汤武征伐。今有构木钻燧于夏后氏之世者,必为鲧禹笑。有决渎于殷商之世者,必为汤武笑矣。"又曰:"宋人耕田,田中有株,兔走而触株,折颈而死。其人遂舍耕而守株,期复得兔,兔不可复得,而身为宋国笑。"

然则韩非子之所谓法,在明主循时势之需要而制定之,不可以泥古也。

重刑罚

商君、荀子皆主重刑,韩非子承之。曰:"人不恃其身为善,而用其不得为非,待人之自为善,境内不什数,使之不得为非,则一国可齐而治。夫必待自直之箭,则百世无箭。必待自圆之木,则千岁无轮。而世皆乘车射禽者,何耶?用檃括之道也。虽有不待檃括而自直之箭,自圆之木,良工不贵也。何则?乘者非一人,射者非一发也。不待赏罚而恃自善之民,明君不贵也。有术之君,不随适然之善,而行必然之道。罚者,必然之道也。"且韩非子不特尚刑罚而已,而又尚重刑。其言曰:"殷法刑弃灰于道者,断其手。子贡以为酷,问之仲尼,仲尼曰:'是知治道者也。夫弃灰于街,必掩人,掩人则人必怒,怒则必斗,斗则三族相灭,是残三族之道也,虽刑之可也。'且夫重罚者,人之所恶,而无弃灰,人之所易,使行其易者而无离于恶,治道也。"彼又言重刑一人。而得使众人无陷于恶,不失为仁,故曰:"与之刑者,非所以恶民,而爱之本也。刑者。爱之首也。刑重则民静,然愚人不知,而以为暴。愚者固欲治,而恶其所以治者。皆恶危,而贵其所以危者。"

君主以外无自由

韩非子以君主为有绝对之自由,故曰:"君不能禁下而自禁者曰劫,君不能节下而自节者曰乱。"至于君主以下,则一切人民,凡不范于法令之自由,皆严禁之。故伯夷、叔齐,世颂其高义者也。而韩非子则曰:"如此臣者,不畏重诛,不利重赏,无益之臣也。"恬淡者,世之所引重也,而韩非子则以为可杀。曰:"彼不事天子,不友诸侯,不求人,亦不从人之求,是不可以赏罚劝禁者也。如无益之马,驱之不前,却之不止,左之不左,右之不右。如此者,不令之民也。"

以法律统一名誉

韩非子既不认人民于法律以外有自由之余地,于是自服从法律以外,亦无名誉之余地。故曰:"世之不治者,非下之罪,而上失其道也。贵其所以乱,而贱其所以治。是故下之所欲,常相诡于上之所以为治。夫上令而纯信,谓为窾。守法而不变,谓之愚。畏罪者谓之怯。听吏者谓之陋。寡闻从令,完法之民也,世少之,谓之朴陋之民。力作而食,生利之民也,世少之,谓之寡能之民。重令畏事,尊上之民也,世少之,谓之怯慑之民。此贱守法而为善者也。反之而令有不听从,谓之勇。重厚自尊,谓之长者。行乖于世,谓之大人。贱爵禄不挠于上者,谓之杰士。是以乱法为高也。"又曰:"父盗而子诉之官,官以其忠君曲父而杀之,由是观之,君之直臣者,父之暴子也。"又曰:"汤武者,反君臣之义,乱后世之教者也。汤武,人臣也,弑其父而天下誉之。"然则韩非子之意,君主者,必举臣民之思想自由、言论自由而一切摧绝之者也。

排慈惠

韩非子本其重农尚战之政策,信赏必罚之作用,而演绎之,则慈善事业,不得不排斥。故曰:"施与贫困者,此世之所谓仁义也。哀怜百姓不忍诛罚者,此世之所谓惠爱也。夫施与贫困,则功将何赏?不忍诛罚,则暴将何止?故天灾饥馑,不敢救之。何则?有功与无功同赏,夺力俭而与无功无能,不正义也。"

结论

韩非子袭商君之主义,而益详明其条理。其于儒家、道家之思想,虽稍稍有所采撷,然皆得其粗而遗其精。故韩非子者,虽有总揽三大思潮之观,而实商君之嫡系也。法律实以道德为根原,而彼乃以法律统摄道德,不复留有余地;且于人类所以集合社会,所以发生道理法律之理,漠不加察,乃以君主为法律道德之创造者。故其揭明公德,虽足以救儒家之弊,而自君主以外,无所谓自由。且为君主者以术驭吏,以刑齐民,日以心斗,以为社会谋旦夕之平和。然外界之平和,虽若可以强制,而内界之傚扰益甚。秦用其说,而民不聊生,所谓万能之君主,亦卒无以自全其身家,非偶然也。故韩非子之说,虽有可取,而其根本主义,则直不容于伦理界者也。

第一期结论

吾族之始建国也,以家族为模型。又以其一族之文明,同化异族,故一国犹一家也。一家之中,父兄更事多,常能以其所经验者指导子弟。一国之中,政府任事专,故亦能以其所经验者指导人民。父兄之责,在躬行道德以范子弟,而著其条目于家教,子弟有不帅教者责之。政府之责,在躬行道德,以范人民,而著其条目于礼,人民有不帅教者罚之。（孔子所谓道之以德、齐之以礼是也。古者未有道德法律之界说，凡条举件系者皆以礼名之。至《礼记》所谓礼不下庶人，则别一义也。）故政府犹父兄也，（惟父兄不德，子弟惟怨慕而已，如舜之号泣于旻天是也。政府不德，则人民得别有所拥戴以代之，如汤武之革命是也。然此皆变例。）人民常抱有禀承道德于政府之观念。而政府之所谓道德，虽推本自然教，近于动机论之理想，而所谓天命有礼、天讨有罪，则实毗于功利论也。当虞夏之世，天灾流行，实业未兴，政府不得不偏重功利。其时所揭者，曰正德、利用、厚生。利用、厚生者，勤俭之德；正德者，中庸之德也（如皋陶所言之九德是也）。洎乎周代，家给人足，人类公性，不能以体魄之快乐自餍，恒欲进而求精神之幸福。周公承之，制礼作乐。礼之用方以智，乐之用圆而神。右文增美，尚礼让，斥奔竞。其建都于洛也，曰：使有德者易以兴，无德者易以亡，其尚公如此。盖于不知不识间，循时势之推移，偏毗于动机论，而排斥功利论矣。然此皆历史中递嬗之事实，而未立为学说也。管子鉴周治之弊而矫之，始立功利论。然其所谓下令如流水之源，令顺民心，则参以动机论者也。老子苦礼法之拘，而言大道，始立动机论。而其所持柔弱胜刚强之见，则犹未能脱功利论之范围也。商君、韩非子承管子之说，而立纯粹之功利论。庄子承老子之说，而立纯粹之动机论。是为周代伦理学界之大革命家。惟商、韩之功利论，偏重刑罚，仅有消极之一作用。而政府万能，压束人民，不近人情，尤不合于我族历史所孳生之心理。故其说不能久行，而惟野心之政治家阴利用之。庄子之动机论，几超绝物质世界，而专求精神之幸福。非举当日一切家族社会国家之组织而悉改造之，不足以普及其学说，尤与吾族父兄政府之观念相冲突。故其说不特恒为政治家所排斥，而亦无以得普通人之信用，惟遁世之士颇寻味之。（汉之政治家言黄老、不盲老庄以此。）其时学说，循历史之流委而组织之者，惟儒、墨二家。惟墨子绍述夏商，以挽周弊，其兼爱主义，虽可以质之百世而不惑，而其理论，则专以果效为言，纯然功利论之范围。又以鬼神之祸福胁诱之，于人类所以互相爱利之故，未之详也。而维循当日社会之组织，使人之克勤克俭，互相协助，以各保其生命，而亦不必有陶淑性情之作用。此必非文化已进之民族所能堪，故其说惟平凡之慈善家颇宗尚之。（如汉之《太上感应》篇，虽托于神仙家，而实为墨学。明人所传之《阴骘篇》《功过格》等，皆其流也。）惟儒家之言，本周公遗意，而兼采唐虞夏商之古义以调燮之。理论实践，无在而不用折衷主义：推本性道，以励志士，先制恒产，乃教凡民，此折衷于动机论与功利论之间者也。以礼节奢，以乐易俗，此折衷于文质之间者也。子为父隐，而吏不挠法，（如孟子言舜为天子，而瞽瞍杀人，则皋陶执之，舜亦不得而禁之。）此折衷于公德、私德之间者也。人民之道德，禀承于政府，而政府之变置，则又标准于民心，此折衷于政府、人民之间者也。敬恭祭祀而不言神怪，此折衷于人鬼之间者也。虽其哲学之闳深，不及道家；法理之精核，不及法家；人类平等之观念，不及墨家。又其所谓折衷主义者，不以至精之名学为基本，时不免有依违背施之迹，故不免为近世学者所攻击。然周之季世，吾族承唐虞以来二千年之进化，而凝结以为社会心理者，实以此种观念为大多数。此其学说所以虽小挫于秦，而自汉以后，卒为吾族伦理界不祧之宗，以至于今日也。

第二期　汉唐继承时代

第一章　总　说

汉唐间之学风

周季,处士横议,百家并兴,焚于秦,罢黜于汉,诸子之学说熸矣。儒术为汉所尊,而治经者收拾烬余,治故训不暇给。魏晋以降,又遭乱离,学者偷生其间,无远志,循时势所趋,为经儒,为文苑,或浅尝印度新思想,为清谈。唐兴,以科举之招,尤群趋于文苑。以伦理学言之,在此时期,学风最为颓靡。其能立一家言、占价值于伦理学界者无几焉。

儒教之托始

儒家言,纯然哲学家、政治家也。自汉武帝表章之,其后郡国立孔子庙,岁时致祭。学说有背孔子者,得以非圣无法罪之。于是儒家具有宗教之形式。汉儒以灾异之说,符谶之文,糅入经义。于是儒家言亦含有宗教之性质。是为后世儒教之名所自起。

道教之托始

道家言,纯然哲学家也。自周季,燕齐方士,本上古巫医杂糅之遗俗,而创为神仙家言,以道家有全性葆真之说,则援傅之以为理论。汉武罢黜百家,而独好神仙。则道家言益不得不寄生于神仙家以自全。于是演而为服食，浸而为符篆，而道教遂具宗教之形式，后世有道教之名焉。

佛教之流入

汉儒治经，疲于故训，不足以餍颖达之士；儒家大义，经新莽曹魏之依托，而使人怀疑。重以汉世外戚宦寺之祸，正直之士，多遭惨祸，而汉季人民，酷罹兵燹，激而生厌世之念。是时，适有佛教流入，其哲理契合老庄，而尤为邃博，足以餍思想家。其人生观有三世应报诸说，足以慰藉不聊生之民。其大乘义，有体象同界之说，又无忤于服从儒教之社会。故其教遂能以种种形式，流布于我国。虽有墟寺杀僧之暴主，庐居火书之建议，而不能灭焉。

三教并存而儒教终为伦理学之正宗

道、释二家，虽皆占宗教之地位，而其理论方面范围于哲学，其实践方面则辟谷之方，出家之法，仅为少数人所信从。而其他送死之仪，祈祷之式，虽窜入于儒家礼法之中，然亦有增附而无冲突。故在此时期，虽确立三教并存之基础，而普通社会之伦理学，则犹是儒家言焉。

第二章　淮南子

汉初惩秦之败，而治尚黄老，是为中部思想之反动，而倾于南方思想。其时叔孙通采秦法，制朝仪。贾谊、晁错治法家，言治道。虽稍稍绎中部思潮之坠绪，其言多依违儒术，适足为武帝时独尊儒术之先驱。武帝以后，中部思潮，潜伏于北方思潮之中，而无可标揭。南部思潮，则萧然自处于政治界之外，而以其哲理调和于北方思想焉。汉宗室中，河间献王，王子北方，修经术，为北方思想之代表。而淮南王安王于南方，著书言道德及神仙黄白之术，为南方思想之代表焉。

小传

淮南王安，淮南王长之子也。长为文帝弟，以不轨失国，夭死。文帝三分其故地，以王其三子，而安为淮南王。安既之国，行阴德，拊循百姓，招致宾客方术之士数千人，以流名誉。景帝时，与于七国之乱，及败，遂自杀。

著书

安尝使其客苏飞、李尚、左吴、田由、雷被、毛被、晋昌等八人，及诸儒大山小山之徒，讲论道德。为内书二十一篇，为外书若干卷，又别为中篇八卷，言神仙黄白之术，亦二十余万言。其内书号曰"鸿烈"。高诱曰："鸿者大也，烈者明也，所以明大道也。"刘向校定之，名为《淮南内篇》，亦名《刘安子》。而其外书及中篇皆不传。

南北思想之调和

南北两思潮之大差别：在北人偏于实际，务证明政治道德之应用；南人偏于理想，好以世界观演绎为人生观之理论。皆不措意于差别界及无差别界之区畔,故常滋聚讼。苟循其本,固非不可以调和者。周之季,尝以中部思潮为绍介,而调和于应用一方面。及汉世,则又有于理论方面调和之者,淮南子、扬雄是也。淮南子有见于老庄哲学专论宇宙本体,而略于研究人性,故特揭性以为教学之中心,而谓发达其性,可以达到绝对界。此以南方思想为根据,而辅之以北方思想者也。扬雄有见于儒者之言虽本现象变化之规则,而推演之于人事,而于宇宙之本体,未遑研究,故撷取老庄哲学之宇宙观,以说明人性之所自。此以北方思想为根据,而辅之以南方思想者也。二者,取径不同,而其为南北思想理论界之调人,则一也。

道

淮南子以道为宇宙之代表,本于老庄,而以道为能调摄万有包含天则,则本于北方思想。其于本体、现象之间,差别界、无差别界之限,亦稍发其端倪。故于《原道训》言之曰:"夫道者,覆天载地,廓四方,析八极,高不可际,深不可测,包裹天地,禀授无形,虚流泉浡,冲而徐盈,混混滑滑,浊而徐清。故植之而塞天地,横之而弥四海,施之无穷而无朝夕,舒之而幎六合,卷之而不盈一握。约而能张,幽而能明,弱而能强,柔而能刚。横四维,含阴阳,纮宇宙,章三光。甚淖而纯,甚纤而微。山以之高,渊以之深,兽以之走,鸟以之飞,日月以之明,星历以之行,麟以之游,凤以之翔。泰古二皇,得道之柄,立于中央,神与化游,以抚四方。"虽然,道之作用,主于结合万有,而一切现象,为万物任意之运动,则皆消极者,而非积极者。故曰:"夫有经纪条贯,得一之道,而连千枝万叶,是故贵有以行令,贱有以忘卑,贫有以乐业，困有以处危。所以然者何耶？无他，道之本体，虚静而均，使万物复归于同一之状态者也。"故曰："太上之道，生万物而不有，成化象而不宰。跂行喙息，蠉飞蠕动，待之而后生，而不之知德，待之而后死，而不之能怨。得以利而不能誉，用以败而不能非。收聚蓄积而不加富，布施禀授而不益贫。旋县而不可究，纤微而不可勤，累之而不高，堕之而不下，虽益之而不众，虽损之而不寡，虽斫之而不薄，虽杀之而不残，虽凿之而不深，虽填之而不浅。忽兮恍兮，不可为象。恍兮忽兮，用而不屈。幽兮冥兮，应于无形。遂兮洞兮，虚而不动。卷归刚柔，俯仰阴阳。"

性

道既虚净，人之性何独不然，所以扰之使不得虚静者，知也。虚静者天然，而知则人为也。故曰："人生而静，天之性也。感而后动，性之害也。物至而应之，知之动也。知与物接，而好憎生，好憎成形，知诱于外，而不能反己，天理灭矣。"于是圣人之所务，在保持其本性而勿失之。故又曰："达其道者不以人易天，外化物而内不失其情，至无而应其求，时骋而要其宿，小大修短，各有其是，万物之至也。腾踊肴乱，不失其数。"

性与道合

虚静者，老庄之理想也。然自昔南方思想家，不于宇宙间认有人类之价值，故不免外视人性。而北方思想家子思之流，则颇言性道之关系，如《中庸》诸篇是也。淮南子承之，而立性道符同之义，曰："清净恬愉,人之性也。"以道家之虚静,代中庸之诚,可谓巧于调节者。其《齐俗训》之言曰:"率性而行之之为道,得于天性之谓德。"即《中庸》所谓"率性之为道,修道之为教"也。于是以性为纯粹具足之体,苟不为外物所蔽,则可以与道合一。故曰:"夫素之质白,染之以涅则黑。缣之性黄,染之以丹则赤。人之性无邪,久湛于俗则易,易则忘本而若合于性。故日月欲明,浮云蔽之。河水欲清,沙石秽之。水性欲平,嗜欲害之。惟圣人能遗物而已。夫人乘船而惑,不知东西,见斗极而悟。性,人之斗极也,有以自见,则不失物之情;无以自见,则动而失营。"

修为之法

承子思之性论而立性善论者,孟子也。孟子揭修为之法,有积极、消极二义,养浩然之气及求放心是也。而淮南子既以性为纯粹具足之体,则有消极一义而已足。以为性者,无可附加,惟在去欲以反性而已。故曰:"为治之本,务在安民。安民之本,在足用。足用之本,在无夺时。无夺时之本,在省事。省事之本,在节欲。节欲之本,在反性。反性之本,在去载。去载则虚,虚则平。平者,道之素也。虚者,道之命也。能有天下者,必不丧其家。能治其家者,必不遗其身。能修其身者,必不忘其心。能原其心者,必不亏其性。能全其性者,必不惑于道。"载者,浮华也,即外界诱惑之物,能刺激人之嗜欲者也。然淮南子亦以欲为人性所固有而不能绝对去之,故曰:"圣人胜于心,众人胜于欲,君子行正气,小人行邪性。内便于性,外合于义,循理而动,不系于殉,正气也。重滋味,淫声色,发喜怒,不顾后患者,邪气也。邪与正相伤,欲与性相害,不可两立,一置则一废。故圣人损欲而从事于性。目好色,耳好声,口好味,接而悦之,不知利害,嗜欲也。食之而不宁于体,听之而不合于道,视之而不便于性,三宫交争,以义为制者,心也。痤疽非不痛也。饮毒药,非不苦也。然而为之者,便于身也。渴而饮水,非不快也。饥而大食,非不澹也。然而不为之者,害于性也。四者,口耳目鼻,不如取去,心为之制,各得其所。"由是观之,欲之不可胜也明矣。凡治身养性,节寝处,适饮食,和喜怒,便动静,得之在己,则邪气因而不生。又曰:"情适于性,则欲不过节。"然则淮南子之意,固以为欲不能尽灭,惟有以节之,使不致生邪气以害性而已。盖欲之适性者,合于自然;其不适于性者,则不自然。自然之欲可存,而不自然之欲,不可不勉去之。

善即无为

淮南子以反性为修为之极则,故以无为为至善,曰:所谓善者,静而无为也。所为不善者,躁而多欲也。适情辞余,无所诱惑,循性保真而无变。故曰:为善易。赵城郭,逾险塞,奸符节,盗管金,篡杀矫诬,非人之性也。故曰:为不善难。

理想之世界

淮南子之性善说,本以老庄之宇宙观为基础,故其理想之世界,与老庄同。曰:"性失然后贵仁,过失然后贵义。是故仁义足而道德迁,礼乐余则纯朴散,是非形则百姓眩,珠玉尊则天下争。凡四者,衰世之道也,末世之用也。"又曰:"古者民童蒙,不知东西,貌不羡情,言不溢行,其衣致煖而无文,其兵戈铢而无刃,其歌乐而不转,其哭哀而无声。凿井而饮,耕田而食,无所施其美,亦不求得,亲戚不相毁誉,朋友不相怨德。及礼义之生,货财之贵,而诈伪萌兴,非誉相纷,怨德并行。于是乃有曾参、孝己之美,生盗跖、庄跻之邪。故有大路龙旗羽盖垂缨结驷连骑,则必有穿窬折揵抽箕俴备之奸,有诡文繁绣弱緆罗纨,则必有菅跻跐踦短褐不完。故高下之相倾也,短修之相形也。明矣。"其言固亦有倒果为因之失,然其意以社会之罪恶,起于不平等;又谓至治之世,无所施其美,亦不求得,则名言也。

性论之矛盾

淮南子之书,成于众手,故其所持之性善说,虽如前述,而间有自相矛盾者。曰:"身正性善,发愤而为仁,悁凭而为义,性命可说,不待学问而合于道者,尧舜文王也。沉湎耽荒,不教以道者,丹失商均也。曼颊皓齿,形夸骨佳,不待脂粉芗泽而可性说者,西施阳文也。喑聋哆嗾,蘧蒢戚施,虽粉白黛黑,不能为美者,嫫母仳倠也。夫上不及尧舜,下不及商均,美不及西施,恶不及嫫母,是教训之所谕。"然则人类特殊之性,有偏于美恶两极而不可变,如美丑焉者,常人列于其间,则待教而为善,是即孔子所谓性相近,惟上知与下愚不移者也。淮南子又常列举尧、舜、禹、文王、皋陶、启、契、史皇、羿九人之特性而论之曰:"是九贤者,千岁而一出,犹继踵而生,今无五圣之天奉,四俊之之才难,而欲弃学循性,是犹释船而欲蹍水也。"然则常人又不可以循性,亦与其本义相违者也。

结论

淮南子之特长,在调和儒、道两家,而其学说,则大抵承前人所见而阐述之而已。其主持性善说,而不求其与性对待之欲之所自出,亦无以异于孟子也。

第三章　董仲舒

小传

董仲舒,广川人。少治春秋,景帝时,为博士。武帝时,以贤良应举,对策称旨。武帝复策之,仲舒又上三策,即所谓《天人策》也。历相江都王、胶西王,以病免,家居著书以终。

著书

《天人策》为仲舒名著,其第三策,请灭绝异学,统一国民思想,为武帝所采用,遂尊儒术为国教,是为伦理史之大纪念。其他所著书,有所谓《春秋繁露》《玉杯》《竹林》之属,其详已不可考。而传于世者号曰《春秋繁露》,盖后儒所缀集也。其间虽多有五行灾异之说,而关于伦理学说者,亦颇可考见云。

纯粹之动机论

仲舒之伦理学,专取动机论,而排斥功利说。故曰:"正其义不谋其利,明其道不计其功。"此为宋儒所传诵,而大占势力于伦理学界者也。

天人之关系

仲舒立天人契合之说,本上古崇拜自然之宗教而敷张之。以为踪迹吾人之生系,自父母而祖父母而曾父母,又递推而上之,则不能不推本于天,然则人之父即天也。天者,不特为吾人理法之标准,而实有血族之关系,故吾人不可不敬之而法之。然则天之可法者何在耶?曰:"天覆育万物,化生而养成之,察天之意,无穷之仁也。"天常以爱利为意,以养为事。又曰:"天生之以孝悌,无孝悌则失其所以生。地养之以衣食,无衣食则失其所以养。人成之以礼乐,无礼乐则失其所以成。"言三才之道惟一,而宇宙究极之理想,不外乎道德也。由是以人为一小宇宙,而自然界之变异,无不与人事相应。盖其说颇近于墨子之有神论,而其言天以爱利为道,亦本于墨子也。

性

仲舒既以道德为宇宙全体之归宿,似当以人性为绝对之善,而其说乃不然。曰:"禾虽出米,而禾未可以为米。性虽出善,而性未可以为善。茧虽有丝,而茧非丝。卵虽出雏,而卵非雏。故性非善也。性者,禾也;卵也,茧也。卵待复而后为善雏,茧待练而后为善丝,性待教训而后能善。善者,教诲所使然也,非质朴之能至也。"然则性可以为善,而非即善也。故又驳性善说,曰:"循三纲五纪,通八端之理,忠信而博爱,敦厚而好礼,乃可谓善,是圣人之善也。故孔子曰:'善人吾不得而见之,得见有恒者斯可矣。'由是观之,圣人之所谓善,亦未易也。善于禽兽,非可谓善也。"又曰:"天地之所生谓之性情,情与性一也,瞑情亦性也。谓性善则情奈何？故圣人不谓性善以累其名。身之有性情也,犹之有阴阳也。"言人之性而无情,犹言天之阳而无阴也。仁、贪两者,皆自性出,必不可以一名之也。

性论之范围
仲舒以孔子有上知下愚不移之说,则从而为之辞曰:"圣人之性,不可以名性,斗筲之性,亦不可以名性。性者,中民之性也。"是亦开性有三品说之端者也。

教
仲舒以性必待教而后善,然则教之者谁耶？曰：在王者,在圣人。盖即孔子之所谓上知不待教而善者也。故曰:"天生之,地载之,圣人教之。君者,民之心也。民者,君之体也。心之所好,天必安之。君之所命,民必从之。故君民者,贵孝悌,好礼义,重仁廉,轻财利,躬亲职此于上,万民听而生善于下,故曰：先王以教化民。"

仁义
仲舒之言修身也,统以仁义,近于孟子。惟孟子以仁为固有之道德性,而以义为道德法则之认识,皆以心性之关系言之；而仲舒则自其对于人我之作用而言之,盖本其原始之字义以为说者也。曰:"春秋之所始者,人与我也。所以治人与我者,仁与义也。仁以安人,义以正我,故仁之为言人也,义之为言我也,言名以别,仁之于人,义之于我,不可不察也。众人不察,乃反以仁自裕,以义设人,绝其处,逆其理,鲜不乱矣。"又曰:"春秋为仁义之法,仁之法在爱人,不在爱我。义之法在正我,不在正人。我不自正,虽能正人,而义不予。不被泽于人,虽厚自爱,而仁不予。"

结论

仲舒之论理学说,虽所传不具,而其性论,不毗于善恶之一偏,为汉唐诸儒所莫能外。其所持纯粹之动机论,为宋儒一二学派所自出,于伦理学界颇有重要之关系也。

第四章 扬 雄

小传

扬雄,字子云,蜀之成都人。少好学,不为章句训诂,而博览,好深湛之思,为人简易清净,不汲汲于富贵。哀帝时,官至黄门郎。王莽时,被召为大夫。以天凤七年卒,年七十一。

著书

雄尝治文学及言语学,作词赋及方言训纂篇等书。晚年,专治哲学,仿《易传》著《太玄》,仿《论语》著《法言》。《太玄》者,属于理论方面,论究宇宙现象之原理,及其进动之方式。《法言》者,属于实际方面,推究道德政治之法则。其伦理学说,大抵见于《法言》云。

玄

扬雄之伦理学说,与其哲学有密切之关系。而其哲学,则融会南北思潮而较淮南子更明晰、更切实也。彼以宇宙本体为玄,即老庄之所谓道也。而又进论其动作之一方面,则本易象中现象变化之法则,而推阐为各现象公动之方式。故如其说,则物之各部分,与其全体,有同一之性质。宇宙间发生人类,人类之性,必同于宇宙之性。今以宇宙之本体为玄,则人各为一小玄体,而其性无不具有玄之特质矣。然则所谓玄者如何耶?曰:"玄者,幽摛万物而不见形者也。资陶万物而生规,捆神明而定摹,通古今以开类,捆指阴阳以发气,一判一合,天地备矣。天日回行,刚柔接矣。还复其所,始终定矣。一生一死,性命莹矣。仰以观象,俯以观情,察性知命,原始见终,三仪同科,厚薄相劘,圆者杌陧,方者啬吝,嘘者流体,唫者凝形。"盖玄之本体,虽为虚静,而其中包有实在之动力,故动而不失律。盖消长二力,并存于本体,而得保其均衡。故本体不失其为虚静,而两者之潜势力,亦常存而不失焉。

性

玄既如是,性亦宜然。故曰:"天降生民,倥侗颛蒙。"谓乍观之,不过无我无知之状也。然玄之中,由阴阳之二动力互相摄而静定。则性之中,亦当有善恶之二分子,具同等之强度。如中性之水,非由蒸气所成,而由于酸碱两性之均衡也。故曰:"人之性也,善恶混。修其善则为善人,修为恶则为恶人。气也者,适于善恶之马也。"雄所谓气,指一种冲动之能力,要亦发于性而非在性以外者也。然则雄之言性,盖折衷孟子性善、荀子性恶二说而为之,而其玄论亦较孟、荀为圆足焉。

性与为

人性者,一小玄也。触于外力,则气动而生善恶。故人不可不善驭其气。于是修为之方法尚已。

修为之法

或问何如斯之谓人?曰:取四重,去四轻。何谓四重?曰:重言,重行,重貌,重好。言重则有法,行重则有德,貌重则有威,好重则有欢。何谓四轻?曰:言轻则招忧,行轻则招辜,貌轻则招辱,好轻则招淫。其言不能出孔子之范围。扬雄之学,于实践一方面,全袭儒家之旧。其言曰:"老子之言道德也,吾有取焉。其槌提仁义,绝灭礼乐,吾无取焉。"可以观其概矣。

模范

雄以人各为一小玄,故修为之法,不可不得师,得其师,则久而与之类化矣。故曰:"勤学不若求师。师者,人之模范也。"曰:"螟蠕之子,殪而遇蜾蠃,蜾蠃见之,曰:类我类我,久则肖之,速矣哉。七十子之似仲尼也,或问人可铸与?曰:孔子尝铸颜回矣。"

结论

扬雄之学说,以性论为最善,而于性中潜力所由以发动之气,未尝说明其性质,是其性论之缺点也。

第五章　王　充

汉代自董、扬以外,著书立言,若刘向之《说苑》《新序》,桓谭之《新论》、荀悦之《申鉴》,以至徐幹之《中论》,皆不愧为儒家言,而无甚创见。其抱革新之思想,而敢与普通社会奋斗者,王充也。

小传

王充,字仲任,上虞人。师事班彪,家贫无书,常游洛阳市肆,阅所卖书,遂博通众流百家之言。著《论衡》八十五篇,《养性书》十六篇。今所传者惟《论衡》云。

革新之思想

汉儒之普通思想,为学理进步之障者二:曰迷信,曰尊古。王充对于迷信,有《变虚》《异虚》《感虚》《福虚》《祸虚》《龙虚》《雷虚》《道虚》等篇。于一切阴阳灾异及神仙之说,搘击不遗余力,一以其所经验者为断,粹然经验派之哲学也。其对于尊古,则有《刺孟》《非韩》《问孔》诸篇。虽所举多无关宏旨,而要其不阿所好之精神,有可取者。

无意志之宇宙论

王充以人类为比例,以为凡有意志者必有表见其意志之机关,而宇宙则无此机关,则断为无意志。故曰:"天地者,非有为者也。凡有为者有欲,而表之以口眼者也。今天者如云雾,地者其体土也。故天地无口眼,而亦无为。"

万物生于自然

宇宙本无意志,仅为浑然之元气,由其无意识之动,而天地万物,自然生焉。王充以此意驳天地生万物之旧说。曰:"凡所谓生之者,必有手足,今云天地生之,而天地无有手足之理,故天地万物之生,自然也。"

气与形　形与命

天地万物,自然而生,物之生也,各禀有一定之气,而所以维持其气者,不可不有相当之形。形成于生初,而一生之运命及性质,皆由是而定焉。故曰:"俱禀元气,或为禽兽,或独为人,或贵或贱,或贫或富,非天禀施有左右也。人物受性,有厚薄也。"又曰:"器形既成,不可小大。人体已定,不可减增。用气为性,性成命定。体气与形骸相抱,生死与期节相须。"又曰:"其命富者,筋力自强,命贵之人,才智自高。"(班彪尝作《王命论》,充师事彪,故亦言有命。)

骨相

人物之运命及性质,皆定于生初之形。故观其骨相,而其运命之吉凶,性质之美恶,皆得而知之。其所举因骨相而知性质之证例有曰:"越王勾践长颈鸟喙,范蠡以为可以共忧患而不可与共安乐。秦始皇隆准长目鹰胸犀声,其性残酷而少恩云。"

性

王充之言性也,综合前人之说而为之。彼以为孟子所指为善者,中人以上之性,如孔子之生而好礼是也。荀子所指为恶者,中人以下之性,少而无推让之心是也。至扬雄所谓善恶混者,则中人之性也。性何以有善恶?则以其禀气有厚薄多少之别。禀气尤厚尤多者,恬淡无为,独肖元气,是谓至德之人,老子是也。由是而递薄递少,则以渐不肖元气焉。盖王充本老庄之义,而以无为为上德云。

恶

王充以人性之有善恶,由于禀气有厚薄多少之别。此所谓恶,盖仅指其不能为善之消极方面言之,故以为禀气少薄之故。至于积极之恶,则又别举其原因焉。曰:"万物有毒之性质者,由太阳之热气而来,如火烟入眼中,则眼伤。火者,太阳之热所变也。受此热气最甚者,在虫为蜂;在草为莨、巴豆、冶;在鱼为鲑、鲅鲰;在人为小人。"然则充之意,又以为元气中含有毒之分子,而以太阳之热气代表之也。

结论

王充之特见,在不信汉儒天人感应之说。其所言人之命运及性质与骨相相关,颇与近世惟物论以精神界之现象悉推本于生理者相类,在当时不可谓非卓识。惟彼欲以生初之形,定其一生之命运及性质,而不悟体育及智、德之教育,于变化体质及精神,皆有至大之势力,则其所短也。要之,充实为代表当时思想之一人,盖其时人心已厌倦于经学家天人感应五行灾异之说,又将由北方思潮而嬗于南方思想。故其时桓谭、冯衍皆不言谶，而王充有《变虚》《异虚》诸篇，且以老子为上德。由是而进，则南方思想愈炽，而魏晋清谈家兴焉。

第六章　清谈家之人生观

自汉以后，儒学既为伦理学界之律贯，虽不能人人实践，而无敢昌言以反对之者。不特政府保持之力，抑亦吾民族由习惯而为遗传性，又由遗传性而演为习惯，往复于儒教范围中，迭为因果，其根柢深固而不可摇也。其间偶有一反动之时代，显然以理论抗之者，为魏晋以后之清谈家。其时虽无成一家之言者，而于伦理学界，实为特别之波动。故钩稽事状，缀辑断语，而著其人生观之大略焉。

起源

清谈家之所以发生于魏晋以后者，其原因颇多。（一）经学之反动。汉儒治经，囿于诂训章句，牵于五行灾异，而引以应用于人事。积久而高明之士，颇厌其拘迂。（二）道德界信用之失。汉世以经明行修孝廉方正等科选举吏士，不免有行不副名者。而儒家所崇拜之尧舜周公，又迭经新莽魏文之假托中，于是愤激者遂因而怀疑于历史之事实。（三）人生之危险。汉代外戚宦官，更迭用事。方正之士，频遭惨祸，而无救于危亡。由是兵乱相寻，贤愚贵贱，均有朝不保夕之势。于是维持社会之旧学说，不免视为赘疣。（四）南方思想潜势力之发展。汉武以后，儒家言虽因缘政府之力，占学界统一之权，而以其略于宇宙论之故，高明之士，无以自餍。故老庄哲学，终潜流于思想界而不灭。扬雄当儒学盛行时,而著书兼采老庄,是其证也。及王充时,潜流已稍稍发展。至于魏晋,则前之三因,已达极点,思想家不能不援老庄方外之观以自慰,而其流遂漫衍矣。(五)佛教之输入。当此思想界摇动之时,而印度之佛教,适乘机而输入,其于厌苦现世超度彼界之观念,尤为持之有故而言之成理。于是大为南方思想之助力,而清谈家之人生观出焉。

要素

清谈家之思想,非截然舍儒而合于道、佛也,彼盖灭裂而杂糅之。彼以道家之无为主义为本,而于佛教则仅取其厌世思想,于儒家则留其阶级思想(阶级思想者,源于上古时百姓、黎民之分,孔孟则谓之君子、小人,经秦而其迹已泯。然人类不平等之思想,遗传而不灭,观东晋以后之言门第可知也。)及有命论。(夏道尊命,其义历商周而不灭。孔子虽号罕言命,而常有有命、知命、俟命之语。惟儒家言命,其使人克尽义务,而不为境界所移。汉世不遇之士,则籍以寄其怨愤。至王充则引以合于道家之无为主义,则清谈家所本也。)有阶级思想,而道、佛两家之人类平等观,儒、佛两家之利他主义,皆以为不相容而去之。有厌世思想,则儒家之克己,道家之清净,以至佛教之苦行,皆以为徒自拘苦而去之。有命论及无为主义,则儒家之积善,佛教之济度,又以为不相容而去之。于是其所余之观念,自等也,厌世也,有命而无可为也,遂集合而为苟生之惟我论,得以伪列子之《杨朱》篇代表之。(《杨朱》篇虽未能确指为何人所作,然以其理论与清谈家之言行正相符合,故假定为清谈家之学说。)略叙其说于下。

人生之无常

《杨朱》篇曰:"百年者,寿之大齐,得百年者千不得一。设有其一,孩抱以逮昏老,夜眠之所弭者或居其半,昼觉之所遗者又几居其半,痛疾哀苦亡失忧惧又或居其半,量十数年之中,逍遥自得,无介焉之虑者,曾几何时!人之生也,奚为哉?奚乐哉?"曰:"十年亦死,百年亦死,生为尧舜,死则腐骨,生为桀纣,死亦腐骨,一而已矣。"言人生至短且弱,无足有为也。阮籍之《大人先生传》,用意略同。曰:"天地之永固,非世俗之所及。往者天在下,地在上,反复颠倒,未之安固,焉能不失律度?天固地动,山陷川起,云散震坏,六合失理,汝又焉得择地而行,趋步商羽。往者祥气争存,万物死虑,支体不从,身为泥土,根拔枝除,咸失其所,汝又安得束身修行,磬折抱鼓。李牧有功而身死,伯宗忠而世绝,进而求利以丧身,营爵赏则家灭,汝又焉得金玉万亿,挟纸奉君上全妻子哉?"要之,以有命为前提,而以无为为结论而已。

从欲

彼所谓无为者,谓无所为而为之者也。无所为而为之,则如何?曰"视吾力之所能至,以达吾意之所向而已。"《杨朱》篇曰:"太古之人,知生之暂来,而死之暂去,故从心而不违自然。"又曰:"恣耳之所欲听,恣目之所欲视,恣鼻之所欲向,恣口之所欲言,恣体之所欲安,恣意之所欲行。耳所欲闻者音声,而不得听之,谓之阏聪。目所欲见者美色,而不得见之,谓之阏明。鼻所欲向者椒兰,而不得嗅之,谓之阏颤。口所欲道者是非,而不得言之,谓之阏智。体所欲安者美厚,而不得从之,谓之阏适。意所欲为者放逸,而不得行之,谓之阏往。凡是诸阏,废虐之主。去废虐之主,则熙熙然以俟死,一日、一月、一年、十年,吾所谓养也(即养生)。拘于废虐之主,缘而不舍,戚戚然以久生,虽至百年、千年、万年,非吾所谓养也。"又设为事例以明之曰:"子产相郑,其兄公孙朝好酒,弟公孙穆好色。方朝之纵于酒也,不知世道之安危,人理之悔吝,室内之有亡,亲族之亲疏,存亡之哀乐,水火兵刃,虽交于前而不知。方穆之耽于色也,屏亲昵,绝交游。子产戒之。朝、穆二人对曰:'凡生难遇而死易及,以难遇之生,俟易及之死,孰当念哉。而欲尊礼义以夸人,矫情性以招名,吾以此为不若死。'而欲尽一生之欢,穷当年之乐,惟患腹溢而口不得恣饮,力惫而不得肆情于色,岂暇忧名声之丑、性命之危哉!"清谈家中,如阮籍、刘伶、毕卓之纵酒,王澄、谢鲲等之以任放为达,不以醉裸为非,皆由此等理想而演绎之者也。

排圣哲

《杨朱》篇曰:"天下之美,归之舜禹周孔。天下之恶,归之桀纣。然而舜者,天民之穷毒者也。禹者,天民之忧苦者也。周公者,天民之危惧者也。孔子者,天民之遑遽者也。凡彼四圣,生无一日之欢,死有万世之名,名固非实之所取也;虽称之而不知,虽赏之而不知,与株块奚以异?桀者,天民之逸荡者也。纣者,天民之放纵者也。之二凶者,生有从欲之欢,死有愚暴之名,实固非名之所与也;虽毁之而不知,虽称之而不知,与株块奚以异?"此等思想,盖为汉魏晋间篡弑之历史所激而成者。如庄子感于田横之盗齐,而言圣人之言仁义适为大盗积者也。嵇康自言尝非汤武而薄周孔,亦其义也。此等问题,苟以社会之大,历史之久,比较而探究之,自有其解决之道,如孟子、庄子是也。而清谈家则仅以一人及人之一生为范围,于是求其说而不可得,则不得不委之于命,由怀疑而武断,促进其厌世之思想,惟从欲以自放而已矣。

旧道德之放弃

《杨朱》篇曰:"忠不足以安君,而适足以危身。义不足以利物,而适足以害生。安上不由忠而忠名灭,利物不由义而义名绝,君臣皆安物而不兼利,古之道也。"此等思想,亦迫于正士不见容而发,然亦由怀疑而武断,而出于放弃一切旧道德之一途。阮籍曰:"礼岂为我辈设!"即此义也。曹操之枉奏孔融也,曰:"融与白衣弥衡,跌荡放言,云:父之于子,当有何亲?论其本意,实为情欲发耳。子之于母,亦复奚为?譬如寄物瓶中,出则离矣。"此等语,相传为路粹所虚构,然使路粹不生〔于〕是时,则亦不能忽有此意识。又如谢安曰:"子弟亦何预人事,而欲使其佳。"谢玄云:"如芝兰不树,欲其生于庭阶耳。"此亦足以窥当时思想界之一斑也。

不为恶

彼等无在而不用其消极主义,故放弃道德,不为善也。而亦不肯为恶。范滂之罹祸也,语其子曰:"我欲令汝为恶,则恶不可为,复令汝为美,则我不为恶。"盖此等消极思想,已萌芽于汉季之清流矣。《杨朱》篇曰:"生民之不得休息者,四事之故:一曰寿,二曰名,三曰位,四曰货。为是四者。畏鬼,畏人,畏威,畏形,此之谓遁人。可杀可活,制命者在外,不逆命,何羡寿。不矜贵,何羡名。不要势,何羡位。不贪富,何羡货。此之谓顺民。"又曰:"不见田父乎,晨出夜入,自以性之恒,啜粟茹藿,自以味之极,肌肉粗厚,筋节蜷急,一朝处以柔毛纻幕,荐以粱肉兰桔,则心痛体烦,而内热生病。使商鲁之君,处田父之地,亦不盈一时而惫,故野人之安,野人之美也,天下莫过焉。"彼等由有命论、无为论而演绎之,则为安分知足之观念。故所谓从欲焉者,初非纵欲而为非也。

排自杀

厌世家易发自杀之意识,而彼等持无为论,则亦反对自杀。《杨朱》篇曰:"孟孙阳曰:若是,则速亡愈于久生。贱锋刃,入汤火,则得志矣。杨子曰:不然,生则废而任之,究其所欲,以放于尽,无不废焉,无不任焉,何遽欲迟速于其间耶?"(佛教本禁自杀,清谈家殆亦受其影响。)

不侵人之维我论

凡利己主义,不免损人,而彼等所持,则利己而并不侵人,为纯粹之无为论。故曰:古之人损一毫以利天下,不与也。悉天下以奉一人,不取也。人人不损一毫,人人不利天下,则天下自治。

反对派之意见

方清谈之盛行,亦有一二反对之者。如晋武帝时,傅玄上疏曰:"先王之御天下也,教化隆于上,清议行于下,近者魏武好法术,天下贵刑名。魏文慕通达,天下贱守节。其后纲维不摄,放诞盈朝,遂使天下无复清议。"惠帝时,裴𬱟作《崇有论》曰:"利欲虽当节制,而不可绝去,人事须当节,而不可全无。今也,谈者恐有形之累,盛称虚无之美,终薄综世之务,贱内利之用,悖吉凶之礼,忽容止之表。渎长幼之序,混贵贱之级,无所不至。夫万物之性,以有为引,心者非事,而制事必由心,不可谓心为无也。匠者非器,而制器必须匠,不可谓非有匠也。"由是观之,济有者皆有也,人类既有,虚无何益哉。其言非不切著,而限于常识,不足以动清谈家思想之基础,故未能有济也。

结论

清谈家之思想,至为浅薄无聊,必非有合群性之人类所能耐,故未久而熸。其于儒家伦理学说之根据,初未能有所震撼也。

第七章 韩 愈

方清谈之盛,南方学者,如王勃之流,尝援老庄以说经。而北方学者,如徐遵明、李铉辈,皆笃守汉儒诂训章句之学,至隋唐而未沫。齐陈以降,南方学者,倦于清谈,则竞趋于文苑,要之皆无关于学理者也。隋之时,龙门王通,始以绍述北方之思想自任,尝仿孔子作《王氏六经》,皆不传,传者有《中论》,其弟子所辑,以当孔氏之《论语》者也。其言皆夸大无精义,其根本思想,曰执中。其调和异教之见解。曰三教一致。然皆标举题目,而未有特别之说明也。唐中叶以后,南阳韩愈,慨六朝以来之文章,体格之卑靡,内容之浅薄,欲导源于群经诸子以革新之。于是始从事于学理之探究,而为宋代理学之先驱焉。

小传

韩愈,字退之,南阳人。年八岁,始读书。及长,尽通六经百家之学。贞元八年,擢进士第,历官至吏部侍郎,其间屡以直谏被贬黜。宪宗时,上迎佛骨表,其最著者也。穆宗时卒,谥曰文。

儒教论

愈之意,儒教者,因人类普通之性质,而自然发展,于伦理之法则,已无间然,决不容舍是而他求者也。故曰:"夫先王之教何也?博爱之谓仁,行而宜之之谓义,由是而之焉之谓道,足于己无待于外之谓德。""其文诗书易春秋,其法礼乐刑政,其民士农工商,其位君臣父子师友宾主昆弟夫妇,其服麻丝,其居宫室,其食粟米蔬果鱼肉,其道也易明,其教也易行。是故以之为己则顺而祥,以之为人则爱而公,以之为心则和而平,以之为天下国家,则处之而无不当。是故生得其情,死尽其常,郊而天神假,庙而人鬼享。"其叙述可谓简而能赅,然第即迹象而言,初无关乎学理也。

排老庄

愈既以儒家为正宗,则不得不排老庄。其所以排之者曰:"今其言曰,圣人不死,大盗不止,剖斗折衡,而民不争。呜呼!其亦不思而已矣。使无圣人,则人类灭久矣。何则？无羽毛鳞甲以居寒热也。"又曰:"今其言曰:易不为太古之无事,是责冬之裘者,曰曷不易之以葛;责饥之食者,曰曷不易之以饮也。"又曰:"老子之小仁义也,其所见者小也。彼以煦煦为仁,孑孑为义,其小之也固宜。"又曰:"凡吾所谓道德,合仁与义而言之也,天下之公言也。老子之所谓道德,去仁与义而言之也,一人之私言也。"皆对于南方思想之消极一方面,而以常识攻击之;至其根本思想,及积极一方面,则未遑及也。

排佛教

王通之论佛也,曰:佛者,圣人也。其教,西方之教也。在中国则泥,轩车不可以通于越,冠冕不可以之胡,言其与中国之历史风土不相容也。韩愈之所以排佛者,亦同此义,而附加以轻侮之意。曰:"今其法曰,必弃而君臣,去而父子,禁而相生相养之道,以求所谓清净寂灭。呜呼！其亦幸而于三代之后,不见黜于禹汤文武周公孔子也。"盖愈之所排,佛教之形式而已。

性

愈之立说稍合于学理之范围者,性论也。其言曰:"性有三品,上者善而已,中者可导而上下者也,下者恶而已。孟子之言性也,曰:人之性善。荀子之言性也,曰:人之性恶。杨子之言性也,人之性善恶混。夫始也善而进于恶,始也恶而进于善,始也善恶混,而今也为善恶,皆举其中而遗其上下。得其一而失其二者也。"又曰:"所以为性者五：曰仁,曰礼,曰信,曰义,曰智。上者主一而行四,中者少有其一而亦少反之,其于四也混,下者反一而悖四。"其说亦以孔子性相近及上下不移之言为本,与董仲舒同。而所以规定之者,较为明晰。至其以五常为人性之要素,而为三品之性,定所含要素之分量,则并无证据,臆说而已。

情

愈以性与情有先天、后天之别,故曰："性者,与生俱生者也。情者,接物而生者也。"又以情亦有三品,随性而为上中下。曰："所以为情者七：曰喜,曰怒,曰哀,曰惧,曰爱,曰恶,曰欲。上者,七情动而处其中。中者有所甚,有所亡,虽然,求合其中者也。下者,亡且甚,直情而行者也。"如其言,则性情殆有体用之关系。故其品相因而为高下,然愈固未能明言其所由也。

结论

韩愈,文人也,非学者也。其作《原道》也,曰："尧以是传之舜,舜以是传之禹,禹以是传之汤,汤以是传之文武周公,文武同公传之孔子,孔子传之孟轲,轲之死不得其传也。"隐然以传者自任。然其立说,多敷演门面,而绝无精深之义。其功之不可没者,在尊孟子以继孔子,而标举性情道德仁义之名,揭排斥老佛之帜,使世人知是等问题,皆有特别研究之价值,而所谓经学者,非徒诵习经训之谓焉。

第八章 李 翱

小传
李翱,字习之,韩愈之弟子也。贞元十四年,登进士第,历官至山南节度使,会昌中,殁于其地。

学说之大要
翱尝作《复性书》三篇,其大旨谓性善情恶,而情者性之动也。故贤者当绝情而复性。

性
翱之言性也,曰:"性者,所以使人为圣人者也。寂然不动,广大清明,照感天地,遂通天地之故。行止语默,无不处其极,其动也中节。"又曰:"诚者,圣人性之。"又曰:"清明之性,鉴于天地,非由外来也。"其义皆本于中庸,故欧阳修尝谓始读《复性书》,以为中庸之义疏而已。

性情之关系
虽然,翱更进而论吾人心意中性情二者之并存及冲突。曰:"人之所以为圣人者,性也。人之所以惑其性者,情也。喜怒哀惧爱恶欲,七者,皆情之为也。情昏则性迁,非性之过也。水之浑也,其流不清。火之烟也,其光不明。然则性本无恶,因情而后有恶。情者,常蔽性而使之钝其作用者也。"与《淮南子》所谓"久生而静,天之性;感而后动,性之害"相类。翱于是进而说复性之法曰:"不虑不思,则情不生,情不生乃为正思。"又曰:"圣人,人之先觉也。觉则明,不然则惑,惑则昏,故当觉。"则不特远取庄子外物而朝彻,实乃近袭佛教之去无明而归真如也。

情之起源

性由天禀,而情何自起哉?翱以为情者性之附属物也。曰:"无性则情不生,情者,由性而生者也。情不自情,因性而为情,性不自性,因情以明性。"

至静

翱之言曰:"圣人岂无情哉?情有善有不善。"又曰:"不虑不思,则情不生。虽然,不可失之于静,静则必有动,动则必有静,有动静而不息,乃为情。当静之时,知心之无所思者,是斋戒其心也,知本与无思,动静皆离,寂然不动,是至静也。"彼盖以本体为性,以性之发动一方面为情,故性者,超绝相对之动静,而为至静,亦即超绝相对之善恶,而为至善。及其发动而为情,则有相对之动静,而即有相对之善恶,故人当斋戒其心,以复归于至静至善之境,是为复性。

结论

翱之说,取径于中庸,参考庄子,而归宿于佛教。既非创见,而持论亦稍暧昧。然翱承韩愈后,扫门面之谈,从诸种教义中,绅绎其根本思想,而著为一贯之论,不可谓非学说进步之一征也。

第二期结论

自汉至唐,于伦理学界,卓然成一家言者,寥寥可数。独尊儒术者,汉有董仲舒,唐有韩愈。吸收异说者,汉有淮南、扬雄,唐有李翱,其价值大略相等。大抵汉之学者,为先秦诸子之余波。唐之学者,为有宋理学之椎轮而已。魏晋之间,佛说输入,本有激冲思想界之势力,徒以其出世之见,与吾族之历史极不相容。而当时颖达之士,如清谈家,又徒取其消极之义,而不能为其积极一方面之助力。是以佛氏教义之入吾国也,于哲学界,增一种研究之材料;于社会间,增一穷而无告者之蓬庐;于平民心理,增一来世应报之观念;于审察仪式中,窜入礼讖布施之条目。其势力虽不可消灭,而要之吾人家族及各种社会之组织,初不因是而摇动也。

第三期　宋明理学时代

第一章　总　说

有宋理学之起源

魏晋以降,苦于汉儒经学之拘腐,而遁为清谈。齐梁以降,歉于清谈之简单,而缛为诗文。唐中叶以后,又赜于体格靡丽内容浅薄之诗文,又趋于质实,则不得不反而求诸经训。虽然,其时学者,既已濡染于佛老二家闳大幽渺之教义,势不能复局于诂训章句之范围,而必于儒家言中,辟一闳大幽渺之境,始有以自展,而且可以与佛老相抗。

此所以竞趋于心性之理论，而理学由是盛焉。

朱陆之异同

宋之理学，创始于邵、周、张诸子，而确立于二程。二程以后，学者又各以性之所近，递相传演，而至朱、陆二子，遂截然分派。朱子偏于道问学，尚墨守古义，近于荀子。陆子偏于尊德性，尚自由思想，近于孟子。朱学平实，能使社会中各种阶级修私德，安名分，故当其及身，虽尝受攻评，而自明以后，顿为政治家所提倡，其势力或弥漫全国，然承学者之思想，卒不敢溢于其范围之外。陆学则至明之王阳明而益光大焉。

动机论之成立

朱、陆两派，虽有尊德性、道问学之差别，而其所研究之对象，则皆为动机论。董仲舒之言曰："正其义不谋其利，明其道不计其功。"张南轩之言曰："学者潜心孔孟，必求其门而入，以为莫先于明义利之辨。盖圣贤，无所为而然也。有所为而然者，皆人欲之私，而非天理之所存，此义利之分也。自未知省察者言之，终日之间，鲜不为利矣，非特名位货殖而后为利也。意之所向，一涉于有所为，虽有浅深之不同，而其为徇己自私，则一而已矣。"此皆极端之动机论，而朱、陆两派所公认者也。

功利论之别出

孔孟之言，本折衷于动机、功利之间，而极端动机论之流弊，势不免于自杀其竞争生存之力。故儒者或激于时局之颠危，则亦恒溢出而为功利论。吕东莱、陈龙川、叶水心之属,愤宋之积弱,则叹理学之繁琐,而昌言经制。颜习斋痛明之俄亡,则并诋朱、陆两派之空疏。而与其徒李恕谷、王昆绳辈研究礼乐兵农,是皆儒家之功利论也。惟其人皆亟于应用,而略于学理,故是编未及详叙焉。

儒教之凝成

自汉武帝以后,儒教虽具有国教之仪式及性质,而与社会心理尚无致密之关系。(观晋以后,普通人佞佛求仙之风,如是其盛,苟其先已有普及之儒教,则其时人心之对于佛教,必将如今人之对于基督教矣。)其普通人之行习,所以能不大违于儒教者,历史之遗传,法令之约束为之耳。及宋而理学之儒辈出,讲学授徒,几遍中国。其人率本其所服膺之动机论,而演绎之于日用常行之私德,又卒能克苦躬行,以为规范,得社会之信用。其后,政府又专以经义贡士,而尤注意于朱注之《大学》《中庸》《论语》《孟子》四书。于是稍稍聪颖之士,皆自幼寝馈于是。达而在上,则益增其说于法令之中;穷而在下,则长书院,设私塾,掌学校教育之权。或为文士,编述小说剧本,行社会教育之事。遂使十室之邑,三家之村,其子弟苟有从师读书者,则无不以四书为读本。而其间一知半解互相传述之语,虽不识字者,亦皆耳熟而详之。虽间有苛细拘苦之事,非普通人所能耐,然清议既成,则非至顽悍者,不敢显与之悖,或阴违之而阳从之,或不能以之律己,而亦能以之绳人,盖自是始确立为普及之宗教焉。斯则宋明理学之功也。

思想之限制

宋儒理学,虽无不旁采佛老,而终能立凝成儒教之功者,以其真能以信从教主之仪式对于孔子也。彼等于孔门诸子,以至孟子,皆不能无微词,而于孔子之言,则不特不敢稍违,而亦不敢稍加以拟议,如有子所谓夫子有为而言之者。又其所是非,则一以孔子之言为准。故其互相排斥也,初未尝持名学之例以相绳,曰:知〔如〕是则不可通也,如是则自相矛盾也。惟以宗教之律相绳,曰:如是则与孔子之说相背也,如是则近禅也。其笃信也如此,故其思想皆有制限。其理论界,则以性善、性恶之界而止。至于善恶之界说若标准,则皆若无庸置喙,故往往以无善无恶与善为同一,而初不自觉其抵牾。其于实践方面,则以为家族及各种社会之组织,自昔已然,惟其间互相交际之道,如何而能无背于孔子。是为研究之对象,初未尝有稍萌改革之思想者也。

第二章　王荆公

宋代学者,以邵康节为首,同时有司马温公,及王荆公,皆以政治家著。又以特别之学风,立于思想系统之外者也。温公仿扬雄之《太玄》作《潜虚》,以数理解释宇宙,无关于伦理学,故略之。荆公之性论,则持平之见,足为前代诸性论之结局。特叙于下。

小传

王荆公,名安石,字介甫,荆公者,其封号也。临川人,神宗时被擢为参知政事,厉行新法。当时正人多反对之者,遂起党狱,为世诟病。元丰元年,以左仆射观文殿大学士卒,年六十八。其所著有新经义学说及诗文集等。今节叙其性论及礼论之大要于下。

性情之均一

自来学者,多判性情为二事,而于情之所自出,恒苦无说以处之。荆公曰:"性情一也。世之论者曰性善情恶,是徒识性情之名,而不知性情之实者也。喜怒哀乐好恶欲,未发于外而存于心者,性也;发于外而见于行者,情也。性者情之本,情者性之用,故吾曰性情一也。"彼盖以性情者,不过本体方面与动作方面之别称,而并非二事。性纯则情亦纯,情固未可灭也。何则?无情则直无动作,非吾人生存之状态也。故曰:"君子之所以为君子者,无非情也。小人之所以为小人者,无非情也。"

善恶

性情皆纯,则何以有君子小人及善恶之别乎?无他,善恶之名,非可以加之性情,待性情发动之效果,见于行为,评量其合理与否,而后得加以善恶之名焉。故曰:"喜怒哀乐爱恶欲,七者,人生而有之,接于物而后动,动而当理者,圣也,贤也;不当于理者,小人也。"彼徒见情发于外,为外物所累,而遂入于恶也。因曰:"情恶也,害性者情也。是曾不察情之发于外,为外物所感,而亦尝入于善乎?"如其说,则性情非可以善恶论,而善恶之标准,则在理。其所谓理,在应时处位之关系,而无不适当云尔。

情非恶之证明

彼又引圣人之事,以证情之非恶。曰:"舜之圣也,象喜亦喜,使可喜而不喜,岂足以为舜哉?文王之圣也,王赫斯怒,使可怒而不怒,岂足以为文王哉?举二者以明之,其余可知。使无情,虽曰性善,何以自明哉?诚如今论者之说,以无情为善,是木石也。性情者,犹弓矢之相待而为用,若夫善恶,则犹之中与不中也。"

礼论

荀子道性恶,故以礼为矫性之具。荆公言性情无善恶,而其发于行为也,可以善,可以恶,故以礼为导人于善之具。其言曰:"夫木斫之而为器,马服之而为驾,非生而能然也,劫之于外而服之以力者也。然圣人不舍木而为器,不舍马而为驾,固因其天资之材也。今人生而有严父爱母之心,圣人因人之欲而为之制;故其制,虽有以强人,而乃顺其性之所欲也。圣人苟不为之礼,则天下盖有慢父而疾母者,是亦可谓无失其性者也。夫狙猿之形,非不若人也,绳之以尊卑,而节之以揖让,彼将趋深山大麓而走耳。虽畏之以威而驯之以化,其可服也,乃以为天性无是而化于伪也。然则狙猿亦可为礼耶?"故曰:"礼者,始于天而成于人,天无是而人欲为之,吾盖未之见也。"

结论

荆公以政治文章著,非纯粹之思想家,然其言性情非可以善恶名,而别求善恶之标准于外,实为汉唐诸儒所未见及,可为有卓识者矣。

第三章　邵康节

小传

邵康节,名雍,字尧夫,河南人。尝师北海李之才,受河图先天象数之学,妙契神悟,自得者多。屡被举,不之官。熙宁十年卒,年六十七。元祐中,赐谥康节。著有《观物篇》《渔樵问答》《伊川击壤集》《先天图》《皇极经世书》等。

宇宙论

康节之宇宙论,仿《易》及《太玄》,以数为基本,循世界时间之阅历,而论其循环之法则,以及于万物之化生。其有关伦理学说者,论人类发生之原者是也。其略如下。

动静二力

动静二力者,发生宇宙现象,而且有以调摄之者也。动者为阴阳,静者为刚柔。阴阳为天,刚柔为地。天有寒暑昼夜,感于事物之性情状态。地有雨风露雪,应于事物之走飞草木。性情形体,与走飞草木相合,而为动植之感应,万物由是生焉。性情形态之走飞草木,应于声色气味,走飞草木之性情形态,应于耳目口鼻。物者有色声气味而已,人者有耳目口鼻,故人者,总摄万物而得其灵者也。

物人凡圣之别

康节言万物化成之理如是，于是进而论人、物之别，及凡人与圣人之别。曰："人所以为万物之灵者，耳目口鼻，能收万物之声色气味。声色气味，万物之体也。耳目鼻口，万人之用也。体无定用，惟变是用。用无定体，惟化是体，用之交也。人物之道，于是备矣。然人亦物也，圣亦人也。有一物之物，有十物之物，有百物之物，有千物、万物、亿物、兆物之物，生一物之物而当兆物之物者，非人耶？有一人之人，有十人之人，有百人之人，有千人、万人、亿人、兆人之人，生一人之人而当兆人之人者，非圣耶？是以知人者物之至，圣人者，人之至也。人之至者，谓其能以一心观万心，以一身观万身，以一世观万世，能以心代天意，口代天言，手代天工，身代天事。是以能上识天时，下尽地理，中尽物情而通照人事，能弥纶天地，出入造化，进退古今，表里人物者也。"如其说，则圣人者，包含万有，无物我之别，解脱差别界之观念，而入于万物一体之平等界者也。

学

然则人何由而能为圣人乎？曰：学。康节之言学也，曰："学不际天人，不可以谓之学。"又曰："学不至于乐，不可以谓之学。"彼以学之极致，在四经，《易》《书》《诗》《春秋》是也。曰："昊天之尽物，圣人之尽民，皆有四府。昊天之四府，春、夏、秋、冬之谓也，升降于阴阳之间。圣人之四府，《易》《书》《诗》《春秋》之谓也，升降于礼乐之间。意言象数者，《易》之理。仁义礼智者，《书》之言。性情形体者，《诗》之根。圣贤才术者，《春秋》之事。谓之心，谓之用。《易》由皇帝王伯，

《书》应虞夏殷周,《诗》关文武周公,《春秋》系秦晋齐楚。谓之体,谓之迹。心迹体用四者相合,而得为圣人,其中同中有异,异中有同,异同相乘,而得万世之法则。"

慎独

康节之意,非徒以讲习为学也。故曰:"君子之学,以润身为本,其治人应物,皆余事也。"又曰:"凡人之善恶,形于言,发于行,人始得而知之。但萌诸心,发诸虑,鬼神得而知之。是君子所以慎独也。"又曰:"人之神,即天地之神,人之自欺,即所以欺天地,可不慎与?"又言慎独之效曰:"能从天理而动者,造化在我,其对于他物也,我不被物而能物物。"又曰:"任我者情,情则蔽,蔽则昏。因物者性,性则神,神则明。潜天潜地,行而无不至,而不为阴阳所摄者,神也。"

神

彼所谓神者何耶?即复归于性之状态也。故曰:"神无方而性则质也。"又曰:"神无所不在,至人与他心通者,其本一也。道与一,神之强名也。"以神为神者,至言也。然则彼所谓神,即老子之所谓道也。

性情

康节以复性为主义,故以情为性之反动者。曰:"月者日之影,情者性之影也。心为性而胆为情,性为神而情为鬼也。"

结论

康节之宇宙论,以一人为小宇宙,本于汉儒。一切以象数说之,虽不免有拘墟之失,而其言由物而人,由人而圣人,颇合于进化之理。其以神为无差别之代表,而以慎独而复性,为由差别界而达无差别之作用。则其语虽一本儒家,而其意旨则皆庄佛之心传也。

第四章　周濂溪

小传

周濂溪,名敦颐,字茂叔,道州营道人。景祐三年,始官洪州分宁县主簿,历官至知南康郡,因家于庐山莲花峰下,以营道故居濂溪名之。熙宁六年卒,年五十七。黄庭坚评其人品,如光风霁月。晚年,闲居乐道,不除窗前之草,曰:与自家生意一般。二程师事之,濂溪常使寻孔颜之乐何在。所著有《太极图》《太极图说》《通书》等。

太极论

濂溪之言伦理也,本于性论,而实与其宇宙论合,故述濂溪之学,自太极论始。其言曰:"无极而太极,太极动而生阳,动极而静,静而生阴,静极复动,一动一静,互为其根,分阴分阳,两仪立焉。五行一阴阳也,阴阳一太极也,太极本无极也。五行之生也,各一其性。无极之真,二五之精,妙合而凝,乾道成男,坤道成女。二气交感,化合万物,万物生之而变化无穷。人得其秀而最灵,生而发神知,五性感动,而善恶分。圣人定之以中正仁义,主静而立其极。'圣人与天地合其德,与日月合其明,与四时合其序,与鬼神合其吉凶。'君子修之吉,小人悖之凶。故曰:"立天之道,曰阴与阳,立地之道,曰柔与刚,立人之道,曰仁与义。"又曰:"原始要终,故知死生之说,大哉,易其至矣乎。"其大旨以人类之起源,不外乎太极,而圣人则以人而合德于太极者也。

性与诚

濂溪以性为诚,本于中庸。惟其所谓诚,专自静止一方面考察之。故曰:"诚者,圣人之本,'大哉乾元,万物资始',诚之原也。'乾道变化,各正性命',诚既立矣,纯粹至善。故曰:一阴一阳之谓道,继之者善也,成之者性也。元亨者诚之通,利贞者诚之复,大哉易!其性命之源乎?"又曰:"诚者,五常之本,百行之原也,静无而动有,至正而明达者也。五常百行,非诚则为邪暗塞。故诚则无事,至易而行难。"由是观之,性之本质为诚,超越善恶,与太极同体者也。

善恶

然则善恶何由起耶?曰:起于几。故曰:"诚无为,几善恶,爱曰仁,宜曰义,理曰礼,通曰智,守曰信。性而安之之谓圣,执之之谓贤,发微而不可见,充周而不可穷之谓神。"

几与神

濂溪以行为最初极微之动机为几,而以诚、几之间自然中节之作用为神。故曰:"寂然不动者诚也,感而遂动者神也,动而未形于有无之间者几也。诚精故明,神应故妙,几微故幽,诚神几谓之圣人。"

仁义中正

惟圣故神,苟非圣人,则不可不注意于动机,而一以圣人之道为准。故曰:"动而正曰道,用而和曰德,匪仁匪义匪礼匪智匪信,悉邪也。邪者动之辱也,故君子慎动。"又曰:"圣人之道,仁义中正而已。守之则贵,行之则利。廓之而配乎天地,岂不易简哉?岂为难知哉?不守不行不廓而已。"

修为之法

吾人所以慎动而循仁义中正之道者,当如何耶?濂溪立积极之法,曰思,曰洪范。曰:"思曰睿,睿作圣,几动于此,而诚动于彼,思而无不通者,圣人也。非思不能通微,非睿不能无不通。故思者,圣功之本,吉凶之几也。"又立消极之法,曰无欲。曰:"无欲则静虚而动直,静灵则明,明则通。动直则公,公则溥。明通公溥,庶矣哉!"

结论

濂溪由宇宙论而演绎以为伦理说,与康节同。惟康节说之以数,而濂溪则说之以理。说以数者,非动其基础,不能加以补正。说以理者,得截其一、二部分而更变之。是以康节之学,后人以象数派外视之;而濂溪之学,遂孳生思想界种种问题也。濂溪之伦理说,大端本诸中庸,以几为善恶所由分,是其创见。而以人物之别,为在得气之精粗,则后儒所祖述者也。

第五章　张横渠

小传

张横渠，名载，字子厚。世居大梁，父卒于官，因家于凤翔郡县之横渠镇。少喜谈兵，范仲淹授以《中庸》，乃翻然志道，求诸释老，无所得，乃反求诸六经。及见二程，语道学之要，乃悉弃异学。嘉祐中，举进士，官至知太常礼院。熙宁十年卒，年五十八。所著有《正蒙》《经学理窟》《易说》《语录》《西铭》《东铭》等。

太虚

横渠尝求道于佛老，而于老子由无生有之说，佛氏以山河大地为见病不说，俱不之信。以为宇宙之本体为太虚，无始无终者也。其所含最凝散之二动力，是为阴阳，由阴阳而发生种种现象。现象虽无一雷同，而其发生之源则一。故曰："两不立则一不见，一不可见则两之用息，虚实也，动静也，聚散也，清浊也，其容一也。"又曰："造化之所成，无一物相肖者。"横渠由是而立理一分殊之观念。

理一分殊

横渠既于宇宙论立理一分殊之观念，则应用之于伦理学。其《西铭》之言曰："乾称父，坤称母，予兹藐焉；乃浑然中处，天地之塞吾其体，天地之帅吾其性，民吾同胞，物吾与也。大君者，我之宗子，大臣者，宗子之家相。尊高年，所以长其长。慈孤弱，所以幼其幼。圣其合德，贤其秀也。凡天下之病癃残疾茕独鳏寡，皆吾兄弟之颠连而无告者也。"

天地之性与气质之性

天地之塞吾其体,亦即万人之体也。天地之帅吾其性,亦即万人之性也。然而人类有贤愚善恶之别,何故?横渠于是分性为二,谓为天地之性与气质之性。曰:"形而后有性质之性,能反之,则天地之性存,故气质之性,君子不性焉。"其意谓天地之性,万人所同,如太虚然,理一也。气质之性,则起于成形以后,如太虚之有气,气有阴阳,有清浊。故气质之性,有贤愚善恶之不同,所谓分殊也。虽然,阴阳者,虽若相反而实相成,故太虚演为阴阳,而阴阳得复归于太虚。至于气之清浊,人之贤愚善恶,则相反矣。比而论之,颇不合于论理。

心性之别

从前学者,多并心性为一谈,横渠则别而言之。曰:"物与知觉合,有心之名。"又曰:"心者统性情者也。"盖以心为吾人精神界全体之统名,而性则自心之本体言之也。

虚心

横渠以心为统性与知,而以知附属于气质之性,故其修为之的,不在屑屑求知,而在反于天地之性,是谓合心于太虚。故曰:"太虚者,心之实也。"又曰:"不可以闻见为心,若以闻见为心,天下之物,不可一一闻见,是小其心也,但当合心于太虚而已。心虚则公平,公平则是非较然可见,当为不当为之事,自可知也。"

变化气质

横渠既以合心于太虚为修为之极功,而又以人心不能合于太虚之故,实为气质之性所累,故立变化气质之说。曰:"气质恶者,学即能移,今之人多使气。"又曰:"学至成性,则气无由胜。"又曰:"为学之大益,在自能变化气质。不尔,则卒无所发明,不得见圣人之奥,故学者先当变化气质。"变化气质,与虚心相表里。

礼

横渠持理一分殊之理论,故重秩序。又于天地之性以外,别揭气质之性,已兼取荀子之性恶论,故重礼。其言曰:"生有先后,所以为天序。小大高下相形,是为天秩。天之生物也有序,物之成形也有秩。知序然故经正,知秩然故礼行。"彼既持此理论,而又能行以提倡之,治家接物,大要正己以感人。其教门下,先就其易,主日常动作,必合于礼。程明道尝评之曰:"横渠教人以礼,固激于时势,虽然,只管正容谨节,宛然如吃木札,使人久而生嫌厌之情。"此足以观其守礼之笃矣。

结论

横渠之宇宙论,可谓持之有理,而其由阴阳而演为清浊,又由清浊而演为贤愚善恶,遂不免违于论理。其言理一分殊,言天地之性与气质之性,皆为创见。然其致力之处,偏重分殊,遂不免横据阶级之见。至谓学者舍礼义而无所猷为,与下民一致,又偏重气质之性。至谓天质善者,不足为功,勤于矫恶矫情,方为功,皆与其"民吾同胞"及

"人皆有天地之性"之说不能无矛盾也。

第六章　程明道

小传

程明道,名颢,字伯淳,河南人。十五岁,偕其弟伊川就学于周濂溪,由是慨然弃科举之业,有求道之志,逾冠,被调为鄠县主簿。晚年,监汝州酒税。以元丰八年卒,年五十四。其为人克实有道,和粹之气,盎于面背,门人交友,从之数十年,未尝见其忿厉之容。方王荆公执政时,明道方官监察御史里行,与议事,荆公厉色待之。明道徐曰:"天下事非一家之私议,愿平气以听。"荆公亦为之愧屈。于其卒也,文彦博采众议表其墓曰:明道先生。其学说见于门弟子所辑之语录。

性善论之原理

邵、周、张诸子,皆致力于宇宙论与伦理说之关系,至程子而始专致力于伦理学说。其言性也,本孟子之性善说,而引易象之文以为原理。曰:"生生之谓易,是天之所以为道也。"天只是以生为道,继此生理者只是善,便有一元的意思。元者善之长,万物皆有春意,便是。继之者善也,成之者性也,成却待万物自成其性须得。又曰:"一阴一阳之谓道。"自然之道也,有道则有用。元者善之长也,成之者,却只是性,各正性命也。故曰:"仁者见之谓之仁,智者见之谓之智。"又曰:"生之谓性。"人生而静以上,不能说示,说之为性时,便已不是性。

凡说人性,只是继之者善也。孟子云,人之性善是也。夫所谓继之者善,犹水之流而就下也。又曰:"生之谓性,性即气,气即性,生之谓也。"其措语虽多不甚明了,然推其大意,则谓性之本体,殆本无善恶之可言。至即其动作之方面而言之,则不外乎生生,即人无不欲自生,而亦未尝有必不欲他人之生者,本无所谓不善,而与天地生之道相合,故谓继之者善也。

善恶

生之谓性,本无所谓不善,而世固有所谓恶者何故。明道曰,天下之善恶,皆天理,谓之恶者,本非恶,但或过或不及,便如此,如杨墨之类。其意谓善恶之所由名,仅指行为时之或过或不及而言,与王荆公之说相同。又曰:"人生气禀以上,于理不能无善恶,虽然,性中元非两物相对而生。"又以水之清浊喻之曰:"皆水也,有流至海而不浊者,有流未远而浊多者或少者。清浊虽不同,而不能以浊者为非水。如此,则人不可不加以澄治之功。故用力敏勇者疾清,用力缓急者迟清。及其清,则只是原初之水也,非将清者来换却浊者,亦非将浊者取出,置之一隅。水之清如性之善。是故善恶者,非在性中两物相对而各自出来也。"此其措语,虽亦不甚明了,其所谓气禀,几与横渠所谓气质之性相类,然惟其本意,则仍以善恶为发而中节与不中节之形容词。盖人类虽同禀生生之气,而既具各别之形体,又处于各别之时地,则自爱其生之心,不免太过,而爱人之生之心,恒不免不及,如水流因所经之地而不免渐浊,是不能不谓之恶,而要不得谓人性中具有实体之恶也。故曰:"性中元非有善恶两物相对而出也。"

仁

生生为善,即我之生与人之生无所歧视也。是即《论语》之所谓仁,所谓忠恕。故明道曰:"学者先须识仁。仁者,浑然与物同体,义礼智信,皆仁也。"又曰:"医家以手足之痿痹为不仁,此言最善名状。仁者,以天地万物为一体,无非己也。手足不仁时,身体之气不贯,故博施济众,为圣人之功用,仁至难言。"又曰:"若夫至仁,天地为一身,而天地之间,品物万形,为四肢百体,夫人岂有视四肢百体而不爱者哉?圣人仁之至也,独能体斯心而已。"

敬

然则体仁之道,将如何?曰敬。明道之所谓敬,非检束其身之谓,而涵养其心之谓也。故曰:"只闻人说善言者,为敬其心也。故视而不见,听而不闻,主于一也。主于内,则外不失敬,便心虚故也。必有事焉不忘,不要施之重,便不好,敬其心,乃至不接视听,此学者之事也。始学岂可不自此去,至圣人则自从心所欲,不逾矩。"又曰:"敬即便是礼,无己可克。"又曰:"主一无适,敬以直内,便有浩然之气。"

忘内外

明道循当时学者措语之习惯,虽然常言人欲,言私心私意,而其本意则不过以恶为发而不中节之形容词,故其所注意者皆积极而非消极。尝曰:"所谓定者,动亦定,静亦定,无将迎,无内外。苟以外物为外,牵己而从之,是以己之性为有内外也。且以己之性为随物于外,则当其在外时,何者为在中耶?有意于绝外诱者,不知性无内外也。"又曰:"夫天地之常,以其心普万物而无心,圣人之常,以其情顺万事而无情。故君子之学,莫若廓然而大公,物来而顺应。苟规规于外诱之除,将见灭于东而生于西,非惟日之不足,顾其端无穷,不可得而除也。"又曰:"与其非外而是内,不若内外之两忘,两忘则澄然无事矣。无事则定,定则明,明则尚何应物之为累哉?圣人之喜,以物之当喜;圣人之怒,以物之当怒。是圣人之喜怒,不系于心而系于物也,是则圣人岂不应于物哉?乌得以从外者为非,而更求在内者为是也。"

诚

明道既不以力除外诱为然,而所以涵养其心者,亦不以防检为事。尝述孟子勿助长之义,而以反身而诚互证之。曰:"学者须先识仁。仁者,浑然与物同体,识得此理,以诚敬存之而已,不须防检,不须穷索。若心懈则有防,心苟不懈,何防之有?理有未得,故须穷索;存久自明,安待穷索?此道与物无对,大不足以明之。天地之用皆我之用。孟子言万物皆备于我,须反身而诚,乃为大乐。若反身未诚,则犹是二物有对,以己合彼,终未有之,又安得乐?必有事焉而勿正,心勿忘,勿助长,未尝致纤毫之力,此其存之之道。若存得便含有得,盖良知良能元不丧失,以昔日习心未除,故须存习此心,久则可夺旧习。"又曰:"性与天道,非自得者不知,有安排布置者,皆非自得。"

结论

明道学说,其精义,始终一贯,自成系统,其大端本于孟子,而以其所心得补正而发挥之。其言善恶也,取中节不中节之义,与王荆公同。其言仁也,谓合于自然生生之理,而融自爱他爱为一义。其言修为也,惟主涵养心性,而不取防检穷索之法。可谓有乐道之趣,而无拘墟之见者矣。

第七章　程伊川

小传

程伊川,名颐,字正叔,明道之弟也,少明道一岁。年十七,尝伏阙上书,其后屡被举,不就。哲宗时,擢为崇正殿说书,以严正见惮,见劾而罢。徽宗时,被邪说诐行惑乱众听之谤,下河南府推究。逐学徒,隶党籍。大观元年卒,年七十五。其学说见于《易传》及语录。

伊川与明道之异同

伊川与明道,虽为兄弟,而明道温厚,伊川严正,其性质皎然不同,故其所持之主义,遂不能一致。虽其间互通之学说甚多,而揭其特具之见较之,则显为二派。如明道以性即气,而伊川则以性即理,又特严理气之辨。明道主忘内外,而伊川特重寡欲。明道重自得,而伊川尚穷理。盖明道者,粹然孟子学派;伊川者,虽亦依违孟学,而实荀子之学派也。其后由明道而递演之,则为象山、阳明;由伊川而递演之,则为晦庵。所谓学焉而各得其性之所近者也。

理气与性才之关系

伊川亦主孟子性中有善之说,而归其恶之源于才。故曰:"性出于天,才出于气,气清则才清,气浊则才浊。才则有不善,性则无不善。"又曰:"性无不善,而有不善者,才也。性即是理,理则自尧舜至于途人,一也。才禀于气,气有清浊,禀其清者为贤,禀其浊者为愚。"其大意与横渠言天地之性、气质之性相类,惟名号不同耳。

心

伊川以心与性为一致。数曰:"在天为命,在义为理,在人为性,主于身为心。"其言性也,曰:"性即理,所谓理性是也。天下之理,原无不善,喜怒哀乐之未发,何尝不善?发而中节,往往无不善;发而不中节,然后为不善。"是以性为喜怒哀乐未发之境也。其言心也,曰:"冲漠无朕,万象森然已具,未应不是先,已应不是后,如百尺之木,自根本至枝叶,每一不贯。"或问以赤子之心为已发,是否?曰:"已发而去道未远。"曰:"大人不失赤子之心若何?"曰:"取其纯一而近道。"曰:"赤子之心,与圣人之心若何?"曰:"圣人之心,如明镜止水。"是亦以喜怒哀乐未发之境为心之本体也。

养气寡欲

伊川以心性本无所谓不善,乃喜怒哀乐之发而不中节,始有不善。其所以发而不中节之故,则由其气禀之浊而多欲。故曰:"孟子所以养气者,养之至则清明纯全,昏塞之患去。"或曰养心,或云养气,何耶? 曰:"养心者无害而已,养气者在有帅。"又言养气之道在寡欲,曰:"致知在所养,养知莫过寡欲二字。"其所言养气,已与《孟子》同名而异实,及依违《大学》,则又易之以养知,是皆迁就古书文词之故。至其本意,则不过谓寡欲则可以易气之浊者而为清,而渐达于明镜止水之境也。

敬与义

明道以敬为修为之法,伊川同之,而又本《易传》敬以直内、义以方外之语,于敬之外,尤注重集义。曰:"敬只是持己之道,义便知有是有非。从理而行,是义也。若只守一个之敬,而不知集义,却是都无事。且如欲为孝,不成只守一个孝字而已,须是知所以为孝之道,当如何奉侍,当如何温清,然后能尽孝道。"

穷理

伊川所言集义,即谓实践伦理之经验,而假孟子之言以名之。其自为说者,名之曰穷理。而又条举三法:一曰读书,讲明义理;二曰论古今之物,分其是非;三曰应事物而处其当。又分智为二种,而排斥闻见之智,曰:"闻见之智,非德性之智,物交物而知之,非内也,今之所谓博物多能者是也。德性之智,不借闻见。"其意盖以读书论古应事而资以清明德性者,为德性之智。其专门之考古学历史经济家,则斥为闻见之智也。

知与行

伊川又言须是识在行之先。譬如行路,须得先照。又谓勉强合道而行动者,决不能永续。人性本善,循理而行,顺也。是故烛理明则自然乐于循理而行动,是为知行合一说之权舆。

结论

伊川学说,盖注重于实践一方面。故于命理心性之属,仅以异名同实之义应付之。而于恶之所由来,曰才,曰气,曰欲,亦不复详为之分析。至于修为之法,则较前人为详,而为朱学所自出也。

第八章　程门大弟子

程门弟子

历事二程者为多,而各得其性之所近。其间特性最著,而特有影响于后学者,为谢上蔡、杨龟山二人。上蔡毗于尊德性,绍明道而启象山。龟山毗于道问学,述伊川而递传以至考亭者也。

上蔡小传

谢上蔡,名良佐,字显道,寿州上蔡人。初务记问,夸该博。及事明道,明道曰:"贤所记何多,抑可谓玩物丧志耶?"上蔡赧然。明道曰:"是即恻隐之心也。"因劝以无徒学言语,而静坐修炼。上蔡以元丰元年登进士第,其后历官州郡。徽宗时,坐口语,废为庶民。著《论语说》,其语录三篇,则朱晦庵所辑也。

其学说

上蔡以仁为心之本体,曰:"心者何,仁而已。"又曰:"人心著,与天地一般,只为私意自小,任理因物而已无与焉者,天而已。"于是言致力之德,曰穷理,曰持敬。其言穷理也,曰:"物物皆有理,穷理则知天之所为,知天之所为,则与天为一,穷理之至,自然不勉而中,不思而得,从容中道。"词理必物物而穷之与?曰:"必穷其大者,理一而已,一处理穷,则触处皆是。恕其穷理之本与?"其言致敬也,曰:"近道莫若静,斋戒以神明其德,天下之至静也。"又曰:"敬者是常惺惺而法心斋。"

龟山小传

杨龟山,名时,字中立,南剑将乐人。熙宁元年,举进士,后历官州郡、及侍讲。绍兴五年卒,年八十三。龟山初事明道,明道殁,事伊川,二程皆甚重之。尝读横渠《西铭》,而疑其近于兼爱,及闻伊川理一分殊之辨而豁然。其学说见于《龟山集》及其语录。

其学说

龟山言人生之准的在圣人,而其致力也,在致知格物。曰:"学者以致知格物为先,知未至,虽欲择言而固执之,未必当于道也。鼎镬陷阱之不可蹈,人皆知之,而世人亦无敢蹈之者,知之审也。致身下流,天下之恶皆归之,与鼎镬陷阱何异?而或蹈之而不避者,未真知之也。若真知为不善,如蹈鼎镬陷阱,则谁为不善耶?"是其说近于经验论。然彼所谓经验者,乃在研求六经。故曰:"六经者,圣人之微言,道之所存也。道之深奥,虽不可以言传,而欲求圣贤之所以为圣贤者,舍六经于何求之?学者当精思之,力行之,默会于意言之表,则庶几矣。"

结论

上蔡之言穷理,龟山之言格致,其意略同。而上蔡以恕为穷理之本,龟山以研究六经为格致之主,是显有主观、客观之别,是即二程之异点,而亦朱、陆学派之所由差别也。

第九章　朱晦庵

小传

龟山一传而为罗豫章,再传而为李延平,三传而为朱晦庵。伊川之学派,于时大成焉。晦庵名熹,字元晦,一字仲晦,晦庵其自号也。其先徽州婺源人,父松,为尤溪尉,寓溪南,生熹。晚迁建阳之考亭。年十八,登进士,其后历主簿提举及提点刑狱等官,及历奉外祠。虽屡以伪学被劾,而讲习不辍。庆元六年卒,年七十一。高宗谥之曰文。理宗之世,追封信国公。门人黄幹状其行曰:"其色庄,其言厉,其行舒而恭,其坐端而直。其闲居也,未明而起,深衣幅巾方履,拜家庙以及先圣。退而坐书室,案必正,书籍器用必整。其饮食也,羹食行列有定位,匙箸举措有定所。倦而休也,瞑目端坐。休而起也,整步徐行。中夜而寝,寤则拥衾而坐,或至达旦。威仪容止之则,自少至老,祁寒盛暑,造次颠沛,未尝须臾离也。"著书甚多,如大学、中庸章句或问,《论语集注》《孟子集注》《易本义》《诗集传》《太极图解》《通书解》《正蒙解》《近思录》,及其文集、语录,皆有关于伦理学说者也。

理气

晦庵本伊川理气之辨,而以理当濂溪之太极,故曰:由其横于万物之深底而见时,曰太极。由其与气相对而见时,曰理。又以形上、形下为理气之别,而谓其不可以时之前后论。曰:"理者,形而上之道,所以生万物之原理也。气者,形而下之器,率理而铸型之质料也。"又曰:"理非别为一物而存,存于气之中而已。"又曰:"有此理便有此气。"但理是本,于是又取横渠理一分殊之义,以为理一而气殊。曰万物统一于太极,而物物各具一太极。曰:"物物虽各有理,而总只是一理。"曰:理虽无差别,而气有种种之别,有清爽者,有昏浊者,难以一一枚举。曰:此即万物之所以差别,然一一无不有太极,其状即如宝珠之在水中。在圣贤之中,如在清水中,其精光自然发现。其在至愚不肖之中,如在浊水中,非澄去泥沙,其光不可见也。

性

由理气之辨,而演绎之以言性,于是取横渠之说,而立本然之性与气质之性之别。本然之性,纯理也,无差别者也。气质之性,则因所禀之气之清浊,而不能无偏。乃又本汉儒五行五德相配之说,以证明之。曰:"得木气重者,恻隐之心常多,而羞恶辞让是非之心,为之塞而不得发。得金气重者，羞恶之心常多，而恻隐辞让是非之心，为之塞而不得发。火、水亦然。故气质之性完全者，与阴阳合德，五性全备而中正，圣人是也。"然彼又以本然之性与气质之性密接，故曰："气质之心，虽是形体，然无形质，则本然之性无所以安置自己之地位，如一勺之水，非有物盛之，则水无所归著。"是以论气质之性，势不得不杂理与气言之。

心情欲

伊川曰："在人为性，主于身为心。"晦庵亦取其义，而又取横渠之义以心为性情之统名，故曰："心，统性情者也。由心之方面见之，心者，寂然不动。由情之方面见之，感而遂动。"又曰："心之未动时，性也。心之已动时，情也。欲是由情发来者，而欲有善恶。"又曰："心如水，性犹水之静，情则水之流，欲则水之波澜。但波澜有好底，有不好底。如我欲仁，是欲之好底。欲之不好底，则一向奔驰出去，若波涛翻浪。如是，则情为性之附属物，而欲则又为情之附属物。"故彼以恻隐等四端为性，以喜怒等七者为情，而谓七情由四端发，如哀惧发自恻隐，怒恶发自羞恶之类，然又谓不可分七情以配四端，七情自贯通四端云。

人心道心

既以心为性情之统名，则心之有理气两方面，与性同。于是引以说古书之道心人心，以发于理者为道心，而发于气者为人心。故曰："道心是义理上发出来底，人心是人身上发出来底。虽圣人不能无人心,如饥食渴饮之类。虽小人不能无道心,如恻隐之心是。"又谓圣人之教,在以道心为一身之主宰,使人心屈从其命令。如人心者,决不得灭却,亦不可灭却者也。

穷理

晦庵言修为之法,第一在穷理,穷理即大学所谓格物致知也。故曰:"格物十事,格得其九通透,即一事未通透,不妨。一事只格得九分,一分不通透,最不可,须穷到十分处。"至其言穷理之法,则全在读书。于是言读书之法曰:"读书之法,在循序而渐进,熟读而精思。字求其训,句索其旨。未得于前,则不敢求其后,未通乎此,则不敢志乎彼。先须熟读,使其言皆若出于吾之口,继以精思,使其意皆若出于吾心。"

养心

至其言养心之法,曰,存夜气。本于孟子。谓夜气静时,即良心有光明之时。若当吾思念义理观察人伦之时,则夜气自然增长,良心愈放其光明来,于是辅之以静坐。静坐之说,本于李延平。延平言道理须是日中理会,夜里却去静坐思量,方始有得。其说本与存夜气相表里,故晦庵取之,而又为之界说曰:"静坐非如坐禅入定,断绝思虑,只收敛此心,使毋走于烦思虑而已。此心湛然无事,自然专心,及其有事,随事应事,事已时复湛然。"由是又本程氏主一为敬之义而言专心,曰:"心一有所用,则心有所主,只看如今。才读书,则心便主于读书;才写字,则心便主于写字。若是悠悠荡荡,未有不入于邪僻者。"

结论

宋之有晦庵,犹周之有孔子,皆吾族道德之集成者也。孔子以前,道德之理想,表著于言行而已。至孔子而始演述为学说。孔子以后,道德之学说,虽亦号折衷孔子,而尚在乍离乍合之间。至晦庵而始以其所见之孔教,整齐而厘订之,使有一定之范围。盖孔子之道,在董仲舒时代,不过具有宗教之形式。而至朱晦庵时代,始确立宗教之威权也。晦庵学术,近以横渠、伊川为本,而附益之以濂溪、明道。远以荀卿为本,而用语则多取孟子。于是用以训释孔子之言,而成立有宋以后之孔教。彼于孔子以前之说,务以诂训沟通之,使无与孔教有所龃龉;于孔子以后之学说若人物,则一以孔教进退之。彼其研究之勤,著述之富,徒党之众,既为自昔儒者所不及。而其为说也,矫恶过于乐善,方外过于直内,独断过于怀疑,拘名义过于得实理,尊秩序过于求均衡,尚保守过于求革新,现在之和平过于未来之希望。此为古昔北方思想之嫡嗣,与吾族大多数之习惯性相投合,而尤便于有权势者之所利用,此其所以得凭借科举之势力而盛行于明以后也。

第十章　陆象山

儒家之言,至朱晦庵而凝成为宗教,既具论于前章矣。顾世界之事,常不能有独而无对。故当朱学成立之始,而有陆象山;当朱学盛行之后,而有王阳明。虽其得社会信用不及朱学之悠久,而当其发展之时,其势几足以倾朱学而有余焉。大抵朱学毗于横渠、伊川,而陆、王毗于濂溪、明道;朱学毗于荀,陆、王毗于孟。以周季之思潮比例之,朱学纯然为北方思想,而陆、王则毗于南方思想者也。

小传

陆象山,名九渊,字子静,自号存斋,金人。父名贺,象山其季子也。乾道八年,登进士第,历官至知荆门军。以绍熙三年卒,年五十四。嘉定十年,赐谥文安。象山三四岁时,尝问其父,天地何所穷际。及总角,闻人诵伊川之语,若被伤者,曰:"伊川之言,何其不类孔子、孟子耶?"读古书至宇宙二字,解曰:"四方上下为宇,往古来今曰宙。"忽大省,曰:"宇宙内之事,乃己分内事,己分内之事,乃宇宙内事。"又曰:"宇宙便是吾心,吾心即是宇宙。东海有圣人出,此心同,此理同焉。西海有圣人出,此心同,此理同焉。南海、北海有圣人出,此心同,此理同焉。千百世之上,有圣人出,此心同,此理同焉。千百世之下,有圣人出,此心同,此理同焉。"淳熙间,自京师归,学者甚盛,每诣城邑,环坐二三百人,至不能容。寻结茅象山,学徒大集,案籍逾数千人。或劝著书,象山曰:"六经注我,我注六经。"又曰:"学苟知道,则六经皆我注脚也。"所著有《象山集》。

朱陆之论争

自朱、陆异派,及门互相诋諆。淳熙二年,东莱集江浙诸友于信州鹅湖寺以决之,既莅会,象山、晦庵互相辨难,连日不能决。晦庵曰:"人各有所见,不如取决于后世。"其后彼此通书,又互有冲突。其间关于太极图说者,大抵名义之异同,无关宏旨。至于伦理学说之异同,则晦庵之见,以为象山尊心,乃禅家余派,学者当先求圣贤之遗言于书中。而修身之法，自洒扫应对始。象山则以晦庵之学为逐末，以为学问之道，不在外而在内，不在古人之文字而在其精神，故尝诘晦庵以尧舜曾读何书焉。

心即理

象山不认有天理人欲与道心人心之别，故曰："心即理。"又曰："心一也，人安有二心。"又曰："天理人欲之分，论极有病，自《礼记》有此言，而后人袭之。记曰，人生而静，天之性也，感于物而动，性之欲也。若是，则动亦是，静亦是，岂有天理人欲之分？动若不是，则静亦不是，岂有动静之间哉？"彼又以古书有人心惟危、道心惟微之语，则为之说曰："自人而言则曰惟危，自道而言则曰惟微。如其说，则古书之言，亦不过由两旁面而观察之，非真有二心也。"又曰："心一理也，理亦一理也，至当归一，精义无二，此心此理，不容有二。"又曰："孟子所谓不虑而知者，其良知也，不学而能者，其良能也，我固有之，非由外铄我也。"

纯粹之惟心论

象山以心即理，而其言宇宙也，则曰：塞宇宙一理耳。又曰：万物皆备于我，只要明理而已。然则宇宙即理，理即心，皆一而非二也。

气质与私欲

象山既不认有理欲之别，而其说时亦有蹈袭前儒者。曰："气质偏弱,则耳目之官,不思而蔽于物,物交物则引之而已矣。由是向之所谓忠信者,流而放辟邪侈,而不能自反矣。当是时,其心之所主,无非物欲而已矣。"又曰:"气有所蒙,物有所蔽,势有所迁,习有所移,往而不返,迷而不解,于是为愚为不肖,于彝伦则斁,于天命则悖。"又曰:"人之病道者二,一资,二渐习。"然宇宙一理,则必无不善,而何以有此不善之资及渐习,象山固未暇研究也。

思

象山进而论修为之方,则尊思。曰:"义理之在人心,实天之所与而不可泯灭者也。彼其受蔽于物,而至于悖理违义,盖亦弗思焉耳。诚能反而思之,则是非取舍,盖有隐然而动,判然而明,决然而无疑者矣。"又曰:"学问之功,切磋之始,必有自疑之兆,及其至也,必有自克之实。"

先立其大

然则所思者何在?曰:"人当无理会所以为人,深思痛省,枉自汩没,虚过日月,朋友讲学,未说到这里,若不知人之所以为人,而与之讲学,遗其大而言其细,便是放饭流歠而问无齿决。若能知其大,虽轻,自然反轻归厚,因举一人恣情纵欲,一旦知尊德乐道,便明白洁直。"又曰:"近有议吾者:曰:'除了先立乎其大者一句,无伎俩。'吾闻之,曰:诚然。又曰:凡物必有本末,吾之教人,大概使其本常重,不为末所累。"

诚

象山于实践方面,则揭一诚字。尝曰:"古人皆明实理做实事。"又曰:"呜呼!循顶至踵,皆父母之遗骸,俯仰天地之间,惧不能朝夕求寡愧怍,亦得与闻于孟子所谓塞天地吾夫子人为贵之说与?"又引《中庸》之言以证明之曰:"诚者非自成己而已也,所以成物也,成己仁也,成物知也,性之德也,合外内之道也。"

结论

象山理论既以心理与宇宙为一,而又言气质,言物欲,又不研究其所由来,于不知不觉之间,由一元论而蜕为二元论,与孟子同病,亦由其所注意者,全在积极一方面故也。其思想之自由,工夫之简易,人生观之平等,使学者无墨守古书拘牵末节之失,而自求进步,诚有足多者焉。

第十一章 杨慈湖

象山谓塞宇宙一理耳,然宇宙之现象,不赘一词。得慈湖之说,而宇宙即理之说益明。

小传

杨慈湖,名简,字敬中,慈溪人。乾道五年,第进士,调当阳主簿,寻历诸官,以大中大夫致仕。宝庆二年卒,年八十六,谥文元,慈湖官当阳时,始遇象山。象山数提本心二字,慈湖问何谓本心?象山曰:

"君今日所听者扇讼,扇讼者必有一是一非,若见得孰者为非,即决定某甲为是,某甲为非,非本心而何?"慈湖闻之,忽觉其心澄然清明,亟问曰:"如是而已乎?"象山厉声答曰:"更有何者?"慈湖退而拱坐达旦,质明,纳拜,称弟子焉。慈湖所著有《己易》《启蔽》二书。

己易

慈湖著《己易》,以为宇宙不外乎我心,故宇宙现象之变化,不外乎我心之变化。故曰:"易者己也,非他也。以易为书,不以易为己不可也。以易为天地之变化,不以易为己之变化,不可也。天地者,我之天地,变化者,我之变化,非他物也。"又曰:"吾之性,澄然清明而非物;吾之性,洞然无际而非量。天者,吾性之象;地者,吾性中之形。"故曰:"在天成象,在地成形,皆我所为也。混融无内外,贯通无异种。"又曰:"天地之心,果可得而见乎? 果不可得而见乎? 果动乎? 果未动乎? 特未察之而已,似动而未尝移,似变而未尝改,不改不移,谓之寂然不动可也,谓之无思虑可也,谓之不病而速不行而至可也,是天下之动也,是天下之至赜也。"又曰:"吾未见天地人之有三也,三者形也,一者性也,亦曰道也,又曰易也,名言之不用,而其实一体也。"

结论

象山谓宇宙内事即己分内事,其所见固与慈湖同。惟象山之说,多就伦理方面指点,不甚注意于宇宙论。慈湖之说,足以补象山之所未及矣。

第十二章　王阳明

陆学自慈湖以后,几无传人。而朱学则自季宋,而元,而明,流行益广,其间亦复名儒辈出。而其学说,则无甚创见,其他循声附和者,率不免流于支离烦琐。而重以科举之招,益滋言行凿枘之弊。物极则反,明之中叶,王阳明出,中兴陆学,而思想界之气象又一新焉。

小传

王阳明,名守仁,字伯安,余姚人。少年尝筑堂于会稽山之洞中,其后门人为建阳明书院于绍兴,故以阳明称焉。阳明以宏(弘)治十二年中进士,尝平漳南横水诸寇,破叛藩宸濠,平广西叛蛮,历官至左都御史,封新建伯。嘉靖七年卒,年五十七。隆庆中,赠新建侯,谥文成。阳明天资绝人,年十八,谒娄一斋,慨然为圣人可学而至。尝遍读考亭之书,循序格物,终觉心物判而为二,不得入,于是出入于佛老之间。武宗时,被谪为贵州龙场驿丞,其地在万山丛树之中,蛇虺魍魉虫毒瘴疠之所萃,备尝辛苦,动心忍性。因念圣人处此,更有何道。遂悟格物致知之旨,以为圣人之道,吾性自足,不假外求,自是遂尽去枝叶,一意本原焉。所著有《阳明全集》《阳明全书》。

心即理

心即理,象山之说也。阳明更疏通而证明之曰:"理一而已。以其理之凝聚言之谓之性；以其凝聚之主宰言之谓之心；以其主宰之发动言之谓之意；以其发动之明觉言之谓之知；以其明觉之感应言之谓之物。故就物而言之谓之格；就知而言之谓之致；就意而言之谓之诚；就心而言之谓之正。正者正此心也。诚者诚此心也，致者致此心也，格者格此心也，皆谓穷理以尽性也。天下无性外之理，无性外之物。学之不明，皆由世之儒者认心为外，认物为外，而不知义内之说也。"

知行合一

朱学泥于循序渐进之义，曰必先求圣贤之言于遗书。曰自洒扫应对进退始。其弊也，使人迟疑观望，而不敢勇于进取。阳明于是矫之以知行合一之说。曰："知是行之始，行是知之成，知外无行，行外无知。"又曰："知之真切笃实处便是行，行之明觉精密处便是知。若行不能明觉精密，便是冥行，便是'学而不思则罔'；若知不能真切笃实，便是妄想，便是'思而不学则殆'。"又曰："《大学》言如好好色，见好色属知，好好色属行。见色时即是好，非见而后立志去好也。今人却谓必先知而后行，且讲习讨论以求知。俟知得真时，去行，故遂终身不行，亦遂终身不知。"盖阳明之所谓知，专以德性之智言之，与寻常所谓知识不同；而其所谓行，则就动机言之，如大学之所谓意。然则即知即行，良非虚言也。

致良知

阳明心理合一，而以孟子之所谓良知代表之。又主知行合一，而以《大学》之所谓致知代表之。于是合而言之,曰致良知。其言良知也,曰:"天命之性,粹然至善,其灵明不昧者,皆其至善之发见,乃明德之本体。而所谓良知者也。"又曰:"未发之中,即良知也。无前后内外,而浑然一体者也。"又曰:"虽妄念之发,而良知未尝不在;虽昏塞之极,而良知未尝不明。"于是进而言致知,则包诚意格物而言之,曰:"今欲别善恶以诚其意,惟在致其良知之所知焉尔。何则?意念之发,吾心之良知,既知其为善矣,使其不能诚有以好之,而复背而去之,则是以善为恶,自昧其知善之良知矣。意念之所发,吾之良知,既知其为不善矣,使其不能诚有以恶之,而复蹈而为之,则是以恶为善,而自昧其知恶之良知矣。若是,则虽曰知之,犹不知也。意其可得而诚乎?今于良知所知之善恶者,无不诚好而诚恶之。则不自欺其良知而意可诚矣。"又曰:"于其良知所知之善者,即其意之所在之物而实为之,无有乎不尽。于其良知所知之恶者,即其意之所在之物而实去之,无有乎不尽。然后物无不格,而吾良知之所知者,吾有亏缺障蔽,而得以极其至矣。"是其说,统格物诚意于致知,而不外乎知行合一之义也。

仁

阳明之言良知也,曰:"人的良知,就是草木瓦石的良知。若草木瓦石无人的良知,不可以为草木瓦石矣。岂惟草木瓦石为然,天地无人的良知,亦不可以为天地矣。"是即心理合一之义,谓宇宙即良知也。于是言其致良知之极功,亦必普及宇宙,阳明以仁字代表之。曰:"是故见孺子之入井,而必有怵惕恻隐之心焉,是其仁之与孺子而为一体也;孺子犹同类者也,见鸟兽之哀鸣觳觫而必有不忍之心焉,是其仁之与鸟兽而为一体也;鸟兽犹有知觉者也,见草木之摧折,而必有悯惜之心焉,是其仁之与草木而为一体也;草木犹有生意者也,见瓦石之毁坏,而必有顾惜之心焉,是其仁之与瓦石而为一体也,是其一体之仁也。虽小人之心,亦必有之。是本根于天命之性,而自然灵昭不昧者也。"又曰:"故明明德,必在于亲民,而亲民乃所以明其明德也。是故亲吾之父,以及人之父,以及天下人之父,而后吾之仁实与吾之父、人之父与天下人之父而为一体矣。实与之为一体,而后孝之明德始明矣。亲吾兄,以及人之兄,以及天下人之兄,而后吾之仁,实与吾之兄、人之兄与天下人之兄而为一体矣。实与之为一体,而后弟之明德始明矣。君臣也,夫妇也,朋友也,以至于山川鬼神草木鸟兽也,莫不实有以亲之,以达吾一体之仁,然后吾之明德始无不明,而真能以天地万物为一体矣。"

结论

阳明以至敏之天才,至富之阅历,至深之研究,由博返约,直指本原,排斥一切拘牵文义区画阶级之习,发挥陆氏心理一致之义,而辅以知行合一之说。孔子所谓我欲仁斯仁至,孟子所谓人皆可以为尧舜焉者,得阳明之说而其理益明。虽其依违古书之文字,针对末学之弊习,所揭言说,不必尽合于论理,然彼所注意者,本不在是。苟寻其本义,则其所以矫朱学末流之弊,促思想之自由,而励实践之勇气者,其功固昭然不可掩也。

第三期结论

自宋及明,名儒辈出,以学说觑理之,朱、陆两派之舞台而已。濂溪、横渠,开二程之先,由明道历上蔡而递演之,于是有象山学派;由伊川历龟山而递演之,于是有晦庵学派。象山之学,得阳明而益光大;晦庵之学,则薪传虽不绝,而未有能扩张其范围者也。朱学近于经验论,而其所谓经验者,不在事实,而在古书,故其末流,不免依傍圣贤而流于独断。陆学近乎师心,而以其不胶成见,又常持物我同体知行合一之义,乃转有以通情而达理,故常足以救朱学末流之弊也。惟陆学以思想自由之故,不免轶出本教之范围。如阳明之后,有王龙溪一派,遂昌言禅悦,递传而至李卓吾,则遂公言不以孔子之是非为是非,而卒遭焚书杀身之祸。自是陆、王之学,益为反对派所诟病,以其与吾族尊古之习惯不相投也。朱学逊言谨行,确守宗教之范围,而于其范围中,尤注重于为下不悖之义,故常有以自全。然自本朝有讲学之禁,而学者社会,亦颇倦于搬运文学之性理学,于是遁而为考据。其实仍朱学尊经笃古之流派,惟益缩其范围,而专研诂训名物。又推崇汉儒,以傲宋明诸儒之空疏,益无新思想之发展,而与伦理学无关矣。阳明以后,惟戴东原,咨嗟于宋学流弊生心害政,而发挥孟子之说以纠之,不愧为一思想家。其他若黄梨洲,若俞理初,则于实践伦理一方面,亦有取薶蕴已久之古义而发明之者,故叙其概于下。

附　　录

戴东原

名震,休宁人。卒于乾隆四十二年,年五十五。其所著书关于伦理学者,有《原善》及《孟子字义疏证》。

其学说

东原之特识,在窥破宋学流弊,而又能以伦理学之方式证明之。其言曰:"六经孔孟之言,以及传记群籍,理字不多见。今虽至愚之人,悖戾恣睢,其处断一事,责诘一人,莫不辄曰理者。自宋以来,始相习成俗,则以理为如有物焉。得于天而具于心,因以心之意见当之也。于是负其气,挟其势位,加以口给者,理伸;力弱气慑,口不能道辞者,理屈。"又曰:"自宋儒立理欲之辨,谓不出于理,则出于欲,不出于欲,则出于理。于是虽视人之饥寒号呼男女哀怨以至垂死冀生,无非人欲。空指一绝情欲之感,为天理之本然,存之于心,及其应事,幸而偶中,非曲体事情求如此以安之也。不幸而事情未明,执其意见,方自信天理非人欲,而小之一人受其祸,大之天下国家受其祸。"又曰:"今之治人者,视古圣贤体民之情,遂民之欲,多出于鄙细隐曲,不措诸意,不足为怪,而及其责以理也,不难举旷世之高节,著于义而罪之。尊者以理责卑,长者以理责幼,贵者以理责贱,虽失谓之顺。卑者、幼者、贱者以理争之,虽得谓之逆。于是下之人,不能以天下之同情天下所同欲达之于上,上以理责其下,而在下之罪,人人不胜指数。

人死于法，犹有怜之者；死于理，其谁怜之！"又曰："理欲之辨立，举凡饥寒愁怨饮食男女常情隐曲之感，则名之曰人欲。故终身见欲之难制，且自信不出于欲，则思无愧怍，意见所非，则谓其人自绝于理。"又曰："既截然分理欲为二，治己以不出于欲为理，治人亦必以不出于欲为理。举凡民之饥寒愁怨饮食男女常情隐曲之感，咸视为人欲之甚轻者矣。轻其所轻，乃吾重天理也，公义也。言虽美而用之治人则祸其人。至于下以欺伪应乎上，则曰人之不善。此理欲之辨，适以穷天下之人，尽转移为欺伪之人，为祸何可胜言也哉！"其言可谓深切而著明矣。

至其建设一方面，则以孟子为本，而博引孟子以前之古书佐证之。其大恉，谓天道者，阴阳五行也。人之生也，分于阴阳五行以为性，是以有血气心知，有血气，是以有欲，有心知，是以有情有知。给于欲者，声色臭味也，而因有爱畏。发乎情者，喜怒哀乐也，而因有惨舒。辨于知者，美丑是非也，而因有好恶。是东原以欲情知三者为性之原质也。然则善恶何自而起？东原之意，在天以生生为道，在人亦然。仁者，生生之德也。是故在欲则专欲为恶，同欲为善。在情则过不及为恶，中节为善。而其条理则得之于知。故曰："人之生也，莫病于无以遂其生，欲遂其生，亦遂人之生，仁也。欲遂其生，至于戕贼人之生而不顾者，不仁也。不仁实始于欲遂其生之心，使其无此欲，必无不仁矣。然使其无此欲，则于天下之人生道始促，亦将漠然视之，己不必遂其生，其遂人之生，无是情也。"又曰："在己与人，皆谓之情，无过情无不及情之谓理。理者，情之不爽失也，未有情不得而理得者。凡有所施于人，反躬而静思之，人以此施于我，能受之乎？凡有所责于人，反躬而静思之，人以此责于我，能尽之乎？以我絜之人，则理明。"又曰："生养之道,存乎欲者也。感通之道,存乎情者也。二者自然之符,天下之事举矣。尽善恶之极致,存乎巧者也,宰御之权,由斯而出。尽是非之极致,存乎智者也,贤圣之德,由斯而备。二者亦自然之符,精之以底于必然,天下之能举矣。"又曰："有是身,故有声色臭味之欲。有是身,而君臣父子夫妇昆弟朋友之伦具,故有喜怒哀乐之情惟有欲有情而又有知,然后欲得遂也,情得达也。天下之事,使欲之得遂,情之得达,斯已矣。惟人之知,小之能尽美丑之极致,大之能尽是非之极致,然后遂己之欲者、广之能遂人之欲,达己之情者、广之能达人之情。道德之盛,使人之欲无不遂,人之情无不达,斯已矣。"

凡东原学说之优点有三：（一）心理之分析。自昔儒者,多言性情之关系,而情欲之别,殆不甚措意,于知亦然。东原始以欲、情、知三者为性之原质,与西洋心理学家分心之能力,为意志、感情、知识三部者同。其于知之中又分巧、智两种,则亦美学、哲学不同之理也。（二）情欲之制限。王荆公、程明道,皆以善恶为即情之中节与否,而于中节之标准何在,未之言。至于欲,则自来言绝欲者,固近于厌世之义,而非有生命者所能实行。即言寡欲者,亦不能质言其多寡之标准。至东原而始以人之欲为己之欲之界,以人之情为己之情之界,与西洋功利派之伦理学所谓人各自由而以他人之自由为界者同。（三）至善之状态。庄子之心斋,佛氏之涅槃,皆以超绝现世为至善之境。至儒家言,则以此世界为范围。先儒虽侈言胞与民物万物一体之义,而竟无以名言其状况,东原则由前义而引伸之。则所谓至善者,即在使人人得遂其欲,得达其情,其义即孔子所谓仁恕。不但其理颠扑不破,而其致力之处,亦可谓至易而至简者矣。

凡此皆非汉宋诸儒所见及,而其立说之有条贯,有首尾,则尤其得力于名数之学者也。(乾嘉间之汉学,实以言语学兼论理学,不过范围较隘耳。)惟群经之言,虽大义不离乎儒家,而其名词之内容,不必一一与孔孟所用者无稍出入,东原囿于当时汉学之习,又以与社会崇拜之宋儒为敌,势不得有所依傍。故其全书,既依托于孟子,而又取群经之言一一比附,务使与孟子无稍异同,其间遂亦不免有牵强附会之失,而其时又不得物质科学之助力,故于血气与心知之关系,人物之所以异度,人性之所以分于阴阳五行,皆不能言之成理,此则其缺点也。东原以后,阮文达作《性命古训》《论语仁论》,焦理堂作《论语通释》,皆东原一派,然未能出东原之范围也。

黄梨洲

名宗羲,余姚人,明之遗民也。卒于康熙三十四年,年八十六。著书甚多。兹所论叙,为其《明夷待访录》中之《原君》《原臣》二篇。

其学说

周以上,言君民之关系者,周公建洛邑曰:"有德易以兴,无德易以亡。"孟子曰:"民为贵,社稷次之,君为轻。"言君臣之关系者,晏平仲曰:"君为社稷死亡则死亡之,若为己死而为己亡,非其所昵,谁敢任之。"孟子曰:"贵戚之卿,谏而不听,则易位;易姓之卿,谏而不听,则去之。"其义皆与西洋政体不甚相远。自荀卿、韩非,有极端尊君权之说,而为秦汉所采用,古义渐失。至韩愈作《原道》,遂曰:"君者,出令者也。臣者,行君之令而致之于民者也。民者,出粟米丝麻作器皿通货财以事其上者也。"其推文王之意以作羑里操,曰:"臣罪当诛兮,天王圣明。"皆与古义不合。自唐以后,亦无有据古义以正之者,正之者自梨洲始。

其原君也,曰:"有生之初,人各自私也,人各自利也,天下有公利而莫或兴之,有公害而莫或除之;有人君者出,不以一己之利为利,而使天下受其利,不以一己之害为害,而使天下释其害。后之为人君者不然,以为天下利害之权,皆出于我。我以天下之利尽归于己,以天下之害尽归于人,亦无不可,使天下之人,不敢自私,不敢自利,以我之大私,为天下之公;始而惭焉,久而安焉,视天下为莫大之产业,传之子孙,受享无穷。此无他,古者以天下为主,君为客,凡君之所毕世而经营者,为天下也。今也以君为主,天下为客,凡天下之天地而得安宁者,为君也。"

其原臣也,曰:"臣道如何而后可?曰:缘夫天下之大,非一人之所能治,而分治以群工,故我之出而仕也,为天下,非为君也,为万民,非为一姓也。世之为臣者,昧于此义,以为臣为君而设者也,君分吾以天下而后治之,君授吾以人民而后牧之,轻天下人民为人君囊中之私物。今以四方之劳扰,民生之憔悴,足以危吾君也,不得不讲治之救之之术。苟无系于社稷之存亡,则四方之劳扰,民生之憔悴,虽有诚臣,亦且以为纤芥之疾也。"又曰:"盖天下之治乱,不在一姓之存亡,而在万民之忧乐,是故桀纣之亡,乃所以为治也。秦政蒙古之兴,乃所以为乱也。晋宋齐梁之兴亡,无与于治乱者也。为臣者,轻视斯民之水火,即能辅君而兴,从君而亡,其于臣道固未尝不背也。"在今曰国家学学说既由泰西输入,君臣之原理,如梨洲所论者,固已为人之所共晓。然在当日,则不得不推为特识矣。

俞理初

名正燮,黟县人。卒于道光二十年,年六十。所著有《癸巳类稿》及存稿。

其学说

夫野蛮人与文明人之大别何在乎?曰:人格之观念之轻重而已。野蛮人之人格观念轻,故其对于他人也,以畏强凌弱为习惯;文明人之人格观念重,则其对于他人也,以抗强扶弱为习惯。抗强所以保己之人格,而扶弱则所以保他人之人格也。

人类中妇女弱于男子,而其有人格则同。各种民族,诚皆不免有以妇女为劫掠品、卖买品之一阶级。然在泰西,其宗教中有万人同等之义,故一夫一妻之制早定。而中古骑士,勇于公战而谨事妇女,已实行抗强扶弱之美德。故至今日,而尊重妇女人格,实为男子之义务矣。我国夫妇之伦,本已脱掠卖时代,而近于一夫一妇之制,惟尚有妾媵之设。而所谓贞操焉者,乃专为妇女之义务,而无与于男子。至所谓妇女之道德,卑顺也,不妒忌也,无一非消极者。自宋以后,凡事舍情而言理。如伊川者,且目寡妇之再醮为失节,而谓饿死事小、失节事大,于是妇女益陷于穷而无告之地位矣。

理初独潜心于此问题。其对于裹足之陋习,有《书旧唐书舆服志后》,历考古昔妇人履舄之式,及裹足之风所自起,而断之曰:"古有丁男丁女,裹足则失丁女,阴弱则两仪不完。""又出古舞屣贱服,女贱则男贱。"其《节妇说》曰:"礼郊特牲云:一与之齐,终身不改,故夫死不嫁。《后汉书·曹世叔传》云:夫有再娶之义,妇无二适之文。故曰:夫者天也。按妇无二适之文,固也,男亦无再娶之仪。圣人所以不定此仪者,如礼不下庶人,刑不上大夫,非谓庶人不行礼,大夫不怀刑也。自礼意不明,苛求妇人,遂为偏义。古礼夫妇合体同尊卑,乃或卑其妻。古言终身不改,身则男女同也。七事出妻,乃七改矣;妻改再娶,乃八改矣。男子理义无涯涘,而深文以罔妇人,是无耻之论也。"又曰:"再嫁者不当非之,不再嫁者敬礼之斯可矣。"其《妒非女人恶德论》曰:"妒在士君子为义德,谓女人妒为恶德者,非通论也。夫妇之道,言致一也。夫买妾而妻不妒,则是忍也,忍则家道坏矣。易曰:三人行则损一人,一人行则得其友,言致一也,是夫妇之道也。"又作《贞女说》,斥世俗迫女守贞之非。曰:"乌呼!男儿以忠义自责则可耳,妇女贞烈,岂是男子荣耀也?"又尝考乐户及女乐之沿革,而以本朝之书去其籍为廓清天地,为舒愤懑。又历考娼妓之历史,而为〔谓〕此皆无告之民,凡苛待之者谓之虐无告。凡此种种问题,皆前人所不经意。至理初,始以其至公至平之见,博考而慎断之。虽其所论,尚未能为根本之解决,而亦未能组成学理之系统,然要不得不节取其意见,而认为至有价值之学说矣。

余论

要而论之,我国伦理学说,以先秦为极盛,与西洋学说之滥觞于希腊无异。顾西洋学说,则与时俱进,虽希腊古义,尚为不祧之宗,而要之后出者之繁博而精核,则迥非古人所及矣。而我国学说,则自汉以后,虽亦思想家辈出,而自清谈家之浅薄利己论外,虽亦多出入佛老,而其大旨不能出儒家之范围。且于儒家言中,孔孟已发之大义,亦不能无所湮没。即前所叙述者观之,以晦庵之勤学,象山、阳明之敏悟,东原之精思,而所得乃止于此,是何故哉?(一)无自然科学以为之基础。先秦惟子墨子颇治科学,而汉以后则绝迹。(二)无论理学以为思想言论之规则。先秦有名家,即荀、墨二子亦兼治名学,汉以后此学绝矣。(三)政治宗教学问之结合。(四)无异国之学说以相比较。佛教虽闳深,而其厌世出家之法,与我国实践伦理太相远,故不能有大影响。此其所以自汉以来,历二千年,而学说之进步仅仅也。然如梨洲、东原、理初诸家,则已渐脱有宋以来理学之羁绊,是殆为自由思想之先声。迩者名数质力之学,习者渐多,思想自由,言论自由,业为朝野所公认。而西洋学说,亦以渐输入。然则吾国之伦理学界,其将由是而发展其新思想也,盖无疑也。

据蔡元培《中国伦理学史》(中国文化史丛书第2辑第2种),商务印书馆1937年5月出版

对于新教育之意见[*]

（一九一二年二月十一日）

近日在教育部与诸同人新草学校法令，以为征集高等教育会议之预备，颇承同志饷以谠论。顾关于教育方针者殊寡，辄先述鄙见以为喤引，幸海内教育家是正之。

教育有二大别：曰隶属于政治者，曰超轶乎政治者。专制时代（兼立宪而含专制性质者言之），教育家循政府之方针以标准教育，常为纯粹之隶属政治者。共和时代，教育家得立于人民之地位以定标准，乃得有超轶政治之教育。清之季世，隶属政治之教育，腾于教育家之口者，曰军国民教育。夫军国民教育者，与社会主义僢驰，在他国已有道消之兆。然在我国，则强邻交逼，亟图自卫，而历年丧失之

---

[*] 蔡元培任民元教育总长后，发表此篇。先后刊载于《民立报》1912年2月8、9、10日，《教育杂志》第3卷第11号（1912年2月10日出版），《东方杂志》第8卷第10号（1912年4月出版）。1912年9月，北京教育部公布《教育宗旨令》如下："兹定教育宗旨，特公布之，此令。注重道德教育，以实利教育、军国民教育辅之，更以美感教育完成其德。中华民国元年九月初二日部令第二号。"见《教育杂志》第4卷第7号《法令》栏（1912年10月10日出版）。

国权，非凭借武力，势难恢复。且军人革命以后，难保无军人执政之一时期，非行举国皆兵之制，将使军人社会，永为全国中特别之阶级，而无以平均其势力。则如所谓军国民教育者，诚今日所不能不采者也。

虽然，今之世界，所恃以竞争者，不仅在武力，而尤在财力。且武力之半，亦由财力而孳乳。于是有第二之隶属政治者，曰实利主义之教育，以人民生计为普通教育之中坚。其主张最力者，至以普通学术，悉寓于树艺、烹饪、裁缝及金、木、土工之中。此其说创于美洲，而近亦盛行于欧陆。我国地宝不发，实业界之组织尚幼稚，人民失业者至多，而国甚贫。实利主义之教育，固亦当务之急者也。

是二者，所谓强兵富国之主义也。顾兵可强也，然或溢而为私斗，为侵略，则奈何？国可富也，然或不免知欺愚，强欺弱，而演贫富悬绝，资本家与劳动家血战之惨剧，则奈何？曰教之以公民道德。何谓公民道德？曰法兰西之革命也，所标揭者，曰自由、平等、亲爱。道德之要旨，尽于是矣。孔子曰：匹夫不可夺志。孟子曰：大丈夫者，富贵不能淫，贫贱不能移，威武不能屈。自由之谓也。古者盖谓之义。孔子曰：己所不欲，勿施于人。子贡曰：我不欲人之加诸我也，吾亦欲毋加诸人。《礼·大学记》曰：所恶于前，毋以先后；所恶于后，毋以从前；所恶于右，毋以交于左；所恶于左，毋以交于右。平等之谓也。古者盖谓之恕。自由者，就主观而言之也。然我欲自由，则亦当尊人之自由，故通于客观。平等者，就客观而言之也。然我不以不平等遇人，则亦不容人之以不平等遇我，故通于主观。二者相对而实相成，要皆由消极一方面言之。苟不进之以积极之道德，则夫吾同胞中,固有因生禀之不齐,境遇之所迫,企自由而不遂,求与人平等而不能者。将一切挈置之,而所谓自由若平等之量,仍不能无缺陷。孟子曰:鳏寡孤独,天下之穷民而无告者也。张子曰:凡天下疲癃残疾茕独鳏寡,皆吾兄弟之颠连而无告者也。禹思天下有溺者,由己溺之。稷思天下有饥者,由己饥之。伊尹思天下之人,匹夫匹妇有不与被尧舜之泽者,若己推而纳之沟中。孔子曰:己欲立而立人,己欲达而达人。亲爱之谓也。古者盖谓之仁。三者诚一切道德之根源,而公民道德教育之所有事者也。

教育而至于公民道德,宜若可为最终之鹄的矣。曰未也。公民道德之教育,犹未能超轶乎政治者也。世所谓最良政治者,不外乎以最大多数之最大幸福为鹄的。最大多数者,积最少数之一人而成者也。一人之幸福,丰衣足食也。无灾无害也,不外乎现世之幸福。积一人幸福而为最大多数,其鹄的犹是。立法部之所评议,行政部之所执行,司法部之所保护,如是而已矣。即进而达礼运之所谓大道为公,社会主义家所谓未来之黄金时代,人各尽所能,而各得其所需要,要亦不外乎现世之幸福。盖政治之鹄的,如是而已矣。一切隶属政治之教育,充其量亦如是而已矣。

虽然,人不能有生而无死。现世之幸福,临死而消灭。人而仅仅以临死消灭之幸福为鹄的,则所谓人生者有何等价值乎?国不能有存而无亡,世界不能有成而无毁,全国之民,全世界之人类,世世相传,以此不能不消灭之幸福为鹄的,则所谓国民若人类者,有何等价值乎?且如是,则就一人而言之,杀身成仁也,舍生取义也,舍己而为群也,有何等意义乎?就一社会而言之,与我以自由乎,否则与我以死，争一民族之自由，不至沥全民族最后之一滴血不已，不至全国为一大冢不已，有何等意义乎？且人既无一死生破利害之观念，则必无冒险之精神，无远大之计划，见小利，急近功，则又能保其不为失节堕行身败名裂之人乎？谚曰：当局者迷，旁观者清。非有出世间之思想者，不能善处世间事，吾人即仅仅以现世幸福为鹄的，犹不可无超轶现世之观念，况鹄的不止于此者乎？

以现世幸福为鹄的者，政治家也，教育家则否。盖世界有二方面，如一纸之有表里：一为现象，一为实体。现象世界之事为政治，故以造成现世幸福为鹄的；实体世界之事为宗教，故以摆脱现世幸福为作用。而教育者，则立于现象世界，而有事于实体世界者也。故以实体世界之观念为其究竟之大目的，而以现象世界之幸福为其达于实体观念之作用。

然则现象世界与实体世界之区别何在耶？曰：前者相对，而后者绝对；前者范围于因果律，而后者超轶乎因果律；前者与空间时间有不可离之关系，而后者无空间时间之可言；前者可以经验，而后者全恃直观。故实体世界者，不可名言者也。然而既以是为观念之一种矣，则不得不强为之名，是以或谓之道，或谓之太极，或谓之神，或谓之黑暗之意识，或谓之无识之意志。其名可以万殊，而观念则一。虽哲学之流派不同，宗教家之仪式不同，而其所到达之最高观念皆如是。（最浅薄之唯物论哲学，及最幼稚之宗教祈长生求福利者，不在此例。）

然则，教育家何以不结合于宗教，而必以现象世界之幸福为作用？曰：世固有厌世派之宗教若哲学，以提撕实体世界观念之故，而排斥现象世界。因以现象世界之文明为罪恶之源,而一切排斥之者。吾以为不然。现象实体,仅一世界之两方面,非截然为互相冲突之两世界。吾人之感觉,既托于现象世界,则所谓实体者,即在现象之中,而非必灭乙而后生甲。其现象世界间所以为实体世界之障碍者,不外二种意识:一、人我之差别;二、幸福之营求是也。人以自卫力不平等而生强弱,人以自存力不平等而生贫富。有强弱贫富,而彼我差别之意识起。弱者贫者,苦于幸福之不足,而营求之意识起。有人我,则于现象中有种种之界画,而与实体违。有营求则当其未遂,为无已之苦痛。及其既遂,为过量之要索。循环于现象之中,而与实体隔。能剂其平,则肉体之享受,纯任自然,而意识界之营求泯,人我之见亦化。合现象世界各别之意识为浑同,而得与实体吻合焉。故现世幸福,为不幸福之人类到达于实体世界之一种作用,盖无可疑者。军国民、实利两主义,所以补自卫自存之力之不足。道德教育,则所以使之互相卫互相存,皆所以泯营求而忘人我者也。由是而进以提撕实体观念之教育。

提撕实体观念之方法如何?曰:消极方面,使对于现象世界,无厌弃而亦无执著;积极方面,使对于实体世界,非常渴慕而渐进于领悟。循思想自由、言论自由之公例,不以一流派之哲学一宗门之教义梏其心,而惟时时悬一无方体无始终之世界观以为鹄。如是之教育,吾无以名之,名之曰世界观教育。

虽然,世界观教育,非可以旦旦而聒之也。且其与现象世界之关系,又非可以枯槁单简之言说袭而取之也。然则何道之由?曰美感之教育。美感者,合美丽与尊严而言之,介乎现象世界与实体世界之间,而为津梁。此为康德所创造,而嗣后哲学家未有反对之者也。在现象世界,凡人皆有爱恶惊惧喜怒悲乐之情,随离合生死祸福利害之现象而流转。至美术则即以此等现象为资料,而能使对之者,自美感以外,一无杂念。例如采莲煮豆,饮食之事也,而一入诗歌,则别成兴趣。火山赤舌,大风破舟,可骇可怖之景也,而一入图画,则转堪展玩。是则对于现象世界,无厌弃而亦无执著也。人既脱离一切现象世界相对之感情,而为浑然之美感,则即所谓与造物为友,而已接触于实体世界之观念矣。故教育家欲由现象世界而引以到达于实体世界之观念,不可不用美感之教育。

五者,皆今日之教育所不可偏废者也。军国民主义、实利主义、德育主义三者,为隶属于政治之教育。(吾国古代之道德教育,则间有兼涉世界观者,当分别论之。)世界观、美育主义二者,为超轶政治之教育。

以中国古代之教育证之,虞之时,夔典乐而教胄子以九德,德育与美育之教育也。周官以卿三物教万民,六德六行,德育也。六艺之射御,军国民主义也。书数,实利主义也。礼为德育,而乐为美育。以西洋之教育证之,希腊人之教育为体操与美术,即军国民主义与美育也。欧洲近世教育家,如海尔巴脱氏纯持美育主义。今日美洲之杜威派,则纯持实利主义者也。

以心理学各方面衡之,军国民主义毗于意志,实利主义毗于知识,德育兼意志、情感二方面,美育毗于情感,而世界观则统三者而一之。

以教育界之分言三育者衡之,军国民主义为体育,实利主义为智育,公民道德及美育皆毗于德育,而世界观则统三者而一之。

以教育家之方法衡之,军国民主义、世界观、美育,皆为形式主义;实利主义为实质主义;德育则二者兼之。

譬之人身:军国民主义者,筋骨也,用以自卫;实利主义者,胃肠也,用以营养;公民道德者,呼吸机循环机也,周贯全体;美育者,神经系也,所以传导;世界观者,心理作用也。附丽于神经系,而无迹象之可求。此即五者不可偏废之理也。

本此五主义而分配于各教科,则视各教科性质之不同,而各主义所占之分数,亦随之而异。国语国文之形式,其依准文法者属于实利,而依准美词学者,属于美感。其内容则军国民主义当占百分之十,实利主义当占其四十,德育当占其二十,美育当占其二十五,而世界观则占其五。

修身,德育也,而以美育及世界观参之。

历史、地理、实利主义也。其所叙述,得并存各主义。历史之英雄,地理之险要及战绩,军国民主义也;记美术家及美术沿革,写各地风景及所出美术品,美育也;记圣贤,述风俗,德育也;因历史之有时期,而推之于无终始,因地理之有涯涘,而推之于无方体,及夫烈士、哲人、宗教家之故事及遗迹,皆可以为世界观之导线也。

算学,实利主义也,而数为纯然抽象者。希腊哲人毕达哥拉士以数为万物之原,是亦世界观之一方面,而几何学各种线体,可以资美育。

物理化学,实利主义也。原子电子,小莫能破,爱耐而几(Energy),范围万有,而莫知其所由来,莫穷其所究竟,皆世界观之导线也;视官听官之所触,可以资美感者尤多。

博物学,在应用一方面,为实利主义;而在观感一方面,多为美感。研究进化之阶段,可以养道德,体验造物之万能,可以导世界观。

图画,美育也,而其内容得包含各种主义,如实物画之于实利主义,历史画之于德育是也。其至美丽至尊严之对象,则可以得世界观。

唱歌,美育也,而其内容,亦可以包含种种主义。

手工,实利主义也,亦可以兴美感。

游戏,美育也;兵式体操,军国民主义也;普通体操,则兼美育与军国民主义二者。

上之所著,仅具辜较,神而明之,在心知其意者。

满清时代,有所谓钦定教育宗旨者,曰忠君,曰尊孔,曰尚公,曰尚武,曰尚实。忠君与共和政体不合,尊孔与信教自由相违(孔子之学术,与后世所谓儒教、孔教当分别论之。嗣后教育界何以处孔子,及何以处孔教,当特别讨论之,兹不赘),可以不论。尚武,即军国民主义也。尚实,即实利主义也。尚公,与吾所谓公民道德,其范围或不免有广狭之异,而要为同意。惟世界观及美育,则为彼所不道,而鄙人尤所注重,故特疏通而证明之,以质于当代教育家,幸教育家平心而讨论焉。

据《临时政府公报》第 13 号
(1912 年 2 月 11 日出版)

新教育与旧教育之歧点

——在天津中华书局"直隶全省小学
会议欢迎会"上的演说词

(一九一八年五月三十日)

今日承京津中华书局代表之招,得与诸先生晤言一堂,不胜荣幸。中华书局,为供给教育资料之机关,诸君子皆有实施教育之职务。今日所相与讨论者,自然为教育问题。鄙人于小学教育,既未有经验;又于直隶省教育情形,未有所考察,不能为切实之贡献。谨以平日对于教育界之普通感想,质之于诸先生。

夫新教育所以异于旧教育者,有一要点焉,即教育者非以吾人教育儿童,而吾人受教于儿童之谓也。吾国之旧教育以养成科名仕宦之材为目的。科名仕宦,必经考试,考试必有诗文,欲作诗文,必不可不识古字,读古书,记古代琐事。于是先之以《千字文》《神童诗》《龙文鞭影》《幼学须知》等书;进之以四书五经;又次则学为八股文、五言八韵诗;其他若自然现象、社会状况,虽为儿童所亟欲了解者,均不得阑入教科,以其于应试无关也。是教者预定一目的,而强受教者以就之;故不问其性质之动静,资禀之锐钝,而教之止有一法,能者奖之,不能者罚之。如吾人之处置无机物然,石之凸者平之,铁之脆者煅之；如花匠编松柏为鹤鹿焉；如技者教狗马以舞蹈焉，如凶汉之割折幼童，而使为奇形怪状焉；追想及之，令人不寒而栗。新教育则否，在深知儿童身心发达之程序，而择种种适当之方法以助之。如农学家之于植物焉，干则灌溉之，弱则支持之，畏寒则置之温室，需食则资以肥料，好光则复以有色之玻璃；其间种类之别，多寡之量，皆几经实验之结果，而后选定之；且随时试验，随时改良，决不敢挟成见以从事焉。故治新教育者，必以实验教育学为根柢。实验教育学者，欧美最新之科学，自实验心理学出，而尤与实验儿童心理学相关。其所试验者，曰感觉之阈，曰感觉之分别界，曰空间与时间之表象，曰反射，曰判断，曰注意力，曰同化作用，曰联想，曰意志之阅历，曰统觉，凡一切心理上之现象皆具焉。其试验之也，或以仪器，或以图画，或以言语，或以文字。其所为比较者，或以年龄，或以男女之别，或以外界一切之关系，或以祖先之遗传性，因而得种种普通之例，亦即因而得种种差别之点。虽今日尚未达完全之域，然研究所得，视昔之纯凭臆测者，已较有把握矣。

因而知教育者，与其守成法，毋宁尚自然；与其求划一，毋宁展个性。请举新教育之合于此主义者数端。一曰托尔斯泰（Tolstoy）之自由学校，其建设也，尚在实验教育学未起以前，乃本卢梭、裴斯泰洛齐、弗罗贝尔等之自然主义而推演之者；其学生无一定之位置，或坐于凳，或登于桌，或伏于窗槛，或踞于地板，惟其所欲；其课程亦无定时，惟学生之愿，常以种种对象问厕而行之；其教授之形式，惟有问答。闻近年比利时亦有此种学校，鄙人欲索其章程。适欧战起，比为德所据，不可得矣。二曰杜威（Dewey）之实用主义，杜威尝著《学校与普通生活》一书,力言学校教科与社会隔绝之害;附设一学校于芝加哥大学,即以人类所需之衣、食、住三者为工事标准,略分三部:一曰手工,如木工、金工之类;二曰烹饪;三曰缝织,而描画模型等皆属之。即由此而授以学理,如因烹饪而授以化学,因裁缝而授以数学,因手工而授以物理学、博物学,因原料所自出而授以地学,因各时代各民族工艺若服食之不同而授以历史学、人类学等,是也。三曰蒙台梭利之儿童室,即特设各种器具以启发儿童之心理作用者,是也。吾国已有译本,想诸君已见之。四曰某氏之以工作为操练说,此说不忆为何人所创,大约以能力说为基础。能力者,西文所谓 Energy 也,近世自然哲学,以世界一切现象,不外乎能力之转移,如燃煤生热,热能蒸水成汽,汽能运机,机能制器;即一种能力之由煤,而热,而汽,而机,而器,递相转移也。惟能力之转移,有经济与不经济之别,如水力可以运机发电,而我国海潮瀑布之属皆置而不用,是即不经济之一端也。近世教育,如手工图画等科,一方面为目力手力之操练,而一方面即有成绩品,此能力转移之经济者也。其他各种运动,大率止有操练,并无出品,则为不经济之转移。若合个人生理及社会需要两方面而研究之,设为种种手力足力之工作,以代拍球蹴球之戏;设为种种运输之工作,以利用竞走竞漕之役;则悉于体育之中,养成勤务之习惯,而一切过激之动作,凌人之虚荣心,亦可以免矣。其他类是之新说,为鄙人所未知者,尚不知凡几,亦足以见现代教育界之进步矣。吾国教育界,乃尚牢守几本教科书,以强迫全班之学生,其实与往日之《三字经》、四书五经等,不过五十步与百步之相差。欲救其弊,第一,须设实验教育之研究所;第二,教员须有充分之知识,足以应儿童之请益与模范而不匮;第三,则供给教育品者,亦当有种种参考之图画与仪器,以供教员之取资。如此,则始足语于新教育矣。

据《北京大学日刊》第150、151号
(1918年5月30、31日出版)

北大一九一八年开学式演说词

（一九一八年九月二十日）

　　大学为纯粹研究学问之机关，不可视为养成资格之所，亦不可视为贩卖知识之所。学者当有研究学问之兴趣，尤当养成学问家之人格。本校一年以来，设研究所，增参考书，均为提起研究学问兴趣起见。又如设进德会，书法、画法、乐理研究会，开校役夜班，助成学生银行、消费公社等，均为养成学生人格起见。此皆诸生所当注意者。且诸生须知既名大学，则万不可有专己守残之习。一年以来，于英语外，兼提倡法、德、俄、意等国语，及世界语；于旧文学外，兼提倡本国近世文学，及世界新文学；于数、理、化等学外，兼征集全国生物标本，并与法京"巴斯德生物学院"协商设立分院。近并鉴于文科学生轻忽自然科学、理科学生轻忽文学、哲学之弊，为沟通文、理两科之计画。望诸生亦心知其意，毋涉专己守残之习也。

据《蔡孑民先生言行录》

《国民杂志》序

(一九一九年一月)

《国民杂志》者,北京学生所印行也。学生唯一之义务在求学,胡以牺牲其求学之时间与心力,而从事于普通国民之业务,以营此杂志?曰:迫于爱国之心,不得已也。向使学生而外之国民,均能爱国,而尽力于救国之事业,使为学生者得专心求学,学成而后有以大效于国,诚学生之幸也。而我国大多数之国民,方漠然于吾国之安危,若与己无关。而一部分有力者,乃日以椓丧国家为务。其能知国家主义而竭诚以保护之者,至少数耳。求能助此少数爱国家、唤醒无意识之大多数国民,而抵制椓丧国家之行为,非学生而谁?呜呼!学生之牺牲其时间与心力,以营此救国之杂志,诚不得已也。

学生既不得已而出此杂志,则所出杂志之务有以副学生之人格,其要有三。

一曰正确。有一事焉,与吾人之所预期者相迎合,则乍接而辄认为真;又有一事焉,与吾人之所预期者相抗拒,则屡闻尚疑其伪。此心理上普通作用也。言论家往往好凭借此等作用,以造成群众心理,有因数十字之电讯而酿成绝大风潮者,当其时无不成如荼如火之观,及事实大明,而狂热顿熄,言论家之信用荡然矣。故爱国不可不有热诚;而救国之计画,则必持以冷静之头脑,必灼见于事实之不诬而始下判断,则正确之谓也。

二曰纯洁。救国者,艰苦之业也。墨翟生勤而死薄,勾践卧薪而尝胆,范仲淹"先天下之忧而忧,后天下之乐而乐"。断未有溺情于耳目之娱,侈靡之习,而可以言救国者。近来我国杂志,往往一部分为痛哭流涕长太息之治安策,而一部分则杂以侧艳之诗文,恋爱之小说,是一方面欲增进国民之人格,而一方面则转以陷溺之也。愿《国民杂志》慎勿以无聊之词章充篇幅。

三曰博大。积小群而为大群,小群之利害,必以不与大群之利害相抵触者为标准。家,群之小者也,不能不以国之利害为标准。故有利于家,而又有利于国,或无害于国者,行之。苟有利于家,而有害于国,则绝对不可行。此人人所知也。以一国比于世界,则亦为较小之群。故为国家计,亦当以有利于国,而有利于世界,或无害于世界者,为标准。而所谓国民者,亦同时为全世界人类之一分子。苟倡绝对的国家主义,而置人道主义于不顾,则虽以德意志之强而终不免于失败,况其他乎?愿《国民杂志》勿提倡极端利己的国家主义。

以上三者,皆关于内容者也。至于《国民杂志》社之进行,最所希望者,曰有恒。《国民杂志》之酝酿,已历半年,卒底于成,不能不佩社员之毅力。自此以前,尚为一鼓作气之时期。若前数期出版以后,渐渐弛其责无旁贷之决心,则此后之困难,正不弱于酝酿时期。愿社员永远保此朝气,进行不怠,则于诸君唤醒国民之初心,始为无员也。

据《国民杂志》创刊号(1919年1月出版)

教育之对待的发展

（一九一九年二月）

吾人所处之世界，对待的世界也。磁电之流，有阳极则必有阴极；植物之生，上发枝叶，则下茁根荄，非对待的发展乎？初民数学之知识，由一至五而已，及其进步，自五而积之，以至于无穷大，抑亦自一而折之，以至于尤穷小，非时待的发展乎？古人所观察之物象，上有日月星辰，下有动植水土而已；及其进步，则大之若日月之组织，恒星之光质，小之若微生植物之活动，原子电子之配置，皆能推测而记录之，非对待的发展乎？

教育之发展也亦然。在家族主义时代所教训者，夫妇、亲子、兄弟间之关系，孝弟亲睦而已。及其进而为家族的国家主义，则益以君臣、朋友二伦，所扩张者犹是人与人之关系。而管仲之制，士之子恒为士，农之子恒为农，工之子恒为工，商之子恒为商，幼而习焉，不见异物而迁。李斯之制，焚诗书百家语，欲习法令者，以吏为师。是个人职业教育之自由犹被限制也。进而为立宪的国家，一方面认个人有思想、言论、集会之自由，是为个性的发展；一方面有纳税、当兵之义务,对于国家而非对于君主,是为群性的发展。于是有所谓国民教育者。两方面发展之现象,亦以渐分明。虽然,群性以国家为界,个性以国民为界,适于甲国者,不必适于乙国。于是持军国民主义者,以军人为国民教育之标准;持贵族主义者,以绅士为标准;持教会主义者,以教义为标准;持实利主义者,以资本家为标准。个人所有者,为"民"权而非"人"权;教育家所行者,为"民权的"教育而非"人格的"教育。自人类智德进步,其群性渐溢乎国家以外,则有所谓世界主义若人道主义;其个性渐超乎国民以上而有所谓人权若人格。

科学研究也,工农集会也,慈善事业之进行也,既皆为国际之组织,推之于一切事业,将无乎不然;而个人思想之自由,则虽临之以君父,监之以帝天,囿之以各种社会之习惯,亦将无所畏葸而一切有以自申。盖群性与个性的发展,相反而适以相成,是今日完全之人格,亦即新教育之标准也。持个人的无政府主义者,不顾群性;持极端的社会主义者,不顾个性。是为偏畸之说,言教育者其慎之。

吾友黄郛君著《欧战之教训及中国之将来》,对于吾国教育之计画,有曰:"立国于二十世纪,非养成国民兼具两种相反对之性质不可:曰个人性与共同性……今次欧战教训,无论其国民对于国家如何忠实,若仅能待命而动,无独立独行之能力者,终不足以担负国家之大事。年前法国教育家钮渥曾著一论,谓'从前世人尝有一疑问,谓教育之目的,究系为个人乎?抑为社会与国家乎?如为个人也,宜助长个性之发达,是与共同组织有碍也;如为社会与国家也,宜奖励共同性之养成,是阻止个性之发达也。吾今敢确切答复曰:此后国家之生存,必须全体国民同时具备此两面之资格而后可。故此后教育家之任务,在发见一种方法,能使国民内包的个性发达,同时使外延的社会与国家之共同性发达而已矣。'盖惟此二性具备者,方得谓此后国家所需要之完全国民也。"黄君之言,足以证教育对待的发展之义矣。余惜其仅为国民教育言,一间未达,故广其义,以著于篇,备今之言新教育者参考焉。

据《新教育》第 1 卷第 1 期(1919 年 2 月出版)

在北京高等师范学校《教育与社会》社演说词

（一九二〇年四月十五日）

前几天看到贵校办的图书阅览所和通俗讲演所，我就觉到这是受杜威先生学说的影响。今天开成立会的《教育与社会》杂志社，想必亦是受着杜威先生的影响，因为他的教育主义即在学校和社会打成一片。方才杜先生所讲的，本他平日所主张的实验主义，事事从脚踏实地做去，很可以供诸君的参考。我是无话可说，只有把老生常谈再谈一回。

贵杂志的宗旨是，改造社会，先改造教育。照此看来，定是现在教育不行，才去改造的。但是现在教育不行之点是什么呢？依我看来，现在教育不脱科举时代之精神。科举时代的教育，不过得一个便利机会，养成一己的才具，此外都不管了。改立学校以后，一般人对于学校的观念，仍复如此。教育既无改革，社会上一切事业，都是一仍旧贯。因此这种教育不能不改造的。

从"改造教育去改造社会"这句话而论，有两种解说。第一改造教育，以改造将来社会。就是学校里养成一种人才，将来进社会做事。比如现在的国民学校的学生,预备将来做国民;现在的师范生,将来做教师;诸如此类,不必遍举。第二改造教育同时改造社会,就是学生或教员一方面讲学问,一方面效力社会。以前教育,注重第一层,做教员的专门教书,学生专门念书。这几年来尤以去年五月到现在为最,趋重到第二层。学校教育同时影响到社会。杜威先生的教育主张,就是如此。现在各学校创立平民学校、讲演所等等,都是学生在校即效力社会的表现。

从教育着手,去改造社会,改造之点,繁不胜举。但是简单说来,可以归到教育调查会定的两句话"养成健全人格,提倡共和精神"。社会的各分子都具有健全人格,此外复有何求?所以第二句话离不了第一句话。所谓健全人格,分为德育、体育、知育、美育四项。换言之,和自由、平等、博爱的意思亦相契合的。都能自由平等,都能博爱互助,共和精神亦发展了。

现在社会上不自由,有两种缘故:一种人不许别人自由,自己有所凭藉,剥夺别人自由,因此有奴隶制度、阶级制度。又有一种人甘心不自由,自己被人束缚。不以为束缚,甘心忍受束缚。这种甘心不自由的人,自己得不到自由,而且最喜剥夺别人自由,压制别人自由,所以不能博爱,不能互助,因此社会上亦不平等不安稳了。倘能全国人都想自由,一方面自己爱自由,一方面助人爱自由,那么国事决不至于如此。要培养爱自由、好平等、尚博爱的人,在教育上不可不注重发展个性和涵养同情心两点。

论到发展个性一层,现在学校中行分年级制度,不论个性如何,总使读满几年,方能毕业,很不适当。因此有人訾学校不如书塾书院。最显而易见的就是国文。我人虽可反驳訾者说学校中科目太多,且教法亦不同。但学校确有不及书院之点。我们知道以前书院院长,或擅长文学,从其学者,能文者辈出;或长经学与小学,从其学者,莫不感化。因为院长以此为毕生事业,院内尚自由研究,故能自由发展。现在学校内科目繁多,无研究余地。所以有人竭力提倡废止年级制,行选科制。又有人如胡适之先生,提倡纯粹自由学校,无一定校所,无上课形式,欲学某科,找得精于某科者为导师,由导师指定数种书籍,自由研究,质疑问难而已。我想这样办法,比现行年级制、划一制可以发展个性。

同情心就是看到别人感受的事情,和自己的一样,彼此休戚相关,互相谅解。所以现行考试制度,最与此点背驰。为争名次之高下、分数之多寡,使同情心日减,嫉妒心大增。同学之间,不肯相互研究。竟有得一参考书籍,秘不告人,以为惟我独知,可以夺得第一,可笑之至。这种考试制度,受科举余毒,有碍同情心,应得改良的。又如体育,本属很平常之事,应有健全之体格,方能从事各种事业,苟能了解此点,无不乐为的。乃竟盛行比赛运动,以为奖励体育,养成抑人我胜之观念,并且造成运动员阶级。这都是抑却同情心的。所以自去年到现在,学生运动,在一校内,往往发生冲突。如甲揭条示攻乙,乙揭条示讦丙。又如此地学生,责备彼地学生,不能援助,彼地学生亦然。其实向同一目的去运动,正宜互相了解,发生同情。攻讦责备,都是无谓。因此可见学校中涵养同情心一层,尚欠注意。

教育改造之点很多,我以为上述二层,发展个性,涵养同情心,要更加注意。

据《教育与社会》第 1 卷第 1 号(北京
高等师范学校《教育与社会》社 1920 年
4 月 15 日出版)

告北大学生暨全国学生书

（一九一九年七月二十三日）

北京大学学生诸君并请全国学生联合会诸君公鉴：

诸君自五月四日以来，为唤醒全国国民爱国心起见，不惜牺牲神圣之学术，以从事于救国之运动。全国国民，既动于诸君之热诚，而不敢自外，急起直追，各尽其一分子之责任。即当局亦了然于爱国心之可以救国，而容纳国民之要求。在诸君唤醒国民之任务，至矣尽矣，无以复加矣！社会上感于诸君唤醒之力，不能为筌蹄之忘，于是开会发电，无在不愿与诸君为连带之关系，此人情之常，无可非难。然诸君自身，岂亦愿永羁于此等连带关系之中，而忘其所牺牲之重任乎？世界进化，实由分功，凡事之成，必资预备。即以提倡国货而言，贩卖固其要务，然必有制造货品之工厂，与培植原料之农场，以开其源。若驱工厂农场之人材，而悉从事于贩卖，其破产也，可立而待。诸君自思，在培植制造时代乎？抑在贩卖时代乎？我国输入欧化，六十年矣，始而造兵，继而练军，继而变法，最后乃始知教育之必要。其言教育也，始而专门技术，继而普通学校，最后乃始知纯粹科学之必要。吾国人口号四万万,当此教育万能、科学万能时代,得受普通教育者,百分之几,得受纯粹科学教育者,万分之几。诸君以环境之适宜,而有受教育之机会,且有研究纯粹科学之机会,所以树吾国新文化之基础,而参加于世界学术之林者,皆将有赖于诸君。诸君之责任,何等重大。今乃为参加大多数国民政治运动之故,而绝对牺牲之乎?

抑诸君或以唤醒同胞之任务,尚未可认为完成,不能不再为若干日之经营,此亦非无理由。然以仆所观察,一时之唤醒,技止此矣,无可复加。若令为永久之觉醒,则非有以扩充其知识,高尚其志趣,纯洁其品性,必难幸致。自大学之平民讲演,夜班教授,以至于小学之童子军,及其他学生界种种对于社会之服务,固常为一般国民之知识,若志趣,若品性,各有所尽力矣。苟能应机扩充,持久不息,影响所及,未可限量。而其要点,尤在注意自己之知识,若志趣,若品性,使有左右逢源之学力,而养成模范人物之资格,则推寻本始,仍不能不以研究学问为第一责任也。

且政治问题,因缘复杂,今日见一问题,以为至重要矣,进而求之,犹有重要于此者。自甲而乙,又自乙而丙丁,以至癸子等等,互相关联。故政客生涯,死而后已。今诸君有见于甲乙之相联,以为毕甲不足,毕乙而后可,岂知乙以下之相联而起者,曾无已时。若与之上下驰逐,则夸父逐日,愚公移山,永无踌躇满志之一日,可以断言。此次世界大战,德法诸国,均有存亡关系,罄全国胜兵之人,为最后之奋斗,平日男子职业,大多数已由妇女补充,而自小学以至大学,维持如故。学生已及兵役年限者,间或提前数月毕业,而未闻全国学生,均告奋勇,舍其学业,而从事于军队,若职业之补充,岂彼等爱国心不及诸君耶?愿诸君思之。

仆自出京,预备杜门译书,重以卧病,遂屏外缘。乃近有"恢复五四以前教育原状"之呼声,各方面遂纷加责备,迫以复出,仆遂不能不加以考虑。夫所谓"教育原状"者,宁有外于诸君专研学术之状况乎?使诸君果已抱有恢复原状之决心,则往者不谏,来者可追,仆为教育前途起见,虽力疾从公,亦义不容辞。读诸君十日三电,均以"力学报国"为言,勤勤恳恳,实获我心。自今以后,愿与诸君共同尽瘁学术,使大学为最高文化中心,定吾国文明前途百年大计。诸君与仆等,当共负其责焉。

教育独立议

（一九二二年三月）

教育是帮助被教育的人，给他能发展自己的能力，完成他的人格，于人类文化上能尽一分子的责任；不是把被教育的人，造成一种特别器具，给抱有他种目的的人去应用的。所以，教育事业当完全交与教育家，保有独立的资格，毫不受各派政党或各派教会的影响。

教育是要个性与群性平均发达的。政党是要制造一种特别的群性，抹杀个性。例如，鼓励人民亲善某国，仇视某国；或用甲民族的文化，去同化乙民族。今日的政党。往往有此等政策，若参入教育，便是大害。教育是求远效的；政党的政策是求近功的。中国古书说："一年之计树谷；十年之计树木；百年之计树人。"可见教育的成效，不是一时能达到的。政党不能掌握政权，往往不出数年，便要更迭。若把教育权也交与政党，两党更迭的时候，教育方针也要跟着改变，教育就没有成效了。所以，教育事业不可不超然于各派政党以外。

教育是进步的：凡有学术，总是后胜于前，因为后人凭着前人的成绩，更加一番功夫，自然更进一步。教会是保守的：无论什么样尊重科学，一到《圣经》的成语，便绝对不许批评，便是加了一个限制。教育是公同的：英国的学生，可以读阿拉伯人所作的文学；印度的学生，可以用德国人所造的仪器，都没有什么界限。教会是差别的：基督教与回教不同；回教又与佛教不同。不但这样，基督教里面，天主教与耶稣教又不同。不但这样，耶稣教里面，又有长老会、浸礼会、美以美会等等派别的不同。彼此谁真谁伪，永远没有定论。止好让成年的人自由选择，所以各国宪法中，都有"信仰自由"一条。若是把教育权交与教会，便恐不能绝对自由。所以，教育事业不可不超然于各派教会以外。

但是，什么样可以实行超然的教育呢？鄙人拟一个办法如下。

分全国为若干大学区，每区立一大学；凡中等以上各种专门学术，都可以设在大学里面，一区以内的中小学校教育，与学校以外的社会教育，如通信教授、演讲团、体育会、图书馆、博物院、音乐、演剧、影戏……与其他成年教育、盲哑教育等等，都由大学办理。

大学的事务，都由大学教授所组织的教育委员会主持。大学校长，也由委员会举出。

由各大学校长，组织高等教育会议，办理各大学区互相关系的事务。

教育部，专办理高等教育会议所议决事务之有关系于中央政府者，及其他全国教育统计与报告等事，不得干涉各大学区事务。教育总长必经高等教育会议承认，不受政党内阁更迭的影响。

大学中不必设神学科，但于哲学科中设宗教史、比较宗教学等。

各学校中，均不得有宣传教义的课程，不得举行祈祷式。

以传教为业的人,不必参与教育事业。

各区教育经费,都从本区中抽税充用。较为贫乏的区,经高等教育会议议决后,得由中央政府拨国家税补助。

注: 分大学区与大学兼办中小学校的事,用法国制。

大学可包括各种专门学术,不必如法、德等国别设高等专门学校,用美国制。

大学兼任社会教育,用美国制。

大学校长,由教授公举,用德国制。

大学不设神学科,学校不得宣传教义与教士不得参与教育,均用法国制。瑞士亦已提议。

抽教育税,用美国制。

据《新教育》第 4 卷第 3 期(1922 年 3 月出版)

中国教育的发展*

(一九二四年四月十日)

要研究中国教育的发展,首先,有必要对早期的历史作些回顾。早在远古时代,中国的圣哲贤君就非常关心教育问题。他们在治理国家、造福人群的过程中,由于碰到了种种困难,才逐步认识到要使国家达到大治,必须把注意力移向有利于国家前途的教育问题上。

教育问题是舜迫切关心的一个问题。据史家记载,他是有史以来第一个任命一位"司徒"、在最基本的人与人之间的关系方面进行教育的圣人。在教会人们耕作收获、教会他们种植五谷以后,舜命令契教导人们"父子有亲,君臣有义,夫妇有别,长幼有序,朋友有信"。这是孟子在舜死后两千年记录下来的。虽然这句话的根据无可稽考,但是这一史料,仍具有重要的价值,因为它是古典文献中关于我国远古时代教育的最早论述。我们从《书经》中还可以获知另一个史实,它可以使我们进一步了解古代教育的发展。据《尧典》记载,舜

---

* 这是 1924 年 4 月 10 日蔡元培在伦敦的中国学会(Chian Society)宣读的论文。

说:"夔,命汝典乐教胄子,直而温,宽而栗,刚而无虐,简而无傲。"显而易见,他认为"乐"在调谐年青人的感情方面是颇有益处的,它是一种陶冶性情的训练。这看来是一种必然的发展。其时间远在公元前二十三世纪。当时,教育的主要课题,一方面是强调道德义务,另一方面是培养人们种种善良正直的习性。这就是:为做一个良好的人而进行道德教育,为做一个有德性的人而进行社会教育。这两种思想互相融汇,目的在于建立一种和谐的社会关系。我国古代教育家为此而孜孜努力,实际上也实现了这一目标。

往后(公元前十二世纪),产生了更多的学科。一系列学说开始付诸实施,它包括为贵族阶级规定三德、三行、六艺、六经和尊卑次序;为平民规定六德、六行及六艺。我国古代教育家的教育方法。在某些方面同中国现代从西方各国引进的那些方法极为相似。具体地说,古时人们所谓的道德教育实际上就是现代学校课程中的伦理学,而六艺(即礼、乐、射、御、书、数)中的射、御,相当于我们现在的体育。与道德教育和体育有密切联系的是算术。这就形成了我们今天所称的抽象思维的训练和智力的训练。礼仪的教学于今被认为是一种介乎道德教育与智力训练范围之间的科目。以我们现代的观点来衡量,或从这种教育本身对人的身心和谐予以全力关注这一点来衡量,这个时期(从公元前二十三世纪到孟子的时代),可以认为是一个在教育上取得显著成就的时期。其中,更重大的发展,乃是陈旧的教育机构的衰亡,代之而兴起的,是更大规模的叫做"成均"的大型学院机构。我们对此应该给予充分的评价,它的意义在于创立了现代由国家资助的高等教育机构的雏型。

大约在公元前六世纪左右,我国一些相当于古希腊学院的私学,成为教育界突出的、有影响的组成部分。在这个时期的诸子百家中,开始出现两大显学,这两派的形成是具有重大意义的事情,他们对于各种问题各自作出不同的解释。一方面是孔子以四科,即德行、言语、政事、文学,教导中国;而另一方面则是墨子在策略方面教导中国,他传授一种具有逻辑性的、形象化的辩证的工作方法。虽然如此,墨子对于政治与道德教育的强调仍不亚于孔子。最奇怪的是,在墨子的学说中,还涉及到光学和力学,而这些同现代科学竟息息相关。在墨子的著作中,确实提到过物理学与化学,可惜这个天才遭受的是孤军奋战的命运。如果墨子对于科学的伟大思想,不是由于缺乏他同时代的人的支持而停滞不前的话,那么中国的面貌可能是迥然不同了。

上面所提到的障碍,无疑是由于被混杂着巫术的儒学占了优势地位。巫术者在与墨子学说的斗争中,代表了儒家的传统教义。他们认为万物有灵,对一切社会现象和自然现象,采取神秘的解释,把它们归结为阴、阳两种形式的变化,认为一切事物由五行(即水、木、金、火、土)组成。他们由于受到所掌握的材料的局限,因而在认识上受到严重的限制。而且,更不幸的是,神学化了的儒学,当时无论在官学或在私学中,都占了上风。

公元一世纪时,由于印度哲学开始传入我国,因而在教育方面出现了显著的、极为重要的哲学变化。印度哲学发现自身与老、庄学说相吻合,因此出现了这三者合流的发展趋势。甚至儒家的学者们,也把他们的道德行为观念和政治观念退到次要的地位,从而兴起了玄学。在公元五世纪,建立了宣传玄学的机构。到公元八世纪,儒学又一次在教育界占支配地位,特别是"四科"再次成为教学原则的具体内容。于是,由印度哲学引起的、历时几百年的扩大知识领域的状况渐渐衰落。从那时起直到十九世纪,学校只采用儒家经典作为教科书,附加一些论述玄学的著作。整整四千年的中国教育,除了有过科学的萌芽以及玄学曾成功地站住过脚以外,可以说,在实际上丝毫没有受到任何外来的影响,它仅仅发生了由简单到复杂的变化。

以上主要是谈了一些古代中国教育的发展,仅限于东方思想范围。我们还必须把我国的教育发展同英国的教育发展作一比较。它们都有令人称道的合理地安排体育与智育的共同思想,都有使学习系统化的共同意向。在礼仪教育方面,我们发现两国的教育,对所谓"礼貌",都同样采取鼓励的态度。在我国的射、御与英国的竞技精神之间,我们也能发现某些共同点。无论是中国的教育还是英国的教育,目的都在于塑造人的个性及品质。在这方面,双方对于什么是教育的认识是非常接近的。性格与学业,就孔子的解释而言,应达到和谐一致,而这一点与英国教育所主张的并无差异。

儒家提出"君子"作为教育的理想,要求每一个受教育者都要达到这个目标。这与英国的"绅士"教育完全相同。我们阅读儒家经典,经常见到"君子"这个词。对于这个词,如同英语中"绅士"一词一样,我们发现同样难于领会这个词所体现的丰富而深刻的涵义。为了对"君子"一词的涵义有所了解,现在就让我们随意听听儒家的一些代表人物及孔子本人的言论。孔子的门徒之一、哲学家曾参曾对孟敬子说:"君子所贵乎道者三:动容貌,斯远暴慢矣;正颜色,斯近信矣；出辞气，斯远鄙倍矣。"其他一些人认为君子应该"正其衣冠，尊其瞻视"。随后，他就能矜而不骄，严而不暴。这是中国关于君子仪态的言论，同样也是英国教育家强调宣传的观点。至于说到君子的性情气质，我们发现欣赏正直是一个基本的特点。君子"礼以行之，仁以出之，信以成之"。因此，"君子尊贤而容众，嘉善而矜不能"。至于君子本身，我们发现有这些特点："知者不惑，仁者不忧。勇者不惧。"怎样才能成为君子呢？"文质彬彬，然后君子。"至于说到道德力量，中国教育家鼓励那些人，"可以托六尺之孤，可以寄百里之命，临大节而不可夺也"，成为君子。"君子和而不同""人之生也直"，这是君子的力量与信心。上述这些是实现君子行为的正面例子。反之，对于"乡愿"或"贵胄"则予以强烈的警告与斥责，就如西方国家对伪君子的尖锐抨击一样。这种培养君子的教育，无疑同英国教育相同，在中国教育的发展史上具有同等重要的意义。

以上是英国与中国教育观念的相同之处。下面我们再看看它们的不同点，我们发现有两点不同之处。产生不同点的最显著原因在于下面的事实：一个英国人，当他还在襁褓之中以及在他后来的成长过程中，就受到某种宗教观念的哺育，逐步形成了他的信仰，而这种信仰是他日后生活的指南。而在中国，除了在极其例外的情况下，父母一般不干涉他们子女接受某种宗教，因此他们的子女有权维护自己的信仰自由。但是社会舆论还是表达了对宗教的赞助。第二，我们看到了英国科学教学设备的优异，也看到了我国这方面的短缺。前一点在现时关系不大。关于后一点，我们应当表示这种愿望：我们的教育应该前进，应该使科学教育得到更大的发展。在英国，不仅大学的实验室有很好的设备,而且在科研团体中,也都有良好的设备。英国有四个直属于教育部的国立博物馆,这些博物馆收藏有各种珍品及独特的标本。因而,在英国有这样一种科学气氛,虽则科学家们必须担负开拓科学领域的重任,但他们的工作受到公众的赞赏与分担,因为公众已认识到科学的重要性及其深远的意义。哲学家、思想家及作家们也同样承认他们对科学应尽的职责,因而不必去冒险凭空建立他们的学说。而中国在这方面却没有什么可与相比。在你们南肯辛顿的科学博物馆及自然历史博物馆中,既有理想设计的蓝图,也有具体成就的实例。人们可以看到这一切一直在对教育施加着很大的影响。但是,在中国,我们的教育至少两千年来没有面向更高的科学教育,而却是用完美的品质去塑造人,赋于他一种文学素养而已。

尽管从公元十三世纪以来,我们在与西方接触的过程中,学到了一些自然科学知识(不包括它的消极因素),但是,在好几个世纪以后,才随着基督教的传入而带来了亚里士多德的逻辑知识,欧氏几何学以及其它应用科学知识。直到近半个世纪,中国才从事教育改革,而且还只限于自然科学的教育改革。中国现在认识到,只有新兴的一代能受到新型的教育,古老的文明才能获得新生。中国教育改革的第一步要达到的,是建立大学与专科学校,这一点已经实现了。一八六五年在上海建立了以科学技术为基础的江南制造局,这个局发展到今天,已占地广阔,规模宏大。接着是一八六七年仿照欧洲学院的形式建立了最早的机械学校。此后,在我们发展教育的早期努力中,技术科学的学校和学院,始终处于领先地位,其它性质的学校也随之纷纷建立。一八六七年建立了马尾船政学堂；一八七六年建立了电报学堂；一八八〇年建立了水师学堂；北洋大学（一八八九年），南洋公学（一八九七年），以及京师大学堂（一八九六年）等学校也相继建立。另一方面，我们派遣一批青年学生到英国、法国及德国留学，学习造船、工程及其它学科。作为西学东渐的传播者，他们的学习是卓有成效的。但是只有为数有限的、并经过遴选的学生，才能享受出国留学的权利，即使对他们来说，我们还是没有能够提供足够的学校，使他们在出国前作好充分的准备。上述这些学校，尽管它们本身很有价值，但还是无法解决这个问题。我们的困难就在于目前学校不足。比派遣留学生和建立学校更为重要的是，必需纠正某些不足之处。由于学校设施的缺乏，许多学生便进入教会学校。在那里，他们可以学到一门外语，并能学到应用科学和理论科学的基本知识。为此，我们对这些学校深致敬佩。然而，政府在打算以其他同等的或更高水平的学校来取代教会学校方面，并不甘心落后。教育工作者们在一些会议上，建议向国立学校提供没备。政府在采纳这些建议的基础上，于一九〇二年颁布了一项规章，自那时以来，教会学校的学生数额便逐渐下降。到一九一〇年，据统计，在十四所英、美教会学校中的学生只有一千多名，而仅在国立北京大学一所学校中，就有学生二千三百多名。当然，这主要由于新创建的中国国立学校向他们敞开了大门，但教会学校本身也存在着某些明显的缺点，例如，轻视中国的历史、文学和其他一些学科等等。众所周知，每当建立一所教会学校，就要宣传某种宗教教义，它造成了新的影响，产生了新的作用，从而与中国的教育传统相抵触。关于这方面，要说的话是很多的。总之,现在有迹象表明,沿着我们自己的教育发展方向的某种趋势正在逐步加强。

以上我概括地叙述了中国在自然科学研究方面的兴趣的发展,以及对理论科学教育和应用科学教育加以扩展的迫切需要,这是颇有意义的。近二三十年来,在我们全国的科学研究中,萌发了一种新的精神。现在,几乎每一所学校都拥有一些同欧洲从事科研工作的学校所拥有的相同的仪器设备,并且还拥有实验室,在每一所实验室,我们都可以看见师生们一起研究科学,诸如物理、化学、生物等等。特别是我们的大学,它们为科学教育的发展,为科学应用的发展尽了最大的力量,贡献出了最大的能力,并且在此过程中,表示出希望中国在不久的将来,通过科学的发现与工业的发展。对当代世界文化作出新的贡献。但是它们的努力迄今尚未成功。虽然我们无疑地认识到科学探索的价值,认识到它对中国的物质、文化进步来说,是最重要的因素之一,可是,科学精神对我们的影响究竟有多深,科学精神在现实中究竟有多少体现,这还是有问题的。坦率地说,这纯粹是由于我们没有对从事科研的人在设备的维修、应用和经费方面提供种种方便;是由于那些在国外受到科学技术教育的人回国后,很少有机会来继续他们的研究。因此,我国教育家计划仿照南肯辛顿的科学博物馆和自然历史博物馆的方式,创办一所大规模的研究院。该院将由两个部门组成:一个部门收藏科学仪器、设备、各种图表、模型和机械,用以展示物理、化学及其他自然科学的不同的发展阶段和阐述工艺的发展演变过程。另一部门将展出动物及所有其他自然历史的标本,说明它们之间的原始关系,展出微生物及各类动植物标本,逐渐导致到人类学。创办这样一所研究院所必需的经费,据估计为一千万英镑,地点设在南京或北京。但是,目前我们的教育工作者所面临的是,全国普遍感到财政资金短缺,在这种情况下,要中国实现这个计划,看来是有困难的。然而,我们深信其他大国将会采取同中国在科学事业上合作的方式,在某种程度上给予帮助。英国方面,将要退还庚子赔款,我们认为这是一种慷慨、善意的举动。早在一九二二年,英国政府就在口头上通知中国政府。自从那时以来,各国政府也对此日益关心。现在看来,为了纪念中英之间的友谊,应当把退还的庚子赔款用于一种永恒的形式,这是中国教育家经过深思熟虑的意见。它应该被用于创办这所大型的研究院。我们现在完全可以预期,这个研究院将不仅担负进行高等教育、鼓励科学发展的任务,而且还将成为资料与研究的中心。这是全体中国人民,特别是教育工作者们,在退还庚款问题上的普遍愿望。

在中国的教育发展中,可能还存在着其他的倾向,但是,最重要、最切望的乃是需要建立一所新的科学研究中心,这是需要特别加以强调的。上面概括的,只是我国教育改革的总的发展情况,而不是它的详细情况,尽管每个细节可能是令人感兴趣的,但这里不再详述了。

据蔡元培:《中国教育的发展》(*The Development of Chinese Education*),伦敦东西有限公司(East and West, Ltd)1924年印本译出(赵念渝译、赵传家校)

我在北京大学的经历

（一九三四年一月一日）

北京大学的名称，是从民国元年起的。民元以前，名为京师大学堂，包有师范馆、仕学馆等，而译学馆亦为其一部。我在民元前六年，曾任译学馆教员，讲授国文及西洋史，是为我在北大服务之第一次。

民国元年，我长教育部，对于大学有特别注意的几点。一、大学设法、商等科的，必设文科；设医、农、工等科的，必设理科。二、大学应设大学院（即今研究院），为教授、留校的毕业生与高级学生研究的机关。三、暂定国立大学五所，于北京大学外，再筹办大学各一所于南京、汉口、四川、广州等处（尔时想不到后来各省均有办大学的能力）。四、因各省的高等学堂，本仿日本制，为大学预备科，但程度不齐，于入大学时发生困难，乃废止高等学堂，于大学中设预科（此点后来为胡适之先生等所非难，因各省既不设高等学堂，就没有一个荟萃较高学者的机关，文化不免落后，但自各省竞设大学后，就不必顾虑了）。

是年，政府任严幼陵君为北京大学校长。两年后，严君辞职，改任马相伯君。不久,马君又辞,改任何锡侯君,不久又辞,乃以工科学长胡次珊君代理。民国五年冬,我在法国,接教育部电,促回国,任北大校长。我回来,初到上海,友人中劝不必就职的颇多,说北大太腐败,进去了,若不能整顿,反于自己的声名有碍。这当然是出于爱我的意思。但也有少数的说,既然知道他腐败,更应进去整顿,就是失败,也算尽了心。这也是爱人以德的说法。我到底服从后说,进北京。

我到京后,先访医专校长汤尔和君,问北大情形。他说:"文科预科的情形,可问沈尹默君;理工科的情形,可问夏浮筠君。"汤君又说:"文科学长如未定,可请陈仲甫君。陈君现改名独秀,主编《新青年》杂志,确可为青年的指导者。"因取《新青年》十余本示我。我对于陈君,本来有一种不忘的印象,就是我与刘申叔君同在《警钟日报》服务时,刘君语我:"有一种在芜湖发行之白话报,发起的若干人,都因困苦及危险而散去了,陈仲甫一个人又支持了好几个月。"现在听汤君的话,又翻阅了《新青年》,决意聘他。从汤君处探知陈君寓在前门外一旅馆,我即往访,与之订定。于是陈君来北大任文科学长,而夏君原任理科学长,沈君亦原任教授,一仍旧贯;乃相与商定整顿北大的办法,次第执行。

我们第一要改革的,是学生的观念。我在译学馆的时候,就知道北京学生的习惯。他们平日对于学问上并没有什么兴会,只要年限满后,可以得到一张毕业文凭。教员是自己不用功的,把第一次的讲义,照样印出来,按期分散给学生,在讲坛上读一遍,学生觉得没有趣味,或瞌睡,或看看杂书,下课时,把讲义带回去,堆在书架上。等到学期、学年或毕业的考试,教员认真的,学生就拼命的连夜阅读讲义,只要把考试对付过去,就永远不再去翻一翻了。要是教员通融一点,学生就先期要求教员告知他要出的题目,至少要求表示一个出题目的范围;教员为避免学生的怀恨与顾全自身的体面起见,往往把题目或范围告知他们了。于是他们不用功的习惯,得了一种保障了。尤其北京大学的学生,是从京师大学堂老爷式学生嬗继下来(初办时所收学生,都是京官,所以学生都被称为老爷,而监督及教员都被称为中堂或大人)。他们的目的,不但在毕业,而尤注重在毕业以后的出路。所以专门研究学术的教员他们不见得欢迎。要是点名时认真一点,考试时严格一点,他们就借个话头反对他,虽罢课也所不惜。若是一位在政府有地位的人来兼课,虽时时请假,他们还是欢迎得很,因为毕业后可以有阔老师做靠山。这种科举时代遗留下来劣根性,是于求学上很有妨碍的。所以我到校后第一次演说,就说明:"大学学生,当以研究学术为天职,不当以大学为升官发财之阶梯。"然而要打破这些习惯,止有从聘请积学而热心的教员着手。

那时候因《新青年》上文学革命的鼓吹,而我们认识留美的胡适之君,他回国后,即请到北大任教授。胡君真是"旧学邃密"而且"新知深沈"的一个人,所以一方面与沈尹默、兼士兄弟,钱玄同、马幼渔、刘半农诸君以新方法整理国故;一方面整理英文系。因胡君之介绍而请到的好教员,颇不少。

我素信学术上的派别是相对的,不是绝对的。所以每一种学科的教员,即使主张不同,若都是"言之成理、持之有故"的,就让他们并存,令学生有自由选择的余地。最明白的是胡适之君与钱玄同君等绝对的提倡白话文学,而刘申叔、黄季刚诸君仍极端维护文言的文学;那时候就让他们并存。我信为应用起见,白话文必要盛行,我也常常作白话文,也替白话文鼓吹;然而我也声明,作美术文,用白话也好,用文言也好。例如我们写字,为应用起见,自然要写行楷,若如江艮庭君的用篆隶写药方,当然不可;若是为人写斗方或屏联,作装饰品,即写篆隶章草,有何不可?

那时候备科都有几个外国教员,都是托中国驻外使馆或外国驻华使馆介绍的,学问未必都好,而来校既久,看了中国教员的阑珊,也跟了阑珊起来。我们斟酌了一番,辞退几人,都按着合同上的条件办的。有一法国教员要控告我,有一英国教习竟要求英国驻华公使朱尔典来同我谈判,我不答应。朱尔典出去后,说:"蔡元培是不要再做校长的了。"我也一笑置之。

我从前在教育部时,为了各省高等学堂程度不齐,故改为各大学直接的预科。不意北大的预科,因历年校长的放任与预科学长的误会,竟演成独立的状态。那时候预科中受了教会学校的影响,完全偏重英语及体育两方面,其他科学比较的落后,毕业后若直升本科,发生困难。预科中竟自设了一个预科大学的名义,信笺上亦写此等字样。于是不能不加以改革,使预科直接受本科学长的管理,不再设预科学长。预科中主要的教课,均由本科教员兼任。

我没有本校与他校的界限,常为之通盘打算,求其合理化。是时北大设文、理、工、法、商五科,而北洋大学亦有工、法两科。北京又有一工业专门学校,都是国立的。我以为无此重复的必要,主张以北大的工科并入北洋,而北洋之法科,刻期停办。得北洋大学校长同意及教育部核准，把土木工与矿冶工并到北洋去了。把工科省下来的经费，用在理科上。我本来想把法科与法专并成一科，专授法律，但是没有成功。我觉得那时候的商科，毫无设备，仅有一种普通商业学教课，于是并入法科，使已有的学生毕业后停止。

我那时候有一个理想，以为文、理两科，是农、工、医、药、法、商等应用科学的基础，而这些应用科学的研究时期，仍然要归到文、理两科来。所以文、理两科，必须设各种的研究所；而此两科的教员与毕业生必有若干人是终身在研究所工作，兼任教员，而不愿往别种机关去的。所以完全的大学，当然各科并设，有互相关联的便利。若无此能力，则不妨有一大学专办文、理两科，名为本科；而其他应用各科，可办专科的高等学校，如德、法等国的成例。以表示学与术的区别。因为北大的校舍与经费，决没有兼办各种应用科学的可能，所以想把法律分出去，而编为本科大学，然没有达到目的。

那时候我又有一个理想，以为文、理是不能分科的。例如文科的哲学，必植基于自然科学；而理科学者最后的假定，亦往往牵涉哲学。从前心理学附入哲学，而现在用实验法，应列入理科；教育学与美学，也渐用实验法，有同一趋势。地理学的人文方面，应属文科，而地质地文等方面属理科。历史学自有史以来，属文科，而推原于地质学的冰期与宇宙生成论，则属于理科。所以把北大的三科界限撤去而列为十四系，废学长，设系主任。

我素来不赞成董仲舒罢黜百家、独尊孔氏的主张。清代教育宗旨有"尊孔"一款，已于民元在教育部宣布教育方针时说他不合用了。到北大后，凡是主张文学革命的人，没有不同时主张思想自由的；因而为外间守旧者所反对。适有赵体孟君以编印明遗老刘应秋先生遗集,贻我一函,属约梁任公、章太炎、林琴南诸君品题。我为分别发函后,林君复函,列举彼对于北大怀疑诸点;我复一函,与他辩。这两函颇可窥见那时候两种不同的见解,所以抄在下面①。

这两函虽仅为文化一方面之攻击与辩护,然北大已成为众矢之的,是无可疑了。越四十余日,而有五四运动。我对于学生运动,素有一种成见,以为学生在学校里面,应以求学为最大目的,不应有何等政治的组织。其有年在二十岁以上,对于政治有特殊兴趣者,可以个人资格参加政治团体,不必牵涉学校。所以民国七年夏间,北京各校学生,曾为外交问题,结队游行,向总统府请愿。当北大学生出发时,我曾力阻他们,他们一定要参与,我因此引咎辞职。经慰留而罢。到八年五月四日,学生又有不签字于巴黎和约与罢免亲日派曹、陆、章的主张,仍以结队游行为表示,我也就不去阻止他们了。他们因愤激的缘故,遂有焚曹汝霖住宅及攒殴章宗祥的事,学生被警厅逮捕者数十人,各校皆有,而北大学生居多数;我与各专门学校的校长向警厅力保,始释放。但被拘的虽已保释,而学生尚抱再接再厉的决心,政府亦且持不做不休的态度。都中喧传政府将明令免我职而以马其昶君任北大校长,我恐若因此增加学生对于政府的纠纷,我个人且将有运动学生保持地位的嫌疑,不可以不速去。乃一面呈政府,引咎辞职;一面秘密出京,时为五月九日。

那时候学生仍每日分队出去演讲,政府逐队逮捕,因人数太多,

---

① 见《蔡元培全集》第3卷"致公言报函并附答林琴南君函",此处略。

就把学生都监禁在北大第三院。北京学生受了这样大的压迫,于是引起全国学生的罢课,而且引起各大都会工商界的同情与公愤,将以罢工、罢市为同样之要求。政府知势不可侮,乃释放被逮诸生,决定不签和约,罢免曹、陆、章,于是五四运动之目的完全达到了。

五四运动之目的既达,北京各校的秩序均恢复,独北大因校长辞职问题,又起了多少纠纷。政府曾一度任命胡次珊君继任,而为学生所反对,不能到校;各方面都要我复职。我离校时本预定决不回去,不但为校务的困难,实因校务以外,常常有许多不相干的缠绕,度一种劳而无功的生活,所以启事上有"杀君马者道旁儿;民亦劳止,汽可小休;我欲小休矣"等语。但是隔了几个月,校中的纠纷,仍在非我回校,不能解决的状态中,我不得已,乃允回校。回校以前,先发表一文,告北京大学学生及全国学生联合会,告以学生救国,重在专研学术,不可常为救国运动而牺牲。① 到校后,在全体学生欢迎会演说,说明德国大学学长、校长均每年一换,由教授会公举;校长且由神学、医学、法学、哲学四科之教授轮值,从未生过纠纷,完全是教授治校的成绩。北大此后亦当组成健全的教授会,使学校决不因校长一人的去留而起恐慌。②

那时候蒋梦麟君已允来北大共事,请他通盘计划,设立教务、总务两处,及聘任、财务等委员会,均以教授为委员。请蒋君任总务长,而顾孟余君任教务长。

---

① 见《蔡元培全集》第 3 卷"告北大学生暨全国学生书"。
② 见《蔡元培全集》第 3 卷"回任北大校长在全体学生欢迎会上演说词"。

北大关于文学、哲学等学系，本来有若干基本教员，自从胡适之君到校后，声应气求，又引进了多数的同志，所以兴会较高一点。预定的自然科学、社会科学、文学、国学四种研究所，止有国学研究所先办起来了。在自然科学与社会科学方面，比较的困难一点。自民国九年起，自然科学诸系，请到了丁巽甫、颜任光、李润章诸君主持物理系，李仲揆君主持地质系。在化学系本有王抚五、陈聘丞、丁庶为诸君，而这时候又增聘程寰西、石蘅青诸君。在生物学系本已有锺宪鬯君在东南西南各省搜罗动植物标本，有李石曾君讲授学理，而这时候又增聘谭仲逵君。于是整理各系的实验室与图书室，使学生在教员指导之下，切实用功；改造第二院礼堂与庭园，使合于讲演之用。在社会科学方面，请到王雪艇、周鲠生、皮皓白诸君，一面诚意指导提起学生好学的精神；一面广购图书杂志，给学生以自由考索的工具。丁巽甫君以物理学教授兼预科主任，提高预科程度。于是北大始达到各系平均发展的境界。

我是素来主张男女平等的。九年，有女学生要求进校，以考期已过，姑录为旁听生。及暑假招考，就正式招收女生。有人问我："兼收女生是新法，为什么不先请教育部核准？"我说："教育部的大学令，并没有专收男生的规定；从前女生不来要求，所以没有女生；现在女生来要求，而程度又够得上，大学就没有拒绝的理。"这是男女同校的开始，后来各大学都兼收女生了。

我是佩服章实斋先生的，那时候国史馆附设在北大，我定了一个计划，分征集、纂辑两股；纂辑股又分通史、民国史两类；均从长编入手。并编历史辞典。聘屠敬山、张蔚西、薛阆仙、童亦韩、徐贻孙诸君分任征集编纂等务,后来政府忽又有国史馆独立一案,别行组织。于是张君所编的民国史,薛、童、徐诸君所编的辞典,均因篇帙无多,视同废纸;止有屠君在馆中仍编他的蒙兀儿史,躬自保存,没有散失。

我本来很注意于美育的,北大有美学及美术史教课,除中国美术史由叶浩吾君讲授外,没有人肯讲美学。十年,我讲了十余次,因足疾进医院停止。至于美育的设备,曾设书法研究会,请沈尹默、马叔平诸君主持。设画法研究会,请贺履之、汤定之诸君教授国画;比国楷次君教授油画。设音乐研究会,请萧友梅君主持。均听学生自由选习。

我在爱国学社时,曾断发而习兵操,对予北大学生之愿受军事训练的,常特别助成,曾集这些学生,编成学生军,聘白雄远君任教练之责,亦请蒋百里、黄膺白诸君到场演讲。白君勤恳而有恒,历十年如一日,实为难得的军人。

我在九年的冬季,曾往欧美考察高等教育状况,历一年回来。这期间的校长任务,是由总务长蒋君代理的。回国以后,看北京政府的情形,日坏一日,我处在与政府常有接触的地位,日想脱离。十一年冬,财政总长罗钧任君忽以金佛郎问题被逮,释放后,又因教育总长彭允彝君提议,重复收禁。我对于彭君此举,在公议上,认为是蹂躏人权献媚军阀的勾当;在私情上,罗君是我在北大的同事,而且于考察教育时为最密切的同伴,他的操守,为我所深信,我不免大抱不平,与汤尔和、邵飘萍、蒋梦麟诸君会商,均认有表示的必要。我于是一面递辞呈,一面离京。隔了几个月,贿选总统的布置,渐渐的实现;而要求我回校的代表,还是不绝,我遂于十二年七月间重往欧洲,表示决心；至十五年，始回国。那时候，京津间适有战争，不能回校一看。十六年，国民政府成立，我在大学院，试行大学区制，以北大划入北平大学区范围，于是我的北京大学校长的名义，始得取消。

综计我居北京大学校长的名义，十年有半；而实际在校办事，不过五年有半，一经回忆，不胜惭悚。

据《东方杂志》第 31 卷第 1 号（1934 年 1 月 1 日出版）

《俞理初先生年谱》跋

（一九三四年五月五日）

余自十余岁时，得读俞先生之《癸巳类稿》及《存稿》，而深好之。历五十年而好之如故，欲为俞先生作年谱，苦无《四养斋诗集》。吾友程君演生为于王君立中处觅得一册，王君且以所藏之俞先生札记一册见借，又贻我以俞先生遗象之印片。程君又为我觅得俞先生及其弟正禧之乡试朱卷，于是参考之材料稍稍具矣，乃写年谱初稿。然尚以为未备，欲再有所辑补，经年未脱稿。王君不及待，乃自为之，数月而成以示余。余以余之初稿对勘之，王君之稿较为详赡。余稿中有若干条可为王君补充者径补之，以致程君，附印于《安徽丛书》三集中俞先生手订本《癸巳类稿》之前。赖王君之精进，成此年谱，何快如之！

抑余犹有不能已于言者，余之崇拜俞先生有最重要者二点，分述于下。

一、认识人权

男女皆人也。而我国习惯，寝床、寝地之诗，从大、从子之礼，男子不禁再娶,而寡妇以再醮为耻,种种不平,从未有出而纠正之者。俞先生从各方面为下公平之判断。有说明善意者,如"类"一(即《癸巳类稿》卷一,下仿此),"大像传后义"说:"传""复传""姤传"之后,皆周之王后。"类"十二,"并配义",以继室宜并配。"存"四(即《癸巳存稿》卷四,下仿此),"女人称谓贵重",以娘子为一家尊称,托意至高。同卷,"姬姨"谓:"姬者,美女之称。贵妾呼姨,若以为主母之姊妹也者,即古之娣媵。又以明女君不妒忌。""类"三,"娣姒义"谓:"嫂妇,其位;娣姒,其年。礼本人情,必备遂之,其义始备。""类"十三,"妒非女人恶德论"谓:"夫买妾而妻不妒,是恝也,恝则家道坏矣。妒非女人恶德,妒而不忌斯上德。""存"四,"女"谓:白居易"妇人苦"诗,其言蔼然。《庄子·天道篇》,尧有嘉孺子而哀妇人之语。《书·梓材》,成王谓康叔"敬寡、属妇,合由以容"之语,而叹为圣人言。以《天方典礼》有"妻暨仆民之二弱,衣之食之,勿命以所不能"之语,而悟持世之人未有不计及此者。"类"七,"释小补楚语笄内则总角义"谓:"可睹古人尊长谦幼之意。""存"四,"额黄眉间黄"谓:"尝求相法,女人妆饰皆是好相。""类"三,"女吊婿驳义",为弱女证明无远吊之责。"类"十三,"贞女说"谓:"男儿以忠义自责则可耳。妇女贞烈,岂是男子荣耀也!""存"十三,"亳州志木兰事书后",以木兰代父,为师都成而不肯入师都宫,为合于孟子"往役,礼也;往见,非礼也"之义。而叹为真女士。同卷,"尼庵议",证明女身可受记为如来,可化为金轮王,可转身为释迦文佛,为弥勒佛。是皆从理论说明女权者也。有为古人辨诬者如"存"一,"河广解"谓:"弃妇能念其夫,愈是贤。""存"一,"鲁二女",以"为妄人所诬,故为证明之"。同卷,"息夫人未言义",以未言为"守心丧礼",楚樊姬、凉武昭王后尹氏亦然。"类"十二,"书《旧五代史》僭伪列传三后",对花蕊夫人谓:"《能改斋漫录》之别护送,《闻见录》之颇示宠,《鉴戒录》之妄诋徐后,皆诬衊不成人美。""类"十五,"易安居士事辑"谓:"素恶易安改嫁张汝舟之说不甘小人言语使才人下配驵侩。"又谓:"至后人貌为正论。《碧鸡漫志》谓:易安词。于妇人中为最无顾惜。《水东日记》谓:易安词为不祥之具,此何异直不疑盗嫂乱伦,狄仁杰谋反当诛灭也。"有为无告讼直者,如"类"十三,"书《旧唐书·舆服志》后"谓:"古有丁男、丁女,裹足则失丁女。又出古舞屣贱服,女贱则男贱。""类"十二,"除乐户丐户籍及女乐考附古事"谓:"除乐户之事,诚可云舒愤懑者。""存"十四,"家妓官妓旧事",以杨诚斋黥妓面,孟之经文妓鬓:为"虐无告"。无一非以男女平等之立场发育者。

二、认识时代

人类之推理与想象,无不随时代而进步。后人所认为常识,而古人未之见及者,正复不少。后人以崇拜古人之故,认古人为无所不知,好以新说为古人附会,而古人之言反为之隐晦。俞先生认一时代有一时代之见解与推想,分别观之,有证明天算及声韵者。如"存"三,"与程君式金书"谓:"学当知古今之分行,天文测算、小学声韵二家。刘向之赡雅,且以夏历不合,为伪。刘歆引经以证其术。后人又以时法说经,经义遂晦。依经立义,则畴人子弟妄争之。……尝谓:以浑说经则乱经,以经子证算则乱算。……经自有法,郑以'纬'说之,是也。大明自有法,刘宋所行者是也。算自有法,今算学生所用者是也。言小学者不知声音递变,好言古音。……又多不问古人作文字之意,略有所闻,辄欲执古改今。又不精审,竟成丑谬。见人强言字母,而自踣于方言,致彼此不相晓,是人不须有言矣,更何须有音韵,又何问音韵之当否乎?""类"十,"书开元占经天体浑宗后"谓:"天部之学与音韵之变,或世异地异,不能强同。说经者引王蕃注天,依《广韵》定读,皆所谓无是非之心者也。"有专言天算者,如"类"一,"光被四表格于上下古文说"谓:"《纬书》所言,与《算经》事事皆合。经纬俱用盖天也。其率,周三径一。后世王蕃、祖冲之更开密率,则虞、夏史臣所不及知,不得引后证前,失其本旨。""今求浑天,取盖天第四衡,其外则反之,无所谓四表。其法今是而古非。然古人已非矣,不得掩其非而没其意。""故郑说经专采纬义,不涉浑天,正如《书》之王位,不得以汉、唐之王当之也。""类"十,"盖天论"谓:"今求之经传诸子,《史记》太初宪以前皆盖天。盖天实疏,不劳后人饰之。""盖天但无南极,故与后人之说全异。三国以后,矜言浑盖通宪,甚无谓也。"同卷,"《史记》用'盖天论'"谓:"浑天之说诚是,以之说《汉书》则不可,况以之说《史记》,又进而说经乎?又况以回回、西洋所得之数说经?夫知古而不知今,与知今而不知古,皆疏漏之说也。""存"六,"天门"谓:"乾位在西北,以天门所在,盖天之说也,浑天则不然。故说经宜通盖天。……不知盖天,则经子皆可疑矣。"同卷,"烛龙"谓:"经、纬、子及佛书皆盖说,后天治浑,乃好引之,非特乱古,直自乱其算。二千年来术士不悟也。""存"六,"日长短论"谓:"浑天日月高下里差,不可以说盖天。""类"十,"古宪论"谓:"减四分,求交食,定岁差,乃后人推得,古人本所不知,非其术伪也。""自古经传皆备用其时宪法。雄(扬雄)乌从豫知后世有承天法?且承天法后亦不验。自蔡邕以后世法说《月令》,而注与经背。久之,时术又改,展转相谤,其法亦废。是经义终不能明,注说又不可用,无益于术而有害于经。是故说经传者当知其时,布算立度而各申其旨,则于天学沿革当明,古宪不可不知也。""七政西移自一代之法。……说《夏书》者必宜知之。前后儒以概唐、虞、商、周。又宜明太祖之漫斥之,盖惟夏宪则可以七政西移言之也。""梁人'刻漏经'以佛法九十六刻为古,初亦不悟古今各异制,妄造故实也。""古宪不可行于后,后世之法亦不可以说经。盖术虽工,非经本意也。""事有沿革。贵好学深思,心知其意,循文求义,各申厥旨。而后进求精衔,庶亦举妄破经义,诋毁古宪二千年之陋习而空之。"同卷"天事阙疑说"谓:"东汉言圣人记日食者,以正失朔,不悟圣人并不知日食而合朔也。""日食与复,三代圣人尚未能知,由积测未至。后人不知当时之意,乃为圣人展转讳之,则妄矣。""日食定是合朔,而古人则定不知也。"同卷"恒星七曜古义"谓:"汉人所创之法,不可以说三代古书。""类"三,"中星郑义"谓:"《书》《礼》中星不同,后人以岁差解之。……岁差非作《书》《礼》者所能晓。""类"十,"六壬古式考"谓:"凡术当顺天以求合,不可为法以改天。古人制法,适与其时天行合,""存"六,"天九重"谓:"天以十二重布算,其法精密,然以说经,则经文当改抹矣。言九重者则在中古。""古人测候未全。非故为其疏也,"同卷,"岁星"谓:"郑言小周,服言龙跳天门,以后世所推者说古,古人实不能知也。廿氏所推,已有迟伏。若纬,止言岁行一次,与经传合。古法疏,故谓之岁。后法密,当曰木星,不当曰岁星矣。""类"二,"启明长庚古义"谓:"今法,作《诗》者所不晓。古法则如此。""存"六,"日月古证文答宣城张征士炯"谓:"古今名义不相蒙者,儒者当知其意。知春秋时吴、楚而疑今名江南者,非也。知今江南而疑明名直隶者,亦非也。日月之说,宣城定九梅先生之言是矣,元、明人之言是也。然古人测之未详,就其所见言之,亦是也。"有说地理者,如"类"一、"扬田下下说"谓:"扬州田下下,荆田下中,梁下上,此即禹作贡时地力言之也。……年久土复,而扬、荆、梁三州之田,皆后世之最上者,地力不同故也。"有说礼制者,如"类"三、"周乡遂田制义"谓:"遂人、匠人,一以夫计,一以井计,事本不同,制无缘合。大司徒助制,遂人、大司马贡法。《周官》贡不为井,后人欲以己意井之,遂改说《周官》,使不可通。……陈祥道、郑樵谓遂人、匠人之制无不合者,不识数矣。""类"三,"古命于庙义"谓:"古者爵命必于祖庙,以祖孙同庙,故就之。《王制》云:爵人于朝。秦汉之制。《祭统》云:古者明君爵有德,必于太祖。乃汉时儒生测度之言。""类"三,"乡兴贤能论"谓:"说者引唐事以况宋,已为不达,况引周事以绳明选举,经义益荒,援据失义矣。""类"三,"媒氏民判解"谓:"此令也,非礼也。礼不下庶人,令言其极不是过。以令为札。则文义不通,此经文之晦久矣。令各有为制各有时,不可不察也。""类"三,"问名义"谓:"婚礼问名者,太古相传之礼。而'记'云问女为谁氏,则周礼也。"有证明古书词例者,如"类"二,"兄弟辞解"谓:"闵元年'传'。子女子云;以《春秋》为《春秋》。今以《公羊》为《公羊》当如此。""类"二,"《春秋》书比月日食义"谓:"时无推日食之法,失在策书(谬复),孔子不能追改,以《春秋》为《春秋》。""类"三,"君子子解"谓:"以君子为贵人,周人之语也。"同卷,"食之者寡义"谓:"圣人必重农,然书各有义。《大学》实不曾说重农,不必改财货为米粟,失古人本意。""类"七,"书隐三年左传后"谓:"贰叛弑,古语上下共之。秦、汉以后,始定于一。今读古书多险词,当知古今之所以异。"同卷,"补仪礼篇名义"谓:"《白虎通》云:王太子亦称士何? ……是东汉人不知古言之证。……古人爱之则曰'士',恶之则曰'夫'也。美之则曰如'处女',讥之则曰'妇人'也。古言茫昧,意则可知。《吴越春秋》云:'贞明执操,其丈夫女哉。'出辞倍矣。且此女三十未嫁,子胥何得呼为'夫人'?尤作书者东汉人不明古语之证。""类"十一,"百里奚事异同论"谓:"奚实贤者,后人喜称说之,增加事迹,不能强同。""《商君传》自是赵良之言,史载其言,不得改之。《困学纪闻》引范太史谓:迁言自为违异。此范亦可谓不达史体矣。"同卷,"秦汉亥正记事记言说"谓:"《封禅书》:于是秦以冬十月为年首。又云:高祖以十月至霸上,因以十月为年首。此记事之词,以作者时所谓十月追名之,则易晓也。《封禅书》又云:高祖十年,春,有司请令县常以春三月及时腊。此记言之词,依其言记之,不失实也。""类"十二,"书五代史马缟传后"谓:"读者不察古今语言文同义异之致,乃疑古事矣。""类"三,"乡射堂义"谓:"敖继公《集说》云:记育出东房,是必有西房,有室。此本于朱子《仪礼释宫注》,乃宋、元人作室法,周公所不晓。"同卷,"旁三义"谓:"宋、元诸儒所言左右旋,乃僧义净法,与东西南北经纬之改自西法者,诚各有意,然必不可牵之以证三代旧书也。"其于引后证前、执古改今两方面之谬误,言之重,词之复,可谓详尽而透彻矣。

上二点外,尚有可附记之一点:张石州序《癸巳存稿》称:"理初足迹半天下,得书即读,读即有所疏记,每一事为一题,巨册数十,鳞比行箧中积岁月,证据周遍,断以己事,一文遂立。"可以见俞先生准备成立之方法。然此等一事为一题之稿册,尚未得见,而所见者有一"札记",即王立中君所藏者,其体例于读书时随笔疏记,标题之有无不同,而以联想所及之材料附之,其他时所得,则书于别纸而签志之。盖此为最初之疏记,而张先生所举之巨册数十,则第二级之疏记也。附记于此,以觇俞先生工作之一例焉。

中华民国二十三年五月五日

蔡元培

据王立中纂辑《俞理初先生年谱》,见《安徽丛书》第3集第18册,安徽丛书编印处1934年出版

论立德修身

中学修身教科书*

（一九一二年五月）

例　言

一、本书为中学校修身科之用。

一、本书分上、下二篇：上篇注重实践；下篇注重理论。修身以实践为要，故上篇较详。

一、教授修身之法，不可徒令生徒依书诵习，亦不可但由教员依书讲解，应就实际上之种种方面，以阐发其旨趣：或采历史故实，或就近来时事，旁征曲引，以起发学生之心意。本书卷帙所以较少者，正留为教员博引旁证之余地也。

一、本书悉本我国古圣贤道德之原理，旁及东西伦理学大家之说，斟酌取舍，以求适合于今日之社会。立说务期可行，行文务期明亮，区区苦心，尚期鉴之。

---

* 蔡元培在德国留学期间编著《中学修身教科书》一书，商务印书馆于1912年5月出版，至1921年9月出十六版。蔡元培取第十六版一本作若干修改。

目　次

上　篇

第一章　修己
第一节　总论　　第二节　体育　　第三节　习惯
第四节　勤勉　　第五节　自制　　第六节　勇敢
第七节　修学　　第八节　修德　　第九节　交友
第十节　从师

第二章　家族
第一节　总论　　第二节　子女　　第三节　父母
第四节　夫妇　　第五节　兄弟姊妹
第六节　族戚及主仆

第三章　社会
第一节　总论　　第二节　生命　　第三节　财产
第四节　名誉　　第五节　博爱及公益
第六节　礼让及威仪

第四章　国家
第一节　总论　　第二节　法律　　第三节　租税

第四节　兵役　　　第五节　教育　　　第六节　爱国
第七节　国际及人类

第五章　职业
第一节　总论　　　第二节　佣者及被佣者
第三节　官吏　　　第四节　医生　　　第五节　教员
第六节　商贾

下　篇

第一章　绪　论

第二章　良心论
第一节　行为　　　第二节　动机
第三节　良心之体用
第四节　良心之起源

第三章　理想论
第一节　总论　　　第二节　快乐说　　　第三节　克己说
第四节　实现说

第四章　本务论
第一节　本务之性质及缘起

第二节　本务之区别
第三节　本务之责任

第五章　德　论
第一节　德之本质　第二节　德之种类　第三节　修德

第六章　结　论

上　篇

第一章　修　己

第一节　总　论

人之生也,不能无所为,而为其所当为者,是谓道德。道德者,非可以猝然而袭取也,必也有理想,有方法。修身一科,即所以示其方法者也。

夫事必有序,道德之条目,其为吾人所当为者同,而所以行之之方法,则不能无先后所谓先务者,修己之道是已。

吾国圣人,以孝为百行之本,小之一人之私德,大之国民之公义,无不由是而推演之者,故曰惟孝友于兄弟,施于有政,由是而行之于社会,则宜尽力于职分之所在,而于他人之生命若财产、若名誉,皆护惜之,不可有所侵毁。行有余力,则又当博爱及众,而勉进公益,由是而行之于国家,则于法律之所定,命令之所布,皆当恪守而勿违。而有事之时,又当致身于国,公而忘私,以尽国民之义务,是皆道德之教所范围,为吾人所不可不勉者也。

夫道德之方面,虽各各不同,而行之则在己。知之而不行,犹不知也;知其当行矣,而未有所以行此之素养,犹不能行也。怀邪心者,无以行正义;贪私利者,无以图公益。未有自欺而能忠于人,自侮而能敬于人者。故道德之教,虽统各方面以为言,而其本则在乎修己。

修己之道不一,而以康强其身为第一义。身不康强,虽有美意,无自而达也。康矣强矣,而不能启其知识,练其技能,则奚择于牛马,故又不可以不求知能。知识富矣,技能精矣,而不率之以德性,则适以长恶而遂非,故又不可以不养德性。是故修己之道,体育、知育、德育三者,不可以偏废也。

第二节 体 育

凡德道以修己为本,而修己之道,又以体育为本。

忠孝,人伦之大道也,非康健之身,无以行之。人之事父母也,服劳奉养,惟力是视,羸弱而不能供职,虽有孝思奚益?况其以疾病贻父母忧乎?其于国也亦然。国民之义务,莫大于兵役,非强有力者,应征而不及格,临阵而不能战,其何能忠?且非特忠孝也。一切道德,殆皆非羸弱之人所能实行者。苟欲实践道德,宣力国家,以尽人生之天职,其必自体育始矣。

且体育与智育之关系,尤为密切,西哲有言:康强之精神,必寓于康强之身体。不我欺也。苟非狂易,未有学焉而不能知,习焉而不能熟者。其能否成立,视体魄如何耳。也尝有抱非常之才,且亦富于春秋,徒以体魄孱弱,力不逮志,奄然与凡庸伍者,甚至或盛年废学,或中道夭逝,尤可悲焉。

夫人之一身,本不容以自私,盖人未有能遗世而独立者。无父母则无我身,子女之天职,与生俱来。其他兄弟夫妇朋友之间,亦各以其相对之地位,而各有应尽之本务。而吾身之康强与否,即关于本务之尽否。故人之一身,对于家族若社会、若国家,皆有善自摄卫之责。使傲然曰:我身之不康强,我自受之,于人无与焉。斯则大谬不然者也。

人之幼也,卫生之道,宜受命于父兄。及十三四岁,则当躬自注意矣。请述其概:一曰节其饮食;二曰洁其体肤及衣服;三曰时其运动;四曰时其寝息;五曰快其精神。

少壮之人,所以损其身体者,率由于饮食之无节。虽当身体长育之时,饮食之量,本不能以老人为例,然过量之忌则一也。使于饱食以后,尚歆于旨味而恣食之,则其损于身体,所不待言。且既知饮食过量之为害,而一时为食欲所迫,不及自制,且致养成不能节欲之习惯,其害尤大,不可以不慎也。

少年每喜于闲暇之时,杂食果饵,以致减损其定时之餐饭,是亦一弊习。医家谓成人之胃病,率基于是。是乌可以不戒欤?

酒与烟,皆害多而利少。饮酒渐醉,则精神为之惑乱,而不能自节。能慎之于始而不饮,则无虑矣。吸烟多始于游戏,及其习惯,则成癖而不能废。故少年尤当戒之。烟含毒性，卷烟一枚，其所含毒分，足以毙雀二十尾。其毒性之剧如此，吸者之受害可知矣。

凡人之习惯，恒得以他习惯代之。饮食之过量，亦一习惯耳。以节制食欲之法矫之，而渐成习惯，则旧习不难尽去也。

清洁为卫生之第一义，而自清洁其体肤始。世未有体肤既洁，而甘服垢污之衣者。体肤衣服洁矣，则房室庭园，自不能任其芜秽，由是集清洁之家而为村落、为市邑，则不徒足以保人身之康强，而一切传染病，亦以免焉。

且身体、衣服之清洁，不徒益以卫生而已，又足以优美其仪容，而养成善良之习惯，其裨益于精神者，亦复不浅。盖身体之不洁，如蒙秽然，以是接人，亦不敬之一端。而好洁之人，动作率有秩序，用意亦复缜密，习与性成，则有以助勤勉精明之美德。借形体以范精神，亦缮性之良法也。

运动亦卫生之要义也。所以助肠胃之消化，促血液之循环，而爽朗其精神者也。凡终日静坐偃卧而怠于运动者，身心辄为之不快，驯致食欲渐减，血色渐衰，而元气亦因以消耗。是故终日劳心之人，尤不可以不运动。运动之时间，虽若靡费，而转为勤勉者所不可吝，此亦犹劳作者之不能无休息也。

凡人精神抑郁之时，触物感事，无一当意，大为学业进步之阻力。此虽半由于性癖，而身体机关之不调和，亦足以致之。时而游散山野，呼吸新空气，则身心忽为之一快，而精进之力顿增。当春夏假期，游历国中名胜之区，此最有益于精神者也。

是故运动者，所以助身体机关之作用，而为勉力学业之预备，非所以恣意而纵情也。故运动如饮食然,亦不可以无节。而学校青年,于蹴鞠竞渡之属,投其所好,则不惜注全力以赴之,因而毁伤身体,或酿成疾病者,盖亦有之,此则失运动之本意矣。

凡劳动者,皆不可以无休息。睡眠,休息之大者也,宜无失时,而少壮尤甚。世或有勤学太过,夜以继日者,是不可不戒也。睡眠不足,则身体为之衰弱,而驯致疾病,即幸免于是,而其事亦无足取。何则?睡眠不足者,精力既疲,即使终日研求,其所得或尚不及起居有时者之半,徒自苦耳。惟睡眠过度,则亦足以酿惰弱之习,是亦不可不知者。

精神者,人身之主动力也。精神不快,则眠食不适,而血气为之枯竭,形容为之憔悴,驯以成疾,是亦卫生之大忌也。夫顺逆无常,哀乐迭生,诚人生之常事,然吾人务当开豁其胸襟,清明其神志,即有不如意事,亦当随机顺应,而不使留滞于意识之中,则足以涵养精神,而使之无害于康强矣。

康强身体之道,大略如是。夫吾人之所以斤斤于是者,岂欲私吾身哉?诚以吾身者,因对于家族若社会、若国家,而有当尽之义务者也。乃昧者,或以情欲之感,睚眦之忿,自杀其身,罪莫大焉。彼或以一切罪恶,得因自杀而消灭,是亦以私情没公义者。惟志士仁人,杀身成仁,则诚人生之本务,平日所以爱惜吾身者,正为此耳。彼或以衣食不给,且自问无益于世,乃以一死自谢,此则情有可悯,而其薄志弱行,亦可鄙也。人生至此,要当百折不挠,排艰阻而为之,精神一到,何事不成?见险而止者,非夫也。

第三节　习　惯

习惯者,第二之天性也。其感化性格之力,犹朋友之于人也。人心随时而动,应物而移,执毫而思书,操缦而欲弹,凡人皆然,而在血气未定之时为尤甚。其于平日亲炙之事物,不知不觉,浸润其精神,而与之为至密之关系,所谓习与性成者也。故习惯之不可不慎,与朋友同。

江河成于涓流,习惯成于细故。昔北美洲有一罪人,临刑慨然曰:吾所以罹兹罪者,由少时每日不能决然早起故耳。夫早起与否,小事也,而此之不决,养成因循苟且之习,则一切去恶从善之事,其不决也犹是,是其所以陷于刑戮也。是故事不在小,苟其反复数四,养成习惯,则其影响至大,其于善否之间,乌可以不慎乎?第使平日注意于善否之界,而养成其去彼就此之习惯,则将不待勉强,而自进于道德。道德之本,固不在高远而在卑近也。自洒扫应对进退,以及其他一事一物一动一静之间,无非道德之所在。彼夫道德之标目,曰正义,曰勇往,曰勤勉,曰忍耐,要皆不外乎习惯耳。

礼仪者,交际之要,而大有造就习惯之力。夫心能正体,体亦能制心。是以平日端容貌,正颜色,顺辞气,则妄念无自而萌,而言行之忠信笃敬,有不期然而然者。孔子对颜渊之问仁,而告以非礼勿视,非礼勿听,非礼勿言,非礼勿动。由礼而正心,诚圣人之微旨也。彼昧者,动以礼仪为虚饰,袒裼披猖,号为率真,而不知威仪之不摄,心亦随之而化,渐摩既久,则放僻邪侈,不可收拾,不亦谬乎。

第四节 勤　勉

勤勉者,良习惯之一也。凡人所免之事,不能一致,要在各因其地位境遇,而尽力于其职分,是亦为涵养德性者所不可缺也。凡勤勉职业,则习于顺应之道,与节制之义,而精细寻耐诸德,亦相因而来。盖人性之受害,莫甚于怠惰。怠惰者,众恶之母。古人称小人闲居为不善,盖以此也。不惟小人也,虽在善人,苟其饱食终日,无所事事,则必由佚乐而流于游惰。于是鄙猥之情,邪僻之念,乘间窃发,驯致滋蔓而难图矣。此学者所当戒也。

人之一生,凡德行才能功业名誉财产,及其他一切幸福,未有不勤勉而可坐致者。人生之价值,视其事业而不在年寿。尝有年登期耋,而悉在醉生梦死之中,人皆忘其为寿。亦有中年丧逝,而树立卓然,人转忘其为夭者。是即勤勉与不勤勉之别也。夫桃梨李栗,不去其皮,不得食其实。不勤勉者,虽小利亦无自而得。自昔成大业、享盛名,孰非有过人之勤力者乎?世非无以积瘵丧其身者,然较之汩没于佚乐者,仅十之一二耳。勤勉之效,盖可睹矣。

第五节 自　制

自制者,节制情欲之谓也。情欲本非恶名,且高尚之志操,伟大之事业,亦多有发源于此者。然情欲如骏马然,有善走之力,而不能自择其所向,使不加控御,而任其奔逸,则不免陷于沟壑,撞于岩墙,甚或以是而丧其生焉。情欲亦然,苟不以明清之理性,与坚定之意志节制之,其害有不可胜言者。不特一人而已。苟举国民而为情欲之奴隶,则夫政体之改良,学艺之进步,皆不可得而期,而国家之前途,不可问矣。此自制之所以为要也。

自制之目有三:节体欲,一也;制欲望,二也;抑热情,三也。

饥渴之欲,使人知以时饮食,而荣养其身体。其于保全生命,振作气力,所关甚大。然耽于厚味而不知餍饫,则不特妨害身体,且将汨没其性灵,昏惰其志气,以酿成放佚奢侈之习。况如沉湎于酒,荒淫于色,贻害尤大,皆不可不以自制之力预禁之。

欲望者,尚名誉、求财产、赴快乐之类是也。人无欲望,即生涯甚觉无谓。故欲望之不能无,与体欲同,而其过度之害亦如之。

豹死留皮,人死留名。尚名誉者,人之美德也。然急于闻达,而不顾其他,则流弊所至,非骄则诣。骄者,务扬己而抑人,则必强不知以为知,訑訑然拒人于千里之外,徒使智日昏,学日退,而虚名终不可以久假。即使学识果已绝人,充其骄矜之气,或且凌父兄而傲长上,悖亦甚矣。诣者,务屈身以徇俗,则且为无非无刺之行,以雷同于污世,虽足窃一时之名,而不免为识者所窃笑,是皆不能自制之咎也。

小之一身独立之幸福,大之国家富强之基础,无不有借于财产。财产之增殖,诚人生所不可忽也。然世人徒知增殖财产,而不知所以用之之道,则虽藏镪百万,徒为守钱虏耳。而矫之者,又或靡费金钱,以纵耳目之欲,是皆非中庸之道也。盖财产之所以可贵,为其有利己利人之用耳。使徒事蓄积,而不知所以用之,则无益于己,亦无裨于人,与赤贫者何异?且积而不用者,其于亲戚之穷乏,故旧之饥寒,皆将坐视而不救,不特爱怜之情浸薄,而且廉耻之心无存。当与而不与，必且不当取而取，私买窃贼之赃，重取债家之息，凡丧心害理之事，皆将行之无忌，而驯致不齿于人类。此鄙吝之弊，诚不可不戒也。顾知鄙吝之当戒矣，而矫枉过正，义取而悖与，寡得而多费，则且有丧产破家之祸。既不能自保其独立之品位，而于忠孝慈善之德，虽欲不放弃而不能，成效无存，百行俱废，此奢侈之弊，亦不必逊于鄙吝也。二者实皆欲望过度之所致，折二者之衷，而中庸之道出焉，谓之节俭。

节俭者，自奉有节之谓也，人之处世也，既有贵贱上下之别，则所以持其品位而全其本务者，固各有其度，不可以执一而律之，要在适如其地位境遇之所宜，而不逾其度耳。饮食不必多，足以果腹而已；舆服不必善，足以备礼而已。绍述祖业，勤勉不息，以其所得，撙节而用之，则家有余财，而可以恤他人之不幸，为善如此，不亦乐乎？且节俭者必寡欲，寡欲则不为物役，然后可以养德性，而完人道矣。

家人皆节俭，则一家齐；国人皆节俭，则一国安。盖人人以节俭之故，而赀产丰裕，则各安其堵，敬其业，爱国之念，油然而生。否则奢侈之风弥漫，人人滥费无节，将救贫之不暇，而遑恤国家。且国家以人民为分子，亦安有人民皆穷，而国家不疲苶者。自古国家，以人民之节俭兴，而以其奢侈败者，何可胜数！如罗马之类是已。爱快乐，忌苦痛，人之情也；人之行事，半为其所驱迫，起居动作，衣服饮食，盖鲜不由此者。凡人情可以徐练，而不可以骤禁。昔之宗教家，常有背快乐而就刻苦者，适足以戕贼心情，而非必有裨于道德。人苟善享快乐，适得其宜，亦乌可厚非者。其活泼精神，鼓舞志气，乃足为勤勉之助。惟荡者流而不返，遂至放弃百事，斯则不可不戒耳。

快乐之适度,言之非艰,而行之维艰,惟时时注意,勿使太甚,则庶几无大过矣。古人有言:欢乐极兮哀情多。世间不快之事,莫甚于欲望之过度者。当此之时,不特无活泼精神、振作志气之力,而且足以招疲劳,增疏懒,甚且悖德非礼之行,由此而起焉。世之堕品行而冒刑辟者,每由于快乐之太过,可不慎欤!

人,感情之动物也,遇一事物,而有至剧之感动,则情为之移,不遑顾虑,至忍掷对己对人一切之本务,而务达其目的,是谓热情。热情既现,苟非息心静气,以求其是非利害所在,而有以节制之,则纵心以往,恒不免陷身于罪戾,此亦非热情之罪,而不善用者之责也。利用热情,而统制之以道理,则犹利用蒸气,而承受以精巧之机关,其势力之强大,莫能御之。

热情之种类多矣,而以忿怒为最烈。盛怒而欲泄,则死且不避,与病狂无异。是以忿怒者之行事,其贻害身家而悔恨不及者,常十之八九焉。

忿怒亦非恶德,受侮辱于人,而不敢与之校,是怯弱之行,而正义之士所耻也。当怒而怒,亦君子所有事。然而逞忿一朝,不顾亲戚,不恕故旧,辜恩谊、背理性以酿暴乱之举,而贻终身之祸者,世多有之。宜及少时养成忍耐之力,即或怒不可忍,亦必先平心而察之,如是则自无失当之忿怒,而诟詈斗殴之举,庶乎免矣。

忍耐者,交际之要道也。人心之不同如其面,苟于不合吾意者而辄怒之,则必至父子不亲,夫妇反目,兄弟相阋,而朋友亦有凶终隙末之失,非自取其咎乎?故对人之道,可以情恕者恕之,可以理遣者遣之。孔子曰：躬自厚而薄责于人。即所以养成忍耐之美德者也。

忿怒之次曰傲慢，曰嫉妒，亦不可不戒也。傲慢者，挟己之长，而务以凌人；嫉妒者，见己之短，而转以尤人，此皆非实事求是之道也。夫盛德高才，诚于中则形于外。虽其人抑然不自满，而接其威仪者，畏之象之，自不容已。若乃不循其本，而摹拟剽窃以自炫，则可以欺一时，而不能持久，其凌蔑他人，适以自暴其鄙劣耳。至若他人之才识闻望，有过于我，我爱之重之，察我所不如者而企及之可也。不此之务，而重以嫉妒，于我何益？其愚可笑，其心尤可鄙也。

情欲之不可不制，大略如是。顾制之之道，当如何乎？情欲之盛也，往往非理义之力所能支，非利害之说所能破，而惟有以情制情之一策焉。

以情制情之道奈何？当忿怒之时，则品弄丝竹以和之；当抑郁之时，则登临山水以解之。于是心旷神怡，爽然若失，回忆忿怒抑郁之态，且自觉其无谓焉。

情欲之炽也，如燎原之火，不可向迩，而移时则自衰，此其常态也。故自制之道，在养成忍耐之习惯。当情欲炽盛之时，忍耐力之强弱，常为人生祸福之所系，所争在顷刻间耳。昔有某氏者，性卞急，方盛怒时，恒将有非礼之言动，几不能自持，则口占数名，自一至百，以抑制之，其用意至善，可以为法也。

第六节　勇　敢

勇敢者，所以使人耐艰难者也。人生学业，无一可以轻易得之者。当艰难之境而不屈不沮,必达而后已,则勇敢之效也。

所谓勇敢者,非体力之谓也。如以体力,则牛马且胜于人。人之勇敢,必其含智德之原质者,恒于其完本务彰真理之时见之。曾子曰:自反而缩,虽千万人,吾往矣。是则勇敢之本义也。

求之历史,自昔社会人文之进步,得力于勇敢者为多,盖其事或为豪强所把持,或为流俗所习惯,非排万难而力支之,则不能有为。故当其冲者,非不屈权势之道德家,则必不徇嬖幸之爱国家,非不阿世论之思想家,则必不溺私欲之事业家。其人率皆发强刚毅,不戁不悚。其所见为善为真者,虽遇何等艰难,决不为之气沮。不观希腊哲人苏格拉底乎?彼所持哲理,举世非之而不顾,被异端左道之名而不惜①,至仰毒以死而不改其操,至今伟之。又不观意大利硕学百里诺及加里沙乎?百氏痛斥当代伪学,遂被焚死。其就戮也,从容顾法吏曰:公等今论余以死,余知公等之恐怖,盖有甚于余者。加氏始倡②地动说,当时教会怒其戾教旨,下之狱,而加氏不为之屈。是皆学者所传为美谈者也。若而人者,非特学识过人,其殉于所信而百折不回。诚有足多者,虽其身穷死于缧绁之中,而声名洋溢,传之百世而不衰,岂与夫屈节回志,忽理义而徇流俗者,同日而语哉?

人之生也,有顺境,即不能无逆境。逆境之中,跋前疐后,进退维谷,非以勇敢之气持之,无由转祸而为福,变险而为夷也。且勇敢亦非待逆境而始著,当平和无事之时,亦能表见而有余。如壹于职业,

---

① 蔡元培在此处上方用毛笔写了三个西文人名:Giordano Bruno, 1548—1600(通译布鲁诺);Galilei,1564—1642(通译伽里略);Copernikus,1473—1543(通译哥白尼)。
② 蔡元培将"始倡"二字改为"主张"。

安于本分,不诱惑于外界之非违,皆是也。

人之染恶德而招祸害者,恒由于不果断。知其当为也,而不敢为;知其不可不为也,而亦不敢为,诱于名利而丧其是非之心,皆不能果断之咎也。至乃虚炫才学,矫饰德行,以欺世而凌人,则又由其无安于本分之勇,而入此歧途耳。

勇敢之最著者为独立。独立者,自尽其职而不倚赖于人是也。人之立于地也,恃己之足,其立于世也亦然。以己之心思虑之,以己之意志行之,以己之资力营养之,必如是而后为独立,亦必如是而后得谓之人也。夫独立,非离群索居之谓。人之生也,集而为家族、为社会、为国家,乌能不互相扶持,互相挹注,以共图团体之幸福。而要其交互关系之中,自一人之方面言之,各尽其对于团体之责任,不失其为独立也。独立亦非矫情立异之谓。不问其事之曲直利害,而一切拂人之性以为快,是顽冥耳。与夫不问曲直利害,而一切徇人意以为之者奚择焉。惟不存成见,而以其良知为衡,理义所在,虽刍荛之言,犹虚己而纳之,否则虽王公之命令、贤哲之绪论,亦拒之而不惮,是之谓真独立。

独立之要有三:一曰自存;二曰自信;三曰自决。

生计者,万事之基本也。人苟非独立而生存,则其他皆无足道。自力不足,庇他人而糊口者,其卑屈固无足言;至若窥人鼻息,而以其一颦一笑为忧喜,信人之所信而不敢疑,好人之所好而不敢忤,是亦一赘物耳,是皆不能自存故也。

人于一事,既见其理之所以然而信之,虽则事变万状,苟其所以然之理如故,则吾之所信亦如故,是谓自信。在昔旷世大儒,所以发明真理者，固由其学识宏远，要亦其自信之笃，不为权力所移，不为俗论所动，故历久而其理大明耳。

凡人当判决事理之时，而俯仰随人，不敢自主，此亦无独立心之现象也。夫智见所不及，非不可咨询于师友，惟临事迟疑，随人作计，则鄙劣之尤焉。

要之无独立心之人，恒不知自重。既不自重，则亦不知重人，此其所以损品位而伤德义者大矣。苟合全国之人而悉无独立心，乃冀其国家之独立而巩固，得乎？

勇敢而协于义，谓之义勇。暴虎冯河，盗贼犹且能之，此血气之勇，何足选也。无适无莫，义之与比，毁誉不足以淆之，死生不足以胁之，则义勇之谓也。

义勇之中，以贡于国家者为最大。人之处斯国也，其生命，其财产，其名誉，能不为人所侵毁。而仰事俯畜，各适其适者，无一非国家之赐，且亦非仅吾一人之关系，实承之于祖先，而又将传之于子孙，以至无穷者也。故国家之急难，视一人之急难，不啻倍蓰而已。于是时也，吾即舍吾之生命财产，及其一切以殉之，苟利国家，非所惜也，是国民之义务也。使其人学识虽高，名位虽崇，而国家有事之时，首鼠两端，不敢有为，则大节既亏，万事瓦裂，腾笑当时，遗羞后世，深百可惧也。是以平日必持炼意志，养成见义勇为之习惯，则能尽国民之责任，而无负于国家矣。

然使义与非义，非其知识所能别，则虽有尚义之志，而所行辄与之相畔，是则学问不足，而知识未进也。故人不可以不修学。

第七节　修　学

身体壮佼，仪容伟岸，可能为贤乎？未也。居室崇闳，被服锦绣，可以为美乎？未也。人而无知识，则不能有为，虽矜饰其表，而鄙陋龌龊之状，宁可掩乎？

知识与道德，有至密之关系。道德之名尚矣，要其归，则不外避恶而行善。苟无知识以辨善恶，则何以知恶之不当为，而善之当行乎？知善之当行而行之，知恶之不当为而不为，是之谓真道德。世之不忠不孝、无礼无义、纵情而亡身者，其人非必皆恶逆悖戾也，多由于知识不足，而不能辨别善恶故耳。

寻常道德，有寻常知识之人，即能行之。其高尚者，非知识高尚之人，不能行也。是以自昔立身行道，为百世师者，必在旷世超俗之人，如孔子是已。

知识者，人事之基本也。人事之种类至繁，而无一不有赖于知识。近世人文大开，风气日新，无论何等事业，其有待于知识也益殷。是以人无贵贱，未有可以不就学者。且知识所以高尚吾人之品格也，知识深远，则言行自然温雅而动人歆慕。盖是非之理，既已了然，则其发于言行者，自无所凝滞，所谓诚于中形于外也。彼知识不足者，目能睹日月，而不能见理义之光；有物质界之感触，而无精神界之欣合，有近忧而无远虑。胸襟之隘如是，其言行又乌能免于卑陋欤？

知识之启发也，必由修学。修学者，务博而精者也。自人文进化，而国家之贫富强弱，与其国民学问之深浅为比例。彼欧美诸国，所以日辟百里、虎视一世者，实由其国中硕学专家，以理学、工学之知识，开殖产兴业之端，锲而不已，成此实效。是故文明国所恃以竞争者，非武力而智力也。方今海外各国，交际频繁，智力之竞争，日益激烈。为国民者，乌可不勇猛精进，旁求知识，以造就为国家有用之材乎？

修学之道有二：曰耐久；曰爱时。

锦绣所以饰身也，学术所以饰心也。锦绣之美，有时而敝；学术之益，终身享之，后世诵之，其可贵也如此。凡物愈贵，则得之愈难，曾学术之贵，而可以浅涉得之乎？是故修学者，不可以不耐久。

凡少年修学者，其始鲜或不勤，未几而惰气乘之，有不暇自省其功候之如何，而咨嗟于学业之难成者。岂知古今硕学，大抵抱非常之才，而又能精进不已，始克抵于大成，况在寻常之人，能不劳而获乎？而不能耐久者，乃欲以穷年莫殚之功，责效于旬日，见其未效，则中道而废，如弃敝屣然。如是，则虽薄技微能，为庸众所可跂者，亦且百涉而无一就，况于专门学艺，其理义之精深，范围之博大，非专心致志，不厌不倦，必不能窥其涯涘，而乃卤莽灭裂，欲一蹴而几之，不亦妄乎？

庄生有言：吾生也有涯，而知也无涯，夫以有涯之生，修无涯之学，固常苦不及矣。自非惜分寸光阴，不使稍縻于无益，鲜有能达其志者。故学者尤不可以不爱时。

少壮之时，于修学为宜，以其心气尚虚，成见不存也。及是时而勉之，所积之智，或其终身应用而有余。否则以有用之时间，养成放僻之习惯，虽中年悔悟，痛自策励，其所得盖亦仅矣。朱子有言曰：勿谓今日不学而有来日；勿谓今年不学而有来年，日月逝矣，岁不延吾,呜呼老矣,是谁之愆? 其言深切著明,凡少年不可不三复也。

时之不可不爱如此,是故人不特自爱其时,尤当为人爱时。尝有诣友终日,游谈不经,荒其职业,是谓盗时之贼,学者所宜戒也。

修学者,固在入塾就师,而尤以读书为有效。盖良师不易得,借令得之,而亲炙之时。自有际限,要不如书籍之惠我无穷也。

人文渐开,则书籍渐富,历代学者之著述,汗牛充栋,固非一人之财力所能尽致,而亦非一人之日力所能遍读,故不可不择其有益于我者而读之。读无益之书,与不读等,修学者宜致意焉。

凡修普通学者,宜以平日课程为本,而读书以助之。苟课程所受,研究未完,而漫焉多读杂书,虽则有所得,亦泛滥而无归宿。且课程以外之事,亦有先后之序,此则修专门学者,尤当注意。苟不自量其知识之程度,取高远之书而读之,以不知为知,沿讹袭谬,有损而无益,即有一知半解,沾沾自喜,而亦终身无会通之望矣。夫书无高卑,苟了彻其义,则虽至卑近者,亦自有无穷之兴味。否则徒震于高尚之名,而以不求甚解者读之,何益? 行远自迩,登高自卑,读书之道,亦犹是也。未见之书,询于师友而抉择之,则自无不合程度之虑矣。

修学者得良师、得佳书,不患无进步矣。而又有资于朋友,休沐之日,同志相会,凡师训所未及者,书义之可疑者,各以所见,讨论而阐发之,其互相为益者甚大。有志于学者,其务择友哉。

学问之成立在信,而学问之进步则在疑。非善疑者,不能得真信也。读古人之书,闻师友之言,必内按诸心,求其所以然之故。或不所得,则辗转推求,必逮心知其意,毫无疑义而后已,是之谓真知识。若乃人云亦云,而无独得之见解,则虽博闻多识,犹书簏耳,无所谓知识也。至若预存成见,凡他人之说,不求其所以然,而一切与之反对,则又怀疑之过,殆不知学问为何物者。盖疑义者,学问之作用,非学问之目的也。

第八节 修 德

人之所以异于禽兽者,以其有德性耳。当为而为之之谓德,为诸德之源;而使吾人以行德为乐者之谓德性。体力也,知能也,皆实行道德者之所资。然使不率之以德性,则犹有精兵而不以良将将之,于是刚强之体力,适以资横暴;卓越之知能,或以助奸恶,岂不惜欤?

德性之基本,一言以蔽之曰:循良知。一举一动,循良知所指,而不挟一毫私意于其间,则庶乎无大过,而可以为有德之人矣。今略举德性之概要如下。

德性之中,最普及于行为者,曰信义[①]。信义者,实事求是,而不以利害生死之关系枉其道也。社会百事,无不由信义而成立。苟蔑弃信义之人,遍于国中,则一国之名教风纪,扫地尽矣。孔子曰:言忠信,行笃敬,虽蛮貊之邦行矣。言信义之可尚也。人苟以信义接人,毫无自私自利之见,而推赤心于腹中,虽暴戾之徒,不敢忤焉。否则不顾理义,务挟诈术以遇人,则虽温厚笃实者,亦往往报我以无礼。西方之谚曰:正直者,上乘之机略[②]。此之谓也。世尝有牢笼人心之

---

① 蔡元培在此处画△号。
② 蔡元培在此处画△号。

伪君子，率不过取售一时，及一旦败露，则人亦不与之齿矣。

入信义之门，在不妄语而无爽约。少年癖嗜新奇，往往背事理真相，而构造虚伪之言，冀以耸人耳目。行之既久，则虽非戏谑谈笑之时，而不知不觉，动参妄语，其言遂不能取信于他人。盖其言真伪相半，是否之间，甚难判别，诚不如不信之为愈也。故妄语不可以不戒。

凡失信于发言之时者为妄语，而失信于发言以后为爽约。二者皆丧失信用之道也。有约而不践，则与之约者，必致靡费时间，贻误事机，而大受其累。故其事苟至再至三，则人将相戒不敢与共事矣。如是，则虽置身人世，而枯寂无聊，直与独栖沙漠无异，非自苦之尤乎？顾世亦有本无爽约之心，而迫于意外之事，使之不得不如是者。如与友人有游散之约，而猝遇父兄罹疾，此其轻重缓急之间，不言可喻，苟舍父兄之急，而局局于小信，则反为悖德，诚不能弃此而就彼。然后起之事，苟非促促无须臾暇者，亦当通信于所约之友，而告以其故，斯则虽不践言，未为罪也。又有既经要约，旋悟其事之非理，而不便遂行者，亦以解约为是。此其爽约之罪，乃原因于始事之不慎。故立约之初，必确见其事理之不谬，而自审材力之所能及，而后决定焉。《中庸》曰：言顾行，行顾言。此之谓也。

言为心声，而人之处世，要不能称心而谈，无所顾忌，苟不问何地何时，与夫相对者之为何人，而辄以己意喋喋言之，则不免取厌于人。且或炫己之长，揭人之短，则于己既为失德，于人亦适以招怨。至乃评人阴私，称人旧恶，使听者无地自容，则言出而祸随者，比比见之。人亦何苦逞一时之快，而自取其咎乎？

交际之道,莫要于恭俭①。恭俭者,不放肆,不僭滥之谓也。人间积不相能之故,恒起于一时之恶感,应对酬酢之间,往往有以傲慢之容色,轻薄之辞气,而激成凶隙者。在施者未必有意以此侮人,而要其平日不恭不俭之习惯,有以致之。欲矫其弊,必循恭俭,事尊长,交朋友,所不待言。而于始相见者,尤当注意。即其人过失昭著而不受尽言,亦不宜以意气相临,第和色以谕之,婉言以导之,赤心以感动之,如是而不从者鲜矣。不然,则倨傲偃蹇,君子以为不可与言,而小人以为鄙己,蓄怨积愤,鲜不藉端而开衅者,是不可以不慎也。

不观事父母者乎,婉容愉色以奉朝夕,虽食不重肉,衣不重帛,父母乐之;或其色不愉,容不婉,虽锦衣玉食,未足以悦父母也。交际之道亦然,苟容貌辞令,不失恭俭之旨,则其他虽简,而人不以为忤,否则即铺张扬厉,亦无效耳。

名位愈高,则不恭不俭之态易萌,而及其开罪于人也,得祸亦尤烈。故恭俭者,即所以长保其声名富贵之道也。

恭俭与卑屈异。卑屈之可鄙,与恭俭之可尚,适相反焉。盖独立自主之心,为人生所须臾不可离者。屈志枉道以迎合人,附合雷同,阉然媚世,是皆卑屈,非恭俭也。谦逊者,恭俭之一端,而要其人格之所系,则未有可以受屈于人者。宜让而让,宜守而守,则恭俭者所有事也。

礼仪,所以表恭俭也。而恭俭则不仅在声色笑貌之间,诚意积于中,而德辉发于外,不可以伪为也。且礼仪与国俗及时世为推移,其

---

① 蔡元培在此处画△号。

意虽同,而其迹或大异,是亦不可不知也。

恭俭之要,在能容人。人心不同,苟以异己而辄排之,则非合群之道矣。且人非圣人,谁能无过？过而不改,乃成罪恶。逆耳之言,尤当平心而察之,是亦恭俭之效也。

第九节　交　友

人情喜群居而恶离索,故内则有家室,而外则有朋友。朋友者,所以为人损痛苦而益欢乐者也。虽至快之事,苟不得同志者共赏之,则其趣有限;当抑郁无聊之际,得一良友慰其寂寞,而同其忧戚,则胸襟豁然,前后殆若两人。至于远游羁旅之时,兄弟戚族,不遑我顾,则所需于朋友者尤切焉。

朋友者,能救吾之过失者也。凡人不能无偏见,而意气用事,则往往不遑自返,斯时得直谅之友,忠告而善导之,则有憬然自悟其非者,其受益孰大焉。

朋友又能成人之善而济其患。人之营业,鲜有能以独力成之者,方今交通利便,学艺日新,通功易事之道愈密,欲兴一业,尤不能不合众志以成之。则所需于朋友之助力者,自因之而益广。至于猝遇疾病,或值变故,所以慰藉而保护之者,自亲戚家人而外,非朋友其谁望耶？

朋友之有益于我也如是。西哲以朋友为在外之我,洵至言哉。人而无友,则虽身在社会之中,而胸中之岑寂无聊,曾何异于独居沙漠耶？

古人有言，不知其人，观其所与。朋友之关系如此，则择交不可以不慎也。凡朋友相识之始，或以乡贯职业，互有关系；或以德行才器，素相钦慕，本不必同出一途。而所以订交者，要不为一时得失之见，而以久要不渝为本旨。若乃任性滥交，不顾其后，无端而为胶漆，无端而为冰炭，则是以交谊为儿戏耳。若而人者，终其身不能得朋友之益矣。

既订交矣，则不可以不守信义。信义者，朋友之第一本务也。苟无信义，则猜忌之见，无端而生，凶终隙末之事，率起于是。惟信义之交，则无自而离间之也。

朋友有过，宜以诚意从容而言之，即不见从，或且以非理加我，则亦姑恕宥之，而徐俟其悔悟。世有历数友人过失，不少假借，或因而愤争者，是非所以全友谊也。而听言之时，则虽受切直之言，或非人所能堪，而亦当温容倾听，审思其理之所在，盖不问其言之得当与否，而其情要可感也。若乃自讳其过而忌直言，则又何异于讳疾而忌医耶？

夫朋友有成美之益，既如前述，则相为友者，不可以不实行其义。有如农工实业，非集巨资合群策不能成立者，宜各尽其能力之所及，协而图之。及其行也，互持契约，各守权限，无相诈也，无相诿也，则彼此各享其利矣。非特实业也，学问亦然。方今文化大开，各科学术，无不理论精微，范围博大，有非一人之精力所能周者。且分科至繁，而其间乃互有至密之关系。若专修一科，而不及其他，则孤陋而无藉，合各科而兼习焉，则又泛滥而无所归宿，是以能集同志之友，分门治之，互相讨论，各以其所长相补助，则学业始可抵于大成矣。

虽然,此皆共安乐之事也,可与共安乐,而不可与共患难,非朋友也。朋友之道,在扶困济危,虽自掷其财产名誉而不顾。否则如柳子厚所言,平日相征逐、相慕悦,誓不相背负,及一旦临小利害若毛发、辄去之若浼者。人生又何贵有朋友耶?

朋友如有悖逆之征,则宜尽力谏阻,不可以交谊而曲徇之。又如职司所在,公而忘私,亦不得以朋友之请谒若关系,而有所假借。申友谊而屈公权,是国家之罪人也。朋友之交,私德也;国家之务,公德也。二者不能并存,则不能不屈私德以从公德。此则国民所当服膺者也。①

第十节 从 师

凡人之所以为人者,在德与才。而成德达才,必有其道。经验,一也;读书,二也;从师受业,三也。经验为一切知识及德行之渊源,而为之者,不可不先有辨别事理之能力。书籍记远方及古昔之事迹,及各家学说,大有裨于学行,而非粗谙各科大旨,及能甄别普通事理之是非者,亦读之而茫然。是以从师受业,实为先务。师也者,授吾以经验及读书之方法,而养成其自由抉择之能力者也。

人之幼也,保育于父母。及稍长,则苦于家庭教育之不完备,乃入学亲师。故师也者,代父母而任教育者也。弟子之于师,敬之爱之,而从顺之,感其恩勿谖,宜也。自师言之,天下至难之事,无过于

---

① 蔡元培在此段的"国家""国民"二词下,画"△""∠"号。

教育。何则？童子未有甄别是非之能力，一言一动，无不赖其师之诱导，而养成其习惯，使其情绪思想，无不出于纯正者，师之责也。他日其人之智德如何，能造福于社会及国家否，为师者不能不任其责。是以其职至劳，其虑至周，学者而念此也，能不感其恩而图所以报答之者乎？

弟子之事师也，以信从为先务。师之所授，无一不本于造就弟子之念，是以见弟子之信从而勤勉也，则喜，非自喜也，喜弟子之可以造就耳。盖其教授之时，在师固不能自益其知识也。弟子念教育之事，非为师而为我，则自然笃信其师，而尤不敢不自勉矣。

弟子知识稍进，则不宜事事待命于师，而常务自修，自修则学问始有兴趣，而不至畏难，较之专恃听授者，进境尤速。惟疑之处，不可武断，就师而质焉可也。

弟子之于师，其受益也如此，苟无师，则虽经验百年，读书万卷，或未必果有成效。从师者，事半而功倍者也。师之功，必不可忘，而人乃以为区区修脯已足偿之，若购物于市然。然则人子受父母之恩，亦以服劳奉养为足偿之耶？为弟子者，虽毕业以后，而敬爱其师，无异于受业之日，则庶乎其可矣。

第二章　家　　族

第一节　总　论

凡修德者，不可以不实行本务。本务者，人与人相接之道也。是故子弟之本务曰孝弟、夫妇之本务曰和睦。为社会之一人,则以信义①为本务;为国家之一民,则以爱国为本务。能恪守种种之本务,而无或畔焉,是为全德。修己之道,不能舍人与人相接之道而求之也。道德之效,在本诸社会国家之兴隆,以增进各人之幸福。故吾之幸福,非吾一人所得而专,必与积人而成之家族,若社会、若国家,相待而成立,则吾人于所以处家族社会及国家之本务,安得不视为先务乎?

有人于此,其家族不合,其社会之秩序甚乱,其国家之权力甚衰,若而人者,独可以得幸福乎?内无天伦之乐,外无自由之权,凡人生至要之事,若生命、若财产、若名誉,皆岌岌不能自保,若而人者,尚可以为幸福乎?于是而言幸福,非狂则奸,必非吾人所愿为也。然则吾人欲先立家族、社会、国家之幸福,以成吾人之幸福,其道如何?无他,在人人各尽其所以处家族、社会及国家之本务而已。是故接人之道,必非有妨于吾人之幸福,而适所以成之,则吾人修己之道,又安得外接人之本务而求之耶?

接人之本务有三别:一,所以处于家族者;二,所以处于社会者;三,所以处于国家者。是因其范围之②大小而别之。家族者,父子兄弟夫妇之伦,同处于一家之中者也。社会者,不必有宗族之系,而惟以休戚相关之人集成之者也。国家者,有一定之土地及其人民,而以独立之主权统治之者也。吾人处于其间,在家则为父子、为兄弟、为

---

① 蔡元培在"信义"旁画"∠"号。
② 蔡元培在此处加眉批:"应加世界及人类"。

夫妇,在社会则为公民,在国家则为国民,此数者,各有应尽之本务,并行而不悖,苟失其一,则其他亦受其影响,而不免有遗憾焉。

虽然,其事实虽同时并举,而言之则不能无先后之别。请先言处家族之本务,而后及社会、国家。

家族者,社会、国家之基本也。无家族,则无社会、无国家。故家族者,道德之门径也。于家族之道德,苟有缺陷,则于社会、国家之道德,亦必无纯全之望,所谓求忠臣①,必于孝子之门者此也。彼夫野蛮时代之社会,殆无所谓家族,即曰有之,亦复父子无亲,长幼无序,夫妇无别。以如是家族,而欲其成立纯全之社会及国家,必不可得。蔑伦背理,盖近于禽兽矣。吾人则不然,必先有一纯全之家族,父慈子孝,兄友弟悌,夫义妇和,一家之幸福,无或不足。由是而施之于社会,则为仁义,由是而施之于国家,则为忠爱。故家族之顺戾,即社会之祸福,国家之盛衰,所由生焉。

家族者,国之小者也。家之所在,如国土然,其主人如国之有元首,其子女仆从,犹国民焉,其家族之系统,则犹国之历史也。若夫不爱其家,不尽其职,则又安望其能爱国而尽国民之本务耶?

凡人生之幸福,必生于勤勉,而吾人之所以鼓舞其勤勉者,率在对于吾人所眷爱之家族,而有增进其幸福之希望。彼夫非常之人,际非常之时,固有不顾身家以自献于公义者,要不可以责之于人人。吾人苟能亲密其家族之关系,而养成相友相助之观念,则即所以间接而增社会、国家之幸福者矣。

---

① 蔡元培在"忠臣"二字旁画"∠△"号。

凡家族所由成立者,有三伦焉,一曰亲子;二曰夫妇;三曰兄弟姊妹。三者各有其本务,请循序而言之。

第二节 子 女

凡人之所贵重者,莫身若焉。而无父母,则无身。然则人子于父母,当何如耶?

父母之爱其子也,根于天性,其感情之深厚,无足以尚之者。子之初娠也,其母为之不敢顿足、不敢高语,选其饮食,节其举动,无时无地,不以有妨于胎儿之康健为虑。及其生也,非受无限之劬劳以保护之,不能全其生。而父母曾不以是为烦,饥则忧其食之不饱,饱则又虑其太过;寒则恐其凉,暑则惧其暍,不惟此也,虽婴儿之一啼一笑,亦无不留意焉,而同其哀乐。及其稍长,能匍匐也,则望其能立;能立也,则又望其能行。及其六七岁而进学校也,则望其日有进境。时而罹疾,则呼医求药,日夕不遑,而不顾其身之因而衰弱。其子远游,或日暮而不归,则倚门而望之,惟祝其身之无恙。及其子之毕业于普通教育,而能营独立之事业也,则尤关切于其成败,其业之隆,父母与喜;其业之衰,父母与忧焉,盖终其身无不为子而劬劳者。呜呼!父母之恩,世岂有足以比例之者哉!

世人于一饭之恩,且图报焉,父母之恩如此,将何以报之乎?

事父母之道,一言以蔽之,则曰孝。亲之爱子,虽惟禽兽犹或能之,而子之孝亲,则独见之于人类。故孝者,即人之所以为人者也。盖历久而后能长成者,惟人为最。其他动物,往往生不及一年,而能独立自营，其沐恩也不久，故子之于亲，其本务亦随之而轻。人类则否，其受亲之养护也最久，所以劳其亲之身心者亦最大。然则对于其亲之本务，亦因而重大焉，是自然之理也。

且夫孝者，所以致一家之幸福者也。一家犹一国焉①，②家有父母，如国有元首，元首统治一国，而人民不能从顺，则其国必因而衰弱；父母统治一家，而子女不尽孝养，则一家必因而乖戾。一家之中，亲子兄弟，日相阋而不已，则由如是之家族，而集合以为社会、为国家，又安望其协和而致治乎？

古人有言，孝者百行之本。孝道不尽，则其余殆不足观。盖人道莫大于孝，亦莫先于孝。以之事长则顺，以之交友则信。苟于凡事皆推孝亲之心以行之，则道德即由是而完。《论语》曰：其为人也孝弟。而好犯上者鲜矣。君子务本，本立而道生，孝弟也者，其为人之本与。此之谓也。

然则吾人将何以行孝乎？孝道多端，而其要有四：曰顺；曰爱；曰敬；曰报德。

顺者，谨遵父母之训诲及命令也。然非不得已而从之也，必有诚恳欢欣之意以将之。盖人子之信其父母也至笃，则于其所训也，曰：是必适于德义；于其所戒也，曰：是必出于慈爱，以为吾遵父母之命，其必可以增进吾身之幸福无疑也。曾何所谓勉强者。彼夫父母之于子也，即遇其子之不顺，亦不能恝然置之，尚当多为指导之术，以尽父母之道，然则人子安可不以顺为本务者。世有悲其亲不慈者，率由于

---

①② 蔡元培在此处画"△"号。

事亲之不得其道,其咎盖多在于子焉。

子之幼也,于顺命之道,无可有异辞者,盖其经验既寡,知识不充,决不能循己意以行事。当是时也,子父母之训诲若命令,当悉去成见,而婉容愉色以听之,毋或有抗言,毋或形不满之色。及渐长,则自具辨识事理之能力,然于父母之言,亦必虚心而听之。其父母阅历既久,经验较多,不必问其学识之如何,而其言之切于实际,自有非青年所能及者。苟非有利害之关系,则虽父母之言,不足以易吾意,而吾亦不可以抗争。其或关系利害而不能不争也,则亦当和气怡色而善为之辞,徐达其所以不敢苟同于父母之意见,则始能无忤于父母矣。

人子年渐长,智德渐备,处世之道,经验渐多,则父母之干涉之也渐宽,是亦父母见其子之成长而能任事,则渐容其自由之意志也。然顺之迹,不能无变通。而顺之意,则为人子所须臾不可离者。凡事必时质父母之意见,而求所以达之。自恃其才,悍然违父母之志而不顾者,必非孝子也。至于其子远离父母之侧,而临事无遑请命,抑或居官吏兵士之职,而不能以私情参预公义,斯则事势之不得已者也。

人子顺亲之道如此,然亦有不可不变通者。今使亲有乱命,则人子不惟不当妄从,且当图所以谏阻之,知其不可为,以父母之命而勉从之者,非特自罹于罪,且因而陷亲于不义,不孝之大者也。若乃父母不幸而有失德之举,不密图补救,而辄暴露之,则亦非人子之道。孔子曰:父为子隐,子为父隐。是其义也。

爱与敬,孝之经纬也。亲子之情,发于天性,非外界舆论,及法律之所强。是故亲之为其子,子之为其亲,去私克己,劳而无怨,超乎利害得失之表，此其情之所以为最贵也。本是情而发见者，曰爱曰敬，非爱则驯至于乖离；非敬则渐流于狎爱。爱而不敬，禽兽犹或能之，敬而不爱，亲疏之别何在？二者失其一，不可以为孝也。

能顺能爱能敬，孝亲之道毕乎？曰：未也。孝子之所最尽心者，图所以报父母之德是也。

受人之恩，不敢忘焉，而必图所以报之，是人类之美德也。而吾人一生最大之恩，实在父母。生之育之饮食之教诲之，不特吾人之生命及身体，受之于父母，即吾人所以得生存于世界之术业，其基本亦无不为父母所畀者，吾人乌能不日日铭感其恩，而图所以报答之乎？人苟不容心于此，则虽谓其等于禽兽可也。

人之老也，余生无几，虽路人见之，犹起恻隐之心，况为子者，日见其父母老耄衰弱，而能无动于中乎？昔也，父母之所以爱抚我者何其挚；今也，我之所以慰藉我父母者，又乌得而苟且乎？且父母者，随其子之成长而日即于衰老者也。子女增一日之成长，则父母增一日之衰老，及其子女有独立之业，而有孝养父母之能力，则父母之余年，固已无几矣。犹不及时而尽其孝养之诚，忽忽数年，父母已弃我而长逝，我能无抱终天之恨哉？

吾人所以报父母之德者有二道：一曰养其体；二曰养其志。

养体者，所以图父母之安乐也。尽我力所能及，为父母调其饮食，娱其耳目，安其寝处，其他寻常日用之所需，无或缺焉而后可。夫人子既及成年，而尚缺口体之奉于其父母，固已不免于不孝，若乃丰衣足食，自恣其奉，而不顾父母之养，则不孝之尤矣。

父母既老，则肢体不能如意，行止坐卧，势不能不待助于他人，人子苟可以自任者,务不假手于婢仆而自任之,盖同此扶持抑搔之事,而出于其子,则父母之心尤为快足也。父母有疾,苟非必不得已,则必亲侍汤药。回思幼稚之年,父母之所以鞠育我者,劬劳如何,即尽吾力以为孝养,亦安能报其深恩之十一欤?为人子者,不可以不知此也。

人子既能养父母之体矣,尤不可不养其志。父母之志,在安其心而无贻以忧。人子虽备极口体之养,苟其品性行为,常足以伤父母之心,则父母又何自而安乐乎?口体之养,虽不肖之子,苟有财力,尚能供之。至欲安父母之心而无贻以忧,则所谓一发言一举足而不敢忘父母,非孝子不能也。养体,末也;养志,本也;为人子者,其务养志哉。

养志之道,一曰卫生。父母之爱子也,常祝其子之康强。苟其子孱弱而多疾,则父母重忧之。故卫生者,非独自修之要,而亦孝亲之一端也。若乃冒无谓之险,逞一朝之忿,以危其身,亦非孝子之所为。有人于此,虽赠我以至薄之物,我亦必郑重而用之,不宰负其美意也。我身者,父母之遗体,父母一生之劬劳,施于吾身者为多,然则保全之而摄卫之,宁非人子之本务乎?孔子曰:身体发肤,受之父母,不敢毁伤,孝之始也。此之谓也。

虽然,徒保其身而已,尚未足以养父母之志。父母者,既欲其子之康强,又乐其子之荣誉者也。苟其子庸劣无状,不能尽其对于国家、社会之本务,甚或陷于非僻,以贻羞于其父母,则父母方愧愤之不遑,又何以得其欢心耶?孔子曰:事亲者,居上不骄,为下不乱,在丑不争。居上而骄则亡,为下而乱则刑,在丑而争则兵。不去此三者,虽日用三牲之养,犹不孝也。正谓此也。是故孝者,不限于家族之中,非于其外有立身行道之实,则不可以言孝。谋国不忠,莅官不敬,交友不信,皆不孝之一。至若国家有事,不顾其身而赴之,则虽杀其身而父母荣之,国之良民,即家之孝子。父母固以其子之荣誉为荣誉,而不愿其苟生以取辱者也。此养志之所以重于养体也。

翼赞父母之行为,而共其忧乐,此亦养志者之所有事也。故不问其事物之为何,苟父母之所爱敬,则己亦爱敬之;父母之所嗜好,则己亦嗜好之。

凡此皆亲在之时之孝行也。而孝之为道,虽亲没以后,亦与有事焉。父母没,葬之以礼,祭之以礼;父母之遗言,没身不忘,且善继其志,善述其事,以无负父母。更进而内则尽力于家族之昌荣;外则尽力于社会、国家之业务,使当世称为名士伟人,以显扬其父母之名于不朽,必如是而孝道始完焉。

第三节　父　母

子于父母,固有当尽之本务矣,而父母之对于其子也,则亦有其道在。人子虽未可以此责善于父母。而凡为人子者,大抵皆有为父母之时,不知其道,则亦有贻害于家族、社会、国家而不自觉其非者。精于言孝,而忽于言父母之道,此亦一偏之见也。

父母之道虽多端,而一言以蔽之曰慈。子孝而父母慈,则亲子交尽其道矣。

慈者,非溺爱之谓,谓图其子终身之幸福也。子之所嗜,不问其邪正是非而辄应之,使其逞一时之快,而或贻百年之患,则不慈莫大于是。故父母之于子,必考察夫得失利害之所在,不能任自然之爱情而径行之。

养子教子,父母第一本务也。世岂有贵于人之生命者,生子而不能育之,或使陷于困乏中,是父母之失其职也。善养其子,以至其成立而能营独立之生计,则父母育子之职尽矣。

父母既有养子之责,则其子身体之康强与否,亦父母之责也。卫生之理,非稚子所能知。其始生也,蠢然一小动物耳,起居无力,言语不辩,且不知求助于人,使非有时时保护之者,殆无可以生存之理。而保护之责,不在他人,而在生是子之父母,固不待烦言也。

既能养子,则又不可以不教之。人之生也,智德未具,其所具者,可以吸受智德之能力耳。故幼稚之年,无所谓善,无所谓智,如草木之萌蘖然,可以循人意而矫揉之,必经教育而始成有定之品性。当其子之幼稚,而任教训指导之责者,舍父母而谁?此家庭教育之所以为要也。

家庭者,人生最初之学校也。一生之品性,所谓百变不离其宗者,大抵胚胎于家庭之中。习惯固能成性,朋友亦能染人,然较之家庭,则其感化之力远不及者。社会、国家之事业,繁矣,而成此事业之人物,孰非起于家庭中呱呱之小儿乎?虽伟人杰士,震惊一世之意见及行为,其托始于家庭中幼年所受之思想者,盖必不鲜。是以有为之士,非出于善良之家庭者,世不多有。善良之家庭,其社会、国家所以隆盛之本欤?

幼儿受于家庭之教训,虽薄物细故,往往终其生而不忘。故幼儿之于长者,如枝干之于根本然。一日之气候,多定于崇朝,一生之事业,多决于婴孩,甚矣。家庭教育之不可忽也。

家庭教育之道,先在善良其家庭。盖幼儿初离襁褓,渐有知觉,如去暗室而见白日然。官体之所感触,事事物物,无不新奇而可喜,其时经验既乏,未能以自由之意志,择其行为也。则一切取外物而摹仿之,自然之势也。当是时也,使其家庭中事事物物,凡萦绕幼儿之旁者,不免有腐败之迹,则此儿清洁之心地,遂纳以终身不磨之瑕玷。不然,其家庭之中,悉为敬爱正直诸德之所充,则幼儿之心地,又阿自而被玷乎?有家庭教育之责者,不可不先正其模范也。

为父母者,虽各有其特别之职分,而尚有普通之职分,行止坐卧,无可以须臾离者,家庭教育是也。或择其业务,或定其居所,及其他言语饮食衣服器用,凡日用行常之间,无不考之于家庭教育之利害而择之。昔孟母教子,三迁而后定居,此百世之师范也。父母又当乘时机而为训诲之事,子有疑问,则必以真理答之,不可以荒诞无稽之言塞其责;其子既有辨别善恶是非之知识,则父母当监视而以时劝惩之,以坚其好善恶恶之性质。无失之过严,亦无过宽,约束与放任,适得其中而已。凡母多偏于慈,而父多偏于严。子之所以受教者偏,则其性质亦随之而偏。故欲养成中正之品性者,必使受宽严得中之教育也。其子渐长,则父母当相其子之材器,为之慎择职业,而时有以指导之。年少气锐者,每不遑熟虑以后之利害,而定目前之趋向,故于子女独立之始,知能方发,阅历未深,实为危险之期,为父母者,不可不慎监其所行之得失,而以时劝戒之。

第四节　夫　妇

国之本在家,家之本在夫妇。夫妇和,小之为一家之幸福,大之致一国之富强。古人所谓人伦之始,风化之原者,此也。

夫妇者,本非骨肉之亲,而配合以后,苦乐与共,休戚相关,遂为终身不可离之伴侣。而人生幸福,实在于夫妇好合之间。然则夫爱其妇,妇顺其夫①,而互维其亲密之情义者,分也。夫妇之道苦,则一家之道德失其本,所谓孝弟忠信者,亦无复可望,而一国之道德,亦由是而颓废矣。

爱者,夫妇之第一义也。各舍其私利,而互致其情,互成其美,此则夫妇之所以为夫妇,而亦人生最贵之感情也。有此感情,则虽在困苦颠沛之中,而以同情者之互相慰藉,乃别生一种之快乐。否则感情既薄,厌忌嫉妒之念,乘隙而生,其名夫妇,而其实乃如路人,虽日处华胖之中,曾何有人生幸福之真趣耶?

夫妇之道,其关系如是其重也,则当夫妇配合之始,婚姻之礼,乌可以不慎乎! 是为男女一生祸福之所系,一与之齐,终身不改焉。其或不得已而离婚,则为人生之大不幸,而彼此精神界,遂留一终身不灭之创痍。人生可伤之事,孰大于是。

婚姻之始,必本诸纯粹之爱情。以财产容色为准者,决无以持永久之幸福。盖财产之聚散无常,而容色则与年俱衰。以是为准,其爱情可知矣。纯粹之爱情,非境遇所能移也。

---

① 蔡元培于此处画"△"号。

何谓纯粹之爱情,曰生于品性。男子之择妇也,必取其婉淑而贞正者;女子之择夫也,必取其明达而笃实者。如是则必能相信相爱,而构成良善之家庭矣。

既成家族,则夫妇不可以不分业。男女之性质,本有差别:男子体力较强,而心性亦较为刚毅;女子则体力较弱,而心性亦毗于温柔。故为夫者,当尽力以护其妻,无妨其卫生,无使过悴于执业,而其妻日用之所需,不可以不供给之。男子无养其妻之资力,则不宜结婚。既婚而困其妻于饥寒之中,则失为夫者之本务矣。女子之知识才能,大抵逊于男子,又以专司家务,而社会间之阅历,亦较男子为浅。故妻子之于夫,苟非受不道之驱使,不可以不顺从。而贞固不渝,忧乐与共,则皆为妻者之本务也。夫倡妇随①,为人伦自然之道德。夫为一家之主,而妻其辅佐也,主辅相得,而家政始理。为夫者,必勤业于外,以赡其家族;为妻者,务整理内事,以辅其夫之所不及,是各因其性质之所近而分任之者。男女平权之理,即在其中,世之持平权说者,乃欲使男女均立于同等之地位,而执同等之职权,则不可通者也②。男女性质之差别,第观于其身体结构之不同,已可概见:男子骨骼伟大,堪任力役,而女子则否;男子长于思想,而女子锐于知觉;男子多智力,而女子富感情;男子务进取,而女子喜保守。是以男子之本务,为保护,为进取,为劳动;而女子之本务,为辅佐,为谦让,为巽顺,是刚柔相济之理也。

---

① 蔡元培于此处画"△"号。
② 蔡元培于此处画"△"号。

生子以后,则夫妇即父母,当尽教育之职,以绵其家族之世系,而为社会、国家造成有为之人物。子女虽多,不可有所偏爱,且必预计其他日对于社会、国家之本务,而施以相应之教育。以子女为父母所自有,而任意虐遇之,或骄纵之者,是社会、国家之罪人,而失父母之道者也。

第五节　兄弟姊妹

有夫妇而后有亲子,有亲子而后有兄弟姊妹。兄弟姊妹者,不惟骨肉关系,自有亲睦之情,而自其幼时提挈于父母之左右。食则同案,学则并几,游则同方,互相扶翼,若左右手然,又足以养其亲睦之习惯。故兄弟姊妹之爱情,自有非他人所能及者。

兄弟姊妹之爱情,亦如父母夫妇之爱情然,本乎天性,而非有利害得失之计较,杂于其中。是实人生之至宝,虽珠玉不足以易之,不可以忽视而放弃者也。是以我之兄弟姊妹,虽偶有不情之举,我必当宽容之,而不遽加以责备,常有因彼我责善,而伤手足之感情者,是亦不可不慎也。

盖父母者,自其子女视之,所能朝夕与共者,半生耳。而兄弟姊妹则不然,年龄之差,远逊于亲子,休戚之关,终身以之。故兄弟姊妹者,一生之间,当无时而不以父母膝下之情状为标准者也。长成以后,虽渐离父母,而异其业,异其居,犹必时相过从,祸福相同,忧乐与共,如一家然。即所居悬隔,而岁时必互通音问,同胞之情,虽千里之河山,不能阻之。远适异地,而时得见爱者之音书,实人生之至乐。

回溯畴昔相依之状、预计他日再见之期,友爱之情,有油然不能自己者矣。

兄姊之年,长于弟妹,则其智识经验,自较胜于幼者,是以为弟妹者,当视其兄姊为两亲之次,遵其教训指导而无敢违。虽在他人,幼之于长,必尽谦让之礼,况于兄姊耶?为兄姊者,于其弟妹,亦当助父母提撕劝戒之责,毋得挟其年长,而以暴慢恣睢之行施之,浸假兄姊凌其弟妹,或弟妹慢其兄姊,是不啻背于伦理,而彼此交受其害,且因而伤父母之心,以破一家之平和,而酿社会、国家之隐患。家之于国①,如细胞之于有机体,家族不合,则一国之人心,必不能一致,人心离畔,则虽有亿兆之众,亦何以富强其国家乎②?

昔西哲苏格拉底,见有兄弟不睦者而戒之曰:"兄弟贵于财产。何则?财产无感觉,而兄弟有同情,财产赖吾人之保护,而兄弟则保护吾人者也。凡人独居,则必思群,何独疏于其兄弟乎?且兄弟非同其父母者耶?"不见彼禽兽同育于一区者,不尚互相亲爱耶?而兄弟顾不互相亲爱耶?其言深切著明,有兄弟者,可以鉴焉。

兄弟姊妹,日相接近,其相感之力甚大。人之交友也,习于善则善,习于恶则恶。兄弟姊妹之亲善,虽至密之朋友,不能及焉,其习染之力何如耶?凡子弟不从父母之命,或以粗野侮慢之语对其长者,率由于兄弟姊妹间,素有不良之模范。故年长之兄姊,其一举一动,悉为弟妹所属目而摹仿,不可以不慎也。

---

① 蔡元培于此处画"△"号。
② 蔡元培于此处画"△"号。

兄弟之于姊妹,当任保护之责,盖妇女之体质既纤弱,而精神亦毗于柔婉,势不能不倚于男子。如昏夜不敢独行,即受谗诬,亦不能如男子之慷慨争辩,以申其权利之类是也。故姊妹未嫁者,助其父母而扶持保护之,此兄弟之本务也。而为姊妹者,亦当尽力以求有益于其兄弟。少壮之男子,尚气好事,往往有凌人冒险,以小不忍而酿巨患者,谏止之力,以姊妹之言为最优。盖女子之情醇笃,而其言尤为蕴藉,其所以杀壮年之客气者,较男子之抗争为有效也。兄弟姊妹能互相扶翼,如是,则可以同休戚而永续其深厚之爱情矣。

不幸而父母早逝,则为兄姊者,当立于父母之地位,而抚养其弟妹。当是时也,弟妹之亲其兄姊,当如父母,盖可知也。

第六节　族戚及主仆

家族之中,既由夫妇而有父子,由父子而有兄弟姊妹,于是由兄弟之所生,而推及于父若祖若曾祖之兄弟,及其所生之子若孙,是谓家族。且也,兄弟有妇,姊妹有夫,其母家婿家,及父母以上凡兄弟之妇之母家,姊妹之婿家,皆为姻戚焉。既为族戚,则溯其原本,同出一家,较之无骨肉之亲,无葭莩之谊者,关系不同,交际之间,亦必视若家人,岁时不绝音问,吉凶相庆吊,穷乏相赈恤,此族戚之本务也。天下滔滔,群以利害得失为聚散之媒,而独于族戚间,尚互以真意相酬答,若一家焉,是亦人生之至乐也。

人之于邻里,虽素未相识,而一见如故。何也?其关系密也。至于族戚,何独不然。族戚者,非惟一代之关系。而实祖宗以来历代之关系，即不幸而至流离颠沛之时，或朋友不及相救，故旧不及相顾，当此之时所能援手者，非族戚而谁？然则平日宜相爱相扶也明矣。

仆之于主，虽非有肺腑之亲，然平日追随既久，关系之密切，次于家人，是故忠实驯顺者，仆役之务也；恳切慈爱者，主人之务也。

为仆役者，宜终始一心，以从主人之命，不顾主人之监视与否，而必尽其职，且不以勤苦而有怏怏之状。同一事也，怡然而为之，则主人必尤为快意也。若乃挟诈慢之心以执事，甚或讦主人之阴事，以暴露于邻保，是则不义之尤者矣。

夫人莫不有自由之身体，及自由之意志，不得已而被役于人，虽有所取偿，然亦至可悯矣。是以为主人者，宜长存哀矜之心，使役有度，毋任意斥责，若犬马然。至于仆役佣资，即其人沽售劳力之价值，至为重要，必如约而畀之。夫如是，主人善视其仆役，则仆役亦必知感而尽职矣。

仆役之良否，不特于一家之财政有关，且常与子女相驯。苟品性不良，则子女辄被其诱惑，往往有日陷于非僻而不觉者。故有仆役者，选择不可不慎，而监督尤不可不周。

自昔有所谓义仆者，常于食力以外，别有一种高尚之感情，与其主家相关系焉。或终身不去，同于家人，或遇其穷厄，艰苦共尝而不怨，或以身殉主自以为荣。有是心也，推之国家，可以为忠良之国民①，虽本于其天性之笃厚，然非其主人信爱有素，则亦不足以致之。

---

① 蔡元培于此处画"△"号。

第三章 社　　会

第一节　总　　论

凡趋向相同利害与共之人，集而为群，苟其于国家无直接之关系，于法律无一定之限制者，皆谓之社会。是以社会之范围，广狭无定，小之或局于乡里，大之则亘于世界，如所谓北京之社会，中国之社会，东洋之社会①，与夫劳工社会，学者社会之属，皆是义也。人生而有合群之性，虽其种族大别，国土不同者，皆得相依相扶，合而成一社会，此所以有人类社会之道德也。然人类恒因土地相近种族相近者，建为特别之团体，有统一制裁之权，谓之国家②，所以弥各种社会之缺憾，而使之互保其福利者也。故社会之范围，虽本无界限，而以受范于国家者为最多③。盖世界各国，各有其社会之特性，而不能相融，是以言实践道德者，于人类社会，固有普通道德，而于各国社会，则又各有其特别之道德④，是由于其风土人种习俗历史之差别而生者，而本书所论，则皆适宜于我国社会之道德也⑤。

人之组织社会，与其组织家庭同，而一家族之于社会，则亦犹一人之于家族也。人之性，厌孤立而喜群居，是以家族之结合，终身以

---

① 蔡元培在此处画"△"号。
② 蔡元培在此处画"△"号。
③ 蔡元培于此处画"△"号。
④ 蔡元培于此处画"△"号。
⑤ 蔡元培于此处画"△"号。

之。而吾人喜群之性,尚不以家族为限。向使局处家庭之间,与家族以外之人,情不相通,事无与共,则此一家者,无异在穷山荒野之中,而其家亦乌能成立乎?

盖人类之体魄及精神,其能力本不完具,非互相左右,则驯至不能生存。以体魄言之,吾人所以避风雨寒热之苦,御猛兽毒虫之害,而晏然保其生者,何一非社会之赐?以精神言之,则人苟不得已而处于孤立之境,感情思想,一切不能达之于人,则必有非常之苦痛,甚有因是而病狂者。盖人之有待于社会,如是其大也。且如语言文字之属,凡所以保存吾人之情智而发达之者,亦必赖社会之组织而始存。然则一切事物之关系于社会,盖可知矣。

夫人食社会之赐如此,则人之所以报效于社会者当如何乎?曰:广公益,开世务,建立功业,不顾一己之利害,而图社会之幸福,则可谓能尽其社会一员之本务者矣。盖公尔忘私之心,于道德最为高尚,而社会之进步,实由于是。故观于一社会中志士仁人之多寡,而其社会进化之程度可知也。使人人持自利主义,而漠然于社会之利害,则其社会必日趋腐败,而人民必日就零落,卒至人人同被其害而无救,可不惧乎?

社会之上,又有统一而制裁之者,是为国家①。国家者,由独立之主权,临于一定之土地、人民,而制定法律以统治之者也。凡人既为社会之一员,而持社会之道德,则又为国家之一民,而当守国家之法律。盖道德者,本以补法律之力之所不及;而法律者,亦以辅道德之

---

① 蔡元培于此处画"△"号。

功之所未至,二者相须为用。苟悖于法律,则即为国家之罪人,而决不能援社会之道德以自护也。惟国家之本领,本不在社会,是以国家自法律范围以外,决不干涉社会之事业,而社会在不违法律之限,亦自有其道德之自由也。

人之在社会也,其本务虽不一而足,而约之以二纲:曰公义;曰公德。

公义者,不侵他人权利之谓也。我与人同居社会之中,人我之权利,非有径庭,我既不欲有侵我之权利者,则我亦决勿侵人之权利。人与人互不相侵,而公义立矣。吾人之权利,莫重于生命财产名誉。生命者一切权利之本位,一失而不可复,其非他人之所得而侵犯,所不待言。财产虽身外之物,然人之欲立功名享福利者,恒不能徒手而得,必有借于财产。苟其得之以义,则即为其人之所当保守,而非他人所能干涉者也。名誉者,无形之财产,由其人之积德累行而后得之,故对于他人之谗诬污蔑,亦有保护之权利。是三者一失其安全,则社会之秩序,既无自而维持。是以国家特设法律,为吾人保护此三大权利。而吾人亦必尊重他人之权利,而不敢或犯。固为谨守法律之义务,抑亦对于社会之道德,以维持其秩序者也。

虽然,人仅仅不侵他人权利,则徒有消极之道德,而未足以尽对于社会之本务也。对于社会之本务,又有积极之道德,博爱是也。

博爱者,人生最贵之道德也。人之所以能为人者以此。苟其知有一身而不知有公家,知有一家而不知有社会,熟视其同胞之疾苦颠连,而无动于中,不一为之援手,则与禽兽奚择焉?世常有生而废疾者,或有无辜而罹缧绁之辱者,其他鳏寡孤独,失业无告之人,所在多有，且文化渐开，民智益进，社会之竞争日烈，则贫富之相去益远，而世之素无凭借因而沉沦者，与日俱增，此亦理势之所必然者也。而此等沉沦之人，既已日趋苦境，又不敢背戾道德法律之束缚，以侵他人之权利，苟非有赈济之者，安得不束手就毙乎？夫既同为人类，同为社会之一员，不忍坐视其毙而不救，于是本博爱之心，而种称［种］慈善之业起焉。

博爱可以尽公德乎？未也。赈穷济困，所以弥缺陷，而非所以求进步；所以济目前，而非所以图久远。夫吾人在社会中，决不以目前之福利为已足也，且目前之福利，本非社会成立之始之所有，实吾辈之祖先，累代经营而驯致之，吾人既已沐浴祖先之遗德矣，顾不能使所承于祖先之社会，益臻完美，以遗诸子孙，不亦放弃吾人之本务乎？是故人在社会，又当各循其地位，量其势力，而图公益，开世务，以益美善其社会。苟能以一人而造福于亿兆，以一生而遗泽于百世，则没世而功业不朽，虽古之圣贤，蔑以加矣。

夫人既不侵他人权利，又能见他人之穷困而救之，举社会之公益而行之，则人生对于社会之本务，始可谓之完成矣。吾请举孔子之言以为证，孔子曰："己所不欲，勿施于人。"又曰："己欲立而立人，己欲达而达人。"是二者。一则限制人，使不可为；一则劝导人，使为之。一为消极之道德；一为积极之道德。一为公义；一为公德，二者不可偏废。我不欲人侵我之权利，则我亦慎勿侵人之权利，斯己所不欲勿施于人之义也。我而穷也，常望人之救之，我知某事之有益于社会，即有益于我，而力或弗能举也，则望人之举之，则吾必尽吾力所能及，以救穷人而图公益。斯即欲立而立人欲达而达人之义也。二者，皆道德上之本务,而前者又兼为法律上之本务。人而仅欲不为法律上之罪人,则前者足矣,如欲免于道德上之罪,又不可不躬行后者之言也。

第二节 生 命

人之生命,为其一切权利义务之基本。无端而杀之,或伤之,是即举其一切之权利义务而悉破坏之,罪莫大焉。是以杀人者死,古今中外之法律,无不著之。

人与人不可以相杀伤。设有横暴之徒,加害于我者,我岂能坐受其害?势必尽吾力以为抵制,虽亦用横暴之术而杀之伤之,亦为正当之防卫。正当之防卫,不特不背于严禁杀伤之法律,而适所以保全之也。盖彼之欲杀伤我也,正所以破坏法律,我苟束手听命,以至自丧其生命,则不特我自放弃其权利,而且坐视法律之破坏于彼,而不尽吾力以相救,亦我之罪也。是故以正当之防卫而至于杀伤人,文明国之法律,所不禁也。

以正当之防卫,而至于杀伤人,是出于不得已也。使我身既已保全矣,而或余怒未已,或挟仇必报,因而杀伤之,是则在正当防卫之外,而我之杀伤为有罪。盖一人之权利,即以其一人利害之关系为范围,过此以往,则制裁之任在于国家矣。犯国家法律者,其所加害,虽或止一人,而实负罪于全社会。一人即社会之一分子,一分子之危害,必有关于全体之平和,犹之人身虽仅伤其一处,而即有害于全体之健康也。故刑罚之权,属于国家,而非私人之所得与。苟有于正当防卫之外，而杀伤人者，国家亦必以罪罪之，此不独一人之私怨也，即或借是以复父兄戚友之仇，亦为徇私情而忘公义，今世文明国之法律多禁之。

决斗者，野蛮之遗风也，国家既有法律以断邪正，判曲直，而我等乃以一己之私愤，决之于格斗，是直彼此相杀而已，岂法律之所许乎？且决斗者，非我杀人，即人杀我，使彼我均为放弃本务之人。而求其缘起，率在于区区之私情，如[且]其一胜一败，亦非曲直之所在，而视乎其技术之巧拙，此岂可与法律之裁制同日而语哉？

法律亦有杀人之事，大辟是也。大辟之可废与否，学者所见，互有异同，今之议者，以为今世文化之程度，大辟之刑，殆未可以全废。盖刑法本非一定，在视文化之程度而渐改革之。故昔日所行之刑罚，有涉于残酷者，诚不可以不改，而悉废死刑之说，尚不能不有待也。

因一人之正当防卫而杀伤人，为国家法律所不禁，则以国家之正当防卫而至于杀伤人，亦必为国际公法之所许，盖不待言，征战之役是也。兵凶战危，无古今中外，人人知之，而今之持社会主义者，言之尤为痛切，然坤舆之上，既尚有国界，各国以各图其国民之利益，而不免与他国相冲突，冲突既剧，不能取决于樽俎之间，而决之以干戈，则其国民之躬与兵役者，发枪挥刃，以杀伤敌人，非特道德法律，皆所不禁，而实出于国家之命令，且出公款以为之准备者也。惟敌人之不与战役，或战败而降服者，则虽在两国开战之际，亦不得辄加以危害，此著之国际公法者也。

第三节　财　产

夫生命之可重,既如上章所言矣。然人固不独好生而已,必其生存之日,动作悉能自由,而非为他人之傀儡,则其生始为可乐,于是财产之权起焉。盖财产者,人所辛苦经营所得之,于此无权,则一生勤力,皆为虚掷,而于己毫不相关,生亦何为?且人无财产权,则生计必有时不给,而生命亦终于不保。故财产之可重,次于生命,而盗窃之罪,次于杀伤,亦古今中外之所同也。

财产之可重如此,然则财产果何自而始乎?其理有二:曰先占;曰劳力。

有物于此,本无无属,则我可以取而有之。何则?无主之物,我占之,而初非有妨于他人之权利也,是谓先占。

先占者,劳力之一端也。田于野,渔于水,或发见无人之地而占之,是皆属于先占之权者,虽其事难易不同,而无一不需乎劳力。故先占之权,亦以劳力为基本,而劳力即为一切财产权所由生焉。

凡不待劳力而得者,虽其物为人生所必需,而不得谓之财产。如空气弥纶大地,任人呼吸,用之而不竭,故不可以为财产。至于山禽野兽,本非有畜牧之者,故不属于何人,然有人焉捕而获之,则得据以为财产,以其为劳力之效也。其他若耕而得粟,制造而得器,其须劳力,便不待言,而一切财产之权,皆循此例矣。

财产者,所以供吾人生活之资,而俾得尽力于公私之本务者也。而吾人之处置其财产,且由是而获赢利,皆得自由,是之谓财产权。财产权之确定与否,即国之文野所由分也。盖此权不立,则横敛暴夺之事,公行于社会,非特无以保秩序而进幸福,且足以阻人民勤勉之心,而社会终于堕落也。

财产权之规定,虽恃乎法律,而要非人人各守权限,不妄侵他人之所有,则亦无自而确立,此所以又有道德之制裁也。

人既得占有财产之权,则又有权以蓄积之而遗赠之,此自然之理也。蓄积财产,不特为己计,且为子孙计,此亦人情敦厚之一端也。苟无蓄积,则非特无以应意外之需,所关于己身及子孙者甚大,且使人人如此,则社会之事业,将不得有力者以举行之,而进步亦无望矣。遗赠之权,亦不过实行其占有之权。盖人以己之财产遗赠他人,无论其在生前、在死后,要不外乎处置财产之自由,而家产世袭之制,其理亦同。盖人苟不为子孙计,则其所经营积蓄者,及身而止,无事多求,而人顾毕生勤勉,丰取啬用,若不知止足者,无非为子孙计耳。使其所蓄不得遗之子孙,则又谁乐为勤俭者?此即遗财产之权之所由起,而其他散济戚友捐助社会之事,可以例推矣。

财产权之所由得,或以先占,或以劳力,或以他人之所遗赠,虽各不同,而要其权之不可侵则一也。是故我之财产,不愿为他人所侵,则他人之财产,我亦不得而侵之,此即对于财产之本务也。

关于财产之本务有四:一曰,关于他人财产直接之本务;二曰,关于贷借之本务;三曰,关于寄托之本务;四曰;关于市易之本务。

盗窃之不义,虽三尺童子亦知之,而法律且厉禁之矣。然以道德衡之,则非必有穿窬劫掠之迹,而后为盗窃也。以虚伪之术,诱取财物,其间或非法律所及问,而揆诸道德,其罪亦同于盗窃。又有貌为廉洁,而阴占厚利者,则较之盗窃之辈,迫于饥寒而为之者,其罪尤大矣。

人之所得,不必与其所需者,时时相应,于是有借贷之法,有无相通,洵人生之美事也。而有财之人,本无必应假贷之义务,故假贷于人而得其允诺,则不但有偿还之责任,而亦当感谢其恩意。且财者,生利之具,以财贷人,则并其贷借期内可生之利而让之,故不但有要求偿还之权,而又可以要求适当之酬报。而贷财于人者,既凭借所贷,而享若干之利益,则割其一部分以酬报于贷我者,亦当尽之本务也。惟利益之多寡,随时会而有赢缩,故要求酬报者,不能无限。世多有乘人困迫,而胁之以过当之息者,此则道德界之罪人矣。至于朋友亲戚,本有通财之义,有负债者,其于感激报酬,自不得不引为义务,而以财贷之者,要不宜计较锱铢,以流于利交之陋习也。

凡贷财于人者,于所约偿还之期,必不可以不守。也或有仅以偿还及报酬为负债者为本务,而不顾其期限者,此谬见也。例如学生假师友之书,期至不还,甚或转假于他人,则驯致不足以取信,而有书者且以贷借于人相戒,岂非人己两妨者耶?

受人之属而为之保守财物者,其当慎重,视己之财物为尤甚,苟非得其人之预约,及默许,则不得擅用之。自天灾时变非人力所能挽救外,苟有损害,皆保守者之责,必其所归者,一如其所授,而后保守之责为无忝。至于保守者之所费,与其当得之酬报,则亦物主当尽之本务也。

人类之进化,由于分职通功,而分职通功之所以行,及基本于市易。故市易者,大有造于社会者也。然使为市易者,于货物之精粗,价值之低昂,或任意居奇,或乘机作伪,以为是本非法律所规定也,而以商贾之道德绳之,则其事已谬。且目前虽占小利而顿失其他日之信用,则所失正多。西谚曰:正直者,上乘之策略①。洵至言也。

人于财产,有直接之关系,自非服膺道义恪守本务之人,鲜不为其所诱惑,而不知不觉,躬犯非义之举。盗窃之罪,律有明文,而清议亦复綦严,犯者尚少。至于贷借寄托市易之属,往往有违信背义,以占取一时之利者,斯则今之社会,不可不更求进步者也。夫财物之当与人者,宜不待其求而与之,而不可取者,虽见赠亦不得受,一则所以重人之财产,而不敢侵;一则所以守己之本务,而无所歉。人人如是,则社会之福利,宁有量欤?

第四节 名　誉

人类者,不徒有肉体之嗜欲也,而又有精神之嗜欲。是故饱暖也,富贵也,皆人之所欲也,苟所得仅此而已,则人又有所不足,是何也?曰:无名誉。

豹死留皮,人死留名,言名誉之不朽也。人既有爱重名誉之心,则不但宝之于生前,而且欲传之于死后,此即人所以异于禽兽。而名誉之可贵,乃举人人生前所享之福利,而无足以尚之,是以古今忠孝节义之士,往往有杀身以成其名者,其价值之高为何如也。

夫社会之中,所以互重生命财产而不敢相侵者,何也?曰:此他人正当之权利也。而名誉之所由得,或以天才,或以积瘁,其得之之

---

① 蔡元培于此处画"△"外,并在这一行上方加有眉批:"此谚于第一章第八节引过"。

难,过于财产,而人之所爱护也,或过于生命。苟有人焉,无端而毁损之,其与盗人财物、害人生命何异?是以生命、财产、名誉三者,文明国之法律,皆严重保护之。惟名誉为无形者,法律之制裁,时或有所不及,而爱重保护之本务,乃不得不偏重于道德焉。

名誉之敌有二:曰谗诬;曰诽谤。二者,皆道德界之大罪也。

谗诬者,虚造事迹,以污蔑他人名誉之谓也。其可恶盖甚于盗窃,被盗者,失其财物而已;被谗诬者,或并其终身之权利而胥失之,流言一作,虽毫无根据,而妒贤嫉才之徒,率喧传之,举世靡然,将使公平挚实之人,亦为其所惑,而不暇详求,则其人遂为众恶之的,而无以自立于世界。古今有为之才,被谗诬之害,以至名败身死者,往往而有,可不畏乎?

诽谤者,乘他人言行之不检,而轻加以恶评者也。其害虽不如谗诬之甚,而其违公义也同。吾人既同此社会,利害苦乐,靡不相关,成人之美而救其过,人人所当勉也。见人之短,不以恳挚之意相为规劝,而徒讥评之以为快,又或乘人不幸之时,而以幸灾乐祸之态,归咎于其人,此皆君子所不为也。且如警察官吏,本以抉发隐恶为职,而其权亦有界限,若乃不在其职,而务讦人隐私,以为谈笑之资,其理何在?至于假托公益,而为诽谤,以逞其媢嫉之心者,其为悖戾,更不待言矣。

世之为谗诬诽谤者,不特施之于生者,而或且施之于死者,其情更为可恶。盖生者尚有辨白昭雪之能力,而死者则并此而无之也。原谗诬诽谤之所由起,或以嫉妒,或以猜疑,或以轻率。夫羡人盛名,吾奋而思齐焉可也,不此之务,而忌之毁之,损人而不利己,非大愚不出此。至于人心之不同如其面,因人一言一行,而辄推之于其心术,而又往往以不肖之心测之,是徒自表其心地之龌龊耳。其或本无成见,而嫉恶太严,遇有不协于心之事,辄以恶评加之,不知人事蕃变,非备悉其始末,灼见其情伪,而平心以判之,鲜或得当,不察而率断焉,因而过甚其词,则动多谬误,或由是而贻害于社会者,往往有之。且轻率之断定,又有由平日憎疾其人而起者。憎疾其人,而辄以恶意断定其行事,则虽名为断定,而实同于逸谤,其流毒尤甚。故吾人于论事之时,务周详审慎,以无蹈轻率之弊,而于所憎之人,尤不可不慎之又慎也。

夫人必有是非之心,且坐视邪曲之事,默而不言,亦或为人情所难堪,惟是有意讦发,或为过情之毁,则于意何居。古人称守口如瓶,其言虽未必当,而亦非无见。若乃奸宄之行,有害于社会,则又不能不尽力攻斥,以去社会之公敌,是亦吾人对于社会之本务,而不可与损人名誉之事,同年而语者也。

第五节　博爱及公益

博爱者,人生至高之道德,而与正义有正负之别者也。行正义者,能使人免于为恶,而导人以善,则非博爱者不能。

有人于此,不干国法,不悖公义,于人间生命财产名誉之本务,悉无所歉,可谓能行正义矣。然道有饿莩而不知恤,门有孤儿而不知救,遂得为善人乎?

博爱者,施而不望报,利物而不暇己谋者也。凡动物之中,能历久而绵其种者,率恃有同类相恤之天性,人为万物之灵,苟仅斤斤于施报之间,而不恤其类,不亦自丧其天性,而有愧于禽兽乎?

人之于人,不能无亲疏之别,而博爱之道,亦即以是为序。不爱其亲,安能爱人之亲;不爱其国人,安能爱异国之人,如曰有之,非矫则悖,智者所不信也。孟子曰:"老吾老以及人之老,幼吾幼以及人之幼。"又曰:"亲亲而仁民,仁民而爱物。"此博爱之道也。

人人有博爱之心,则观于其家,而父子亲,兄弟睦,夫妇和;观于其社会,无攘夺,无忿争,贫富不相蔑,贵贱不相凌,老幼废疾,皆有所养,蔼然有恩,秩然有序,熙熙皞皞,如登春台,岂非人类之幸福乎!

博爱者,以己所欲,施之于人。是故见人之疾病则拯之,见人之危难则救之,见人之困穷则补助之。何则?人苟自立于疾病危难困穷之境,则未有不望人之拯救之而补助之者也。

赤子临井,人未有见之而不动其恻隐之心者。人类相爱之天性,固如是也。见人之危难而不之救,必非人情。日汨于利己之计较,以养成凉薄之习,则或忍而为此耳。夫人苟不能挺身以赴人之急,则又安望其能殉社会、殉国家乎?华盛顿尝投身奔湍,以救濒死之孺子,其异日能牺牲其身,以为十三州之同胞,脱英国之轭,而建独立之国者,要亦由有此心耳。夫处死生一发之间,而能临机立断,固由其爱情之挚,而亦必有毅力以达之,此则有赖于平日涵养之功者也。

救人疾病,虽不必有挺身赴难之危险,而于传染之病,为之看护,则直与殉之以身无异,非有至高之道德心者,不能为之。苟其人之地位,与国家社会有重大之关系,又或有侍奉父母之责,而轻以身试,亦为非宜,此则所当衡其轻重者也。

济人以财,不必较其数之多寡,而其情至为可嘉,受之者尤不可不感佩之。盖损己所余以周人之不足,是诚能推己及人,而发于其友爱族类之本心者也。慈善之所以可贵,即在于此。若乃本无博爱之心,而徒仿一二慈善之迹,以博虚名,则所施虽多,而其价值,乃不如少许之出于至诚者。且其伪善沽名,适以害德,而受施之人,亦安能历久不忘耶?

　　博爱者之慈善,惟虑其力之不周,而人之感我与否,初非所计。即使人不感我,其是非固属于其人,而于我之行善,曾何伤焉?若乃怒人之忘德,而遽彻其慈善,是吾之慈善,专为市恩而设,岂博爱者之所为乎?惟受人之恩而忘之者,其为不德,尤易见耳。

　　博爱者,非徒曰吾行慈善而已。其所以行之者,亦不可以无法。盖爱人以德,当为图永久之福利,而非使逞快一时,若不审其相需之故,而漫焉施之,受者或随得随费,不知节制,则吾之所施,于人奚益?也固有习于荒怠之人,不务自立,而以仰给于人为得计,吾苟堕其术中,则适以助长其倚赖心,而使永无自振之一日,爱之而适以害之,是不可不致意焉。

　　夫如是,则博爱之为美德,诚彰彰矣。然非扩而充之,以开世务,兴公益,则吾人对于社会之本务,犹不能无遗憾。何则?吾人处于社会,则与社会中之人人,皆有关系,而社会中人人与公益之关系,虽不必如疾病患难者待救之孔亟,而要其为相需则一也,吾但见疾病患难之待救,而不顾人人所需之公益,毋乃持其偏而忘其全,得其小而遗其大者乎?

　　夫人才力不同,职务尤异,合全社会之人,而求其立同一之功业,势必不能。然而随分应器,各图公益,则何不可有之。农工商贾,任利用厚生之务;学士大夫,存移风易俗之心,苟其有裨于社会,则其事虽殊,其效一也。人生有涯,局局身家之间,而于世无补,暨其没也,贫富智愚,同归于尽。惟夫建立功业,有裨于社会,则身没而功业不与之俱尽,始不为虚生人世,而一生所受于社会之福利,亦庶几无忝矣。所谓公益者,非必以目前之功利为准也。如文学美术,其成效常若无迹象之可寻,然所以拓国民之智识,而高尚其品性者,必由于是。是以天才英绝之士,宜超然功利以外,而一以发扬国华为志,不蹈前人陈迹,不拾外人糟粕,抒其性灵,以摩荡社会,如明星之粲于长夜、美花之映于座隅,则无形之中,社会实受其赐。有如一国富强,甲于天下,而其文艺学术,一无可以表见,则千载而后,谁复知其名者?而古昔既墟之国,以文学美术之力,垂名百世,迄今不朽者,往往而有,此岂可忽视者欤?

不惟此也,即社会至显之事,亦不宜安近功而忘远虑,常宜规模远大,以遗饷后人,否则社会之进步,不可得而期也。是故有为之士,所规画者,其事固或非一手一足之烈,而其利亦能历久而不渝,此则人生最大之博爱也。

量力捐财,以助公益,此人之所能为,而后世子孙,与享其利,较之饮食征逐之费,一晌而尽者,其价值何如乎?例如修河渠,缮堤防,筑港埠,开道路,拓荒芜,设医院,建学校皆是。而其中以建学校为最有益于社会之文明。又如私设图书馆,纵人观览,其效亦同。其他若设育婴堂、养老院等,亦为博爱事业之高尚者,社会文明之程度,即于此等公益之盛衰而测之矣。

图公益者，又有极宜注意之事，即慎勿以公益之名，兴无用之事是也。好事之流，往往为美名所眩，不审其利害何若，仓卒举事，动辄蹉跌，则又去而之他。若是者，不特自损，且足为利己者所借口，而以沮丧向善者之心，此不可不慎之于始者也。

　　又有借公益以沽名者，则其迹虽有时与实行公益者无异，而其心迥别，或且不免有倒行逆施之事。何则？其目的在名。则苟可以得名也，而他非所计，虽其事似益而实损，犹将为之。实行公益者则不然，其目的在公益。苟其有益于社会也，虽或受无识者之谤议，而亦不为之阻。此则两者心术之不同，而其成绩亦大相悬殊矣。

　　人既知公益之当兴，则社会公共之事物，不可不郑重而爱护之。凡人于公共之物，关系较疏，则有漫不经意者，损伤破毁，视为常事，此亦公德浅薄之一端也。夫人既知他人之财物不可以侵，而不悟社会公共之物，更为贵重者，何欤？且人既知毁人之物，无论大小，皆有赔偿之责，今公然毁损社会公共之物，而不任其赔偿者，何欤？如学堂诸生，每有抹壁唾地之事，而公共花卉，道路荫木，经行者或无端而攀折之，至于青年子弟，诣神庙佛寺，又或倒灯复瓮，自以为快，此皆无赖之事，而有悖于公德者也。欧美各国，人人崇重公共事物，习以为俗，损伤破毁之事，始不可见，公园椅榻之属，间以公共爱护之言，书于其背，此诚一种之美风，而我国人所当奉为圭臬者也。国民公德之程度，视其对于公共事物如何，一木一石之微，于社会利害，虽若无大关系，而足以表见国民公德之浅深，则其关系，亦不可谓小矣。

第六节　礼让及威仪

凡事皆有公理,而社会行习之间,必不能事事以公理绳之。苟一切绳之以理,而寸步不以让人,则不胜冲突之弊,而人人无幸福之可言矣。且人常不免为感情所左右,自非豁达大度之人,于他人之言行,不慊吾意,则辄引似是而非之理以纠弹之,冲突之弊,多起于此。于是乎有礼让以为之调合,而彼此之感情,始不至于冲突焉。

人之有礼让,其犹车辖之脂乎,能使人交际圆滑,在温情和气之间,以完其交际之本意,欲保维社会之平和,而增进其幸福,殆不可一日无者也。

礼者,因人之亲疏等差,而以保其秩序者也。其要在不伤彼我之感情,而互表其相爱相敬之诚,或有以是为虚文者,谬也。

礼之本始,由人人有互相爱敬之诚,而自发于容貌。盖人情本不相远,而其生活之状态,大略相同,则其感情之发乎外而为拜揖送迎之仪节,亦自不得不同,因袭既久,成为惯例,此自然之理也。故一国之礼,本于先民千百年之习惯,不宜辄以私意删改之。盖崇重一国之习惯,即所以崇重一国之秩序也。

夫礼,既本乎感情而发为仪节,则其仪节,必为感情之所发见,而后谓之礼。否则意所不属,而徒拘牵于形式之间,是刍狗耳。仪节愈繁,而心情愈鄙,自非徇浮华好谄谀之人,又孰能受而不斥者。故礼以爱敬为本。

爱敬之情,人类所同也,而其仪节,则随其社会中生活之状态,而不能无异同。近时国际公私之交,大扩于古昔,交际之仪节,有不可以拘墟者,故中流以上之人,于外国交际之礼,亦不可不致意焉。

让之为用,与礼略同。使人互不相让,则日常言论,即生意见,亲旧交际,动辄龃龉。故敬爱他人者,不务立异,不炫所长,务以成人之美。盖自异自眩,何益于己,徒足以取厌启争耳。虚心平气,好察迩言,取其善而不翘其过,此则谦让之美德,而交际之要道也。

排斥他人之思想与信仰,亦不让之一也。精神界之科学,尚非人智所能独断。人我所见不同,未必我果是而人果非,此文明国宪法,所以有思想自由、信仰自由之则也。苟当讨论学术之时,是非之间,不能异立,又或于履行实事之际,利害之点,所见相反,则诚不能不各以所见,互相驳诘,必得其是非之所在而后已。然亦宜平心以求学理事理之关系,而不得参以好胜立异之私意。至于日常交际,则他人言说虽与己意不合,何所容其攻诘,如其为之,亦徒彼此忿争,各无所得已耳。温良谦恭,薄责于人,此不可不注意者。至于宗教之信仰,自其人观之,一则为生活之标准,一则为道德之理想,吾人决不可以轻侮嘲弄之态,侵犯其自由也。由是观之,礼让者,皆所以持交际之秩序,而免其龃龉者也。然人固非特各人之交际而已,于社会全体,亦不可无仪节以相应,则所谓威仪也。

威仪者,对于社会之礼让也。人尝有于亲故之间,不失礼让,而对于社会,不免有粗野傲慢之失者,是亦不思故耳。同处一社会中,则其人虽有亲疏之别,而要必互有关系,苟人人自亲故以外,即复任意自肆,不顾取厌,则社会之爱力,为之减杀矣。有如垢衣被发,呼号道路,其人虽若自由,而使观之者不胜其厌忌,可谓之不得罪于社会乎?凡社会事物,各有其习惯之典例,虽违者无禁,犯者无罚,而使见而不快,闻而不慊,则其为损于人生之幸福者为何耶! 古人有言,满堂饮酒,有一人向隅而泣,则举座为之不欢,言感情之相应也。乃或于置酒高会之时,白眼加人,夜郎自大,甚或骂座掷杯,凌侮侪辈,则岂非蛮野之遗风,而不知礼让为何物欤。欧美诸国士夫,于宴会中,不谈政治,不说宗教,以其易启争端,妨人欢笑,此亦美风也。

凡人见邀赴会,必预审其性质如何,而务不失其相应之仪表。如会葬之际,谈笑自如,是为幸人之灾,无礼已甚,凡类此者,皆不可不致意也。

第四章 国 家

第一节 总 论

国也者,非徒有土地、有人民之谓,谓以独立全能之主权,而统治其居于同一土地之人民者也。又谓之国家者,则以视一国如一家之故。是故国家者,吾人感觉中有形之名,而国家者,吾人理想中无形之名也。

国为一家之大者①,国人犹家人也②。于多数国人之中而有代表主权之元首,犹于若干家人之中而有代表其主权之家主也③。家主有

---

① 蔡元培于此处画"△"号。
② 蔡元培于此处画"△"号。
③ 蔡元培于此处画"△"号。

统治之权，以保护家人权利，而使之各尽其本务。国家亦然，元首率百官以统治人民，亦所以保护国民之权利，而使各尽其本务，以报效于国家也。使一家之人，不奉其家主之命，而弃其本务，则一家离散，而家族均被其祸。一国之民，各顾其私，而不知奉公，则一国扰乱，而人民亦不能安其堵焉。

凡有权利，则必有与之相当之义务。而有义务，则亦必有与之相当之权利，二者相因，不可偏废。我有行一事保一物之权利，则彼即有不得妨我一事夺我一物之义务，此国家与私人之所同也。是故国家既有保护人之义务，则必有可以行其义务之权利，而人民既有享受国家保护之权利，则其对于国家，必有当尽之义务，盖可知也。

人之权利，本无等差，以其大纲言之，如生活之权利、职业之权利、财产之权利、思想之权利，非人人所同有乎！我有此权利，而人或侵之，则我得而抵抗之，若不得已，则借国家之权力以防遏之，是谓人人所有之权利，而国家所宜引为义务者也。国家对于此事之权利，谓之公权，即国家所以成立之本。请详言之。

权漫无制限，则流弊甚大。如二人意见不合，不必相妨也，而或且以权利被侵为口实。由此例推，则使人人得滥用其自卫权，而不受公权之限制，则无谓之争阋，将日增一日矣。

于是乎有国家之公权，以代各人之自卫权，而人人不必自危，亦不得自肆，公平正直，各得其所焉。夫国家既有为人防卫之权利，则即有防卫众人之义务，义务愈大，则权利亦愈大。故曰：国家之所以成立者，权力也。

国家既以权力而成立，则欲安全其国家者，不可不巩固其国家之权力,而慎勿毁损之,此即人民对于国家之本务也。

第二节　法　律

吾人对于国家之本务,以遵法律为第一义。何则？法律者,维持国家之大纲,吾人必由此而始能保有其权利者也。人之意志,恒不免为感情所动,为私欲所诱,以致有损人利己之举动。所以矫其偏私而纳诸中正,使人人得保其平等之权利者,法律也;无论公私之际,有以防强暴折奸邪,使不得不服从正义者,法律也;维持一国之独立,保全一国之利福者,亦法律也。是故国而无法律,或有之而国民不遵也,则盗贼横行,奸邪跋扈,国家之沦亡,可立而待。否则法律修明,国民恪遵而勿失,则社会之秩序,由之而不紊,人民之事业,由之而无扰,人人得尽其心力,以从事于职业,而安享其效果,是皆法律之赐;而要非国民恪遵法律,不足以致此也。顾世人知法律之当遵矣,而又谓法律不皆允当,不妨以意为从违,是徒启不遵法律之端者也。夫一国之法律,本不能悉中情理,或由议法之人,知识浅隘,或以政党之故,意见偏颇,亦有立法之初,适合社会情势,历久则社会之情势渐变,而法律如故,因不能无方凿圆枘之弊,此皆国家所不能免者也。既有此弊法,则政府固当速图改革,而人民亦得以其所见要求政府,使必改革而后已。惟其新法未定之期,则不能不暂据旧法,以维持目前之治安。何则？其法虽弊,尚胜于无法也,若无端抉而去之,则其弊可胜言乎？

法律之别颇多,而大别之为三,政法、刑法、民法是也。政法者,所以规定政府之体裁,及政府与人民之关系者也。刑法者,所以预防政府及人民权利之障害,及罚其违犯者也。民法者,所以规定人民与人民之关系,防将来之争端,而又判临时之曲直者也。

官吏者,据法治事之人。国民既遵法律,则务勿挠执法者之权而且敬之。非敬其人,敬执法之权也。且法律者,国家之法律,官吏执法,有代表国家之任,吾人又以爱重国家之故而敬官吏也。官吏非有学术才能者不能任。学士能人,人知敬之,而官吏独不足敬乎?

官吏之长,是为元首。立宪之国,或戴君主,或举总统,而要其为官吏之长一也,既知官吏之当敬,而国民之当敬元首,无待烦言,此亦尊重法律之意也。

第三节　租　税

家无财产,则不能保护其子女,惟国亦然。苟无财产,亦不能保护其人民。盖国家内备奸宄,外御敌国,不能不有水陆军,及其应用之舰垒器械及粮饷;国家执行法律,不能不有法院监狱;国家图全国人民之幸福,不能不修道路,开沟渠,设灯台,启公囿,立学堂,建医院,及经营一切公益之事。凡此诸事,无不有任事之人。而任事者不能不给以禄俸。然则国家应出之经费,其浩大可想也,而担任此费者,厥维享有国家各种利益之人民,此人民所以有纳租税之义务也。

人民之当纳租税,人人知之,而间有苟求幸免者,营业则匿其岁入,不以实报,运货则绕越关津,希图漏税,其他舞弊营私,大率类此。是上则亏损国家,而自荒其义务;下则卸其责任之一部,以分担于他人。故以国民之本务绳之,谓之无爱国心,而以私人之道德绳之,亦不免于欺罔之罪矣。

第四节　兵　役

国家者,非一人之国家,全国人民所集合而成者也。国家有庆,全国之人共享之,则国家有急,全国之人亦必与救之。国家之有兵役,所以备不虞之急者也。是以国民之当服兵役,与纳租税同,非迫于法律不得已而为之,实国民之义务,不能自已者也。

国之有兵,犹家之有阍人焉。其有城堡战堡也,犹家之有门墙焉。家无门墙、无阍人,则盗贼接踵,家人不得高枕无忧。国而无城堡战舰、无守兵,则外侮四逼,国民亦何以聊生耶?且方今之世,交通利便,吾国之人,工商于海外者,实繁有徒,自非祖国海军,游弋重洋,则夫远游数万里外,与五方杂处之民,角什一之利者,亦安能不受凌侮哉?国家之兵力,所关于互市之利者,亦非鲜矣。

国家兵力之关系如此,亦夫人而知之矣。然人情畏劳而恶死,一旦别父母,弃妻子,舍其本业而从事于垒舰之中,平日起居服食,一为军纪所束缚,而不得自由,即有事变,则挺身弹刃之中,争死生于一瞬,故往往有却顾而不前者。不知全国之人,苟人人以服兵役为畏途,则转瞬国亡家破,求幸生而卒不可得。如人人委身于兵役,则不必果以战死,而国家强盛,人民全被其赐,此不待智者而可决,而人民又乌得不以服兵役为义务欤?

方今世界,各国无不以扩张军备为第一义,虽有万国公法以为列国交际之准，又屡开万国平和会于海牙，若各以启衅为戒者，而实则包藏祸心，恒思蹈瑕抵隙，以求一逞，名为平和，而实则乱世，一旦猝遇事变，如飓风忽作，波涛汹涌，其势有不可测者。然则有国家者，安得不预为之所耶？

第五节　教　育

为父母者，以体育、德育、智育种种之法，教育其子女，有二因焉：一则使之壮而自立，无坠其先业；一则使之贤而有才，效用于国家①。前者为寻常父母之本务，后者则对于国家之本务也②。诚使教子女者，能使其体魄足以堪劳苦，勤职业，其知识足以判事理，其技能足以资生活，其德行足以为国家之良民③，则非特善为其子女，而且对于国家，亦无歉于义务矣④。夫人类循自然之理法，相集合而为社会，为国家，自非智德齐等，殆不足以相生相养，而保其生命，享其福利。然则有子女者，乌得怠其本务欤？

一国之中，人民之贤愚勤惰，与其国运有至大之关系。故欲保持其国运者，不可不以国民教育，施于其子弟，苟或以姑息为爱，养成放纵之习；即不然，而仅以利己主义教育之，则皆不免贻国家以泮涣之戚，而全国之人，交受其弊，其子弟亦乌能幸免乎？盖各国风俗习惯历史政制，各不相同，则教育之法，不得不异。所谓国民教育者，原本祖国体制，又审察国民固有之性质，而参互以制定之。其制定之权，

---

①②③④　蔡元培于此处画"△"号。

即在国家,所以免教育主义之冲突,而造就全国人民,使皆有国民之资格者也。是以专门之教育,虽不妨人人各从其所好,而普通教育,则不可不以国民教育为准,有子女者慎之。

第六节 爱 国

爱国心者,起于人民与国土之感情,犹家人之爱其居室田产也。开国之民,逐水草而徙,无定居之地,则无所谓爱国。及其土著也,画封疆,辟草莱,耕耘建筑,尽瘁于斯,而后有爱恋土地之心,是谓爱国之滥觞。至于土地渐廓,有城郭焉,有都邑焉,有政府而执事焉。自其法律典例之成立,风俗习惯之沿革,与夫语言文章之应用,皆画然自成为一国,而又与他国相交涉,于是乎爱国之心,始为人民之义务矣。

人民爱国心之消长,为国运之消长所关。有国于此,其所以组织国家之具,虽莫不备,而国民之爱国心,独无以副之,则一国之元气,不可得而振兴也。彼其国土同,民族同,言语同,习惯同,风俗同,非不足以使人民有休戚相关之感情,而且政府同,法律同,文献传说同,亦非不足以使人民有协同从事之兴会,然苟非有爱国心以为之中坚,则其民可与共安乐,而不可与共患难。事变猝起,不能保其之死而靡他也。故爱国之心,实为一国之命脉,有之,则一切国家之原质,皆可以陶冶于其炉锤之中;无之,则其余皆骈枝也。

爱国之心,虽人人所固有,而因其性质之不同,不能无强弱多寡之差,既已视为义务,则人人以此自勉,而后能以其爱情实现于行事,且亦能一致其趣向,而无所参差也。

人民之爱国心,恒随国运为盛衰。大抵一国当将盛之时,若垂亡之时,或际会大事之时,则国民之爱国心,恒较为发达。国之将兴也,人人自奋,思以其国力冠绝世界,其勇往之气,如日方升。昔罗马暴盛之时,名将辈出,士卒致死,因而并吞四邻,其已事也。国之将衰也,或其际会大事也,人人惧祖国之沦亡,激厉忠义,挺身赴难,以挽狂澜于既倒,其悲壮沉痛亦有足伟者,如亚尔那温克特里之于瑞士,哥修士孤之于波兰是也。

由是观之,爱国心者,本起于人民与国土相关之感情,而又为组织国家最要之原质,足以挽将衰之国运,而使之隆盛,实国民最大之义务,而不可不三致意者焉。

第七节　国际及人类

大地之上,独立之国,凡数十。彼我之间,聘问往来,亦自有当尽之本务。此虽外交当局者之任,而为国民者,亦不可不通知其大体也。

以道德言之,一国犹一人也,惟大小不同耳。国有主权,犹人之有心性。其有法律,犹人之有意志也。其维安宁,求福利,保有财产名誉,亦犹人权之不可侵焉。

国家既有不可侵之权利,则各国互相爱重,而莫或相侵,此为国际之本务。或其一国之权利,为他国所侵,则得而抗拒之,亦犹私人之有正当防卫之权焉。惟其施行之术,与私人不同。私人之自卫,特在法律不及保护之时，苟非迫不及待，则不可不待正于国权。国家则不然，各国并峙，未尝有最高之公权以控制之，虽有万国公法，而亦无强迫执行之力。故一国之权利，苟被侵害，则自卫之外，别无他策，而所以实行自卫之道者，战而已矣。

战之理，虽起于正当自卫之权，而其权不受控制，国家得自由发敛之，故常为野心者之所滥用。大凌小，强侮弱，虽以今日盛唱国际道德之时，犹不能免。惟列国各尽其防卫之术，处攻势者，未必有十全之胜算，则苟非必不得已之时，亦皆惮于先发。于是国际龃龉之端，间亦恃万国公法之成文以公断之，而得免于战祸焉。

然使两国之争端，不能取平于樽俎之间，则不得不以战役决之。开战以后，苟有可以求胜者，皆将无所忌而为之，必屈敌人而后已。敌人既屈，则目的已达，而战役亦于是毕焉。

开战之时，于敌国兵士，或杀伤之，或俘囚之，以杀其战斗力，本为战国应有之权利，惟其妇孺及平民之不携兵器者，既不与战役，即不得加以戮辱。敌国之城郭堡垒，固不免于破坏，而其他工程之无关战役者，亦不得妄有毁损。或占而有之，以为他日赔偿之保证，则可也。其在海战，可以捕敌国船舰，而其权惟属国家，若纵兵卤掠，则与盗贼奚择焉[①]？

在昔人文未开之时，战胜者往往焚敌国都市，掠其金帛子女，是谓借战胜之余威，以逞私欲，其戾于国际之道德甚矣。近世公法渐明，则战胜者之权利，亦已渐有范围，而不至复如昔日之横暴，则亦道

[①] 蔡元培于此处上方加眉批："应加入国民外交与国际间各种集会"。

德进步之一征也。

国家者，积人而成，使人人实践道德，而无或悖焉，则国家亦必无非理悖德之举可知也。方今国际道德，虽较进于往昔，而野蛮之遗风，时或不免，是亦由人类道德之未尽善，而不可不更求进步者也。

人类之聚处，虽区别为各家族、各社会、各国家，而离其各种区别之界限而言之，则彼此同为人类，故无论家族有亲疏、社会有差等，国家有与国、敌国之不同，而既已同为人类，则又自有其互相待遇之本务可知也。

人类相待之本务如何？曰：无有害于人类全体之幸福，助其进步，使人我同享其利而已。夫笃于家族者，或不免漠然于社会，然而社会之本务，初不与家族之本务相妨。忠于社会者，或不免不经意于国家，然而国家之本务，乃适与社会之本务相成。然则爱国之士，屏斥世界主义者，其未知人类相待之本务，固未尝与国家之本务相冲突也。

譬如两国开战，以互相杀伤为务者也。然而有红十字会者，不问其伤者为何国之人，悉噢咻而抚循之，初未尝与国家主义有背也。夫两国开战之时，人类相待之本务，尚不以是而间断，则平日盖可知矣。

第五章　职　　业

第一节　总　　论

凡人不可以无职业，何则？无职业者，不足以自存也。人虽有先人遗产,苟优游度日,不讲所以保守维持之道,则亦不免于丧失者。且世变无常,千金之子,骤失其凭借者,所在多有,非素有职业,亦奚以免于冻馁乎?

有人于此,无材无艺,袭父祖之遗财,而安于怠废,以道德言之,谓之游民。游民者,社会之公敌也。不惟此也,人之身体精神,不用之,则不特无由畅发,而且日即于耗废,过逸之弊,足以戕其天年。为财产而自累,愚亦甚矣。既有此资财,则奚不利用之,以讲求学术,或捐助国家,或兴举公益,或旅行远近之地,或为人任奔走周旋之劳,凡此皆所以益人裨世,而又可以自练其身体及精神,以增进其智德;较之饱食终日,以多财自累者,其利害得失,不可同日而语矣。夫富者,为社会所不可少,即货殖之道,亦不失为一种之职业,但能善理其财,而又能善用之以有裨于社会,则又孰能以无职业之人目之耶?

人不可无职业,而职业又不可无选择。盖人之性质,于素所不喜之事,虽勉强从事,辄不免事倍而功半;从其所好,则劳而不倦,往往极其造诣之精,而渐有所阐明。故选择职业,必任各人之自由,而不可以他人干涉之。

自择职业,亦不可以不慎,盖人之于职业,不惟其趣向之合否而已,又于其各种凭借之资,大有关系。尝有才识不出中庸,而终身自得其乐;或抱奇才异能,而以坎坷不遇终者;甚或意匠惨淡,发明器械,而绌于资财,赍志以没。世界盖尝有多许之奈端[①]、瓦特其人,而成功如奈端、瓦特者卒鲜,良可慨也。是以自择职业者,慎勿轻率妄

---

① 奈端(Newton):通译牛顿。

断,必详审职业之性质,与其义务,果与己之能力及境遇相当否乎,即不能辄决,则参稽于老成练达之人,其亦可也。

凡一职业中,莫不有特享荣誉之人,盖职业无所谓高下,而荣誉之得否,仍关乎其人也。其人而贤,则虽屠钓之业,亦未尝不可以显名,惟择其所宜而已矣。

承平之世,子弟袭父兄,之业,至为利便,何则?幼而狎之,长而习之,耳濡目染,其理论方法,半已领会于无意之中也。且人之性情,有所谓遗传者。自高、曾以来,历代研究,其官能每有特别发达之点,而器械图书,亦复积久益备,然则父子相承,较之崛起而立业,其难易迟速,不可同年而语。我国古昔,如历算医药之学,率为世业,而近世音律图画之技,亦多此例,其明征也。惟人之性质,不易揆以一例,重以外界各种之关系,亦非无龃龉于世业者,此则不妨别审所宜,而未可以胶柱而鼓瑟者也。

自昔区别职业,士、农、工、商四者,不免失之太简,泰西学者,以计学之理区别之者,则又人自为说,今核之于道德,则不必问其业务之异同,而第以义务如何为标准,如劳心、劳力之分,其一例也。而以人类生计之关系言之,则可大别为二类:一出其资本以营业,而借劳力于人者;一出其能力以任事,而受酬报于人者。甲为佣者,乙为被佣者,二者义务各异,今先概论之,而后及专门职业之义务焉。

第二节　佣者及被佣者

佣者以正当之资本,若智力,对于被佣者,而命以事务给以佣值者也,其本务如下。

凡给于被佣者之值,宜视普通工值之率而稍丰赡之,第不可以同盟罢工,或他种迫胁之故而骤丰其值[①]。若平日无先见之明,过啬其值,一遇事变,即不能固持,而悉如被佣者之所要求,则鲜有不出入悬殊,而自败其业者。

佣者之于被佣者,不能谓值之外,别无本务,盖尚有保护爱抚之责。虽被佣者未尝要求及此,而佣者要不可以不自尽也。如被佣者当劳作之时,猝有疾病事故,务宜用意周恤。其他若教育子女,保全财产,激厉贮蓄之法,亦宜代为谋之。惟当行以诚恳恻怛之意,而不可过于干涉,盖干涉太过,则被佣者不免自放其责任,而失其品格也。

佣者之役使被佣者,其时刻及程度,皆当有制限,而不可失之过酷,其在妇稚,尤宜善视之。

凡被佣者,大抵以贫困故,受教育较浅,故往往少远虑,而不以贮蓄为意,业繁而值裕,则滥费无节;业耗而佣俭,则口腹不给矣。故佣者宜审其情形,为设立保险公司,贮蓄银行,或其他慈善事业,为割其佣值之一部以充之,俾得备不时之需。如见有博弈饮酒,耽逸乐而害身体者,宜恳切劝谕之。

凡被佣者之本务,适与佣者之本务相对待。

被佣者之于佣者,宜挚实勤勉,不可存嫉妒猜疑之心,盖彼以有资本之故,而购吾劳力,吾能以操作之故,而取彼资财,此亦社会分业之通例,而自有两利之道者也。

---

① 蔡元培于此处画"△"号。

被佣者之操作,不特为对于佣者之义务,而亦为自己之利益。盖怠惰放佚,不惟不利于佣者,而于己亦何利焉?故挚实勤勉,实为被佣者至切之本务也。

休假之日,自有乐事,然亦宜择其无损者。如沉湎放荡,务宜戒之。若能乘此暇日,为亲戚朋友协助有益之事,则尤善矣。

凡人之职业,本无高下贵贱之别。高下贵贱,在人之品格,而于职业无关也。被佣者苟能以暇日研究学理,寻览报章杂志之属,以通晓时事,或听丝竹,观图画,植花木,以优美其胸襟,又何患品格之不高尚耶?

佣值之多寡,恒视其制作品之售价以为准。自被佣者观之,自必多多益善,然亦不能不准之于定率者。若要求过多,甚至纠结朋党,挟众力以胁主人①,则亦谬矣②。

有欲定画一之佣值者,有欲专以时间之长短,为佣值多寡之准者,是亦谬见也。盖被佣者,技能有高下,操作有勤惰,责任有重轻,其佣值本不可以齐等,要在以劳力与报酬,相为比例,否则适足以劝惰慢耳。惟被佣者,或以疾病事故,不能执役,而佣者仍给以平日之值,与他佣同,此则特别之惠,而未可视为常例者也。

孟子有言,无恒产者无恒心。此实被佣者之通病也。惟无恒心,故动辄被人指嗾,而为疏忽暴戾之举③,其思想本不免偏于同业利益,而忘他人之休戚,又常以滥费无节之故,而流于困乏,则一旦纷起,虽

---

①② 蔡元培在此处画"△"号。
③ 蔡元培在此处画"△"号。

同业之利益,亦有所不顾矣,此皆无恒心之咎,而其因半由于无恒产,故为被佣者图久长之计,非平日积恒产而养恒心不可也。

农夫最重地产,故安土重迁,而能致意于乡党之利害,其挚实过于工人。惟其有恒产,是以有恒心也。顾其见闻不出乡党之外,而风俗习惯,又以保守先例为主,往往知有物质,而不知有精神,谋衣食,长子孙,囿于目前之小利,而不遑远虑,即子女教育,亦多不经意,更何有于社会公益、国家大计耶? 故启发农民,在使知教育之要,与夫各种社会互相维系之道也。

我国社会间,贫富悬隔之度,尚不至如欧美各国之甚,故均富主义,尚无蔓延之虑。然世运日开,智愚贫富之差,亦随而日异,智者富者日益富,愚者贫者日益穷,其究也,必不免于悬隔,而彼此之冲突起矣。及今日而预杜其弊,惟在教育农工,增进其智识,使不至永居人下而已。

第三节　官　吏

佣者及被佣者之关系。为普通职业之所同。今更将专门职业,举其尤重要者论之。

官吏者,执行法律者也[1]。其当具普通之智识,而熟于法律之条文,所不待言,其于职务上所专司之法律,尤当通其原理,庶足以应蕃变之事务,而无失机宜也。

---

[1] 蔡元培于此处画"△"号。

为官吏者,既具职务上应用之学识,而其才又足以济之,宜可称其职矣。而事或不举,则不勤不精之咎也。夫职务过繁,未尝无日不暇给之苦,然使日力有余,而怠惰以旷其职,则安得不任其咎?其或貌为勤劬,而治事不循条理,则顾此失彼,亦且劳而无功。故勤与精,实官吏之义务也。世界各种职业,虽半为自图生计,而既任其职,则即有对于委任者之义务。况官吏之职,受之国家,其义务之重,有甚于工场商肆者。其职务虽亦有大小轻重之别,而其对于公众之责任则同。夫安得漫不经意,而以不勤不精者当之耶?

　　勤也精也,皆所以有为也。然或有为而无守,则亦不足以任官吏。官吏之操守,所最重者:曰毋黩货,曰勿徇私。官吏各有常俸,在文明之国,所定月俸,足以给其家庭交际之费而有余,苟其贪黩无厌,或欲有以供无谓之糜费,而于应得俸给以外,或征求贿赂,或侵蚀公款,则即为公家之罪人,虽任事有功,亦无以自盖其愆矣。至于理财征税之官,尤以此为第一义也。

　　官吏之职,公众之职也,官吏当任事之时,宜弃置其私人之资格,而纯以职务上之资格自处。故用人行政,悉不得参以私心,夫征辟僚属,诚不能不取资于所识,然所谓所识者,乃识其才之可以胜任,而非交契之谓也。若不问其才,而惟以平日关系之疏密为断,则必致偾事。又或以所治之事,与其戚族朋友有利害之关系,因而上下其手者,是皆徇私废公之举,官吏宜悬为厉禁者也。

　　官吏之职务,如此重要,而司法官之关系则尤大。何也?国家之法律。关于人与人之争讼者,曰民事法;关于生命财产之罪之刑罚者,曰刑事法。而本此法律以为裁判者,司法官也。

凡职业各有其专门之知识,为任此职业者所不可少,而其中如医生之于生理学,舟师之于航海术,司法官之于法律学,则较之他种职业,义务尤重,以其关于人间生命之权利也。使司法官不审法律精意,而妄断曲直,则贻害于人间之生命权至大,故任此者,既当有预蓄之知识;而任职以后,亦当以暇日孜孜讲求之。

司法官介立两造间,当公平中正,勿徇私情,勿避权贵,盖法庭之上,本无贵贱上下之别也。若乃妄纳赇赃,颠倒是非,则其罪尤大,不待言矣。

宽严得中,亦司法者之要务,凡刑事裁判,苟非纠纷错杂之案,按律拟罪,殆若不难,然宽严之际,差以毫厘,谬以千里,亦不可以不慎。至于民事裁判,尤易以意为出入,慎勿轻心更易之。

大抵司法官之失职,不尽在学识之不足,而恒失之于轻忽,如集证不完,轻下断语者是也。又或证据尽得,而思想不足以澈之,则狡妄之供词,舞文之辩护,伪造之凭证,皆足以眩惑其心,而使之颠倒其曲直。故任此者,不特预储学识之为要,而尤当养其清明之心力也。

第四节 医 生

医者,关于人间生死之职业也,其需专门之知识,视他职业为重。苟其于生理解剖,疾病症候,药物性效,研究未精,而动辄为人诊治,是何异于挟刃而杀人耶?

医生对于病者,有守秘密之义务。盖病之种类,亦或有惮人知之者,医生若无端滥语于人,既足伤病者之感情,且使后来病者,不敢以秘事相告,亦足以为诊治之妨碍也。

医生当有冒险之性质,如传染病之类,虽在己亦有危及生命之虞,然不能避而不往,至于外科手术,尤非以沉勇果断者行之不可也。

医生之于病者,尤宜恳切,技术虽精,而不恳切,则不能有十全之功。盖医生不得病者之信用,则医药之力,已失其半,而治精神病者,尤以信用为根据也。

医生当规定病者饮食起居之节度,而使之恪守,若纵其自肆,是适以减杀医药之力也。故医生当勿欺病者,而务有以鼓励之,如其病势危笃,则尤不可不使自知之而自慎之也。

无论何种职业,皆当以康强之身体任之,而医生为尤甚。遇有危急之病,祁寒盛暑,微夜侵晨,亦皆有所不避。故务强健其身体,始有以赴人之急,而无所濡滞。如其不能,则不如不任其职也。

第五节 教 员

教员所授,有专门学、普通学之别,皆不可无相当之学识。而普通学教员,于教授学科以外,训练管理之术,尤重要焉。不知教育之学、管理之法,而妄任小学教员,则学生之身心,受其戕贼,而他日必贻害于社会及国家,其罪盖甚于庸医之杀人。愿任教员者,不可不自量焉。

教员者,启学生之知识者也。使教员之知识,本不丰富,则不特讲授之际,不能详密,而学生偶有质问,不免穷于置对,启学生轻视教员之心,而教授之效,为之大减。故为教员者,于其所任之教科,必详博综贯,肆应不穷,而后能胜其任也。

知识富矣,而不谙教授管理之术,则犹之匣剑帷灯,不能展其长也。盖授知识于学生者,非若水之于盂,可以挹而注之,必导其领会之机,挈其研究之力,而后能与之俱化,此非精于教授法者不能也。学生有勤惰静躁之别,策其惰者,抑其躁者,使人人皆专意向学,而无互相扰乱之虑,又非精于管理法者不能也。故教员又不可不知教授管理之法。

教员者,学生之模范也。故教员宜实行道德,以其身为学生之律度,如卫生宜谨,束身宜严,执事宜敏,断曲直宜公,接人宜和,惩忿而窒欲,去鄙倍而远暴慢,则学生日熏其德,其收效胜于口舌倍蓰矣。

第六节　商　贾

商贾亦有佣者与被佣者之别。主人为佣者,而执事者为被佣者。被佣者之本务,与农工略同。而商业主人,则与农工业之佣者有异。盖彼不徒有对于被佣者之关系,而又有其职业中之责任也。农家产物之美恶,自有市价,美者价昂,恶者价绌,无自而取巧。工业亦然,其所制作,有精粗之别,则价值亦缘之而为差,是皆无关于道德者也。惟商家之货物,及其贸易之法,则不能不以道德绳之,请言其略。

正直为百行之本,而于商家为尤甚。如货物之与标本,理宜一致,乃或优劣悬殊,甚且性质全异,乘购者一时之不检,而矫饰以欺之,是则道德界之罪人也。

且商贾作伪,不特悖于道德而已,抑亦不审利害,盖目前虽可攫锱铢之利，而信用一失，其因此而受损者无穷。如英人以商业为立国之本，坐握宇内商权，虽由其勇于赴利，敏于乘机，具商界特宜之性质，而要其恪守商业道德，有高尚之风，少鄙劣之情，实为得世界信用之基本焉。盖英国商人之正直，习以成俗，虽宗教亦与有力，而要亦阅历所得，知非正直必不足以自立，故深信而笃守之也。索士比亚[①]有言："正直者，上乘之策略。"[②]岂不然乎？

下　　篇

第一章　绪　　论

人生当尽之本务，既于上篇分别言之，是皆属于实践伦理学之范围者也。今进而推言其本务所由起之理，则为理论之伦理学。

理论伦理学之于实践伦理学，犹生理学之于卫生学也。本生理学之原则而应用之，以图身体之健康，乃有卫生学；本理论伦理学所阐明之原理而应用之，以为行事之轨范，乃有实践伦理学。世亦有应用之学，当名之为术者，循其例，则惟理论之伦理学，始可以占伦理之名也。

理论伦理学之性质，与理化博物等自然科学，颇有同异，以其人心之成迹或现象为对象，而阐明其因果关系之理，与自然科学同。其

[①] 索士比亚（Shakespcare）：通译莎士比亚。
[②] 蔡元培于此处画"△"号，并加眉批："上文已引过两次"。

阐定标准,而据以评判各人之行事,畀以善恶是非之名,则非自然科学之所具矣。

原理论伦理学之所由起,以人之行为,常不免有种种之疑问,而按据学理以答之,其大纲如下。

问:凡人无不有本务之观念,如所谓某事当为者,是何由而起欤?

答:人之有本务之观念也,由其有良心。

问:良心者,能命人以某事当为,某事不当为者欤?

答:良心者,命人以当为善而不当为恶。

问:何为善,何为恶?

答:合于人之行为之理想,而近于人生之鹄者为善,否则为恶。

问:何谓人之行为之理想?何谓人生之鹄?

答:自发展其人格,而使全社会随之以发展者,人生之鹄也,即人之行为之理想也。

问:然则准理想而定行为之善恶者谁与?

答:良心也。

问:人之行为,必以责任随之,何故?

答:以其意志之自由也。盖人之意志作用,无论何种方向,固可以自由者也。

问:良心之所命,或从之,或悖之,其结果如何?

答:从良心之命者,良心赞美之;悖其命者,良心呵责之。

问:伦理之极致如何?

答:从良心之命,以实现理想而已。

伦理学之纲领，不外此等问题，当分别说之于后。

第二章　良心论

第一节　行　为

良心者，不特告人以善恶之别，且迫人以避恶而就善者也。行一善也，良心为之大快；行一不善也，则良心之呵责随之，盖其作用之见于行为者如此。故欲明良心，不可不先论行为。

世固有以人生动作一切谓之行为者，而伦理学之所谓行为，则其义颇有限制，即以意志作用为原质者也。苟不本于意志之作用，谓之动作，而不谓之行为，如呼吸之属是也。而其他特别动作，苟或缘于生理之变常，无意识而为之，或迫于强权者之命令，不得已而为之。凡失其意志自由选择之权者，皆不足谓之行为也。

是故行为之原质，不在外现之举动，而在其意志。意志之作用既起，则虽其动作未现于外，而未尝不可以谓之行为，盖定之以因，而非定之以果也。

法律之中，有论果而不求因者，如无意识之罪戾，不免处罚，而虽有恶意，苟未实行，则法吏不能过问是也。而道德则不然，有人于此，决意欲杀一人，其后阻于他故，卒不果杀。以法律绳之，不得谓之有罪，而绳以道德，则已与曾杀人者无异。是知道德之于法律，较有直内之性质，而其范围亦较广矣。

第二节 动　机

行为之原质,既为意志作用,然则此意志作用,何由而起乎？曰:起于有所欲望。此欲望者,或为事物所惑,或为境遇所驱,各各不同,要必先有欲望,而意志之作用乃起。故欲望者,意志之所缘以动者也,因名之曰动机。

凡人欲得一物,欲行一事,则有其所欲之事物之观念,是即所谓动机也。意志为此观念所动,而决行之,乃始能见于行为,如学生闭户自精,久而厌倦,则散策野外以振之,散策之观念,是为动机。意志为其所动,而决意一行,已而携杖出门,则意志实现而为行为矣。

夫行为之原质,既为意志作用,而意志作用,又起于动机,则动机也者,诚行为中至要之原质欤。

动机为行为中至要之原质,故行为之善恶,多判于此。而或专以此为判决善恶之对象,则犹未备。何则？凡人之行为,其结果苟在意料之外,诚可以不任其责。否则其结果之利害,既可预料,则行之者,虽非其欲望之所指,而其咎亦不能辞也。有人于此,恶其友之放荡无行,而欲有以劝阻之,此其动机之善者也,然或谏之不从,怒而殴之,以伤其友,此必非欲望之所在,然殴人必伤,既为彼之所能逆料,则不得因其动机之无恶,而并宽其殴人之罪也。是为判决善恶之准,则当于后章详言之。

第三节　良心之体用

　　人心之作用,蕃变无方,而得括之以智、情、意三者。然则良心之作用,将何属乎？在昔学者,或以良心为智、情、意三者以外特别之作用,其说固不可通。有专属之于智者,有专属之于情者,有专属之于意者,亦皆一偏之见也。以余观之,良心者,该智、情、意而有之,而不囿于一者也。凡人欲行一事,必先判决其是非,此良心作用之属于智者也。既判其是非矣,而后有当行不当行之决定,是良心作用之属于意者也。于其未行之先,善者爱之,否者恶之,既行之后,①则乐之,否则悔之,此良心作用之属于情者也。

　　由是观之,良心作用,不外乎智、情、意三者之范围明矣。然使因此而谓智、情、意三者,无论何时何地,必有良心作用存焉,则亦不然。盖必其事有善恶可判者。求其行为所由始,而始有良心作用之可言也。故伦理学之所谓行为,本指其特别者,而非包含一切之行为。因而意志及动机,凡为行为之原质者,亦不能悉纳诸伦理之范围。惟其意志、动机之属,既已为伦理学之问题者,则其中不能不有良心作用,固可知矣。

　　良心者,不特发于己之行为,又有因他人之行为而起者,如见人行善,而有亲爱尊敬赞美之作用；见人行恶,而有憎恶轻侮非斥之作用是也。

　　良心有无上之权力,以管辖吾人之感情。吾人于善且正者,常觉其不可不为,于恶且邪者,常觉其不可为。良心之命令,常若迫我以不能不从者,是则良心之特色,而为其他意识之所无者也。

---

① 蔡元培于此处加眉批:"应偏重意志而辅以情智。"

良心既与人以行为、不行为之命令,则吾人于一行为,其善恶邪正在疑似之间者,决之良心可矣。然人苟知识未充,或情欲太盛,则良心之力,每为妄念所阻。盖常有行事之际,良心与妄念交战于中,或终为妄念所胜者,其或邪恶之行为,已成习惯,则非痛除妄念,其良心之力,且无自而伸焉。

幼稚之年,良心之作用,未尽发达,每不知何者为恶,而率尔行之,如残虐虫鸟之属是也。而世之成人,亦或以政治若宗教之关系,而持其偏见,恣其非行者。毋亦良心作用未尽发达之故欤?

良心虽人所同具,而以教育经验有浅深之别,故良心发达之程度,不能不随之而异,且亦因人性质而有厚薄之别。又竟有不具良心之作用,如肢体之生而残废者,其人既无领会道德之力,则虽有合于道德之行为,亦仅能谓之偶合而已。

以教育经验,发达其良心,青年所宜致意。然于智、情、意三者,不可有所偏重,而舍其余,使有好善恶恶之情,而无识别善恶之智力,则无意之中,恒不免自纳于邪。况文化日开,人事日繁,识别善恶,亦因而愈难,故智力不可不养也。有识别善恶之智力矣,而或弱于遂善避恶之意志,则与不能识别者何异? 世非无富于经验之士,指目善恶,若烛照数计,而违悖道德之行,卒不能免,则意志薄弱之故也。故智、情、意三者,不可以不并养焉。

第四节　良心之起源

人之有良心也,何由而得之乎? 或曰:天赋之;或曰:生而固有之;或曰：由经验而得之。

天赋之说，最为茫然而不可信，其后二说，则仅见其一方面者也。盖人之初生，本具有可以为良心之能力，然非有种种经验，以涵养而扩充之，则其作用亦无自而发现，如植物之种子然。其所具胚胎，固有可以发育之能力，然非得日光水气之助，则无自而萌芽也，故论良心之本原者，当合固有及经验之两说，而其义始完。

人所以固有良心之故，则昔贤进化论，尝详言之。盖一切生物，皆不能免于物竞天择之历史，而人类固在其中。竞争之效，使其身体之结构，精卵[神]之作用，宜者日益发达，而不宜者日趋于消灭，此进化之定例也。人之生也，不能孤立而自存，必与其他多数之人，相集合而为社会、为国家，而后能相生相养。夫既以相生相养为的，则其于一群之中，自相侵凌者，必被淘汰于物竞之界，而其种族之能留遗以至今者，皆其能互相爱护故也。此互相爱护之情曰同情。同情者，良心作用之端绪也，由此端绪，而本遗传之理，祖孙相承，次第进化，遂为人类不灭之性质，其所由来也久矣。

第三章　理想论

第一节　总　论

权然后知轻重，度然后知长短，凡两相比较者，皆不可无标准。今欲即人之行为，而比较其善恶，将以何者为标准乎？曰：至善而已;理想而已;人生之鹄而已。三者其名虽异，而核之于伦理学，则其义实同。何则？实现理想,而进化不已,即所以近于至善。而以达人生之鹄也。

持理想之标准,而判断行为之善恶者,谁乎？良心也。行为犹两造,理想犹法律,而良心则司法官也。司法官标准法律,而判断两造之是非,良心亦标准理想,而判断行为之善恶也。

夫行为有内在之因,动机是也;又有外在之果,动作是也。今即行为而判断之者,将论其因乎？抑论其果乎？此为古今伦理学者之所聚讼。而吾人所见,则已于良心论中言之,盖行为之果,或非人所能预料,而动机则又止于人之欲望之所注,其所以达其欲望者,犹未具也。故两者均不能专为判断之对象,惟兼取动机及其预料之果,乃得而判断之,是之谓志向。

吾人既以理想为判断之标准,则理想者何谓乎？曰：窥现在之缺陷而求将来之进步,冀由是而驯至于至善之理想是也。故其理想,不特人各不同,即同一人也,亦复循时而异,如野人之理想,在足其衣食;而识者之理想,在餍于道义,此因人而异者也。吾前日之所是,及今日而非之;吾今日之所是,及他日而又非之,此一人之因时而异者也。

理想者,人之希望,虽在其意识中,而未能实现之于实在,且恒与实在者相反,及此理想之实现,而他理想又从而据之,故人之境遇日进步,而理想亦随而益进。理想与实在,永无完全符合之时,如人之夜行,欲踏己影而终不能也。

惟理想与实在不同,而又为吾人必欲实现之境,故吾人有生生不息之象。使人而无理想乎,夙兴夜寐,出作入息,如机械然,有何生趣？是故人无贤愚，未有不具理想者。惟理想之高下，与人生品行，关系至巨。其下者，囿于至浅之乐天主义，奔走功利，老死而不变；或所见稍高，而欲以至简之作用达之，及其不果，遂意气沮丧，流于厌世主义，且有因而自杀者，是皆意力薄弱之故也。吾人不可无高尚之理想，而又当以坚忍之力向之，日新又新，务实现之而后已，斯则对于理想之责任也。

理想之关系，如是其重也，吾人将以何者为其内容乎？此为伦理学中至大之问题，而古来学说之所以多歧者也。今将述各家学说之概略，而后以吾人之意见抉定之。

第二节　快乐说

自昔言人生之鹄者，其学说虽各不同，而可大别为三：快乐说，克己说，实现说，是也。

以快乐为人生之鹄者，亦有同异。以快乐之种类言，或主身体之快乐，或主精神之快乐，或兼二者而言之。以享此快乐者言，或主独乐，或主公乐。主公乐者，又有舍己徇人及人己同乐之别。

以身体之快乐为鹄者，其悖谬盖不待言。彼夫无行之徒，所以丧产业，损名誉，或并其性命而不顾者，夫岂非殉于身体之快乐故耶？且身体之快乐，人所同喜，不待教而后知，亦何必揭为主义以张之？徒足以助纵欲败度者之焰，而诱之于陷阱耳。血气方壮之人，幸毋为所惑焉。

独乐之说，知有己而不知有人，苟吾人不能离社会而独存，则其说决不足以为道德之准的,而舍己徇人之说,亦复不近人情,二者皆可以舍而不论也。

人我同乐之说,亦谓之功利主义,以最多数之人,得最大之快乐,为其鹄者也。彼以为人之行事,虽各不相同,而皆所以求快乐,即为蓄财产养名誉者,时或耐艰苦而不辞,要亦以财产名誉,足为快乐之预备,故不得不舍目前之小快乐,以预备他日之大快乐耳。而要其趋于快乐则一也,故人不可不以最多数人得最大快乐为理想。

夫快乐之不可以排斥,固不待言。且精神之快乐,清白高尚,尤足以鼓励人生,而慰藉之于无聊之时。其裨益于人,良非浅鲜。惟是人生必以最多数之人,享最大之快乐为鹄者,何为而然欤?如仅曰社会之趋势如是而已,则尚未足以为伦理学之义证。且快乐者,意识之情状,其浅深长短,每随人而不同,我之所乐,人或否之;人之所乐,亦未必为我所赞成。所谓最多数人之最大快乐者,何由而定之欤?持功利主义者,至此而穷矣。

盖快乐之高尚者,多由于道德理想之实现,故快乐者,实行道德之效果,而非快乐即道德也。持快乐说者,据意识之状况,而揭以为道德之主义,故其说有不可通者。

第三节　克己说

反对快乐说而以抑制情欲为主义者,克己说也。克己说中,又有遏欲与节欲之别。遏欲之说,谓人性本善,而情欲淆之,乃陷而为恶。

故欲者,善之敌也。遏欲者,可以去恶而就善也。节欲之说,谓人不能无欲,徇欲而忘返,乃始有放僻邪侈之行,故人必有所以节制其欲者而后可,理性是也。

又有为良心说者,曰:人之行为,不必别立标准,比较而拟议之,宜以简直之法,质之于良心。良心所是者行之,否者斥之,是亦不外乎使情欲受制于良心,亦节欲说之流也。

遏欲之说,悖乎人情,殆不可行。而节欲之说,亦尚有偏重理性而疾视感情之弊。且克己诸说,虽皆以理性为中坚,而于理性之内容,不甚研求,相竞于避乐就苦之作用,而能事既毕,是仅有消极之道德,而无积极之道德也。东方诸国,自昔偏重其说,因以妨私人之发展,而阻国运之伸张者,其弊颇多。其不足以为完全之学说,盖可知矣。

第四节　实现说

快乐说者,以达其情为鹄者也;克己说者,以达其智为鹄者也。人之性,既包智、情、意而有之,乃舍其二而取其一,揭以为人生之鹄,不亦偏乎？必也举智、情、意三者而悉达之,尽现其本性之能力于实在,而完成之,如是者,始可以为人生之鹄,此则实现说之宗旨,而吾人所许为纯粹之道德主义者也。

人性何由而完成？曰:在发展人格。发展人格者,举智、情、意而统一之光明之之谓也。盖吾人既非木石,又非禽兽,则自有所以为人之品格,是谓人格。发展人格,不外乎改良其品格而已。

人格之价值,即所以为人之价值也。世界一切有价值之物,无足以拟之者,故为无对待之价值,虽以数人之人格言之,未尝不可为同异高下之比较;而自一人言,则人格之价值,不可得而数量也。

人格之可贵如此,故抱发展人格之鹄者,当不以富贵而淫,不以贫贱而移,不以威武而屈。死生亦大矣,而自昔若颜真卿、文天祥辈,以身殉国,曾不踌躇,所以保全其人格也。人格既堕,则生亦胡颜;人格无亏,则死而不朽。孔子曰:"朝闻道,夕死可矣。"良有以也。

自昔有天道福善祸淫之说,世人以跖蹻之属,穷凶而考终;夷齐之伦,求仁而饿死,则辄谓天道之无知,是盖见其一而不见其二者。人生数十寒暑耳,其间穷通得失,转瞬而逝;而盖棺论定,或流芳百世,或遗臭万年,人格之价值,固历历不爽也。

人格者,由人之努力而进步,本无止境,而其寿命,亦无限量焉。向使孔子当时为桓魋所杀,孔子之人格,终为百世师。苏格拉底虽仰毒而死,然其人格,至今不灭。人格之寿命,何关于生前之境遇哉。

发展人格之法,随其人所处之时地而异,不必苟同,其致力之所,即在本务,如前数卷所举,对于自己,若家族、若社会、若国家之本务皆是也。而其间所尤当致意者,为人与社会之关系。盖社会者,人类集合之有机体。故一人不能离社会而独存,而人格之发展,必与社会之发展相应。不明乎此,则有以独善其身为鹄,而不措意于社会者。岂知人格者,谓吾人在社会中之品格,外乎社会,又何所谓人格耶?

第四章　本务论

第一节　本务之性质及缘起

本务者，人生本分之所当尽者也，其中有不可为及不可不为之两义，如孝友忠信，不可不为者也；窃盗欺诈，不可为者也。是皆人之本分所当尽者，故谓之本务。既知本务，则必有好恶之感情随之，而以本务之尽否为苦乐之判也。

人生之鹄，在发展其人格，以底于大成。其鹄虽同，而所以发展之者，不能不随时地而异其方法。故所谓当为、不当为之事，不特数人之间，彼此不能强同，即以一人言之，前后亦有差别，如学生之本务，与教习之本务异；官吏之本务，与人民之本务异。均是忠也，军人之忠，与商贾之忠异，是也。

人之有当为、不当为之感情，即所谓本务之观念也。是何由而起乎？曰自良心。良心者，道德之源泉，如第二章所言是也。

良心者，非无端而以某事为可为某事为不可为也，实核之于理想，其感为可为者，必其合于理想者也；其感为不可为者，必背于理想者也。故本务之观念，起于良心，而本务之节目，实准诸理想。理想者，所以赴人生之鹄者也。然则谓本务之缘起，在人生之鹄可也。

本务者，无时可懈者也。法律所定之义务，人之负责任于他人若社会者，得以他人若社会之意见而解免之。道德之本务，则与吾身为形影之比附，无自而解免之也。

然本务亦非责人以力之所不及者，按其地位及境遇，尽力以为善斯可矣。然则人者,既不能为本务以上之善行,亦即不当于本务以下之行为,而自谓已足也。

人之尽本务也,其始若难,勉之既久,而成为习惯,则渐造自然矣。或以为本务者,必寓有强制之义,从容中道者,不可以为本务,是不知本务之义之言也。盖人之本务,本非由外界之驱迫,不得已而为之,乃其本分所当然耳。彼安而行之者,正足以见德性之成立,较之勉强而行者,大有进境焉。

法律家之恒言曰:有权利必有义务;有义务必有权利。然则道德之本务,亦有所谓权利乎?曰有之。但与法律所定之权利,颇异其性质。盖权利之属,本乎法律者,为其人所享之利益,得以法律保护之,其属于道德者,则惟见其反抗之力,即不尽本务之时,受良心之呵责是也。

第二节　本务之区别

人之本务,随时地而不同,既如前说,则列举何等之人,而条别其本务,将不胜其烦,而溢于理论伦理学之范围。至因其性质之大别,而辜较论之,则又前数卷所具陈也,今不赘焉。

今所欲论者,乃在本务缓急之别。盖既为本务,自皆为人所不可不尽,然其间自不能无大小轻重之差。人之行本务也,急其大者重者,而缓其小者轻者,所不待言,惟人事蕃变,错综无穷,置身其间者,不能无歧路亡羊之惧,如石奢追罪人,而不知杀人者乃其父;王陵为汉御楚,而楚军乃以其母劫之,其间顾此失彼,为人所不能不惶惑者,是为本务之矛盾，断之者宜审当时之情形而定之。盖常有轻小之本务，因时地而转为重大；亦有重大之本务，因时地而变为轻小者，不可以胶柱而鼓瑟也。

第三节　本务之责任

人既有本务，则即有实行本务之责任，苟可以不实行，则亦何所谓本务。是故本务观念中，本含有责任之义焉。惟是责任之关于本务者，不特在未行之先，而又负之于既行以后，譬如同宿之友，一旦罹疾，尽心调护，我之本务，有实行之责任者也。实行以后，调护之得当与否，我亦不得不任其责。是故责任有二义。而今之所论，则专属于事后之责任焉。

夫人之实行本务也，其于善否之间，所当任其责者何在？曰在其志向。志向者，兼动机及其预料之果而言之也。动机善矣，其结果之善否，苟为其人之所能预料，则亦不能不任其责也。

人之行事，何由而必任其责乎？曰：由于意志自由。凡行事之始，或甲或乙，悉任其意志之自择，而别无障碍之者也。夫吾之意志，既选定此事，以为可行而行之，则其责不属于吾而谁属乎？

自然现象，无不受范于因果之规则，人之行为亦然。然当其未行之先，行甲乎，行乙乎？一任意志之自由，而初非因果之规则所能约束，是即责任之所由生，而道德法之所以与自然法不同者也。

本务之观念，起于良心，既于第一节言之。而责任之与良心，关系亦密。凡良心作用未发达者，虽在意志自由之限，而其对于行为之责任，亦较常人为宽，如儿童及蛮人是也。

责任之所由生，非限于实行本务之时，则其与本务关系较疏。然其本原，则亦在良心作用，故附论于本务之后焉。

第五章 德　论

第一节 德之本质

凡实行本务者，其始多出于勉强，勉之既久，则习与性成。安而行之，自能欣合于本务，是之谓德。

是故德者，非必为人生固有之品性，大率以实行本务之功，涵养而成者也。顾此等品性，于精神作用三者将何属乎？或以为专属于智，或以为专属于情，或以为专属于意。然德者，良心作用之成绩。良心作用，既赅智、情、意三者而有之，则以德之原质，为有其一而遗其二者，谬矣。①

人之成德也，必先有识别善恶之力，是智之作用也。既识别之矣，而无所好恶于其间，则必无实行之期，是情之作用，又不可少也。既识别其为善而笃好之矣，而或犹豫畏葸，不敢决行，则德又无自而成，则意之作用，又大有造于德者也。故智、情、意三者，无一而可偏废也。

---

① 蔡元培于此处画"△"号外，并加眉批："可删"。

第二节　德之种类

德之种类,在昔学者之所揭,互有异同,如孔子说以智、仁、勇三者,孟子说以仁、义、礼、智四者,董仲舒说以仁、义、礼、智、信五者;希腊拍拉图①说以智、勇、敬、义四者,雅里士多德②说以仁、智二者,果以何者为定论乎?

吾侪之意见,当以内外两方面别类之。自其作用之本于内者而言,则孔子所举智、仁、勇三德,即智、情、意三作用之成绩,其说最为圆融。自其行为之形于外者而言,则当为自修之德。对于家族之德,对于社会之德,对于国家之德,对于人类之德。凡人生本务之大纲,即德行之最目焉。

第三节　修　德

修德之道,先养良心。良心虽人所同具,而汩于恶习,则其力不充,然苟非梏亡殆尽。良心常有发现之时,如行善而惬,行恶而愧是也。乘其发现而扩充之,涵养之,则可为修德之基矣。

涵养良心之道,莫如为善。无问巨细,见善必为,日积月累,而思想云为,与善相习,则良心之作用昌矣。世或有以小善为无益而弗为者,不知善之大小,本无定限,即此弗为小善之见,已足误一切行善之

---

① 拍拉图(Plato):通译柏拉图。
② 雅里士多德(Aristotle):通译亚里斯多德。

机会而有余,他日即有莫大之善,亦将贸然而不之见。有志行善者,不可不以此为戒也。

既知为善,尤不可无去恶之勇。盖善恶不并立,去恶不尽,而欲滋其善,至难也。当世弱志薄行之徒,非不知正义为何物,而逡巡犹豫,不能决行者,皆由无去恶之勇,而恶习足以掣其肘也。是以去恶又为行善之本。

人即日以去恶行善为志,然尚不能无过,则改过为要焉。盖过而不改,则至再至三,其后遂成为性癖,故必慎之于始。外物之足以诱惑我者,避之若浼,一有过失,则翻然悔改,如去垢衣。勿以过去之不善,而遂误其余生也。恶人洗心,可以为善人;善人不改过,则终为恶人。悔悟者,去恶迁善之一转机,而使人由于理义之途径也。良心之光,为过失所壅蔽者,到此而复焕发。缉之则日进于高明,炀之则顿沉于黑暗。微乎危乎,悔悟之机,其慎勿纵之乎。

人各有所长,即亦各有所短,或富于智虑,而失之怯懦;或勇于进取,而不善节制。盖人心之不同,如其面焉。是以人之进德也,宜各审其资禀,量其境遇,详察过去之历史,现在之事实,与夫未来之趋向,以与其理想相准,而自省之。勉其所短,节其所长,以求达于中和之境,否则从其所好,无所顾虑,即使贤智之过,迥非愚不肖者所能及,然伸于此者诎于彼,终不免为道德界之畸人矣。曾子有言,吾日三省吾身。以彼大贤,犹不敢自纵如此,况其他乎?

然而自知之难,贤哲其犹病诸。徒恃返观内省,尚不免于失真;必接种种人物,涉种种事变,而屡省验之;又复质询师友,博览史籍,以补其不足。则于锻炼德性之功,庶乎可矣。

第六章 结　论

　　道德有积极、消极二者：消极之道德，无论何人，不可不守。在往昔人权未昌之世，持之最严。而自今日言之，则仅此而已，尚未足以尽修德之量。盖其人苟能屏出一切邪念，志气清明，品性高尚，外不愧人，内不自疚，其为君子，固无可疑，然尚囿于独善之范围，而未可以为完人也。

　　人类自消极之道德以外，又不可无积极之道德，既涵养其品性，则又不可不发展其人格也。人格之发展，在洞悉夫一身与世界种种之关系，而开拓其能力，以增进社会之利福。正鹄既定，奋进而不已，每发展一度，则其精进之力，必倍于前日。纵观立功成事之人，其进步之速率，无不与其所成立之事功而增进，固随在可证者。此实人格之本性，而积极之道德所赖以发达者也。

　　然而人格之发展，必有种子，此种子非得消极道德之涵养[①]，不能长成[②]，而非经积极道德之扩张，则不能蕃盛。故修德者，当自消极之道德始，而又必以积极之道德济之。消极之道德，与积极之道德，譬犹车之有两轮，鸟之有两翼焉，必不可以偏废也。

据蔡元培《订正中学修身教科书》，商务印书馆
1921年9月第16版

[①] 蔡元培将"涵养"改为"保护"。
[②] 蔡元培将"长成"改为"生存"。

华工学校讲义[*]

（一九一六年夏）

德育三十篇

合群

吾人在此讲堂,有四壁以障风尘;有案有椅,可以坐而作书。壁者,积砖而成;案与椅,则积板而成者也。使其散而为各各之砖与板,则不能有壁与案与椅之作用。又吾人皆有衣服以御寒。衣服者,积绵缕或纤毛而成者也。使其散而为各各之绵缕或纤毛,则不能有衣

---

[*] 1916年3月,华法教育会为筹备广设华工学校,推广对在法华工的教育,先招收教师24人,开设师资班。是年4月3日开学,由蔡元培考验新生,并为该班编写德育、智育讲义,名曰《华工学校讲义》,亲自讲授,以便于这些师资转授华工。同年8月起,将此讲义分篇在《旅欧杂志》连续发表。1919年8月,在巴黎印成专书。1920年9月,北京大学新潮社将此讲义辑入《蔡子民先生言行录》下册,作为"附录"。此后,全国通行的中学语文教科书,均选取其中若干篇为课文,如《舍己为群》《理信与迷信》《责己重而贵人轻》《文明与奢侈》等。

服之作用。又返而观吾人之身体，实积耳、目、手、足等种种官体而成。此等官体，又积无数之细胞而成。使其散而为各各之官体，又或且散而为各各之细胞，则亦焉能有视听行动之作用哉？

吾人之生活于世界也亦然。孤立而自营，则冻馁且或难免；合众人之力以营之，而幸福之生涯，文明之事业，始有可言。例如吾等工业社会，其始固一人之手工耳。集伙授徒，而出品较多。合多数之人以为大工厂，而后能适用机械，扩张利益。合多数工厂之人，组织以为工会，始能渐脱资本家之压制，而为思患预防造福将来之计。岂非合群之效与？

吾人最普通之群，始于一家。有家而后有慈幼、养老、分劳、侍疾之事。及合一乡之人以为群，而后有守望之助，学校之设。合一省或一国之人以为群，而后有便利之交通，高深之教育。使合全世界之人以为群，而有无相通，休戚与共，则虽有地力较薄、天灾偶行之所，均不难于补救，而兵战、商战之惨祸，亦得绝迹于世界矣。

舍己为群

积人而成群。群者，所以谋各人公共之利益也。然使群而危险，非群中之人出万死不顾一生之计以保群，而群将亡。则不得已而有舍己为群之义务焉。

舍己为群之理由有二。一曰，己在群中，群亡则己随之而亡。今舍己以救群，群果不亡，己亦未必亡也；即群不亡，而己先不免于亡，亦较之群己俱亡者为胜。此有己之见存者也。一曰，立于群之地位，以观群中之一人，其价值必小于众人所合之群。牺牲其一而可以济众,何惮不为?一人作如是观,则得舍己为群之一人;人人作如是观,则得舍己为群之众人。此无己之见存者也。见不同而舍己为群之决心则一。

请以事实证之。一曰从军。战争,罪恶也,然或受野蛮人之攻击,而为防御之战,则不得已也。例如比之受攻于德,比人奋勇而御敌,虽死无悔,谁曰不宜?二曰革命。革命,未有不流血者也。不革命而奴隶于恶政府,则虽生犹死。故不惮流血而为之。例如法国一七八九年之革命,中国数年来之革命,其事前之鼓吹运动而被拘杀者若干人,临时奋斗而死伤者若干人,是皆基于舍己为群者也。三曰暗杀。暗杀者,革命之最简单手段也。歼魁而释从,惩一以儆百,而流血不过五步。古者如荆轲之刺秦王,近者如苏斐亚之杀俄帝尼科拉司第二,皆其例也。四曰为真理牺牲。真理者,和平之发见品也。然成为教会、君党、若贵族之所忌,则非有舍己为群之精神,不敢公言之。例如苏革拉底创新哲学,下狱而被鸩;哥白尼为新天文说,见仇于教皇;巴枯宁道无政府主义,而被囚被逐,是也。

其他如试演飞机、探险南北极之类,在今日以为敢死之事业,虽或由好奇竞胜者之所为,而亦有起于利群之动机者,得附列之。

注意公众卫生

古谚有云:"千里不唾井。"言将有千里之行,虽不复汲此井,而不敢唾之以妨人也。殷之法,弃灰于道者有刑,恐其飞扬而眯人目也。孔子曰:"君子敝帷不弃,为埋马;敝盖不弃,为埋狗。"言已死之狗、马,皆埋之,勿使暴露,以播其恶臭也。盖古人之注意于公众卫生者,既如此。

今日公众卫生之设备，较古为周。诚以卫生条件，本以清洁为一义。各人所能自营者，身体之澡浴，衣服之更迭，居室之洒扫而已。使其周围之所，污水停潴，废物填委，落叶死兽之腐败者，散布于道周，传染病之霉菌，弥漫于空气，则虽人人自洁其身体、衣服及居室，而卫生之的仍不达。夫是以有公众卫生之设备。例如沟渠必在地中，溷厕必有溜水，道路之扫除，弃物之运移，有专职，有定时，传染病之治疗，有特别医院，皆所以助各人卫生之所不及也。

吾既受此公众卫生之益，则不可任意妨碍之，以自害而害人。毋唾于地；毋倾垢水于沟渠之外；毋弃掷杂物于公共之道路若川流。不幸而有传染之疾，则亟自隔离，暂绝交际。其稍重者，宁移居医院，而勿自溷于稠人广众之间。此吾人对于公众卫生之义务也。

爱护公共之建筑及器物

往者园亭之胜，花鸟之娱，有力者自营之而自赏之也。今则有公园以供普通之游散；有植物、动物等园，以为赏鉴及研究之资。往者宏博之图书，优美之造象与绘画，历史之纪念品，远方之珍异，有力者得收藏之，而不轻以示人也。今则有藏书楼，以供公众之阅览；有各种博物院，以兴美感而助智育。且也，公园之中，大道之旁，植列树以为庇荫，陈坐具以供休憩，间亦注引清水以资饮料。是等公共之建置，皆吾人共享之利益也。

吾人既有此共同享受之利益，则即有共同爱护之义务；而所以爱护之者，当视一己之住所及器物为尤甚。以其一有损害，则爽然失望者,不止己一人已也。

是故吾人而行于道路,游于公园,则勿以花木之可爱,而轻折其枝叶;勿垢污其坐具,亦勿践踏而刻画之;勿引杖以扰猛兽;勿投石以惊鱼鸟;入藏书楼而有所诵读,若抄录,则当慎护其书,毋使稍有污损;进博物院,则一切陈列品,皆可以目视,而不可手触。有一于此,虽或幸逃典守者之目,而不遭诮让,然吾人良心上之呵责,固不能幸免矣。

尽力于公益

凡吾人共同享受之利益,有共同爱护之责任,此于《注意公众卫生》及《爱护公共之建筑及器物》等篇,所既言者也。顾公益之既成者,吾人当爱之;其公益之未成者,吾人尤不得不建立之。

自昔吾国人于建桥、敷路,及义仓、义塾之属,多不待政府之经营,而相与集资以为之。近日更有独立[力]建设学校者,如浙江之叶君澄衷,以小贩起家,晚年积资至数百万,则出其十分之一,以建设澄衷学堂。江苏之杨君锦春,以木工起家,晚年积资至十余万,则出其十分之三,以建设浦东中学校。其最著者矣。

虽然,公益之举,非必待富而后为之也。山东武君训,丐食以奉母,恨己之失学而流于乞丐也,立志积资以设一校,俾孤贫之子,得受教育,持之十余年,卒达其志。夫无业之乞丐,尚得尽力于公益,况有业者乎?

英之翰回,商人也,自奉甚俭,而勇于为善;尝造伦敦大道;又悯其国育婴院之不善,自至法兰西、荷兰诸国考查之;归而著书,述其所见,于是英之育婴院为之改良。其殁也,遗财不及二千金,悉以散诸孤贫者。英之沙伯,业织麻者也,后为炮厂书记,立志解放黑奴,尝因辩护黑奴之故,而研究民法,卒得直;又与同志设一放奴公司,黑奴之由此而被释者甚众。英之莱伯,铁工也,悯罪人之被赦者,辄因无业而再罹于罪,思有以救助之;其岁入不过百镑,悉心分配,一家衣食之用者若干,教育子女之费若干,余者用以救助被赦而无业之人。彼每日作工,自朝六时至晚六时,而以其暇时及安息日,为被赦之人谋职业。行之十年,所救助者凡三百余人。由此观之,人苟有志于公益,则无论贫富,未有不达其志者,勉之而已。

己所不欲勿施于人

子贡问于孔子曰:"有一言而可以终身行之者乎?"孔子曰:"其恕乎:己所不欲,勿施于人。"他日,子贡曰:"我不欲人之加诸我也,我亦欲无加诸人。"举孔子所告,而申言之也。西方哲学家之言曰:"人各自由,而以他人之自由为界。"其义正同。例如我有思想及言论之自由,不欲受人之干涉也,则我亦勿干涉人之思想及言论;我有保卫身体之自由,不欲受人之毁伤也,则我亦勿毁伤人之身体;我有书信秘密之自由,不欲受人之窥探也,则我亦慎勿窥人之秘密;推而我不欲受人之欺诈也,则我慎勿欺诈人;我不欲受人之侮慢也,则我亦慎勿侮慢人。事无大小,一以贯之。

顾我与人之交际,不但有消极之戒律,而又有积极之行为。使由前者而下一转语曰:"以己所欲施于人",其可乎?曰是不尽然。人之所欲,偶有因遗传及习染之不善,而不轨于正者。使一切施之于人,则亦或无益而有损。例如腐败之官僚,喜受属吏之谄媚也,而因以谄媚于上官,可乎?迷信之乡愚,好听教士之附会也,而因以附会于亲族,可乎?至于人所不欲,虽亦间有谬误,如恶闻、直言之类,然使充不欲勿施之义,不敢以直言进入,可以婉言代之,亦未为害也。

且积极之行为,孔子固亦言之曰:"己欲立而立人,己欲达而达人。"立者,立身也;达者,道可行于人也。言所施必以立达为界,言所勿施则以己所不欲概括之,诚终身行之而无弊者矣。

责己重而责人轻

孔子曰:"躬自厚,而薄责于人,则远怨矣。"韩退之又申明之曰:"古之君子,其责己也重以周,其责人也轻以约。重以周,故不怠;轻以约,故人乐为善。"其足以反证此义者,孟子言父子责善之非,而述人子之言曰:"夫子教我以正,夫子未出于正也。"原伯及先且居皆以效尤为罪咎。椒举曰:"惟无瑕者,可以戮人。"皆言责人而不责己之非也。

准人我平等之义,似乎责己重者,责人亦可以重,责人轻者,责己亦可以轻。例如多闻见者笑人固陋,有能力者斥人无用,意以为我既能之,彼何以不能也。又如怙过饰非者,每喜以他人同类之过失以自解,意以为人既为之,我何独不可为也。不知人我固当平等,而既有主观、客观之别,则观察之明晦,显有差池,而责备之度,亦不能不随之而进退。盖人之行为,常含有多数之原因,如遗传之品性,渐染之习惯,薰受之教育,拘牵之境遇,压迫之外缘,激刺之感情,皆有左右行为之势力。行之也为我,则一切原因,皆反省而可得。即使当局易迷，而事后必能审定。既得其因，则迁善改过之为，在在可以致力：其为前定之品性、习惯及教育所驯致耶，将何以矫正之；其为境遇、外缘及感情所逼成耶，将何以调节之。既往不可追，我固自怨自艾；而苟有不得已之故，决不虑我之不肯自谅。其在将来，则操纵之权在我，我何馁焉？至于他人，则其驯致与迫成之因，决非我所能深悉。使我任举推得之一因，而严加责备，宁有当乎？况人人各自有其重责之机会，我又何必越俎而代之？故责己重而责人轻，乃不失平等之真意，否则，迹若平而转为不平之尤矣。

勿畏强而侮弱

《崧高》之诗曰："人亦有言：柔则茹之，刚则吐之。惟仲山甫柔而不茹，刚亦不吐，不侮鳏寡，不畏强御。"人类之交际，彼此平等；而古人乃以食物之茹、吐为比例，甚非正当；此仲山甫之所以反之，而自持其不侮弱、不畏强之义务也。

畏强与侮弱，其事虽有施受之殊，其作用亦有消极与积极之别。然无论何一方面，皆蔽于强弱不容平等之谬见。盖我之畏强，以为我弱于彼，不敢与之平等也。则见有弱于我者，自然以彼为不敢与我平等而侮之。又我之侮弱，以为我强于彼，不必与彼平等也，则见有强于我者，自然以彼为不必与我平等而畏之。迹若异而心则同。矫其一，则其他自随之而去矣。

我国壮侠义之行有曰："路见不平，拔刀相助。"言见有以强侮弱之事，则亟助弱者以抗强者也。夫强者尚未浼我，而我且进与之抗，则岂其浼我而转畏之；弱者与我无涉，而我且即而相助，则岂其近我而转侮之？彼拔刀相助之举，虽曰属之侠义，而抱不平之心，则人所皆有。吾人苟能扩充此心，则畏强侮弱之恶念，自无自而萌芽焉。

爱护弱者

前于《勿畏强而侮弱》说，既言抱不平理。此对于强、弱有冲突时而言也。实则吾人对于弱者，无论何时，常有恻然不安之感想。盖人类心理，以平为安，见有弱于我者，辄感天然之不平，而欲以人力平之。损有余以益不足，此即爱护弱者之原理也。

在进化较浅之动物，已有实行此事者。例如秘鲁之野羊，结队旅行，遇有猎者，则羊之壮而强者，即停足而当保护之冲，俟全队毕过，而后殿之以行。鼠类或以食物饷其同类之瞽者。印度之小鸟，于其同类之瞽者，或受伤者，皆以时赡养之。曾是进化之深如人类，而羊、鼠、小鸟之不如乎？今日普通之人，于舟车登降之际，遇有废疾者，辄为让步，且值其艰于登降而扶持之。坐车中或妇女至而无空座，则起而让之；见其所携之物，有较繁重者，辄为传递而安顿。此皆爱护弱者之一例也。

航行大海之船，猝遇不幸，例必以救生之小舟，先载妇孺。俟有余地，男子始得而占之。其有不明理之男子，敢与妇孺争先者，虽枪毙之，而不为忍。为爱护弱者计，急不暇择故也。

战争之不免杀人，无可如何也。然已降及受伤之士卒，敌国之妇孺，例不得加以残害。德国之飞艇及潜水艇，所加害者众矣；而舆论攻击，尤以其加害于妇孺为口实。亦可以见爱护弱者，为人类之公意焉。

爱物

孟子有言:"亲亲而仁民,仁民而爱物。"人苟有亲仁之心,未有不推以及物者,故曰:"君子之于禽兽也:见其生,不忍见其死,闻其声,不忍食其肉。"孟孙猎,得麑,使秦西巴载之,持归,其母随之,秦西巴弗忍而与之。孟孙大怒,逐之。居三月。复召以为子傅[傅],曰:"夫不忍于麑,又且忍于儿乎?"可以证爱人之心,通于爱物,古人已公认之。自近世科学进步,所以诱导爱物之心者益甚,其略如下。

一、古人多持"神造动物以供人用"之说。齐田氏祖于庭,食客千人。中有献鱼雁者。田氏视之,乃叹曰:"天之于民厚矣!殖五谷,生鱼鸟,以为之用。"众客和之如响。鲍氏之子,年十二,预于次,进曰:"不如君言。天地万物,与我并生,类也。类无贵贱,徒以大小智力而相制,迭相食,非相为而生之。人取可食者而食之,岂天本为人生之?且蚊蚋蟴肤,虎狼食肉,岂天本为蚊蚋生人,虎狼生肉者哉?"鲍氏之言进矣。自有生物进化学,而知人为各种动物之进化者,彼此出于同祖,不过族属较疏耳。

二、古人又持"动物惟有知觉,人类独有灵魂"之说。自生理学进步,而知所谓灵魂者,不外意识之总体。又自动物心理学进步,而能言之狗,知算之马,次第发现,亦知动物意识,固亦犹人,特程度较低而已。

三、古人助力之俱[具],惟赖动物;竭其力而犹以为未足,则恒以鞭策叱咤临之,故爱物之心,常为利己心所抑沮。自机械繁兴,转运工业,耕耘之工,向之利用动物者,渐以机械代之。则虐使动物之举,为之渐减。

四、古人食肉为养生之主要。自卫生发见肉食之害,不特为微生虫之传导,且其强死之时,发生一种毒性,有妨于食之者。于是蔬食主义渐行,而屠兽之场可望其日渐淘汰矣。

方今爱护动物之会,流行渐广,而屠猎之举,一时未能绝迹;然授之以渐,必有足以完爱物之量者。昔晋翟庄耕而后食,惟以弋钓为事,及长不复猎。或问:"渔猎同是害生之事,先生只去其一,何哉?"庄曰:"猎是我,钓是物,未能顿尽,故先节其甚者。"晚节亦不复钓。全世界爱物心之普及,亦必如翟庄之渐进,无可疑也。

戒失信

失信之别有二:曰食言,曰愆期。

食言之失,有原于变计者,如晋文公伐原,命三日之粮,原不降,命去之。谍出曰:"原将降矣。"军吏曰:"请待之。"是也。有原于善忘者,如卫献公戒孙文子、宁惠子食,日旰不召,而射鸿于囿,是也。有原于轻诺者,如老子所谓"轻诺必寡信"是也。然晋文公闻军吏之言而答之曰:"得原失信,将焉用之?"见变计之不可也。魏文侯与群臣饮酒乐,而天雨,命驾,将适野。左右曰:"今日饮酒乐,天又雨,君将安之?"文侯曰:"吾与虞人期猎,虽乐,岂可无一会期哉?"乃往身自罢之,不敢忘约也。楚人谚曰:"得黄金百,不如得季布诺。"言季布不轻诺,诺则必践也。

愆期之失,有先期者,有后期者,有待人者,有见待于人者。汉郭伋行部,到西河美稷,有童儿数百,各骑竹马,道次迎拜。及事讫,诸儿复送至郭外,问使君何日当还。伋计日告之。行部既还,先期一日,伋谓违信于诸儿,遂止于野,及期乃入。明不当先期也。汉陈太丘与友期行日中,过中不至。太丘舍去。去后乃至。元方时七岁,戏门外。客问元方:"尊君在否?"答曰:"待君久不至,已去。"友人便怒曰:"非人哉,与人期行,相委而去。"元方曰:"君与家君期,日中不至,则是失信。"友人惭。明不可后期也。唐肖至忠少与友期诸路。会雨雪。人引避。至忠曰:"岂有与人期,可以失信?"友至,乃去。众叹服。待人不愆期也。吴卓恕为人笃信,言不宿诺,与人期约,虽暴风疾雨冰雪无不至。尝从建业还家,辞诸葛恪。恪问何时当复来。恕对曰:"某日当复亲觐。"至是日,恪欲为主人,停不饮食,以须恕至。时宾客会者,皆以为会稽、建业相去千里,道阻江湖,风波难必,岂得如期。恕至,一座皆惊。见待于人而不愆期也。

夫人与人之关系,所以能预计将来,而一一不失其秩序者,恃有约言。约而不践,则秩序为之紊乱,而猜疑之心滋矣。愆期之失,虽若轻于食言,然足以耗光阴而丧信用,亦不可不亟戒之。

戒狎侮

人类本平等也。而或乃自尊而卑人,于是有狎侮。如王曾与杨亿同为侍从。亿善谈谑,凡寮友无所不狎侮,至与曾言,则曰:"吾不敢与戏。"非以自曾以外,皆其所卑视故耶?人类有同情也。而或者乃致人于不快以为快,于是狎侮。如王风使人蒙虎皮,怖其参军陆英俊几死,因大笑为乐是也。夫吾人以一时轻忽之故,而致违平等之义,失同情之真,又岂得不戒之乎?

古人常有因狎侮而得祸者。如许攸恃功骄慢,尝于聚坐中呼曹操小字曰:"某甲,卿非吾不得冀州也。"操笑曰:"汝言是也。"然内不乐,后竟杀之。又如严武以世旧待杜甫甚厚,亲诣其家,甫见之,或时不巾,而性褊躁,常醉登武床,瞪视曰:"严挺之乃有此儿。"武衔之。一日欲杀甫,左右白其母,救得止。夫操、武以不堪狎侮而杀人,固为残暴;然许攸、杜甫,独非自取其咎乎?

历史中有以狎侮而启国际间之战争者。春秋时,晋郤克与鲁臧、孙许同时而聘于齐,齐君之母肖同侄子,踊于跻而窥客,则客或跛或眇。于是使跛者迓跛者,眇者迓眇者,肖同侄子笑之,闻于客。二大夫归,相与率师为鞍之战。齐师大败。盖狎侮之祸如此。

其狎侮人而不受何种之恶报者,亦非无之。如唐高固久在散位,数为俦类所轻笑,及被任为邠宁节度使,众多惧。固一释不问。宋孙文懿公,眉州人,少时家贫,欲赴试京师,自诣县判状。尉李昭言戏之曰:"似君人物来试京师者有几?"文懿以第三登第,后判审官院。李昭言者,赴调见文懿,恐甚,意其不忘前日之言也。文懿特差昭言知眉州。如斯之类,受狎侮者诚为大度,而施者已不胜其恐惧矣。然则何乐而为之乎?

是故按之理论,验之事实,狎侮之不可不戒也甚明。

戒谤毁

人皆有足非之心:是曰是,非曰非,宜也。人皆有善善恶恶之情:善者善之,恶者恶之,宜也。惟是一事之是非,一人之善恶,其关系至为复杂,吾人一时之判断,常不能据为定评。吾之所评为是、为善,而或未当也,其害尚小。吾之所评为非、为恶,而或不当,则其害甚大。是以吾人之论人也,苟非公益之所关,责任之所在,恒扬其是与善者,而隐其非与恶者。即不能隐,则见为非而非之,见为恶而恶之,其亦可矣。若本无所谓非与恶,而我虚构之,或其非与恶之程度本浅,而我深文周纳之,则谓之谤毁。谤毁者,吾人所当戒也。

吾人试一究谤毁之动机,果何在乎?将忌其人名誉乎?抑以其人之失意为有利于我乎?抑以其人与我有宿怨,而以是中伤之乎?凡若此者,皆问之良心,无一而可者也。凡毁谤人者,常不能害人,而适以自害。汉中咸毁薛宣不孝,宣子祝赇客扬明遮斫咸于宫门外。中丞议不以凡斗论,宜弃市。朝廷直以为遇人,不以义而见疻者,宜与疻人同罪,竟减死。今日文明国法律,或无故而毁人名誉,则被毁者得为赔偿损失之要求,足以证谤毁者之适以自害矣。

古之被谤毁者,亦多持不校之义,所谓止谤莫如自修也。汉班超在西域,卫尉李邑上书,陈西域之功不可成,又盛毁超。章帝怒,切责邑,令诣超受节度。超即遣邑将乌孙侍子还京师。徐干谓超曰:"邑前毁君,欲败西域,今何不缘诏书留之,遣他吏送侍子乎?"超曰:"以邑毁超,故今遣之。内省不疚。何恤人言?"北齐崔暹言文襄宜亲重邢劭。劭不知,顾时毁暹。文襄不悦,谓暹曰:"卿说子才(劭字子才)长,子才专言卿短。此痴人耳。"暹曰:"皆是实事。劭不为痴。"皆其例也。虽然,受而不校,固不失为盛德;而自施者一方面观之,不更将无地自容耶?吾人不必问受者之为何如人,而不可不以施为戒。

戒骂詈

吾国人最易患之过失,其骂詈乎?素不相识之人,于无意之中,偶相触迕,或驱车负担之时,小不经意,彼此相撞,可以互相谢过了之者,辄矢口骂詈,经时不休。又或朋友戚族之间,论事不合,辄以骂詈继之。或斥以畜类,或辱其家族。此北自幽燕,南至吴粤,大略相等者也。

夫均是人也,而忽以蓄[畜]类相斥,此何义乎?据生物进化史,人类不过哺乳动物之较为进化者,而爬虫实哺乳动物之祖先。故二十八月之人胎,与日数相等之狗胎、龟胎,甚为类似。然则斥以畜类,其程度较低之义耶?而普通之人,所见初不如是。汉刘宽尝坐有客,遣苍头沽酒。迟久之。大醉而还。客不堪之,骂曰:"畜产。"宽须臾,遣人视奴,疑必自杀,顾左右曰:"此人也,骂言畜产,辱孰甚焉,故我惧其死也。"又苻秦时,王堕性刚峻,疾董荣如仇雠,略不与言,尝曰:"董龙是何鸡狗者,令国士与之言乎?"(龙为董荣之小字。)荣闻而惭憾,遂劝苻生杀之。及刑,荣谓堕曰:"君今复敢数董龙作鸡狗乎。"夫或恐自杀,或且杀人,其激刺之烈如此。而今之人,乃以是相詈,恬不为怪,何欤?

父子兄弟,罪不相及,怒一人而辱及其家族,又何义乎?昔卫孙蒯饮马于重丘,毁其瓶,重丘人诟之曰:"尔父为厉。"齐威王之见责于周安王也,詈之曰:"叱嗟,尔母婢也。"此古人之诟及父母者也。其加以秽辞者,惟嘲戏则有之。《抱朴子·疾谬篇》曰:"嘲戏之谈,或及祖考,下逮妇女。"既斥为谬而疾之。陈灵公与孔宁、仪行父通于夏徵舒之母,饮酒于夏氏。公谓行父曰:"徵舒似汝。"对曰:"亦似君。"灵公卒以是为徵舒所杀。而今之人乃以是相詈,恬不为怪,何欤?

无他,口耳习熟,则虽至不合理之词,亦复不求其故;而人云亦云,如叹词之暗呜咄咤云耳。《说苑》曰:"孔子家儿不知骂,生而善教也。"愿明理之人,注意于陋习而矫正之。

文明与奢侈

读人类进化之历史:昔也穴居而野处,今则有完善之宫室;昔也饮血茹毛,食鸟兽之肉而寝其皮,今则有烹饪、裁缝之术;昔也束薪而为炬,陶土而为灯,而今则行之以煤气及电力;昔也椎轮之车,刳木之舟,为小距离之交通,而今则汽车及汽舟,无远弗届;其他一切应用之物,昔粗而今精,昔单简而今复杂,大都如是。故以今较昔,器物之价值,百倍者有之,千倍者有之,甚而万倍、亿倍者亦有之,一若昔节俭而今奢侈,奢侈之度,随文明而俱进。是以厌疾奢侈者,至于并一切之物质文明而屏弃之,如法之卢梭、俄之托尔斯泰是也。

虽然,文明之与奢侈,固若是其密接而不可离乎?是不然。文明者,利用厚生之普及于人人者也。敷道如砥,夫人而行之;漉水使洁,夫人而饮之;广衢之灯,夫人而利其明;公园之音乐,夫人而聆其音;普及教育,平民大学,夫人而可以受之;藏书楼之书,其数巨万,夫人而可以读之;博物院之美术品,其值不赀,夫人而可以赏鉴之。夫是以谓之文明。且此等设施,或以卫生,或以益智,或以进德,其所生之效力,有百千万亿于所费者。故所费虽多,而不得以奢侈论。

奢侈者,一人之费,逾于普通人所费之均数,而又不生何等之善果,或转以发生恶影响。如《吕氏春秋》所谓"出则以车,入则以辇,务以自佚,命之曰招蹶之机;肥酒厚肉,务以自疆,命之曰烂肠之食"是也。此等恶习,本酋长时代所遗留。在昔普通生活低度之时,凡所谓峻宇雕墙,玉杯象箸,长夜之饮,游畋之乐,其超越均数之费者何限?普通生活既渐高其度,即有贵族富豪以穷奢极侈著,而其超越均数之度,决不如酋长时代之甚。故知文明益进,则奢侈益杀。谓今日之文明,尚未能剿灭奢侈则可;以奢侈为文明之产物,则大不可也。吾人当详观文明与奢侈之别,尚其前者,而戒其后者,则折衷之道也。

理信与迷信

人之行为,循一定之标准,而不至彼此互相冲突,前后判若两人者,恃乎其有所信。顾信亦有别,曰理信,曰迷信。差以毫厘,失之千里,不可不察也。

种瓜得瓜,种豆得豆,有是因而后有是果,尽人所能信也。昧理之人,于事理之较为复杂者,辄不能了然。于其因果之相关,则妄归其因于不可知之神,而一切倚赖之。其属于幸福者,曰是神之喜我而佑我也,其属于不幸福者,曰是神之怒而祸我也。于是求所以喜神而免其怒者,祈祷也,祭告也,忏悔也,立种种事神之仪式,而于其所求之果,渺不相涉也。然而人顾信之,是迷信也。

础润而雨,征诸湿也;履霜坚冰至,验诸寒也;敬人者人恒敬之,爱人者人恒爱之,符诸情也;见是因而知其有是果,亦尽人所能信也。昧理之人,既归其一切之因于神,而神之情不可得而实测也,于是不胜其侥幸之心,而欲得一神人间之媒介,以为窥测之机关,遂有巫觋卜人星士之属，承其乏而自欺以欺人：或托为天使，或夸为先知，或卜以龟蓍，或占诸星象，或说以梦兆，或观其气色，或推其诞生年月日时，或相其先人之坟墓，要皆为种种预言之准备，而于其所求果之真因，又渺不相涉也。然而人顾信之，是亦迷信也。

理信则不然，其所见为因果相关者，常积无数之实验，而归纳以得之，故恒足以破往昔之迷信。例如日食、月食，昔人所谓天之警告也，今则知为月影、地影之偶蔽，而可以预定其再见之时。疫疠，昔人所视为神谴者也，今则知为微生物之传染，而可以预防。人类之所以首出万物者，昔人以为天神创造之时，赋畀独厚也；今则知人类为生物进化中之一级，以其观察自然之能力，同类互助之感情，均视他种生物为进步，故程度特高也，是皆理信之证也。

人能祛迷信而持理信，则可以省无谓之营求及希冀，以专力于有益社会之事业，而日有进步矣。

循理与畏威

人生而有爱己爱他之心象，因发为利己利他之行为。行为之己他两利，或利他而不暇利己者为善。利己之过，而不惜害他人者为恶。此古今中外之所同也。

蒙昧之世，人类心象尚隘，见己而不及见他，因而利己害他之行为，所在多有。有知觉较先者，见其事之有害于人群，而思所以防止之，于是有赏罚；善者赏之，恶者罚之，是法律所记[托]始也。是谓酋长之威。酋长之赏罚，不能公平无私也；而其监视之作用，所以为赏罚标准者，又不能周密而无遗。于是隶属于酋长者，又得趋避之术，而不惮于恶;而酋长之威穷。

有济其穷者曰:"人之行为,监视之者,不独酋长也,又有神。吾人即独居一室,而不啻十目所视,十手所指。为善则神赐之福,为恶则神降之罚。神之赏罚,不独于其生前,而又及其死后:善者登天堂,而恶者入地狱。"或又为之说曰:"神之赏罚,不独于其身,而又及其子孙:善者子孙多且贤,而恶者子孙不肖,甚者绝其嗣。"或又为之说曰:"神之赏罚,不惟于其今生也,而又及其来世:善者来世为幸福之人,而恶者则转生为贫苦残废之人,甚者为兽畜。"是皆宗教家之所传说也,是谓神之威。

虽然,神之赏罚,其果如斯响应乎?其未来之苦乐,果足以抑现世之刺冲乎?故有所谓神之威,而人之不能免于恶如故。

且君主也,官吏也,教主也,辄利用酋长之威,及神之威,以强人去善而为恶。其最著者,政治之战、宗教之战是也。于是乎威者不但无成效,而且有流弊。

人智既进,乃有科学。科学者,舍威以求理者也。其理奈何?曰:我之所谓己,人之所谓他也。我之所谓他,人之所谓己也。故观其通,则无所谓己与他,而同谓之人。人之于人,无所不爱,则无所不利。不得已而不能普利,则牺牲其最少数者,以利其最大多数者,初不必问其所牺牲者之为何人也。如是,则为善最乐,又何苦为恶耶?

吾人之所为,既以理为准则,自然无恃乎威;且于流弊滋章之威,务相率而廓清之,以造成自由平等之世界,是则吾人之天责也。

坚忍与顽固

《汉书·律历》云:"凡律度量衡用铜。为物至精。不为燥湿寒暑变其节,不为风雨暴露改其形,介然有常,有似于士君子之行。是以用铜。"《考工记》曰:"金有六齐:六分其金而锡居一,谓之钟鼎之齐;五分其金而锡居一,谓之斧斤之齐;四分其金而锡居一,谓之戈戟之齐;三分其金而锡居一,谓之大刃之齐;五分其金而锡居二,谓之削杀矢之齐;金锡半,谓之鉴燧之齐。"贾疏曰:"金谓铜也。"然则铜之质,可由两方面观察之:一则对于外界傥来之境遇,不为所侵蚀也;二则应用于器物之制造,又能调合他金属之长,以自成为种种之品格也。所谓有似于士君子之行者,亦当合两方面而观之。孔子曰:"匹夫不可夺志。"孟子曰:"富贵不能淫,贫贱不能移,威武不能屈。"非犹夫铜之不变而有常乎?是谓坚忍。孔子曰:"见贤思齐焉。"又曰:"多闻择善者而从之。"孟子曰:"乐取于人以为善。"荀子曰:"君子之学如蜕。"非犹夫铜之资锡以为齐乎?是谓不顽固。

坚忍者,有一定之宗旨以标准行为,而不为反对宗旨之外缘所憧扰,故遇有适合宗旨之新知识,必所欢迎。顽固者本无宗旨,徒对于不习惯之革新,而为无意识之反动;苟外力遇其堕性,则一转而不之返。是故坚忍者必不顽固,而顽固者转不坚忍也。

不观乎有清之季世乎?满洲政府,自慈禧太后以下,因仇视新法之故,而仇视外人,遂有"义和团"之役,可谓顽固矣。然一经庚子联军之压迫,则向之排外者,一转而反为媚外。凡为外人,不问贤否,悉崇拜之;凡为外俗,不问是非,悉仿效之。其不坚忍为何如耶?革命之士,慨政俗之不良,欲输入欧化以救之,可谓不顽固矣。经政府之反对,放逐囚杀,终不能夺其志。其坚忍为何如耶?坚忍与顽固之别,观夫此而益信。

自由与放纵

自由,美德也。若思想,若身体,若言论,若居处,若职业,若集会,无不有一自由之程度。若受外界之压制,而不及其度,则尽力以争之,虽流血亦所不顾,所谓"不自由毋宁死"是也。然若过于其度,而有愧于己,有害于人,则不复为自由,而谓之放纵。放纵者,自由之敌也。

人之思想不缚于宗教,不牵于俗尚,而一以良心为准。此真自由也。若偶有恶劣之思想,为良心所不许,而我故纵容之,使积渐扩张,而势力遂驾于良心之上,则放纵之思想而已。

饥而食,渴而饮,倦而眠,卫生之自由也。然使饮食不节,兴寐无常,养成不良之习惯,则因放纵而转有害于卫生矣。

喜而歌,悲而哭,感情之自由也。然而里有殡,不巷歌,寡妇不夜哭,不敢放纵也。

言论可以自由也,而或乃讦发阴私,指挥淫盗;居处可以自由也,而或于其间为危险之制造,作长夜之喧嚣;职业可以自由也,而或乃造作伪品,贩卖毒物;集会可以自由也,而或以流布迷信,恣行奸邪。诸如此类,皆逞一方面极端之自由,而不以他人之自由为界,皆放纵之咎也。

昔法国之大革命,争自由也,吾人所崇拜也。然其时如罗伯士比及但丁之流,以过度之激烈,恣杀贵族,酿成恐怖时代,则由放纵而流于残忍矣。近者英国妇女之争选举权,亦争自由也,吾人所不敢菲薄也。然其胁迫政府之策,至于烧毁邮件,破坏美术品,则由放纵而流于粗暴矣。夫以自由之美德,而一涉放纵,则且流于粗暴或残忍之行为而不觉,可不慎欤?

镇定与冷淡

世界蕃变,常有一时突起之现象,非意料所及者。普通人当之,恒不免张皇无措。而弘毅之才,独能不动声包,应机立断,有以扫众人之疑虑,而免其纷乱,是之谓镇定。

昔诸葛亮屯军于阳平,惟留万人守城。司马懿垂至,将士失色,莫之为计。而亮意气自若,令军中偃旗息鼓,大开西城门,扫地却洒。懿疑有伏,引军趋北山。宋刘几知保州,方大会宾客;夜分,忽告有卒为乱;几不问,益令拆[折]花劝客。几已密令人分捕,有顷禽至。几复极饮达旦。宋李允则尝宴军,而甲仗库火。允则作乐饮酒不辍。少顷,火息,密檄瀛州以茗笼运器甲,不浃旬,军器完足,人无知者。真宗诘之。曰:"兵机所藏,儆火甚严。方宴而焚,必奸人所为。若舍宴救火,事当不测。"是皆不愧为镇定矣。

镇定者,行所无事,而实大有为者也。若目击世变之亟,而曾不稍受其刺激,转以清静无为之说自遣,则不得谓之镇定,而谓之冷淡。

晋之叔世,五胡云扰。王衍居宰辅之任,不以经国为念,而雅咏玄虚。后进之士,景慕仿效,矜高浮诞,遂成风俗。洛阳危逼,多欲迁都以避其难;而衍独卖牛车以安众心。事若近乎镇定。然不及为备,俄而举军为石勒所破。衍将死,顾而言曰:"呜呼,吾曹虽不如古人,向若不祖尚浮虚,戮力以匡天下,犹不至今日。"此冷淡之失也。

宋富弼致政于家,为长生之术,吕大临与之书曰:"古者三公无职事,惟有德者居之:内则论道于朝,外则主教于乡,古之大人,当是任者,必将以斯道觉斯民,成己以成物,岂以位之进退,年岁之盛衰,而为之变哉?今大道未明,人趋异学,不入于庄,则入于释,人伦不明,万物憔悴。此老成大人恻隐存心之时,以道自任,振起坏俗。若夫移精变气,务求长年,此山谷避世之士,独善其心者之所好,岂世之所以望于公者。"弼谢之。此极言冷淡之不可也。

观衍之临死而悔,弼之得书而谢,知冷淡之弊,不独政治家,即在野者,亦不可不深以为戒焉。

热心与野心

孟子有言:"鸡鸣而起,孳孳为善者,舜之徒也;鸡鸣而起,孳孳为利者,跖之徒者。"二者,孳孳以为之同,而前者以义务为的,谓之"热心";后者以权利为的,谓之"野心"。禹思天下有溺者,犹己溺之;稷思天下有饥者,犹己饥之;此热心也。故禹平水土,稷教稼穑,有功于民。项羽观秦始皇帝曰:"彼可取而代也。"刘邦观秦始皇帝曰:"嗟夫!大丈夫当如是也。"此野心也。故暴秦既灭,刘、项争为天子,血战五年。羽尝曰:"天下汹汹数岁者,徒为吾两人耳。"野心家之贻害于世,盖如此。

美利坚之独立也,华盛顿尽瘁军事,及七年之久。立国以后,革世袭君主之制,而为选举之总统。其被举为总统也,综理政务,至公无私。再任而退职,躬治农圃,不复投入政治之旋涡。及其将死,以家产之一部分,捐助公共教育及其他慈善事业。可谓有热心而无野心者矣。

世固有无野心而并熄其热心者。如长沮桀溺曰:"滔滔者天下皆是也,而谁与易之?"马少游曰:"士生一世,但取衣食裁足,乘下泽车,御款段马,守坟墓,乡里称善人,斯可矣。"是也。凡隐遁之士,多有此失;不知人为社会之一分子,其所以生存者,无一非社会之赐。顾对于社会之所需要,漠然置之,而不一尽其力之所能及乎?范仲淹曰:"士当先天下之忧而忧,后天下之乐而乐。"李燔曰:"凡人不必待仕宦有位为职事方为功业,但随力到处,有以及物,即功业矣。"谅哉言乎!

且热心者,非必直接于社会之事业也。科学家闭户自精,若无与世事,而一有发明,则利用厚生之道,辄受其莫大之影响。高上之文学,优越之美术,初若无关于实利,而陶铸性情之力,莫之与京。故孳孳学术之士,不失为热心家。其或恃才傲物,饰智惊愚,则又为学术界之野心,亦不可不戒也。

英锐与浮躁

黄帝曰:"日中必熭,操刀必割。"《吕氏春秋》曰:"力重突,知贵卒。所为贵骥者,为其一日千里也;旬日取之,与驽骀同。所为贵镞矢者,为其应声而至;终日而至,则与无至同。"此言英锐之要也。周人之谚曰:"畏首畏尾,身其余几。"诸葛亮之评刘繇、王郎曰:"群疑满腹,众难塞胸。"言不英锐之害也。

楚丘先生年七十。孟尝君曰:"先生老矣。"曰:"使逐兽麋而搏虎豹,吾已老矣;使出正词而当诸侯,决嫌疑而定犹豫,吾始壮矣。"此老而英锐者也。范滂为清诏使,登车揽辔,慨然有澄清天下之志。此少而英锐者也。

少年英锐之气,常远胜于老人。然纵之太过,则流为浮躁。苏轼论贾谊、晁错曰:"贾生天下奇才,所言一时之良策。然请为属国,欲系单于,则是处士之大言,少年之锐气。兵,凶事也,尚易言之,正如赵括之轻秦,李俱之易楚。若文帝亟用其说,则天下殆将不安矣。使贾生尝历艰难,亦必自悔其说。至于晁错,尤号刻薄,为御史大夫,申屠贤相,发愤而死,更改法令,天下骚然。至于七国发难,而错之术穷矣。"韩愈论柳宗元曰:"子厚前时少年,勇于为人,不自贵重,顾借谓功业可立就,故坐废退,材不为世用,道不行于时。使子厚在台省时,已能自持其身,如司马刺史时,亦自不斥。"皆惜其英锐之过,涉于浮躁也。夫以贾、晁、柳三氏之才,而一涉浮躁,则一蹶不振,无以伸其志而尽其材。况其才不如三氏[氏]者,又安得不兢兢焉以浮躁为戒乎?

果敢与卤莽

人生于世,非仅仅安常而处顺也,恒遇有艰难之境。艰难之境,又非可畏惧而却走也,于是乎尚果敢。虽然,果敢非盲进之谓。盲进者,卤莽也。果敢者,有计画,有次第,持定见以进行,而不屈不挠,非贸然从事者也。

禹之治水也,当洪水滔天之际,而其父方以无功见殛,其艰难可知矣。禹于时毅然受任而不辞。凿龙门,辟伊阙,疏九江,决江淮,九年而水土平。彼盖鉴于其父之恃堤防而逆水性,以致败也,一以顺水性为主义。其疏凿排导之功,悉循地势而分别行之,是以奏绩。

墨[墨]翟之救宋也,百舍重茧而至楚,以窃疾说楚王。王既无词以对矣,乃托词于公输般之既为云梯,非攻宋不可。墨子乃解带为城,以牒为械,使公输般攻之。公输般九设攻城之机变,墨子九距之。公输般之攻械尽,墨子之守圉有余。公输般诎而曰:"吾知所以距子矣,吾不言。"墨子亦曰:"吾知子之所以距我,吾不言。"楚王问其故。墨子曰:"公输子之意,不过欲杀臣。杀臣,宋莫能守,可攻也。然臣之弟子禽滑厘等三百人,已持臣守圉之器,在城上而待楚寇矣,虽杀臣不能绝也。"楚王曰:"善哉!吾请无攻宋。"夫以五千里之楚,欲攻五百里之宋,而又在攻机新成、跃跃欲试之际,乃欲以一处士之口舌阻之,其果敢为何如?虽然,使墨子无守圉之具,又使有其具而无代为守圉之弟子,则墨子亦徒丧其身,而何救于国哉?

蔺相如之奉璧于秦也,挟数从者,赍价值十二连城之重宝,而入虎狼不测之秦,自相如以外,无敢往者。相如既至秦,见秦王无意偿城,则严词责之,且以头璧俱碎之激举胁之。虽贪横无信之秦王,亦不能不为之屈也。非洞明敌人之心理,而预定制御之道,乌能从容如此耶?

夫果敢者,求有济于事,非沾沾然以此自矜也。观于三子之功,足以知果敢之不同于鲁莽,而且惟不鲁莽者,始得为真果敢矣。

精细与多疑

《吕氏春秋》曰:"物多类,然而不然。"孔子曰:"恶似而非者:恶莠,恐其乱苗也,恶紫,恐其乱朱也,恶郑声,恐其乱雅乐也,恶佞,恐其乱义也,恶利口,恐其乱信也,恶乡愿,恐其乱德也。"《淮南子》曰:"嫌疑肖象者,众人之所眩耀:故狠者,类知而非知;愚者,类仁而非仁;戆者,类勇而非勇。"夫物之类似者,大都如此,故人不可以不精细。

孔子曰:"众好之,必察焉;众恶之,必察焉。"又曰:"视其所以,观其所由,察其所安,人焉瘦哉?"庄子曰:"人者厚貌深情,故君子远使之而观其敬,烦使之而观其能,卒然问之而观其知,急与之期而观其信,委之以财而观其仁,告之以危而观其节。"皆观人之精细者也。不惟观人而已,律己亦然。曾子曰:"吾日三省吾身:为人谋而不忠乎?与朋友交而不信乎?传不习乎?"孟子曰:"有人于此,其待我以横逆,则君子必自反;我必不仁也,必无礼也,此物奚宜至哉? 其自反而仁矣,自反而有礼矣,其横逆山是也,君子必自反也:我必不忠。自反而忠矣,其横逆山是也,君子曰,此亦妄人也已矣。"盖君子之律己,其精细亦如是。

精细非他,视心力所能及而省察之云尔。若不事省察,而妄用顾虑,则谓之多疑。列子曰:"人有亡铁者,意其邻之子;视其行步,窃铁也;颜色,窃铁也;动作态度,无为而不窃铁也。俄而扬其谷,而得其铁。"荀子曰:"夏首之南有人焉,曰涓蜀梁。其为人也,愚而善畏,明月而宵行,俯视其影,以为伏鬼也,仰视其变,以为立魅也,背而走,比至其家,失气而死。"皆言多疑之弊也。

其他若韩昭侯恐泄梦言于妻子而独卧;五代张允,家资万计,日携众钥于衣下。多疑如此,皆所谓"天下本无事,庸人自扰之"者也。

其与精细,岂可同日语哉?

尚洁与太洁

华人素以不洁闻于世界:体不常浴,衣不时浣,咯痰于地,拭涕于袖,道路不加洒扫,厕所任其熏蒸,饮用之水,不加渗漉,传染之病,不知隔离。小之损一身之康强,大之酿一方之疫疠。此吾侪所痛心疾首,而愿以尚洁互相劝勉者也。

虽然,尚洁亦有分际。沐浴洒扫,一人所能自尽也;公共之清洁,可互约而行之者也。若乃不循常轨,矫枉而过于正,则其弊亦多。

南宋何佟之,一日洗濯十余遍,犹恨不足;元倪瓒盥颒频易水,冠服拂拭,日以数十计,斋居前后树石频洗拭;清洪景融每顾面,辄自旦达午不休。此太洁而废时者也。

南齐王思远,诸客有诣己者,觇知衣服垢秽,方便不前,形仪新楚,乃与促膝,及去之后,犹令二人交拂其坐处。庾炳之,士大夫未出户,辄令人拭席洗床;宋米芾不与人共巾器。此太洁而妨人者也。

若乃采访风土,化导夷蛮,挽救孤贫,疗护疾病,势不得不入不洁之地,而接不洁之人。使皆以好洁之故,而裹足不前,则文明无自流布,而人道亦将歇绝矣。汉苏武之在匈奴也,居窟室中,啮雪与毡而吞之。宋洪皓之在金也,以马粪燃火,烘面而食之。宋赵善应,道见病者,必收恤之,躬为煮药。瑞士沛斯泰洛齐集五十余乞儿于一室而教育之。此其人视王思远、庾炳之辈为何如耶?

且尚洁之道,亦必推己而及人。秦苻朗与朝士宴会,使小儿跪而开口,唾而含出,谓之肉唾壶。此其昧良,不待言矣。南宋谢景仁居室极净丽,每唾,辄唾左右之衣。事毕,听一日浣濯。虽不似苻朗之忍,然亦纵己而蔑人者也。汉郭泰,每行宿逆旅,辄躬洒扫;及明去后,人至见之曰:"此必郭有道昨宿处也。"斯则可以为法者矣。

互助与倚赖

西人之寓言曰:"有至不幸之甲、乙二人。甲生而瞽,乙有残疾不能行。二人相依为命:甲负乙而行,而乙则指示其方向,遂得互减其苦状。"甲不能视而乙助之,乙不能行而甲助之,互助之义也。

互助之义如此。甲之义务,即乙之权利,而同时乙之义务,亦即甲之权利;互相消,即互相益也。推之而分工之制,一人之所需,恒出于多数人之所为,而此一人之所为,亦还以供多数人之所需。是亦一种复杂之互助云尔。

若乃不尽义务,而惟攘他人义务之产业为以权利,是谓倚赖。

我国旧社会依赖之风最盛。如乞丐,固人人所贱视矣。然而纨绔子弟也,官亲也,帮闲之清客也,各官署之冗员也,凡无所事事而倚人以生活者,何一非乞丐之流亚乎?

《礼·王制》记曰:"瘖、聋、跛、躄、断者、侏儒,各以其器食之。"晋胥臣曰:"戚施直镈,蘧篨蒙璆,侏儒扶卢,矇瞍修声,聋聩司火。"废疾之人,且以一艺自赡如此,顾康强无恙,而不以倚赖为耻乎?

往昔慈善家,好赈施贫人。其意甚美,而其事则足以助长倚赖之心。今则出资设贫民工艺厂以代之。饥馑之年,以工代赈。监禁之犯,课以工艺,而代蓄赢利,以为出狱后营生之资本。皆所以绝倚赖之弊也。

幼稚之年，不能不倚人以生，然苟能勤于学业，则壮岁之所致力，足偿宿负而有余。平日勤工节用，蓄其所余，以备不时之需，则虽衰老疾病之时，其力尚足自给，而不至累人，此又自助之义，不背于互助者也。

爱情与淫欲

尽世界人类而爱之，此普通之爱，纯然伦理学性质者也。而又有特别之爱，专行于男女之间者，谓之爱情，则以伦理之爱，而兼生理之爱者也。生理之爱，常因人而有专泛久暂之殊，自有夫妇之制，而爱情乃贞固。此以伦理之爱，范围生理之爱，而始有纯洁之爱情也。

纯洁之爱，何必限于夫妇？曰既有所爱，则必为所爱者保其康健，宁其心情，完其品格，芳其闻誉，而准备其未来之幸福。凡此诸端，准今日社会之制度，惟夫妇足以当之。若于夫妇关系以外，纵生理之爱，而于所爱者之运命，恝然不顾，是不得谓之爱情，而谓之淫欲。其例如下。

一曰纳妾。妾者，多由贫人之女卖身为之。均是人也，而侪诸商品，于心安乎？均是人也，使不得与见爱者敌体，而视为奴隶，于心安乎？一纳妾而夫妇之间，猜嫌迭起，家庭之平和为之破坏；或纵妻以虐妾，或宠妾而疏妻，种种罪恶，相缘以起。稍有人心，何忍出此？

二曰狎妓。妓者，大抵青年贫女，受人诱惑，被人压制，皆不得已而业此。社会上均以无人格视之。吾人方哀矜之不暇，而何忍亵视之。其有为妓脱籍者，固亦救拔之一法；然使不为之慎择佳偶，而占以为妾，则为德不卒，而重自陷于罪恶矣。

三曰奸通。凡曾犯奸通之罪者，无论男女，恒为普通社会所鄙视，而在女子为尤甚，往往以是而摧灭其终身之幸福；甚者自杀，又甚者被杀。吾人兴念及此，有不为之栗栗危惧，而悬为厉禁者乎？

其他不纯洁之爱情，其不可犯之理，大率类是，可推而得之。

方正与拘泥

孟子曰："人有不为也，而后可以有为。"盖人苟无所不为，则是无主宰，无标准，而一随外界之诱导或压制以行动。是乌足以立身而任事哉，故孟子曰："仰不愧于天，俯不怍于人。"又曰："富贵不能淫，贫贱不能移，威武不能屈。"言无论外境如何，而决不为违反良心之事也。孔子曰："非礼勿视，非礼勿听，非礼勿言，非礼勿动。"谓视听言动，无不循乎规则也。是皆方正之义也。

昔梁明山宾家中尝乏困，货所乘牛。既售，受钱，乃谓买主曰："此牛经患漏蹄，疗差已久，恐后脱发，无容不相语。"买主遽取还钱。唐吴兢与刘子玄，撰定武后实录，叙张昌宗诱张说诬证魏元忠事。后说为相，读之，心不善，知兢所为，即从容谬谓曰："刘生书魏齐公事，不少假借奈何？"兢曰："子玄已亡，不可受诬地下。兢实书之，其草故在。"说屡以情蕲改。辞曰："徇公之请，何名实录？"卒不改。一则宁失利而不肯欺人；一则既不诬友，又不畏势。皆方正之例也。

然亦有方正之故，而涉于拘泥者。梁刘进，兄献每隔壁呼进。进束带而后语。吴顾恺疾笃，妻出省之，恺命左右扶起，冠帻加袭，趣令妻还。虽皆出于敬礼之意，然以兄弟夫妇之亲，而尚此烦文，亦太过矣。子从父令，正也。然而《孝经》曰："父有争子，则身不陷于不义。"

孔子曰:"小杖则受,大杖则走,不陷父于不义。"然则从令之说,未可拘泥也。官吏当守法令,正也。然汉汲黯过河南,贫民伤水旱万余家,遂以便宜持节发仓粟以赈贫民,请伏矫制之罪。武帝贤而释之。宋程师孟,提点夔部,无常平粟,建请置仓;遘凶岁,赈民,不足,即矫发他储,不俟报。吏惧,白不可。师孟曰:"必俟报,饥者尽死矣。"竟发之。此可为不拘泥者矣。

谨慎与畏葸

果敢之反对为畏葸,而鲁莽之反对为谨慎。知果敢之不同于鲁莽,则谨慎之不同于畏葸,盖可知矣。今再以事实证明之。

孔子,吾国至谨慎之人也,尝曰:"谨而信。"又曰:"多闻阙疑,慎言其余,多见阙殆,慎行其余。"然而孔子欲行其道,历聘诸侯。其至匡也,匡人误以为阳虎,带甲围之数匝,而孔子弦歌不辍。既去匡,又适卫、适曹、适宋,与弟子习礼大树下。宋司马桓魋,欲杀孔子,拔其树。孔子去,适郑、陈诸国而适蔡。陈、蔡大夫,相与发徒役,围孔子于野,绝粮,七日不火食。孔子讲诵弦歌不衰。围既解,乃适楚、适卫,应鲁哀公之聘而始返鲁。初不以匡、宋、陈、蔡之厄而辍其行也。其作《春秋》也,以传指口授弟子,为有所刺、讥、褒、讳、挹、损之文辞,不可以书见也,是其谨慎也。然而笔则笔,削则削。吴楚之君自称王,而《春秋》贬之曰子。践土之会,晋侯实召周天子,而《春秋》讳之曰:天王狩于河阳。初无所畏也。故曰:"慎而无礼则葸。"言谨慎与畏葸之别也。人有恒言曰:"诸葛一生惟谨慎。"盖诸葛亮亦吾国至谨慎之人也。其《出师表》有曰:"先帝知臣谨慎,故临崩寄臣以大事也。"然而亮南征诸郡,五月渡泸,深入不毛;其伐魏也,六出祁山,患粮不继,则分兵屯田以济之。初不因谨慎而怯战。惟敌军之司马懿,一则于上邽之东,敛兵依险,军不得交;再则于卤城之前,又登山掘营不肯战,斯贾诩、魏平所谓畏蜀如虎者耳。

且危险之机,何地蔑有。试验化电,有爆烈之虞,运动机械,有轧轹之虑,车行或遇倾覆;舟行或值风涛;救火则涉于焦烂,侍疫则防其传染。若一切畏缩而不前,不将与木偶等乎?要在谙其理性,预为防范。孟子曰:"知命者,不立乎岩墙之下。"汉谚曰:"前车覆,后车戒。"斯为谨慎之道,而初非畏葸者之所得而托也。

有恒与保守

有人于此,初习法语,未几而改习英语,又未几而改习俄语,如是者可以通一国之言语乎?不能也。有人于此,初习木工,未几而改习金工,又未几而改习制革之工,如是而可以成良工乎?不能也。事无大小,器无精粗,欲其得手而应心,必经若干次之练习。苟旋作旋辍,则所习者,旋去而无遗。例如吾人幼稚之时,手口无多能力,积二三年之练习,而后能言语,能把握。况其他学术之较为复杂者乎?故人不可以不有恒。

昔巴律西之制造瓷器也,积十八年之试验而后成。蒲丰之著《自然史》也,历五十年而后成。布申之习图画也,自十余岁以至于老死。使三子者,不久而迁其业,亦乌足以成名哉。

虽然,三字[子]之不迁其业,非保守而不求进步之谓也。巴氏取土器数百,屡改新窑,屡传新药,以试验之。三试而栗色之土器皆白,宜以自为告成矣；又复试验八年，而始成佳品。又精绘花卉虫鸟之形于其上，而后见重于时。蒲氏所著，十一易其稿，而后公诸世。布氏初学于其乡之画工，尽其技，师无以为教；犹不自足，乃赴巴黎，得纵目于美术界之大观；犹不自足，立志赴罗马，以贫故，初至佛棱斯而返，继止于里昂，及第三次之行，始达罗马，得纵观古人名作，习解剖学，以古造象为模范而绘之，假绘术书于朋友而读之，技乃大进。晚年法王召之，供奉于巴黎之画院。未二年，即辞职，复赴罗马。及其老而病也，曰："吾年虽老，吾精进之志乃益奋，吾必使吾技达于最高之一境。"向使巴氏以三试之成绩自画，蒲氏以初稿自画，布氏以乡师之所受[授]、巴黎之所得自画，则其著作之价值，又乌能煊赫如是？是则有恒而又不涉于保守之前例也。无恒者，东驰西骛，而无一定之轨道也。保守者，踯躅于容足之地，而常循其故步者也。有恒者，向一定之鹄的，而又无时不进行者也。此三者之别也。

智育十篇

文字

人类之思想，所以能高出于其他动物，而且进步不已者，由其有复杂之语言，而又有画一之文字以记载之。盖语言虽足为思想之表识，而不得文字以为之记载，则记忆至艰，不能不限于简单；且传达至近，亦不能有集思广益之作用。自有文字以为记忆及传达之助，则一切已往之思想，均足留以为将来之导线；而交换知识之范围，可以无远弗届。此思想之所以日进于高深,而未有已也。

中国象形为文,积文成字,或以会意,或以谐声,而一字常止一声。西洋各国,以字母记声,合声成字,而一字多不止一声。此中西文字不同之大略也。

积字而成句,积句而成节,积节而成篇,是谓文章,亦或单谓之文。文有三类:一曰,叙述之文;二曰,描写之文;三曰,辩论之文。叙述之文,或叙自然现象,或叙古今之人事,自然科学之记载,及历史等属之。描写之文,所以写人类之感情,诗、赋、词、曲等属之。辩论之文,所以证明真理,纠正谬误,孔、孟、老、庄之著书,古文中之论说辩难等属之。三类之中,间亦互有出入,加[如]历史常参论断,诗歌或叙故事是也。吾人通信,或叙事,或言情,或辩理,三类之文,随时采用。今之报纸,有论说,有新闻,有诗歌,则兼三类之文而写之。

图画

吾人视觉之所得,皆面也。赖肤觉之助,而后见为体。建筑、雕刻,体面互见之美术也。其有舍体而取面,而于面之中,仍含有体之感觉者,为图画。

体之感觉何自起?曰:起于远近之比例,明暗之掩映。西人更益以绘影写光之法,而景状益近于自然。

图画之内容:曰人,曰动物,曰植物,曰宫室,曰山水,曰宗教,曰历史,曰风俗。既视建筑、雕刻为繁复,而又含有音乐及诗歌之意味,故感人尤深。

图画之设色者,用水彩,中外所同也。而西人更有油画,始于"文艺中兴"时代之意大利,迄今盛行。其不设色者,曰水墨,以墨笔为浓淡之烘染者也;曰白描,以细笔钩勒形廓者也。不设色之画,其感人也,纯以形式及笔势。设色之画,其感人也,于形式、笔势以外,兼用刺激。

中国画家,自临摹旧作入手。西洋画家,自描写实物入手。故中国之画,自肖象而外。多以意构,虽名山水之图,亦多以记忆所得者为之。西人之画,则人物必有概范,山水必有实景,虽理想派之作,亦先有所本,乃增损而润色之。

中国之画,与书法为缘,而多含文学之趣味;西人之画,与建筑、雕刻为缘,而佐以科学之观察、哲学之思想。故中国之画,以气韵胜,善画者多工书而能诗。西人之画,以技能及义蕴胜,善画者或兼建筑、图画二术。而图画之发达,常与科学及哲学相随焉。中国之图画术,记[托]始于虞、夏,备于唐,而极盛于宋,其后为之者较少,而名家亦复辈出。西洋之图画术,记[托]始于希腊,发展于十四、十五世纪,极盛于十六世纪。近三世纪,则学校大备,画人伙颐,而标新领异之才,亦时出于其间焉。

音乐

音乐者,合多数声音,为有法之组织,以娱耳而移情者也。其所托有二:一曰人声,歌曲是也;二曰音器,自昔以金、石、丝、竹、匏、土、革、木者为之,今所常用者为金、革、丝、竹四种。音乐中所用之声,以一秒中三十二颤者为最低,八千二百七十六颤者为最高。其间又各自为阶,如二百五十颤至五百十七颤之声为一阶,五百十七颤至千有三十四颤之声又自为一阶等,谓之音阶是也。一音阶之中,吾国古人选取其五声以作乐。其后增为七及九。而西人今日之所用,则有正声七,半声五,凡十二声。

声与声相续,而每声所占之时价,得量为申缩。以最长者为单位。由是而缩之,为二分之一、四分之一、八分之一、十六分之一、三十二分之一,及六十四分之一焉。同一声也,因乐器之不同,而同中有异,是为音色。

不同之声,有可以相谐的,或隔八位,或隔五位,或隔三位,是为谐音。

合各种高下之声,而调之以时价,文之以谐音,和之以音色,组之而为调、为曲,是为音乐。故音乐者,以有节奏之变动为系统,而又不稍滞于迹象者也。其在生理上,有节宣呼吸、动荡血脉之功。而在心理上,则人生之通式,社会之变态,宇宙之大观,皆得缘是而领会之。此其所以感人深,而移风易俗易也。

戏剧

在闳丽建筑之中,有雕刻、装饰及图画,以代表自然之景物。而又演之以歌舞,和之以音乐,集各种美术之长,使观者心领神会,油然与之同化者,非戏剧之功用乎?我国戏剧,托始于古代之歌舞及俳优;至唐而始有专门之教育;至宋、元而始有完备之曲本;至于今日,戏曲之较为雅驯、声调之较为沉郁者,惟有"昆曲",而不投时人之好,于是"汉调"及"秦腔"起而代之。汉调亦谓之皮黄,谓西皮及二黄也。秦腔亦谓之梆子。

西人之戏剧，托始于希腊，其时已分为悲剧、喜剧两种，各有著名之戏曲。今之戏剧，则大别为歌舞及科白二种。歌舞戏又有三别：一曰正式歌舞剧（Opera），全体皆用歌曲，而性质常倾于悲剧一方面者也；二曰杂体歌舞剧（Opera-Comique），于歌曲之外，兼用说白，而参杂悲剧以喜剧之性质者也；三曰小品歌舞剧（Opérette），全为喜剧之性质，亦歌曲与说白并行，而结体较为轻佻者也。科白剧又别为二：一曰悲剧（Tragiqne），二曰喜剧（Comédie），皆不歌不舞，不和以音乐，而言语行动，一如社会之习惯。今我国之所谓新剧，即仿此而为之。西人以戏剧为社会教育之一端，故设备甚周。其曲词及说白，皆为著名之文学家所编；学校中或以是为国文教科书。其音谱，则为著名之音乐家所制。其演剧之人，皆因其性之所近，而研究于专门之学校，能洞悉剧本之精意，而以适当之神情写达。故感人甚深，而有功于社会也。其由戏剧而演出者，又有影戏：有象无声，其感化力虽不及戏剧之巨，然名手所编，亦能以种种动作，写达意境；而自然之胜景，科学之成绩，尤能画其层累曲折之状态，补图书之所未及。亦社会教育之所利赖也。

诗歌

　　人皆有情。若喜、若怒、若哀、若乐、若爱、若惧、若怨望、若急迫，凡一切心理上之状态，皆情也。情动于中，则声发于外，于是有都、俞、噫、咨、吁、嗟、乌呼、咄咄、荷荷等词，是谓叹词。

　　虽然，情之动也，心与事物为缘。若者为其发动之因，若者为其希望之果。且情之程度，或由弱而强，或由强而弱，或由甲种之情而嬗为乙种,或合数种之情而冶诸一炉,有决非简单之叹词所能写者,于是以抑扬之声调,复杂之语言形容之。而诗歌作焉。

声调者,韵也,平、侧声也。"平"者,声之位于长短疾徐之间者也。其最长最徐之声曰"去",较短较徐之声曰"上",最短最徐之声曰"入"。三者皆为侧声。

语言者,词句也。古者每句多四言,而其后多五言及七言。以八句为一首者,曰律诗。十二句以上,曰排律。四句者,曰绝句(绝句偶有六言者)。古体诗则句数无定。诗之字句有定数,而歌者或不能不延一字为数声,或蹙数字为一声,于是乎有准歌声之延蹙以为诗者,古者谓之乐府,后世则谓之词。词之复杂而通俗者谓之曲。词所用之字,不惟辨平侧,而又别清浊,所以谐于歌也。

古者别诗之性质为三:曰风,曰雅,曰颂。风,纯乎言情者也;雅,言情而兼叙事者也;颂,所以赞美功德者也。后世之诗,亦不外乎此三者。

与诗相类者有赋,有骈文。其声调皆不如诗之谨严。赋有韵,而骈文则不必有韵。

历史

历史者,记载已往社会之现象,以垂示将来者也。吾人读历史而得古人之知识,据以为基本,而益加研究,此人类知识之所以进步也。吾人读历史而知古人之行为,辨其是非,究其成败,法是与成者,而戒其非与败者,此人类道德与事业之所以进步也,是历史之益也。

我国历史旧分三体:一曰纪传体。为君主作本纪,为其他重要之人物作列传，又作表以记世系及大事，作志以记典章，如《史记》《汉书》、二十四［其他正］史等是也。二曰编年体。循事记事，便于稽前后之关系，如《左氏春秋传》及《资治通鉴》等是也。三曰纪事本末体。每纪一事，自为首尾，便于索相承之因果，如《尚书》及《通鉴纪事本末》等是也。三者皆以政治为主，而其他诸事附属之。

新体之历史，不偏重政治，而注意于人文进化之轨辙。凡夫风俗之变迁，实业之发展，学术之盛衰，皆分治其条流，而又综论其统系。是谓文明史。

又有专门记载，如哲学史、文学史、科学史、美术史之类。是为文明史之一部分，我国纪传史中之《儒林》《文苑》诸传，及其他《宋元学案》《畴人传》《画人传》等书，皆其类也。

附注：《畴人传》，清阮元著，所传皆算学家。

地理

地理者，所以考地球之位置区画及其与人生之关系者也，可别为三部。

一曰数学地理，如地球与日球及他行星之关系，及其自转、公转之规则等是也。此吾人所以有昼夜之分，与夫春、夏、秋、冬之别。

二曰天然地理，如土壤之性质，山脉、河流之形势，动、植、矿各物之分布，气候之递变，雨量、风向之比例等是也。吾人之状貌、性情、习尚及职业，往往随所居之地而互相差别者，以此。

三曰人文地理，又别为二：其一，关于政治，如大地分为若干国，有中华民国及法国等。一国之中，又分为若干省，如中华民国有二十四省,法国有八十六省是。其不编为省者曰属地,如中华民国有蒙古、西藏,法国有安南及美、非、澳诸州属地是。其一[二],关于生计,如物产之丰啬,铁道、运河之交通,农、林、渔、牧之区域,工商之都会等是。二者,皆地理与人生有直接之关系者也。故谓之人文地理。

凡记载此等各部之现状者,谓之地理志,亦曰地志。合全地球而记载之,是谓世界地志。其限于一国者,为某国地志,如《中华民国地志》及《法国地志》等是也。地理非图不明,故志必有图,而图不必皆附于志。

建筑

人之生也,不能无衣、食与宫室。而此三者,常于实用之外,又参以美术之意味。如食物本以适口腹也。而装置又求其悦目;衣服本以御寒暑也,而花样常见其翻新;宫室本以蔽风雨也,而建筑之术,尤于美学上有独立之价值焉。

建筑者,集众材而成者也。凡材品质之精粗,形式之曲直,皆有影响于吾人之感情。及其集多数之材,而成为有机体之组织,则尤有以代表一种之人生观。而容体气韵,与吾人息息相通焉。

吾国建筑之中,具美术性质者,略有七种。一曰宫殿。古代帝王之居处与陵寝,及其他佛寺道观等是也。率皆四阿而重檐,上有飞甍,下有崇阶,朱门碧瓦,所以表尊严富丽之观者也。二曰别墅。萧斋邃馆,曲榭回廊,间之以亭台,映之以泉石,宁朴毋华,宁疏毋密,大抵极清幽潇洒之致焉。三曰桥。叠石为穹窿式,与罗马建筑相类。

惟罗马人广行此式,而我国则自桥以外罕用之。四曰城。叠砖石为之,环以雉堞,隆以谯门,所以环卫都邑也。而坚整之概,有可观者,以万里长城为最著。五曰华表。树于陵墓之前,间用六面形,而圆者特多,冠以柱头,承以文础,颇似希腊神祠之列栏,而两相对立,则又若埃及之方尖塔然。六曰坊。所以旌表名誉,树于康衢或陵墓之前,颇似欧洲之凯旋门,惟彼用穹形,而我用平构,斯其异点也。七曰塔。本诸印度而参以我国固有之风味,有七级、九级、十三级之别,恒附于佛寺,与欧洲教堂之塔相类。惟常于佛殿以外,呈独立之观,与彼方之组入全堂结构者不同。要之,我国建筑,既不如埃及式之阔大,亦不类峨特式之高骞,而秩序谨严,配置精巧,为吾族数千年来守礼法尚实际之精神所表示焉。

雕刻

音乐、建筑皆足以表示人生观,而表示之最直接者为雕刻。雕刻者,以木、石、金、土之属,刻之范之,为种种人物之形象者也。其所取材,率在历史之事实,现今之风俗,即有推本神话宗教者,亦犹是人生观之代表云尔。

雕刻之术,大别为二类:一浅雕凸雕之属,象不离璞,仅以圻堮起伏之文写示之者也。如山东嘉祥之汉武梁祠画象,及山西大名之北魏造象等属之。一具体之造象,雕刻之工,面面俱到者也。如商武乙为偶人以象天神,秦始皇铸金人十二,及后世一切神祠佛寺之象皆属之。

雕刻之精者,一曰匀称,各部分之长短肥瘠,互相比例,不违天然之状态也;二曰致密,琢磨之工,无懈可击也;三曰浑成,无斧凿痕也;四曰生动,仪态万方,合于力学之公例,神情活现,合于心理学之公例也。吾国之以雕刻名者,为晋之戴逵,尝刻一佛象,自隐帐中,听人臧否,随而改之。如是者十年,厥工方就。然其象不传。其后以塑象名者,唐有杨惠之,元有刘元。西方则古代希腊之雕刻,优美绝伦;而十五世纪以来,意、法、德、英诸国,亦复名家辈出。吾人试一游巴黎之鲁佛尔及卢克逊堡博物院,则希腊及法国之雕刻术,可略见一斑矣。

相传越王勾践尝以金铸范蠡之象,是为我国铸造肖象之始。然后世鲜用之。西方则自罗马时竞尚雕铸肖象,至今未沫。或以石,或以铜,无不面目逼真焉。

我国尚仪式,而西人尚自然,故我国造象,自如来袒胸,观音赤足,仍印度旧式外,鲜不具冠服者。西方则自希腊以来,喜为倮象;其为骨骼之修广,筋肉之张弛,悉以解剖术为准。作者固不能不先有所研究,观者亦得为练达身体之一助焉。

装饰(Art Dècoratif)

装饰者,最普通之美术也。其所取之材,曰石类,曰金类,曰陶土,此取诸矿物者也;曰木,曰草,曰藤,曰棉,曰麻,曰果核,曰漆,此取诸植物者也;曰介,曰角,曰骨,曰牙,曰皮,曰毛羽,曰丝,此取诸动物者也。其所施之技,曰刻,曰铸,曰陶,曰镶,曰编,曰织,曰绣,曰绘。其所写象者,曰几何学之线面,曰动植物及人类之形状,曰神话宗教及社会之事变。其所附丽者,曰身体,曰被服,曰器用,曰宫室,曰都市。

身体之装饰:一曰文身,二曰亏体。文身之饰,或绘或刺,为未开化所常有。我国今惟演剧时或以粉墨涂面,而臂上花绣,则惟我国之拳棒家,外国之航海家,间或有之。亏体之饰,如野蛮人穿鼻悬环,凿唇安木之属。我国妇女,旧有缠足、穿耳之习,亦其类也。

被服之装饰,如冠、服、带、佩及一切金、钻、珠、玉之饰皆是。近世文明民族,已日趋简素;惟帝王、贵族及军人,犹有特别之制服;而妇女冠服,尚喜翻新。巴黎新式女服,常为全欧模范。德、法开战以后,德政府尝欲创日耳曼式以代之,而德之妇女,未能从焉。

器用之装饰,大之如坐卧具,小之如陈设品皆是。我国如商、周之钟鼎,汉之轳镜,宋以后之瓷器,皆其选也。

宫室之装饰,如檐楣柱头,多有刻文;承尘及壁,或施绘画;集色彩之玻板以为窗,缀斑驳之石片以敷地,皆是。其他若窗幕、地毡之类,亦附属之。

部[都]市之装饰,如《考工记》:"匠人营国,方九里,旁三门,国中九经九纬,经涂九轨。"所以求均称而表庄严也。巴黎一市,揽森河左右,纬以长桥,界为驰道,间以广场,文以崇闳之建筑,疏以广大之园林,积渐布置,蔚成大观;而驰道之旁,荫以列树,芬以花塍;广场及公园之中,古木杂花,喷泉造象,分合错综,悉具意匠。是皆所以餍公众之美感,而非一人一家之所得而私也。

由是观之,人智进步,则装饰之道,渐异其范围。身体之装饰,为未开化时代所尚;都市之装饰,则非文化发达之国,不能注意。由近而远,由私而公,可以观世运矣。

据北京大学新潮社编印《蔡孑民先生言行录》

就任北京大学校长之演说

（一九一七年一月九日）

五年前，严几道先生为本校校长时，余方服务教育部，开学日曾有所贡献于同校。诸君多自预科毕业而来，想必闻知。士别三日，刮目相见，况时阅数载，诸君较昔当必为长足之进步矣。予今长斯校，请更以三事为诸君告。

一曰抱定宗旨

诸君来此求学，必有一定宗旨，欲求宗旨之正大与否，必先知大学之性质。今人肄业专门学校，学成任事，此固势所必然。而在大学则不然，大学者，研究高深学问者也。外人每指摘本校之腐败，以求学于此者，皆有做官发财思想，故毕业预科者，多入法科，入文科者甚少，入理科者尤少，盖以法科为干禄之终南捷径也。因做官心热，对于教员，则不问其学问之浅深，惟问其官阶之大小。官阶大者，特别欢迎，盖为将来毕业有人提携也。现在我国精于政法者，多入政界，专任教授者甚少，故聘请教员，不得不聘请兼职之人，亦属不得已举。究之外人指摘之当否，姑不具论。然弭谤莫如自修，人讥我腐败，而我不腐败，问心无愧，于我何损？果欲达其做官发财之目的，则北京不少专门学校，入法科者尽可肄业法律学堂，入商科者亦可投考商业学校，又何必来此大学？所以诸君须抱定宗旨，为求学而来。入法科者，非为做官；入商科者，非为致富。宗旨既定，自趋正轨。诸君肄业于此，或三年，或四年，时间不为不多，苟能爱惜分阴，孜孜求学，则其造诣，容有底止。若徒志在做官发财，宗旨既乖，趋向自异。平时则放荡冶游，考试则熟读讲义，不问学问之有无，惟争分数之多寡；试验既终，书籍束之高阁，毫不过问，敷衍三四年，潦草塞责，文凭到手，即可借此活动于社会，岂非与求学初衷大相背驰乎？光阴虚度，学问毫无，是自误也。且辛亥之役，吾人之所以革命，因清廷官吏之腐败。即在今日，吾人对于当轴多不满意，亦以其道德沦丧。今诸君苟不于此时植其基，勤其学，则将来万一因生计所迫，出而任事，担任讲席，则必贻误学生；置身政界，则必贻误国家。是误人也。误己误人，又岂本心所愿乎？故宗旨不可以不正大。此余所希望于诸君者一也。

二曰砥砺德行

方今风俗日偷，道德沦丧，北京社会，尤为恶劣，败德毁行之事，触目皆是，非根基深固，鲜不为流俗所染。诸君肄业大学，当能束身自爱。然国家之兴替，视风俗之厚薄。流俗如此，前途何堪设想。故必有卓绝之士，以身作则，力矫颓俗。诸君为大学学生，地位甚高，肩此重任，责无旁贷，故诸君不惟思所以感己，更必有以励人。苟德之不修，学之不讲，同乎流俗，合乎污世，己且为人轻侮，更何足以感人。

然诸君终日伏首案前,营营攻苦,毫无娱乐之事,必感身体上之苦痛。为诸君计,莫如以正当之娱乐,易不正当之娱乐,庶于道德无亏,而于身体有益。诸君入分科时,曾填写愿书,遵守本校规则,苟中道而违之,岂非与原始之意相反乎?故品行不可以不谨严。此余所希望于诸君者二也。

三曰敬爱师友

教员之教授,职员之任务,皆以为诸君求学便利,诸君能无动于衷乎?自应以诚相待,敬礼有加。至于同学共处一堂,尤应互相亲爱,庶可收切磋之效。不惟开诚布公,更宜道义相劝,盖同处此校,毁誉共之。同学中苟道德有亏,行有不正,为社会所訾詈,己虽规行矩步,亦莫能辩,此所以必互相劝勉也。余在德国,每至店肆购买物品,店主殷勤款待,付价接物,互相称谢,此虽小节,然亦交际所必需,常人如此,况堂堂大学生乎?对于师友之敬爱,此余所希望于诸君者三也。

余到校视事仅数日,校事多未详悉,兹所计划者二事。一曰改良讲义。诸君既研究高深学问,自与中学、高等不同,不惟恃教员讲授,尤赖一己潜修。以后所印讲义,只列纲要,细微末节,以及精旨奥义,或讲师口授,或自行参考,以期学有心得,能裨实用。二曰添购书籍。本校图书馆书籍虽多,新出者甚少,苟不广为购办,必不足供学生之参考。刻拟筹集款项,多购新书,将来典籍满架,自可旁稽博采,无虞缺乏矣。今日所与诸君陈说者只此,以后会晤日长,随时再为商榷可也。

据《东方杂志》第 14 卷第 4 号(1917 年 4 月出版)

在爱国女学校之演说

（一九一七年一月十五日）

本校初办时，在满清季年，含有革命性质。盖当时一般志士，鉴于满清政治之不良，国势日蹙，有如人之罹重病，恐其淹久而至于不可救药，必觅良方以治之，故群起而谋革命。革命者，即治病之方药也。上海之革命团，名中国教育会。革命精神所在，无论其为男为女，均应提倡，而以教育为根本。故女校有爱国女学，男校有爱国学社，以教育会员担任办理之责，此本校名之所由来也。其后几经变迁，男校因《苏报》案而解散，中国教育会亦不数年而同志星散，惟女校存立至今。辛亥革命时，本校学生多有从事于南京之役者，不可谓非教育之成效也。当满清政府未推倒时，自以革命为精神。然于普通之课程，仍力求完备。此犹家人一面为病者求医，一面于日常家事，仍不能不顾也。至民国成立，改革之目的已达，如病已医愈，不再有死亡之忧。则欲副爱国之名称，其精神不在提倡革命，而在养成完全之人格。盖国民而无完全人格，欲国家之隆盛，非但不可得，且有衰亡之虑焉。造成完全人格，使国家隆盛而不衰亡，真所谓爱国矣。

完全人格,男女一也。兹特就女子方面讲述之。

夫完全人格,首在体育。体育最要之事为运动。凡吾人身体与精神,均含一种潜势力,随外围之环境而发达。故欲其发达至何地位,即能至何地位。若有障碍而阻其发达,则萎缩矣。旧俗每为女子缠足,不许擅自出门行走,终日幽居,不使运动,久之性质自变为懦弱。光阴日销磨于装饰中,且养成依赖性,凡事非依赖男子不可。苟无男子可依赖,虽小事亦望而生畏。倘不幸地方有争战之事,敌兵尚未至,畏而自尽者比比矣,又安望其抵抗哉。是皆不运动不发达其身体之故,卒养成懦弱性质,以减杀其自卫之能力与胆量也。欧美各国女子,尚不能免此,况乎中国。闻本校有体育专修科,不特各科完备,且于拳术尤为注意,此最足为自卫之具,望诸生努力,切勿间断。即毕业之后,身任体操教员者,固应时时练习,即担任别种事业者,亦当时时练习。盖此等技术,不练则荒,久练益熟,获益非浅也。

次在智育。智育则属精神方面。精神愈用愈发达,吾前已言及矣。盖人之心思细密,方能处事精详。而习练此心思使之细密,则有赖于科学。就其易于证明者言之,如习算学,既可以增知识,又可以使脑力反复运用,入于精细详审一途。研究之功夫既深,则于处事时,亦须将前一事与后一事比较一番,孰优孰劣,了然于胸,而知识亦从比较而日广矣。故精究科学者,必有特别之智慧胜于恒人,亦由其脑筋之灵敏也。

更言德育。德育实为完全人格之本。若无德,则虽体魄智力发达,适足助其为恶,无益也。今先言我国女子之缺点。女子因有依赖男子之性质,不求自立,故心中思虑毫无他途,惟有衣服必求鲜艳,装饰必求美丽。何也？以其无可自恃也。而虚荣心于女子为尤甚，如喜闻家中之人做官，喜与有势力人往还，皆是。故高尚之品行，未可求诸寻常女界中也。今欲养成女子高尚之品行，非使其除依赖性质有自立性质不可。然自立不可误解，非傲慢自负，轻视他人之谓，乃自己有一定之职业，以自谋生活之谓。夫人果能自谋生活，不仰食于人，则亦无暇装饰，无取虚荣矣。尚有一端，女子之处家庭者，大凡姑媳妯娌间，总是不和，甚至诟谇。其故何在？盖旧时习惯，女子死守家庭，不出门一步，不知社会情状，更不知世界情状，所通声息者，家中姑媳妯娌间而已。耳目心思之范围，既限于极小之家庭，自然只知琐细之事。而所争者，亦只此琐细之事。若是而望女子之品行日就高尚，难乎不难！盖其所处之势使然也。虽然，女子之缺点固多，而优点亦不少。今举其一端，如慈善事业，恻隐之心，女子胜于男子。不过昔时专在布施，反足养成他人懒惰之习。今则当推广爱人以德、与人为善之道。凡有善举，宜使受之者亦出其劳力有益于社会，则其仁慈之心，为尤恳挚矣。女子讲自由，在脱除无理之束缚而已，若必侈大无忌，在为无理之自由，则为反对女学者所借口，为父兄者必不喜送女子入学。盖不信女学为培养女德之所，而谓女学乃损坏女德之地，非女学之幸也。

又今日女子入学读书后，对于家政，往往不能操劳，亦为所诟病。必也入学后，家庭间之旧习惯，有益于女德者保持勿失，而益以学校中之新知识，则治理家庭各事，必较诸未受过教育者，觉井井有条。譬如裁缝，旧时只知凭尺寸剪裁而已，若加以算学知识，则必益能精。如烹饪，旧时亦只知其当然，若加以化学知识，则必合乎卫生。其他各事，莫不皆然。倘女学生能如此，则为父兄者有不乐其女若妹之入学者乎？夫女子入校求学，固非脱离家庭间固有之天职也。求其实用，固可相辅而行者也。美国有师范学校，教授各科，俱用实习，不用书籍。假如授裁缝时，为之讲解自上古至现在衣服之变更，有野蛮时代之衣服与文明时代之衣服，是即历史科也。为之讲解衣服之原料，如丝之产地、棉之产地等，则地理科也。衣服之裁剪，有算法焉；其染色之颜料，有理化之法则焉，是即数学理化科也。推之烹任等科，亦复如是。寓学问于操作中。可见女学固养成女子完全之人格，非使女子入学后，即放弃其固有之天职。即如体操科中之种种运动，近亦有人主张徒事运动而无生产为不经济，有欲以工作代之者。庶不消耗金钱与体力，使归实用。此法以后必当盛行。益可见徒知读书，放弃家事，为不合于理矣。

据《东方杂志》第 14 卷第 1 号（1917 年 1 月出版）

以美育代宗教说*

——在北京神州学会演说词

（一九一七年四月八日）

兄弟于学问界未曾为系统的研究，在学会中本无可以表示之意见。惟既承学会诸君子责以讲演，则以无可如何中，择一于我国有研究价值之问题为到会诸君一言，即"以美育代宗教"之说是也。

夫宗教之为物，在彼欧西各国，已为过去问题。盖宗教之内容，现皆经学者以科学的研究解决之矣。吾人游历欧洲，虽见教堂棋布，一般人民亦多入堂礼拜，此则一种历史上之习惯。譬如前清时代之袍褂，在民国本不适用，然因其存积甚多，毁之可惜，则定为乙种礼服而沿用之，未尝不可。又如祝寿、会葬之仪，在学理上了无价值，然戚友中既以请帖、讣闻相招，势不能不循例参加，藉通情愫。欧人之沿习宗教仪式，亦犹是耳。所可怪者，我中国既无欧人此种特别之习惯，乃以彼邦过去之事实作为新知，竟有多人提出讨论。此则由于留学外国之学生，见彼国社会之进化，而误听教士之言，一切归功于宗

---

* 这篇演说词先后刊载于《新青年》第3卷第6号（1917年8月1日出版）及《学艺》杂志第1年第2号（1917年9月出版）；辑入《蔡子民先生言行录》时，曾作修订。

教,遂欲以基督教劝导国人。而一部分之沿习旧思想者,则承前说而稍变之,以孔子为我国之基督,遂欲组织孔教,奔走呼号,视为今日重要问题。

自兄弟观之,宗教之原始,不外因吾人精神作用而构成。吾人精神上之作用,普通分为三种:一曰知识;二曰意志;三曰感情。最早之宗教,常兼此三作用而有之。盖以吾人当未开化时代,脑力简单,视吾人一身与世界万物,均为一种不可思议之事。生自何来?死将何往?创造之者何人?管理之者何术?凡此种种,皆当时之人所提出之问题,以求解答者也。于是有宗教家勉强解答之。如基督教推本予上帝,印度旧教则归之梵天,我国神话则归之盘古。其他各种现象,亦皆以神道为惟一之理由。此知识作用之附丽于宗教者也。且吾人生而有生存之欲望,由此欲望而发生一种利己之心。其初以为非损人不能利己,故恃强凌弱、掠夺攫取之事,所在多有。其后经验稍多,知利人之不可少,于是有宗教家提倡利他主义。此意志作用之附丽于宗教者也。又如跳舞、唱歌,虽野蛮人亦皆乐此不疲。而对于居室、雕刻、图画等事,虽石器时代之遗迹,皆足以考见其爱美之思想。此皆人情之常,而宗教家利用之以为诱人信仰之方法。于是未开化人之美术,无一不与宗教相关联。此又情感作用之附丽于宗教者也。天演之例,由浑而昼。当时精神作用至为浑沌,遂结合而为宗教。又并无他种学术与之对,故宗教在社会上遂具有特别之势力焉。

迨后社会文化日渐进步,科学发达,学者遂举古人所谓不可思议者,皆一一解释之以科学。日星之现象,地球之缘起,动植物之分布,人种之差别,皆得以理化、博物、人种、古物诸科学证明之。而宗教家所谓吾人为上帝所创造者,从生物进化论观之,吾人最初之始祖,实为一种极小之动物,后始日渐进化为人耳。此知识作用离宗教而独立之证也。宗教家对于人群之规则,以为神之所定,可以永远不变。然希腊诡辩家,因巡游各地之故,知各民族之所谓道德,往往互相抵触,已怀疑于一成不变之原则。近世学者据生理学、心理学、社会学之公例,以应用于伦理,则知具体之道德不能不随时随地而变迁;而道德之原理则可由种种不同之具体者而归纳以得之;而宗教家之演绎法,全不适用。此意志作用离宗教而独立之证也。

知识、意志两作用,既皆脱离宗教以外,于是宗教所最有密切关系者,惟有情感作用,即所谓美感。凡宗教之建筑,多择山水最胜之处,吾国人所谓天下名山僧占多,即其例也。其间恒有古木名花,传播于诗人之笔,是皆利用自然之美以感人者。其建筑也,恒有峻秀之塔,崇闳幽邃之殿堂,饰以精致之造像、瑰丽之壁画,构成黯淡之光线,佐以微妙之音乐。赞美者必有著名之歌词,演说者必有雄辩之素养,凡此种种,皆为美术作用,故能引人入胜。苟举以上种种设施而屏弃之,恐无能为役矣。然而美术之进化史,实亦有脱离宗教之趋势。例如吾国南北朝著名之建筑则伽蓝耳,其雕刻则造像耳,图画则佛像及地狱变相之属为多;文学之一部分,亦与佛教为缘。而唐以后诗文,遂多以风景人情世事为对象;宋元以后之图画,多写山水花鸟等自然之美。周以前之鼎彝,皆用诸祭祀。汉唐之吉金,宋元以来之名瓷,则专供把玩。野蛮时代之跳舞,专以娱神,而今则以之自娱。欧洲中古时代留遗之建筑,其最著者率为教堂,其雕刻图画之资料,多取诸新旧约;其音乐,则附丽于赞美歌;其演剧,亦排演耶稣故事,与我国旧剧《目莲救母》相类。及文艺复兴以后,各种美术,渐离宗教而尚人文。至于今日,宏丽之建筑,多为学校、剧院、博物院。而新设之教堂,有美学上价值者,几无可指数。其他美术,亦多取资于自然现象及社会状态。于是以美育论,已与宗教分合之两派。以此两派相较,美育之附丽于宗教者,常受宗教之累,失其陶养之作用,而转以激刺感情。盖无论何等宗教,无不有扩张己教、攻击异教之条件。回教之谟罕默德,左手持《可兰经》,而右手持剑,不从其教者杀之。基督教与回教冲突,而有十字军之战,几及百年。基督教中又有新旧教之战,亦亘数十年之久。至佛教之圆通,非他教所能及。而学佛者苟有拘牵教义之成见,则崇拜舍利受持经忏之陋习,虽通人亦肯为之。甚至为护法起见,不惜于共和时代,附和帝制。宗教之为累,一至于此,皆激刺感情之作用为之也。

鉴激刺感情之弊,而专尚陶养感情之术,则莫如舍宗教而易以纯粹之美育。纯粹之美育,所以陶养吾人之感情,使有高尚纯洁之习惯,而使人我之见、利己损人之思念,以渐消沮者也。盖以美为普遍性,决无人我差别之见能参入其中。食物之入我口者,不能兼果他人之腹;衣服之在我身者,不能兼供他人之温,以其非普遍性也。美则不然。即如北京左近之西山,我游之,人亦游之;我无损于人,人亦无损于我也。隔千里兮共明月,我与人均不得而私之。中央公园之花石,农事试验场之水木,人人得而赏之。埃及之金字塔,希腊之神祠,罗马之剧场,瞻望赏叹者若干人,且历若干年,而价值如故。各国之博物院,无不公开者,即私人收藏之珍品,亦时供同志之赏览。各地方之音乐会、演剧场,均以容多数人为快。所谓独乐乐不如与人乐乐,与寡乐乐不如与众乐乐,以齐宣王之悟,尚能承认之。美之为普遍性可知矣。且美之批评,虽间亦因人而异,然不曰是于我为美,而曰是为美,是亦以普遍性为标准之一证也。

美以普遍性之故,不复有人我之关系,遂亦不能有利害之关系。马牛,人之所利用者,而戴嵩所画之牛,韩干所画之马,决无对之而作服乘之想者。狮虎,人之所畏也,而卢沟桥之石狮,神虎桥之石虎,决无对之而生搏噬之恐者。植物之花,所以成实也,而吾人赏花,决非作果实可食之想。善歌之鸟,恒非食品。灿烂之蛇,多含毒液。而以审美之观念对之,其价值自若。美色,人之所好也;对希腊之裸像,决不敢作龙阳之想;对拉飞尔若鲁滨司之裸体画,决不敢有周昉秘戏图之想。盖美之超绝实际也如是。且于普通之美以外,就特别之美而观察之,则其义益显。例如崇闳之美,有至大至刚两种。至大者如吾人在大海中,惟见天水相连,茫无涯涘。又如夜中仰数恒星,知一星为一世界,而不能得其止境,顿觉吾身之小虽微尘不足以喻,而不知何者为所有。其至刚者,如疾风震霆、覆舟倾屋、洪水横流、火山喷薄,虽拔山盖世之气力,亦无所施,而不知何者为好胜。夫所谓大也,刚也,皆对待之名也。今既自以为无大之可言、无刚之可恃,则且忽然超出乎对待之境,而与前所谓至大至刚者肸合而为一体,其愉快遂无限量。当斯时也,又岂尚有利害得丧之见能参入其间耶!其他美育中,如悲剧之美,以其能破除吾人贪恋幸福之思想。《小雅》之怨悱,屈子之离忧,均能特别感人。《西厢记》若终于崔、张团圆,则平淡无奇;惟如原本之终于草桥一梦,始足发人深省。《石头记》若如《红楼后梦》等,必使宝、黛成婚,则此书可以不作;原本之所以动人者,正以宝、黛之结果一死一亡,与吾人之所谓幸福全然相反也。又如滑稽之美,以不与事实相应为条件,如人物之状态,各部分互有比例。而滑稽画中之人物,则故使一部分特别长大或特别短小。作诗则故为不谐之声调,用字则取资于同音异义者。方朔割肉以遗细君,不自责而反自夸。优旃谏漆城,不言其无益,而反谓漆城荡荡,寇来不得上,皆与实际不相容,故令人失笑耳。要之,美学之中,其大别为都丽之美,崇闳之美(日本人译言优美、壮美)。而附丽于崇闳之悲剧,附丽于都丽之滑稽,皆足以破人我之见,去利害得失之计较,则其所以陶养性灵,使之日进于高尚者,固已足矣。又何取乎佁言阴骘、攻击异派之宗教,以激刺人心,而使之渐丧其纯粹之美感为耶。

据《蔡孑民先生言行录》

北大进德会旨趣书

（一九一八年一月十九日）

今人恒言：西方尚公德，而东方尚私德，又以为能尽公德，则私德之出入，不足措意，是误会也。吾人既为社会之一分子，分子之腐败，不能无影响于全体。如疾疫然，其传染之广，往往出人意表。昔仪狄作酒，禹饮而甘之，曰："后世必有以酒亡其国者。"遂疏仪狄而绝旨酒。司马迁曰："夏之亡也以妺喜，殷之亡也以妲己。"子反湎于酒，而楚以败；拿破仑惑于色，而普鲁士之军国主义以萌。私德不修，祸及社会，诸如此类，不可胜数。又如吾国五六年来，政治界、实业界之腐败，达于极端。而祸变纷乘，浸至亡国者，宁非由于少数当局骄奢淫佚之余，不得已而出奇策以自救，遂不惜以国家为牺牲与？《易》曰："善不积，不足以成名，恶不积，不足以灭身；勿以小善为无益而弗为也；勿以小恶为无伤而为之。"鄙人二十年前，鉴于吾国谈社会主义者之因以自便，名为提倡，实增阻力，因言"惟于交际之间一介不苟者，夫然后可以言共产；又惟男女之间一毫不苟者，夫然后可以言废婚姻。"（见《民国畴史》乙编《蔡孑民事略》）正此意也。

民国元年,吴稚辉、李石曾、汪精卫诸君,发起进德会于上海。会员别为三等:持不赌、不嫖、不娶妾三戒者,为甲等会员;加以不作官吏、不吸烟、不饮酒三戒,为乙等会员;又加以不作议员、不食肉,为丙等会员。当时论者颇以不作官吏、不作议员二条为疑。然题名入会为甲等会员者踵相接矣。未几,鄙人以事由海道北行,同行者三十余人,李、汪二君亦与焉。舟中或提议进德会事,自李、汪二君外,同行者率皆当时之官吏若议员,群以官吏、议员两戒为不便,乃去此两戒,别组一会,即以同舟之三十余人为发起人,而宋遯初君提议名为"六不会",众赞成之。又同时发起一"社会改进社",所揭著者凡三十六条,第一曰不狎妓,第二曰不置婢妾,第十九曰不赌博,第二十九曰戒除伤生耗财之嗜好,犹六不会意也。其后为政潮所激荡,"六不会"若"社会改良社"之发起人,次第星散,未及进行,而进德会之新分子,则间见于上海之报纸焉。

北京自袁政府时代,收买议员,运动帝制,攫全国之公款,用之如泥沙,无所顾惜,则狂赌狂嫖,一方面驱于侥幸之心,一方面且用为钻营之术。谬种流传,迄今未已。鄙人归国以后,先至江、浙各省,见夫教育、实业各界,凡崭然现头角者,几无不以嫖赌为应酬之具,心窃伤之。比抵北京,此风尤甚。尤可骇者,往昔昏浊之世,必有一部份之清流,与敝俗奋斗,如东汉之党人、南宋之道学、明季之东林。风雨如晦,鸡鸣不已。而今则众浊独清之士,亦且踽踽独行,不敢集同志以矫末俗,洵千古未有之现象也。曾于南洋公学同学会(中央公园)及译学馆校友会(江西会馆)中,提议以嫖、赌、娶妾三戒编入会章,闻者未之注意也。其后见社会实进会规则,有此三戒,而雍君所发起之社会改良会,则专以此三者为条件。吾道不孤,助以张目。惜其影响偏于一隅。既承乏北京大学,常欲以南洋同学会、译学馆校友会所提议而未行者,试之于此二千人之社会。会一年来鞅掌于大体之改革,未遑及此。今改组之议,业已实行。而内部各方面之组织,若研究所、若教授会之属,体育会、书画研究会之属,银行、消费公社之属,皆次第进行。而进德会之问题,遂亦应时势之要求,而不能不从事矣。会中戒律,如嫖、赌、娶妾三事,无中外,无新旧,莫不认为不德,悬为厉禁,谁曰不然。官吏、议员二戒,在普通社会或以为疑,而大学则当然有此(法科毕业生例外)。教育者,专门之业;学问者,终身之事。委身学校而萦情部院,用志不纷之谓何!且或在学生时代,营营于文官考试、律师资格。而要求提前保送,此其燥进,与科举时代之通关节何异?言之可为痛心!古谚曰:"人不婚宦,情欲失半。"加特力教之神父,佛教之僧侣,例不婚娶;西洋大学问家,亦有持独身主义者。不婚尚可,不宦何难?至于烟、酒、肉食三戒,其贻害之大,虽不及嫖、赌、娶妾,其纷心之重,亦不及官吏、议员,然而卫生味道之乐,亦恒受其障碍,故并存之。春秋三世之义,治起于衰乱之中,用心尚粗觕,及历升平而至太平,用心乃深而详,故崇仁义讥二名。今仿其例,而重定进德会之等第于下:

甲种会员　　不嫖、不赌、不娶妾。

乙种会员　　于前三戒外,加不作官吏、不作议员二戒。

丙种会员　　于前五戒外,加不吸烟、不饮酒、不食肉三戒。

入会之条件:

(一)题名于册,并注明愿为某种会员。

(二)凡题名入会之人,次第布诸日刊。

(三)本会不咎既往。《传》曰:"人谁无过,过而能改,善莫大焉。"袁了凡曰:"从前种种,譬如昨日死;以后种种,譬如今日生。"凡本会会员,入会以前之行为,本会均不过问。(如已娶之妾,亦听之。)同会诸人,均不得引以为口实。惟入会以后,于认定之戒律有犯者,罚之。

(四)本会俟成立以后,当公定罚章,并举纠察员若干人执行之。

入会之效用:

(一)可以绳己。谚曰:"从善如登,从恶如崩。"吾国人在乡里多谨饬,而一到都会租界,则有放荡者。欧美人在本国多谨饬,而一到外国,则亦有放荡者。社会之制裁,有及有不及也。今以本会制裁之,庶不至于自放。

(二)可以谢人。欧美之学者、官吏、商人,均视嫖、赌、娶妾为畏途;偶有犯者,均讳莫如深。而我则狎妓征优,文人以为韵事;看竹寻芳,公然著之柬帖;官吏商贾,且以是联络感情之一端。苟非画定范围,每苦无以谢人。今以本会为范围,则人有以是等相蹴者,径行拒绝,亦不致有伤感情。

(三)可以止谤。《语》曰:"止谤莫如自修。"吾北京大学之被谤也久矣。两院一堂也,探艳团也,某某等公寓之赌窟也,捧坤角也,浮艳剧评花丛趣事之策源地也,皆指一种之团体而言之。其他攻讦个人者,更不可以搂指计。果其无之,则礼义不愆,何恤于人言。然请本校同人一一自问,种种之谤,即有言之已甚者,其皆无因而至耶?既有此因,则正赖有此谤以提撕吾人,否则沦胥以铺耳!不去其因而求弭谤,犹急行而避影也。其又何益?今以本会为保障,苟人人能守会约,则谤因既灭,不弭谤而自弭。其或未灭,则造因之范围愈狭,而求之不难尽多数之力以灭之,岂无望耶?

据《北京大学日刊》第 49 号(1918 年 1 月 19 日出版)

科学之修养

——在北京高等师范学校修养会演说词

（一九一九年四月二十四日）

鄙人前承贵校德育部之召，曾来校演讲；今又蒙修养会见召，敢述修养与科学之关系。

查修养之目的，在使人平日有一种操练，俾临事不致措置失宜。盖吾人平日遇事，常有计较之余暇，故能反复审虑，权其利害是非之轻重而定取舍。然若至仓卒之间，事变横来。不容有审虑之余地，此时而欲使诱惑、困难不能窬其操守，非凭修养有素不可，此修养之所以不可缓也。

修养之道，在平日必有种种信条：无论其为宗教的或社会的，要不外使服膺者储蓄一种抵抗之力，遇事即可凭之以定抉择。如心所欲作而禁其不作，或心所不欲而强其必行，皆依于信条之力。此种信条，无论文明、野蛮民族均有之。然信条之起，乃由数千万年习惯所养成；及行之既久，必有不适之处，则怀疑之念渐兴，而信条之效力遂失。此犹就其天然者言也。乃若古圣先贤之格言嘉训，虽属人造，要亦不外由时代经验归纳所得之公律，不能不随时代之变迁而易其内容。吾人今日所见为嘉言懿行者,在日后或成故纸;欲求其能常系人之信仰,实不可能。由是观之,则吾人之于修养,不可不研究其方法。在昔吾国哲人,如孔、孟、老、庄之属,均曾致力于修养,而宋明儒者尤专力于此。然学者提倡虽力,卒不能使天下之人尽变为良善之士,可知修养亦无一定之必可恃者也。至于吾人居今日而言修养,则尤不能如往古道家之蛰影深山,不闻世事。盖今日社会愈进,世务愈繁。已入社会者,固不能舍此而他从,即未入社会之学校青年,亦必从事于种种学问,为将来入世之准备。其责任之繁重如是,故往往易为外务所缚,无精神休假之余地,常易使人生观陷于悲观厌世之域,而不得志之人为尤甚。其故即在现今社会与从前不同。欲补救此弊,须使人之精神有张有弛。如作事之后,必继之以睡眠,而精神之疲劳,亦必使有机会得以修养。此种团体之结合,尤为可喜之事。但鄙人以为修养之致力,不必专限于集会之时,即在平时课业中亦可利用其修养。故特标此题曰:"科学的修养"。

今即就贵会之修养法逐条说明,以证科学的修养法之可行。如贵会简章有"力行校训"一条。贵校校训为"诚勤勇爱"四字。此均,可于科学中行之。如"诚"字之义,不但不欺人而已,亦必不可为他人所欺。盖受人之欺而不自知,转以此说复诏他人,其害与欺人者等也。是故吾人读古人之书,其中所言苟非亲身实验证明者,不可轻信;乃至极简单之事实,如一加二为三之数,亦必以实验证明之。夫实验之用最大者,莫如科学。譬如报纸纪事,臧否不一,每使人茫无适从。科学则不然。真是真非,丝毫不能移易。盖一能实验,而一不能实验故也。由此观之,科学之价值即在实验。是故欲力行"诚"字,非用科学的方法不可。

其次"勤"：凡实验之事，非一次所可了。盖吾人读古人之书而不慊于心，乃出之实验。然一次实验之结果，不能即断其必是，故必继之以再以三，使有数次实验之结果。如不误，则可以证古人之是否；如与古人之说相刺谬，则尤必详考其所以致误之因，而后可以下断案。凡此者反复推寻，不惮周详，可以养成勤劳之习惯。故"勤"之力行亦必依赖夫科学。

再次"勇"：勇敢之意义，固不仅限于为国捐躯、慷慨赴义之士，凡作一事，能排万难而达其目的者，皆可谓之勇。科学之事，困难最多。如古来科学家，往往因试验科学致丧其性命，如南北极及海底探险之类。又如新发明之学理，有与旧传之说不相容者，往往遭社会之迫害，如哥白尼、贾利来之惨祸。可见研究学问，亦非有勇敢性质不可；而勇敢性质，即可于科学中养成之。大抵勇敢性有二：其一发明新理之时，排去种种之困难阻碍；其二，既发明之后，敢于持论，不惧世俗之非笑。凡此二端，均由科学所养成。

再次"爱"：爱之范围有大小。在野蛮时代，仅知爱自己及与己最接近者，如家族之类。此外稍远者，辄生嫌忌之心。故食人之举，往往有焉。其后人智稍进，爱之范围渐扩，然犹不能举人我之见而悉除之。如今日欧洲大战，无论协约方面或德奥方面，均是己非人，互相仇视，欲求其爱之普及甚难。独至于学术方面则不然：一视同仁，无分畛域；平日虽属敌国，及至论学之时，苟所言中理，无有不降心相从者。可知学术之域内，其爱最溥。又人类嫉妒之心最盛，入主出奴，互为门户。然此亦仅限于文学耳；若科学，则均由实验及推理所得唯一真理，不容以私见变易一切。是故嫉妒之技无所施，而爱心容易养成焉。

以上所述，仅就力行校训一条引申其义。再阅简章，有静坐一项。此法本自道家传来。佛氏之坐禅，亦属此类。然历年既久，卒未普及社会；至今日日本之提倡此道者，纯以科学之理解释之。吾国如蒋竹庄先生亦然，所以信从者多，不移时而遍于各地。此亦修养之有赖于科学者也。

又如不饮酒、不吸烟二项，亦非得科学之助力不易使人服行。盖烟酒之嗜好，本由人无正当之娱乐，不得已用之以为消遣之具，积久遂成痼疾。至今日科学发达，娱乐之具日多，自不事此无益之消遣。如科学之问题，往往使人兴味加增，故不感疲劳而烟酒自无用矣。

今日所述，仅感想所及，约略陈之。惟宜注意者，鄙人非谓学生于正课科学之外，不必有特别之修养，不过正课之中，亦不妨兼事修养，俾修养之功，随时随地均能用力，久久纯熟，则遇事自不致措置失宜矣。

据《北京大学日刊》第360号
（1919年4月24日出版）

在卜技利中国学生会演说词*

（一九二一年七月十九日）

兄弟不会说英语，且在中国学生会谈话，应用国语。但是有许多美国朋友在座，而且诸位都是懂英文的，所以请郭君译成英语。

兄弟今日要报告此次考察结果，将欧美大学组织①情形及其特性，与诸位一谈。

在报告以前，略说中国古代教育。中国在西历纪元前，有两个大教育家，一是孔子，一是墨子。孔、墨教育含有三种性质：（一）专门教育，（二）陶养德性，（三）社会教育。孔子有普通学六种，即礼、乐、射、御、书、数。专门学四种：甲、修词学，乙、伦理学，丙、政治学，丁、文学。孔子主张陶养性情，发达个性。其教人之法，为因材施教。其总的道德主义为中庸，与西哲亚理士多德相似。又极注重社会教育，故其收学生，无年龄界限及职业界限。墨子普通学未详。其专门学分三种：甲、理科，内分数学与物理；乙、名学；丙、战

---

* 卜技利：Berkeley，通译柏克来。
① 蔡元培在此篇剪报上，用铅笔将"组织"二字改为"的"。

斗学。墨子反对军事侵略,而主张防御,提倡建筑城墙,如今日之筑炮台然。可讲一故事以证明之。墨子,宋国人,楚攻宋,墨子率弟子至楚,求勿攻。见楚王后,楚王曰:吾非欲攻宋也,有人为我新造一攻城之机,欲一试之耳。墨子曰:无须攻城,可在室内小试其技,彼攻我守如何?王之机师公输子许诺。公输子九攻,墨子九破之。最后,公输子乃曰:吾知破汝之术矣。墨子曰:吾亦知汝知破我之术,汝欲将我害死耳;然此亦无用,吾有学生在,彼等皆知防御之术。楚王闻之,乃罢攻。此足证明墨子之专门学可靠。墨子陶养人格之法,主张自己刻苦,博爱众人,并包括社会教育。孔与墨之特点,均在以自己作模范,而不专恃口授。此古代教育之特别处。

由纪元前二世纪至九世纪,中国教育专重文学及考古学。由十世纪至现世,偏重养成人格。以此许多自然科学皆不发达。至近二十年来,中国始办新式大学。初办大学时,注重养成有用人才。兄弟在德、法较久,深悉德、法学制,故亦注重研究学问。中国学校因历史上关系,培养人格,应波[比]德、法重。一方面因社会需要,亦不能不并重社会教育,曾由北京大学教授与学生担任科学讲演,及创办平民学校,并发行白话书报,以增进平民知识。遇有国家重大事发生时,普通人民不注意,北大学生乃大声疾呼,为国民先导。

据此次调查结果,兄弟觉得,大学教育应采用欧美之长,孔、墨教授之精神。今请略述欧美学制。德、法大学专重研究学问,德国注重精细分析的研究,法国注重发明新法的研究。英国大学,如乌克斯福及康白尼哲①,重在陶养学生道德,使成为缙绅之士,其方法有二:(一)学校设许多规条,并定监学及罚款,以范围学生,而约束其人格;(二)提倡合群运动,使其将来在社会上有合群之精神,而不互相倾陷。美国大学之研究学问,与欧洲大学一样,其提倡合群运动,亦与英同,惟无科条约束学生耳。美大学还有两种特色:(一)凡有用学问,如新闻学等,大学都可收入;(二)设夏科与校外教育,则无机会进大学者,亦可来习。

照以上所述之欧美教育新法,与中国古代教授法,兄弟觉得应参酌兼采,包括下列三种:(一)应包罗各种有用学问,及为真理或为求学问而研究的学科;(二)陶养道德,一面提倡合群运动,一面用古代模范人格;(三)中国社会教育很少,应学美国尽量发展。

以上报告,为此次考察结果。至于在美留学生,应利用而不可忽者,有数要点:(一)运动的高兴,中国所短。美国人无论男女老少,对于运动,都兴粥采烈。不惟自己运动时如此,即看他人运动,如足球、棒球之类,亦觉极有兴趣。此美国人长处,不可不学。(二)美大学设备最完全,因欧洲经费不如美国之易筹。德国如是,法国亦然。即现代著名之法国克赖夫人,亦因经费缺乏,苦无试验仪器。美大学以经费充裕,仪器均购置齐备。此种机会不可忽,宜趁时利用,潜心研究。(三)美国人服务社会之精神,不可多得。杜威博士尝言:"人家说,美国人爱钱,产出许多大王来。其实,美国人会赚钱,亦会用钱。"其语甚确。譬如某友人在公司赚钱很多,然彼毅然舍去,专作公

---

① 乌克斯福及康白尼哲:牛津(Oxford)和剑桥(Cambridge)的音译。

益事业,已历二十余年,虽赚钱无几,亦觉极有乐趣。中国社会事业,可办者正多,学生应有此种服务精神。以上几层,留学生皆应注意。兄弟所欲言者如是,甚谢诸君盛谊。

(唐崇慈记录)

据旧金山《大同日报》1921年7月22、23日

美育

（一九三〇年）

美育者，应用美学之理论于教育，以陶养感情为目的者也。人生不外乎意志，人与人互相关系，莫大乎行为，故教育之目的，在使人人有适当之行为，即以德育为中心是也。顾欲求行为之适当，必有两方面之准备：一方面，计较利害，考察因果，以冷静之头脑判定之，凡保身卫国之德，属于此类，赖智育之助者也；又一方面，不顾祸福，不计生死，以热烈之感情奔赴之。凡与人同乐、舍己为群之德，属于此类，赖美育之助者也。所以美育者，与智育相辅而行，以图德育之完成者也。

吾国古代教育，用礼、乐、射、御、书、数之六艺。乐为纯粹美育；书以记述，亦尚美观；射、御在技术之熟练，而亦态度之娴雅；礼之本义在守规则，而其作用又在远鄙俗。盖自数以外，无不含有美育成分者。其后若汉魏之文苑、晋之清谈、南北朝以后之书画与雕刻、唐之诗、五代以后之词、元以后之小说与剧本，以及历代著名之建筑与各种美术工艺品，殆无不于非正式教育中行其美育之作用。

其在西洋，如希腊雅典之教育，以音乐与体操并重，而兼重文艺。

音乐、文艺,纯粹美育。体操者,一方以健康为目的,一方实以使身体为美的形式之发展;希腊雕像,所以成空前绝后之美,即由于此。所以雅典之教育,虽谓不出乎美育之范围,可也。罗马人虽以从军为政见长,而亦输入希腊之美术与文学,助其普及。中古时代,基督教徒,虽务以清静矫俗;而峨特式之建筑,与其他音乐、雕塑、绘画之利用,未始不迎合美感。自文艺复兴以后,文艺、美术盛行。及十八世纪,经包姆加敦(Baumgarten, 1717—1762)与康德(Kant, 1724—1805)之研究,而美学成立。经席勒尔(Schiller, 1759—1805)详论美育之作用,而美育之标识,始彰明较著矣。(席勒尔所著,多诗歌及剧本;而其关于美学之著作,惟 Brisfe überie asthetische Erziehung,吾国"美育"之术语,即由德文之 Ästhetische Erziehung 译出者也。)自是以后,欧洲之美育。为有意识之发展,可以资吾人之借鉴者甚多。

爱参酌彼我情形而述美育之设备如下:美育之设备,可分为学校、家庭、社会三方面。

学校自幼稚园以至大学校,皆是。幼稚园之课程,若编织、若粘土、若唱歌、若舞蹈、若一切所观察之标本,有一定之形式与色泽者,全为美的对象。进而至小学校,课程中如游戏、音乐、图画、手工等,固为直接的美育;而其他语言与自然、历史之课程,亦多足以引起美感。进而及中学校,智育之课程益扩大;而美育之范围,亦随以俱广。例如,数学中数与数常有巧合之关系。几何学上各种形式,为图案之基础。物理、化学上能力之转移,光色之变化,地质学的矿物学上结晶之匀净,闪光之变幻;植物学上活色生香之花叶;动物学上逐渐进化之形体,极端改饰之毛羽,各别擅长之鸣声;天文学上诸星之轨道与光度;地文学上云霞之色彩与变动;地理学上各方之名胜;历史学上各时代伟大与都雅之人物与事迹;以及其他社会科学上各种大同小异之结构,与左右逢源之理论;无不于智育作用中,含有美育之原素;一经教师之提醒,则学者自感有无穷之兴趣。其他若文学、音乐等之本属于美育者,无待言矣。进而至大学,则美术、音乐、戏剧等皆有专校,而文学亦有专科。即非此类专科、专校之学生,亦常有公开之讲演或演奏等,可以参加。而同学中亦多有关于此等美育之集会,其发展之度,自然较中学为高矣。且各级学校,于课程外,尚当有种种关于美育之设备。例如,学校所在之环境有山水可赏者,校之周围,设清旷之园林。而校舍之建筑,器具之形式,造象摄影之点缀,学生成绩品之陈列,不但此等物品之本身,美的程度不同;而陈列之位置与组织之系统,亦大有关系也。

其次家庭。居室不求高大,以上有一二层楼,而下有地窟者为适宜。必不可少者,环室之园,一部分杂莳花木,而一部分可容小规模之运动,如秋千、网球之类。其他若卧室之床几、膳厅之桌椅与食具、工作室之书案与架柜、会客室之陈列品,不问华贵或质素,总须与建筑之流派及各物品之本式,相互关系上,无格格不相入之状。其最必要而为人人所能行者,清洁与整齐。其他若鄙陋之辞句,如恶谑与谩骂之类;粗暴与猥亵之举动;无老幼、无男女、无主仆,皆当屏绝。

其次社会。社会之改良,以市乡为立足点。凡建设市乡,以上水管、下水管为第一义;若居室无自由启闭之水管,而道路上见有秽水之流演、粪桶与粪船之经过,则一切美观之设备,皆为所破坏。次为街道之布置,宜按全市或全乡地面而规定大街若干、小街若干,街与街之交叉点,皆有广场。场中设花坞,随时移置时花;设喷泉,于空气干燥时放射之,如北方各省尘土飞扬之所,尤为必要。陈列美术品,如名人造像,或神话、故事之雕刻等。街之宽度,预为规定,分步行、车行各道,而旁悉植树。两旁建筑,私人有力自营者,必送其图于行政处,审为无碍于观瞻而后认可之;其无力自营而需要住所者,由行政处建设公共之寄宿舍,或为一家者,或为一人者,以至廉之价赁出之。于小学校及幼稚园外,尚有寄儿所,以备孤儿或父母同时作工之子女可以寄托,不使抢攘于街头。对于商店之陈列货物,悬挂招牌,张贴告白,皆有限制,不使破坏大体之美观,或引起恶劣之心境。载客运货之车,能全用机力,最善。必不得已而利用畜力,或人力,则牛马必用强壮者,装载之量与运行之时,必与其力相称。人力间用以运轻便之物,或负担,或曳车、推车。若为人昇桥挽车,惟对于病人或妇女,为徜徉游览之助者,或可许之。无论何人,对于老牛、羸马之竭力以曳重载,或人力车夫之袒背浴汗而疾奔,不能不起一种不快之感也。设习艺所,以收录贫苦与残疾之人,使得于能力所及之范围,稍有所贡献,以偿其比所享受,而不许有沿途乞食者。设公墓,可分为土葬、火葬两种,由死者遗命或其子孙之意而选定之。墓地上分区、植树、莳花、立碑之属,皆有规则。不许于公墓以外,买地造坟。分设公园若干于距离适当之所,有池沼亭榭、花木鱼鸟,以供人工作以后之休憩。设植物园,以观赏四时植物之代谢。设动物园,以观赏各地动物特殊之形状与生活。设自然历史标本陈列所,以观赏自然界种种悦目之物品。设美术院,以久经鉴定之美术品,如绘画、造像及各种美术工艺,刺绣、雕镂之品,陈列于其中,而有一定之开放时间,以便人观览。设历史博物院，以使人知一民族之美术，随时代而不同。设民族学博物院，以使人知同时代中，各民族之美术，各有其特色。设美术展览会，或以新出之美术品，供人批评；或以私人之所收藏，暂供众览；或由他处陈列所中，抽借一部，使观赏者常有新印象，不为美术院所限也。设音乐院，定期演奏高尚之音乐，并于公园中为临时之演奏。设出版物检查所，凡流行之诗歌、小说、剧本、画谱，以至市肆之挂屏、新年之花纸，尤其儿童所读阅之童话与画本等，凡粗犷、猥亵者禁止之，而择其高尚优美者助为推行。设公立剧院及影戏院，专演文学家所著名剧及有关学术，能引起高等情感之影片，以廉价之入场券引人入览。其他私人营业之剧院及影戏院，所演之剧与所照之片，必经公立检查所之鉴定，凡卑猥陋劣之作，与真正之美感相冲突者，禁之。婚丧仪式，凡陈陈相因之仪仗、繁琐无理之手续，皆废之；定一种简单而可以表示哀乐之公式。每年遇国庆日，或本市本乡之纪念日，则于正式祝典以外，并可有市民极端欢娱之表示；然亦有一种不能越过之制限；盖文明人无论何时，总不容有无意识之举动也。以上所举，似专为新立之市乡而言，其实不然。旧有之市乡，含有多数不合美育之分子者，可于旧市乡左近之空地，逐渐建设，以与之交换；或即于归址上局部改革。

要之，美育之道，不达到市乡悉为美化，则虽学校、家庭尽力推行，而其所受环境之恶影响，终为阻力，故不可不以美化市乡为最重要之工作也。

据《教育大辞书》上册

美育与人生

(一九三一年前后)

人的一生,不外乎意志的活动,而意志是盲目的,其所恃以为较近之观照者,是知识;所以供远照、旁照之用者,是感情。

意志之表现为行为。行为之中,以一己的卫生而免死、趋利而避害者为最普通;此种行为,仅仅普通的知识,就可以指导了。进一步的,以众人的生及众人的利为目的,而一己的生与利即托于其中。此种行为,一方面由于知识上的计较,知道众人皆死而一己不能独生,众人皆害而一己不能独利;又一方面,则亦受感情的推动,不忍独生以坐视众人的死,不忍专利以坐视众人的害。更进一步,于必要时,愿舍一己的生以救众人的死;愿舍一己的利以去众人的害,把人我的分别,一己生死利害的关系,统统忘掉了。这种伟大而高尚的行为,是完全发动于感情的。

人人都有感情,而并非都有伟大而高尚的行为,这由于感情推动力的薄弱。要转弱而为强,转薄而为厚,有待于陶养。陶养的工具,为美的对象,陶养的作用,叫作美育。

美的对象,何以能陶养感情？因为他有两种特性：一是普遍;二是超脱。

一瓢之水,一人饮了,他人就没得分润;容足之地,一人占了,他人就没得并立;这种物质上不相入的成例,是助长人我的区别、自私自利的计较的。转而观美的对象,就大不相同。凡味觉、臭觉、肤觉之含有质的关系者,均不以美论;而美感的发动,乃以摄影及音波辗转传达之视觉与听觉为限。所以纯然有"天下为公"之概;名山大川,人人得而游览;夕阳明月,人人得而赏玩;公园的造像,美术馆的图画,人人得而畅观。齐宣王称"独乐乐不若与人乐乐""与少乐乐不若与众乐乐";陶渊明称"奇文共欣赏",这都是美的普遍性的证明。

植物的花,不过为果实的准备;而梅、杏、桃、李之属,诗人所咏叹的,以花为多。专供赏玩之花,且有因人择的作用,而不能结果的。动物的毛羽,所以御寒,人固有制裘、织呢的习惯;然白鹭之羽,孔雀之尾,乃专以供装饰。宫室可以避风雨就好了,何以要雕刻与彩画？器具可以应用就好了,何以要图案？语言可以达意就好了,何以要特制音调的诗歌？可以证明美的作用,是超越乎利用的范围的。

既有普遍性以打破人我的成见,又有超脱性以透出利害的关系,所以当着重要关头,有"富贵不能淫,贫贱不能移,威武不能屈"的气概,甚且有"杀身以成仁"而不"求生以害仁"的勇敢。这种是完全不由于知识的计较,而由于感情的陶养,就是不源于智育,而源于美育。

所以吾人固不可不有一种普通职业，以应利用厚生的需要；而于工作的余暇，又不可不读文学，听音乐，参观美术馆，以谋知识与感情的调和，这样，才算是认识人生的价值了。

据蔡元培手稿

复兴民族与学生*
——在大夏大学学生自治会演说词
（一九三六年六月五日）

我们为什么要复兴民族？

复兴民族的意思，就是说，此民族并不是没有出息的，起先是很好的，后来不过是因为环境的压迫，以致退化，现在有了觉悟，所以想设法去复兴起来。复兴二字，在西方本为 Renaissance 一字，在西洋中世纪以前，本有极光明的文化，后为黑暗时期所埋没，后来又赖大家的努力，才恢复以前的光明，因而名之曰复兴。中国古时文化很盛，古书中常有记载，周朝的文物制度与希腊差不多，周季，有儒、墨、名、法、道家的哲学，此后如汉、唐的武功，也不能抹煞的。但到了现在，我们觉得事事都不如人，不但军事上、外交上不能与列强抗衡，就是所用的货物也到处觉得外国的物美价廉，胜于国货，这不能不说是我们的劣点。然而我们不能自认为劣等的民族，而只认为民族的退化，所以要复兴。

---

* 据此篇记录者在文后注明："此文业经蔡先生校阅一过，特此附志。"

民族乃集合许多份子而成,现在欲复兴民族,须将民族全部份分提高起来,提高些什么呢?我们的答案是:

第一,体格——中国民族为什么不中用,第一步乃是身体不健全,死亡率、病象、作工能力、体育状况,无论那一种统计,都显出我们民族的弱点,所以要复兴民族,第一步是设法使大家的身体强健起来。我闻张君俊先生说,中国民族衰老的现象,南方人智力较胜于北方人,而体力都较逊于北方人;北方人体魄强壮而智力远逊于古人,因北方常有黄河之灾,且常为游牧民族所侵略,因而民族之优秀者均迁南方,此为历史证明的事实。如南北朝时代,如辽金元时代皆是,但南方气候潮湿,多寄生虫,不适宜优秀民族的发展。为复兴民族计,宜注重北方的开发。我以为北方固要开发,而南方亦可补救,我们若能发展北方人之智慧,增加南方人的体力,何尝不可用人为的力量,来克服自然呢?巴拿马旧以多蚊而不能施工事,后用科学灭蚊法而运河乃成。我们欲使民族强健起来,一定可用人力来做到。

第二,知识及能力——中国人的智能,并非不如外国人。中山先生在民族主义演讲中说:"恢复中国固有的智能",足以证明,如指南针、印刷术、火药的发明,长城、运何等建设,素为外人所称道,但到现在,科学的创造、建设的能力,各民族正非常发达,而我民族则不免落伍,然我们追想祖先的智力与能力,知道我们决非不能复兴的。例如波兰,虽经亡国之惨变,今仍能恢复,即有民族文化之故。远之如哥白尼之天文,近之如居礼夫人〈之〉化学,及其他著名之文学家、美术家,都是主动力,可以证明固有的知能足以兴国的。

第三,品性的修养——一民族之文化,一面在知识之发展,一面则赖其品性优良。向来称优良之品性为道德。道德不是绝对的,是相对的,是因各地方各时期的不同而定的。不过其中有一抽象的原则,是不可不注意的。此原则即为"爱人如己"。他的消极方面即为"己所勿欲,勿施于人";其量则"由近而远",初则爱己、爱家,继则爱族、爱乡、爱国,而至爱世界的人类,此种道德观念,与其用信条来迫促他,还不如用美感来陶冶他。我们看美术的进步,亦是由近而远,初用以文身,继用以装饰身体,或装饰花纹于用品上,远则用以装饰宫室,且进而美化都市,其观念渐行扩大,由近而远,正与道德观念相应。

总之,复兴民族之条件为体格、智能和品性。这种条件,是希望个个人都能做到的。目前中国具了这三条件之人,请问有多少?可说是少数。但我们希望以后能达到。不过如何去达到呢,还不能不有赖于最有机会的人——学生,尤其是大学生,先来做榜样了。

大夏大学设在郊外,早已采取了牛津、剑桥大学的导师制,更有做榜样的资格。故如欲复兴民族,应由你们做起。在这里,我得介绍一位章渊若先生,他是提倡自力主义的,就是说人人都要从自己做起来再说。我现在就要劝诸位自己先做起来。学生自治会,就是促进各人自己努力的机关。

第一,以体育互相勉励——提倡体育是一个改进民族的很好的办法。日本人提倡体育,很有进步,就影响到了全体民族,所以,我们不能不有认识,体育乃是增加身体的健康,同时谋民族的健康,而非为出风头。以前的选手制,常犯了偏枯的毛病,根本失却了体育的本意,因而,常会发生下面的几种错误:(一)不平均——体育为少数人所专有；（二）太偏重——一部份选手则太偏于运动，牺牲了其他功课。今后对于体育之认识，则为根据于卫生的知识，不一定要求其做国手。听说贵大学现在实行普及体育，学生自治会又在促进普及体育的成功，这是可喜的。

第二，以知识及能力的增进互相勉励——大学内天天有教师讲授，但单靠教师讲授是不足的，还要自己去用功才行。用功要得法，单独的与集合的用功，都有优点，可以并行。同学之互相切磋，那是很有益的。自治会的组织，与同学的知能增进，有直接关系。从前我们有读书会，大家选定几本书，每人认一本去读，读了分期摘要报告，或加以批评，如听了觉得有兴味的，自己再去详读，否则，也就与自己读过无异了。这一类互助的方法很多，对于学问，很有补益的。

第三，以品性修养互相勉励——彼此互相检点，对于不应为的事情，互相告诫；对于应为的事情，互相督促；固然是自治会应有的条件，然完全为命令式的，如"你应该这样""你不应该怎样"，有时反引起对方的反感。所以我主张以美术来代替宗教，希望人人都有一种自然而然的善意。因为人类所以有不应为而为的事情，大抵起于自私自利的习惯。有时候迫于贪生怕死的成见，那就无所不为了。惟有美术的修养，能使人忘了小己，超然于生死利害之外，若人能有此陶冶，尤论何等境遇，均不失其当为而为，不当为而不为之气概。前十七八年，我长北京大学时，北京还没有一个艺术学校，全国还没有一个音乐学校，所以我在北大内发起音乐研究会、书画研究会，使学生有自由选习的机会。现在艺术的空气已弥漫全国，上海一市，音乐艺术的人才尤为众多，贵自治会如有此等计画，必不难实现了。

贵自治会如能于上列三者,加意准备,则复兴民族的希望,已有端倪,我不能不乐观。

(王凤楼、蒋炤祖记)

据上海《晨报》1936年7月1日